메스를 잡다

세상을 바꾼 수술,
그 매혹의 역사

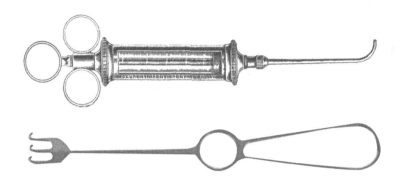

under the knife

메스를 잡다

세상을 바꾼 수술,
그 매혹의 역사

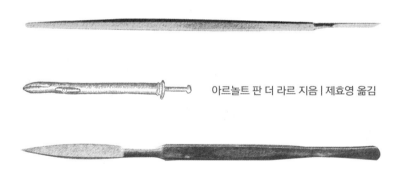

아르놀트 판 더 라르 지음 | 제효영 옮김

을유문화사

세상을 바꾼 수술,
그 매혹의 역사

메스를 잡다

발행일
2018년 8월 25일 초판 1쇄
2018년 12월 5일 초판 4쇄

지은이 | 아르놀트 판 더 라르
옮긴이 | 제효영
펴낸이 | 정무영
펴낸곳 | (주)을유문화사

창립일 | 1945년 12월 1일
주소 | 서울시 마포구 월드컵로16길 52-7
전화 | 02-733-8153
팩스 | 02-732-9154
홈페이지 | www.eulyoo.co.kr

ISBN 978-89-324-7386-4   03900

* 값은 뒤표지에 표시되어 있습니다.
* 옮긴이와의 협의하에 인지를 붙이지 않습니다.

Nederlands
letterenfonds
dutch foundation
for literature
이 책은 네덜란드 문학재단의 출판 지원 사업 선정작입니다.

차례

일러두기

- 각주는 '원주'라고 표시한 것 외에는 모두 옮긴이의 것이다.
- 주요 용어는 처음 나올 때 동그라미(●)로 표시하고 책 뒤편 '용어 해설'에 설명 글을 넣었다.
- 원문의 이탤릭체는 고딕체로 표기하였고, 어원이나 용어 해설 등 원어 표기가 필요한 곳에서는 원어를 그대로 표기했다.

손으로 치료하다
과거와 현대의 외과 의사

1537년, 토리노의 전쟁터에 있던 젊은 프랑스인 군의관 앙브루아즈 파레Ambroise Paré는 하루가 끝나 가는 늦은 밤에 자리에 누웠지만 정신이 말똥말똥했다. 아주 골치 아픈 일이 생겼기 때문이다. 전쟁터는 화승총과 머스킷총에 부상을 입은 병사들로 넘쳐나는데 여태 한번도 그런 환자를 치료해 본 경험이 없었던 파레는 어느 책에서 화약의 독성을 없애려면 상처• 부위에 끓인 기름을 부어야 한다는 내용을 보고 부글부글 끓는 기름방울을 피로 범벅이 된 환자의 살에 떨어뜨렸다. 기름이 닿은 피부에서는 프라이팬에 고기를 구울 때처럼 지글지글 소리가 났다. 부상병이 어찌나 많았던지 한 차례 전투가 벌어지고 나면 기름통이 절반 가까이 비워질 정도였다. 기름을 다 써 버린 파레는 나머지 다친 병사들의 상처에 장미유와 달걀노른자, 테레빈유로 만든 연고를 대신 발라 주었다. 그러나 밤이 깊어도 아파서 비명을 지르며 죽음과 사투를 벌이는 환자들의 소리가 잦아들지 않았다. 파레는 전부 자신의 잘못처럼 느껴졌다. 그런데 다음 날 아침, 그를 경악케 한 사실이 밝혀졌다. 밤새 그토록 괴로워하면서 소리친 환자들은 연고가 아닌 끓는 기름으로 치료를 받은 병사들이었다. 그는 두 번 다시 끓인 기름을 치료에 사용하지 않았고 나중에 위대한 외과 의사•가 되었다. 파레가 겪은 이 사례는 현대적인 외과 수술•로 나아가는 첫걸음이었다.

수술은 인류가 이 땅에 출현하여 걸어 다닐 때부터 아주 자연스럽게 생겨난 것이 분명하다. 우리는 두 발로 걸으면서 '손으로 직접' 치료해야만 하는 질병에 시달려 왔기 때문이다. 손으로 사람들을 치료하던 사람들은 'chirurgeon'으로 불렸는데 이는 그리스어로 손(kheir)과 일(ergon)의 의미가 합쳐진 단어 kheirourgia에서 나온 말이다. 영어에서 외과 의사를 뜻하는 현대어 'surgeon'도 어원이 같다. 우리 선조들은 일상적으로 싸움과 사냥, 이주를 했고, 뿌리를 파내거나 나무 위에 올라갔다가 떨어지고 약탈자들로부터 황급히 달아날 일도 많아서 늘상 다칠 위험에 노출된 채로 힘들게 살았다. 그러므로 상처를 보살피는 것이 가장 기본적인 최초의 외과적 치료였을 것으로 추정된다. 상처가 나면 더러워진 부위를 물로 깨끗이 헹구고 출혈이 심하면 압박을 가하고 개방된 상처를 덮는 것은 누구나 상식적으로 하게 되는 일들이다. 그렇게 해서 상처가 아물면 다음에 또 다쳤을 때 같은 방식을 택하게 된다. 그러나 중세 시대에는 상식이 전통에 가려졌다. 이 시대의 선조들은 행위로 나타나는 결과를 살펴보는 대신, 세상을 먼저 다녀간 위대한 인물들이 고서에 글로 남긴 방식을 그대로 따라 했다. 상처를 깨끗하게 닦지도 않고 낙인찍는 쇠 도구나 끓인 기름으로 상처 부위를 지지고 더러운 천으로 덮었다. 이와 같은 암흑기를 거치고 나서야, 토리노에서 파레가 잠 못 이룬 밤을 보내고 깨달은 것처럼 상식이 다시 우위를 점하고 실험을 바탕으로 한 새로운 형태의 외과 수술이 이루어지기 시작했다.

수술이 처음 시작되었을 때를 떠올려 보자. 우리 조상들은 곪은 상처나 농포, 부스럼, 농양*을 절개*해야 한다는 사실을 맨 처음 어떻게 깨달았을까? 고름*을 빼내는 것은 외과적 치료에서 두 번째로 기본이 되는 절차로, 아카시아 가시나 화살촉, 청동 단검, 금속으로 된 메스* 같은 날카로운 도구만 있으면 할 수 있다. 바로 이 과정에서 수술에 처음으로 칼이 사용됐다. 나를 비롯한 외과 의사들이 침대 머리맡에 걸어 두곤 하는 *ubi pus, ibi evacua*라는 격언도 라틴어로 '고름은 빼내야 한다'라는 뜻이다.

수술에서 세 번째로 기본이 되는 것은 골절* 치료다. 늑대를 피해 달아나거나 매머드를 사냥하다 보면 바위에서 미끄러지거나 나무뿌리에 발이 걸려 구르기 십상이다. 그래서 선사 시대에는 뼈가 부러지는 일이 다반사였을 거라고 확신할 수 있다. 그 당시에도 뼈가 부러지면 잡아당겨서 제자리에 맞춰야 한다는 사실을 인지한 분별력 있는 사람이 있었을까? 그러면 환자가 엄청난 고통을 겪는데도? 게다가 부러진 뼈를 바로잡는 일은 절대 아무나 할 수 있는 일이 아니다. 그럴 만한 배짱도 있어야 하지만, 그보다 훨씬 더 중요한 요건은 환자가 그렇게 해 달라고 기꺼이 맡기는 것이다. 용기와 권위, 경험을 충분히 갖추고 공감 능력도 웬만큼 갖추어야 환자로부터 그와 같은 신뢰를 얻을 수 있다. 또한 치료 실력도 뛰어나야 한다. 바로 이 지점에서 손으로 직접 낫게 해 주는 사람들, 최초의 외과 의사들이 등장했다.

응급 치료는 늘 외과 의사의 몫이었다. 지금도 다친 상처를 처치하고 심각한 출혈을 잡는 일, 그리고 환자가 호흡하고 안정을 찾도록 하는 일은 병원 응급실에서 외과 의사가 담당하는 일차적인 책무이자 명확하고 타당한 기본 조치다. 환자로선 상처와 종기, 골절을 치료하고 급작스럽게 고통을 겪을 때 응급처치를 해 줄 사람이 있다는 건 반가운 일일 것이다.

하지만 수술은 여기서 한 단계 더 나아간 조치이며 이와 전혀 다른 문제다. 수술은 상처를 낫게 하는 대신 상처를 만든다. 분별력 있는 외과 의사라면(그리고 분별력 있는 환자라면) 위험을 가늠한다. 대체로 결과가 성공적인 수술인가, 실패가 잦은 수술인가? 대안은 없는가? 수술을 하지 않으면 환자에게 무슨 일이 생길까? 수술이 실패하면 의사는 어떻게 될까? 따라서 최선을 다하되 해를 끼치지 않는 균형점을 찾는 것이 늘 관건이 된다. 로마의 집정관 마리우스는 정맥류에 시달리다가 수술을 받은 후에도 살아남아 이후 오랫동안 통치자로 살았다. 반면 존 랜비John Ranby라는 외과 의사는 영국의 캐롤라인 왕비가 배꼽 탈장에 시달리자 수술이 필요하다는 견해를 제시했으나 왕비는 결국 비극적인 죽음을 맞이했다. 로마에서는 외과 의사들이 심한 질책을 듣고 마리우스의 다른 쪽 다리에는 수술하지 못하도록 하는 조치까지 취해졌지만 랜비는 왕실에 봉사한 사람으로 인정받아 기사 작위를 받았다. 외과 의사라는 직업이 참 앞날을 예측하기 힘든 직업이라는 생각을 하게 하는 사례들이다.

부상이나 골절, 농양을 치료하거나 수술을 하면 흉터*가 남지만 감기, 설사, 편두통 같은 병은 왔다가 사라져도 아무런 흔적도 남기지 않는다. 이러한 차이를 반영하여, 영어에서는 '낫다'라는 의미를 두 가지로 나누어 표현한다. 수술과 상처, 멍, 골절에는 '온전하게 회복되는 것'을 뜻하는 'heal'이라는 단어를 사용하고, 질병에는 '건강이 회복되는 것'을 뜻하는 'cure'를 사용한다. 대략적으로 분리하자면 외과 의사가 하는 일은 heal, 일반 의사들이 하는 일은 cure에 해당된다. 어쩌다 보니 외과 의사들도 오래전부터 일반 의사 겸 외과 의사로 활약해 왔지만, 되도록 외과적인 처치를 할 수 있는 문제로 활동 영역을 제한하려고 노력한다. 그러나 외과적 처치가 필요한 환자는 전체의 소수에 불과하고, 환자들이 호소하는 문제들 가운데 대부분은 외과 의사의 도움이나 수술이 전혀 필요치 않다. 16세기에 활동한 외과 의사들은 작은 가게를 운영하는 상인처럼 지극히 단순하고 한정된 서비스를 제공했다. 암스테르담에서는 외과 의사가 하나의 직업군이 되지도 못할 만큼 영향력이 미미해서 스케이트 만드는 사람들과 나막신 만드는 사람들, 그리고 이발사들까지 세 가지 다른 분야에 종사하는 사람들과 함께 길드를 꾸려야 할 정도였다.

18세기가 시작되고도 꽤 오랜 시간이 흐를 때까지 상처와 감염*, 골절 치료는 외과 의사들이 도맡아 해결하는 한정된 영역의 가장 큰 부분을 차지했다. 종양*이나 혹으로 잘못 판단한 조직*을 잘라내거나 태워 없애는 것도 그 범위에 포함됐다. 피를 일부러 빼내는 방혈放血*도 빼놓을 수 없다. 당시에는 가장 유명했던 이 외과적 치료 방식은 사실 치료라기보다는 미신에 더 가까운 행위였다. 이처럼 외과 의사의 일은 아주 단순하고 따분했다. 내가 그 시대에 외과 의사로 일했다면 지금과 같은 만족감은 거의 못 느꼈으리라 확신한다.

경험이 쌓이면서 치료 방법과 지식이 향상되자 외과적으로 치료할 수 있는 병도 다양해졌다. 직립보행만 하더라도 사람들이 흔히 겪는 수많은 병을 일으킨 주된 원인 중 하나다. 4백만 년 전에 인류의 조상이 두 발로 내디딘 첫걸음은 의학적인 문제들로 이어졌고 그중 외과적 치료가 필요한 병이 상당 부분을 차지한다. 정맥류, 서혜부 헤르니아*, 치핵, 양쪽 다리에 혈액 공급이 원활하지 않은 증상*(간헐적 절뚝거림), 고관절과 무릎관절의 마모(관절증), 추간판 헤르니아(디스크 탈출), 속 쓰림, 무릎의 반달연골 파열은 모두 두 발로 걷기 때문에 생기는 질병이다.[I]

현재 외과 의사가 하는 일 가운데 큰 부분을 차지하는 두 가지 질병은 원래 인류의 수명에 심각한 위협이 될 만한 수준이 아니었으나 최근 들어 양상이 바뀌었다. 바로 그 두 가지 문제, 암*과 동맥*이 굳는 병(동맥경화*)은 고열량 식단과 흡연이 정형화된 생활 방식으로 인해 지난 2세기에 걸쳐 우리 삶에 자리 잡았다. 그리고 이 두 가지 질병은 대체로 생애 후반기에 나타난다는 특징이 있다. 과거에는 암에 걸리거나 동맥이 막히기 전에 사망하는 경우가 더 많았다.

수명이 갑자기 길어지기 시작한 것은 19세기부터다. 서구 사회가 괄목할 만한 발전을 거듭하면서 생긴 결과로, 현대 외과 분야에서도 위대한 발견이나 뛰어난 의사가 등장하는 것과는 비교도 안 될 만큼 큰 발전을 일으킨 변화가 시작됐다. 사람들이 위생에 신경 쓰기 시작한 것이다. 위생 관리는 외과 수술에 급진적인 변화를 몰고 왔다. 위

I   헤르니아에 대해서는 22장의 상자에서 자세히 설명한다(329쪽).

**굽이 있는
신발과 모자,
수술용 마스크**

현대 외과 의사들은 옷을 자주 갈아입는다. 수술을 할 때는 윗옷과 바지로 구성된 밝은 청색이나 녹색의 깨끗한 수술복을 입고 굽이 높은 흰색 신발과 모자를 착용한다. 수술실 안에서는 수술용 마스크를 쓰고, 수술에 돌입할 때는 멸균된 가운을 수술복 위에 걸치고 역시나 멸균된 고무 소재의 장갑을 착용한다. 19세기 말에 극소량의 침이 공기 중에 튀는 것만으로 균이 퍼질 수 있다는 사실이 밝혀지자 브로츠와프 지역에서 활동하던 외과 의사 요한 폰 미쿨리치Johann von Mikulicz는 수술하면서 가급적 말을 줄이고 마스크로 입을 가리기로 결심했다. 당시에도 남성 외과 의사들은 천으로 된 마스크를 착용하곤 했는데, 그 주된 목적은 턱수염을 가리기 위해서였고 수술용 모자를 쓴 것도 같은 이유에서였다. 목적이 무엇이건, 미쿨리치가 1897년에 학술지 『외과 중앙지Centralblatt für Chirurgie』에 발표한 자료에 따르면 그가 채택한 방식은 외과 의사들 사이에서 빠르게 자리 잡았고 '거리에서 여성들이 베일을 쓰고 숨을 쉬는 것처럼' 마스크를 써도 편하게 호흡할 수 있었다. 또 에이즈의 대대적인 확산으로 외과 의사들이 수술실에서 눈에 뭔가가 튀지 않도록 보안경을 착용하게 되었다. 문제는 마스크와 안경을 동시에 착용하면 거추장스럽다는 것이다. 마스크를 볼과 코에 꼭 맞게 밀착해서 착용하지 않으면 안경이 뿌옇게 흐려질 수 있고. 정밀한 수술에는 루페로 불리는 확대경도 필요하고 경우에 따라 이마에 쓰는 조명등도 함께 사용해야 한다. 그러나 수술용 복장을 통틀어 가장 불편한 용품은 납으로 된 앞치마다. X선을 이용하는 수술을 할 때는 수술용 가운 밑에 이 무거운 앞치마까지 입어야 한다.

생과 수술이 하나로 연결된다는 사실을 깨닫기까지 왜 이렇게 오랜 세월이 걸렸는지 짐작하기 힘들다. 18세기 수술실의 상황을 보면 큰 충격에 휩싸이는 것도 그런 이유에서다. 말로 표현할 수 없는 환자의 끔찍한 비명 소리, 사방팔방 튀는 피, 사지를 절단*하고 잘려 나간 부위를 열로 지질 때 발생하는 악취는 생각만 해도 속이 울렁거린다. 호러 영화의 한 장면처럼 느껴질 정도다.

현대 수술실은 대체로 소독약 냄새를 풍기는 조용한 공간이다. 혈액이나 체액이 흘러나오면 진공 장비로 제거하는 정도다. 그 밖에 수술실에서 들리는 소리라면 심박 모니터링 장치에서 흘러나오는 잠든 환자의 심장 뛰는 소리가 전부다. 라디오를 켜 놓는 경우도 있고, 수술에 참여한 의료진은 서로 자유롭게 대화를 나눌 수 있다. 그러나 오늘날과 과거 수술실의 가장 극명한 차이는 겉으로 봐서는 명확히 드러나지 않는 데 있다. 바로 멸균이다. 수술실을 멸균 환경으로 만들기 위해 적용되는 중대한 규칙들은 현대 의학 전체의 기반이 되었다.

외과 분야에서 멸균이란 '세균을 완전히 없애는 것'을 의미한다. 수술복, 장갑, 수술 도구를 비롯해 모든 장비는 철저히 멸균된다. 이러한 용품들은 모두 일종의 압력솥인 오토클레이브라는 장치에 집어넣고 몇 시간에 걸쳐 증기에 쏘이거나 감마선 처리를 하여 모든 균을 없앤다. 수술하는 동안에도 가혹하다 싶을 만큼 엄격한 멸균 조치가 이루어진다. 수술 부위 주변은 모두 멸균 영역으로 정하고, 그 영역 내에 있는 것은 물건이든 사람이든 모두 외부와 접촉할 수 없다. 멸균 영역 내에 배치된 사람도 멸균 상태여야 한다. 즉 옷이나 장갑에 균이 단 한 마리도 남아 있지 않아야 한다. 이를 위해서는 수술용 가운과 장갑을 착용할 때부터 엄격한 규칙을 지켜야 한다. 환자 주변에서 움직일 때도 마찬가지 원칙이 적용된다. 양손은 항상 허리춤보다 높이 들어 올리고, 이동할 때는 다른 사람을 눈으로 확인해야 하며, 가운을 걸칠 때는 완전히 뒤로 돌아서되 환자에게는 절대로 등을 보이지 말아야 한다. 수술실의 멸균 노력은 여기서 그치지 않는다. 수술실 안에서는 전원이 모자와 마스크를 써야 하고 수술에 참여하는 의료진의 인원수는 최소화하며 수술실 문은 가능한 한 열지 않는다.

이와 같은 조치는 매우 가시적인 성과로 이어졌다. 과거에는 수술이 끝나고 상처 부위에서 고름이 흘러나오는 건 당연한 일이고 그런 사실을 모르는 외과 의사는 멍청하다고 여겨졌다. 상처 부위에 흔히 동반된다고 믿었던 감염을 멸균 조건만 확실하게 갖추면 충분히 예방할 수 있다는 사실을 알게 된 후에야 수술 직후 절개된 부위를 봉합하기 시작했다. 위생 관리만 외과 수술에 새로운 요소로 등장한 것이 아니라 절개 부위를 꿰매는 것도 비교적 최근에 이루어진 발전이다.

그렇다면 외과 의사들은 어떤 사람들일까? 대체 무슨 생각으로 자기 몸에 무슨 일이 벌어지고 있는지 인지하지도 못하는 다른 사람의 몸에 칼을 대려고 할까? 수술이 끝나면 환자는 생사의 기로에서 밤새도록 사투를 벌이는데 어떻게 수술한 의사는 잠을 잘 수 있을까? 수술이 아무 실수 없이 끝났더라도 환자가 그 수술로 인해 숨을 거두었다면 의사는 어떻게 견딜 수 있을까? 외과 의사는 죄다 정신 나간 사람들일까, 아니면 아주 똑똑한 사람들이거나 양심이라곤 없는 자들일까? 그들은 영웅일까, 아니면 그저 과시욕에 찌든 사람들일까? 외과 의사는 엄청난 긴장 속에서 살아간다. 수술은 놀랍고 멋진 일이지만 의사가 짊어져야 하는 책임은 너무나 무겁다.

외과 의사는 환자의 전체 치료 과정에서 한 부분을 차지한다. 무엇보다 의사의 손과 기술이 치료 도구다. 문제가 생길 경우, 외과 의사는 스스로 확신할 수 있어야 한다. 의사 자신의 개입으로 벌어진 문제인지, 아니면 치료는 모두 완벽하게 이루어졌는데 다른 데서 비롯된 문제인지 파악해야 한다. 치료가 아무리 잘되더라도 의학적인 문제가 돌연 어떤 양상으로 바뀔지는 누구도 예측할 수 없다. 병이 진행되는 과정의 하나로 문제가 생기기도 한다. 그럼에도 외과 의사는 병의 전개 과정이 확실한지 입증할 수 있어야 하고, 이 일은 환자를 자기 손으로 직접 치료하지 않는 일반 의사들의 일보다 훨씬 중요하다. 외과 의사는 최선을 다했는지, 올바른 일을 했는지 스스로에게 물어봐야 한다. 외과 의사들은 대부분 끝없이 의구심을 가지지만 자신만만한 분위기로 이를 감추려 하고, 이러한 태도는 그들이 절대적인 능력을 지닌, 특별한 존재라는 이미지를 굳건히 하는 데 일조한다. 그러나 누구보다 자신감이 넘쳐 보이는 외과 의사들도 겉으로만 그렇게 보일 뿐이다. 그래야 막중한 책임감을 견디고, 속에 남아 있는 죄책감과 거리를 둘 수 있기 때문이다. 그저 꾸준히 해 나가는 것, 이것이 외과 의사들의 모토다.

외과 의사라면 누구나 수술 도중에 혹은 수술이 끝나고 환자가 사망하는 일을 경험한다. 의사가 아무런 실수를 저지르지 않아도 그런 일은 생긴다. 하지만 치료를 기다리는 다른 환자들이 있으니 이겨내고 해야 할 일을 계속할 수 있어야만 한다. 기관사가 운전 중에 철로에 있던 사람을 치더라도 그 일에 사로잡혀 있을 수만은 없는 것과 약간 비슷하다. 열차 운행이 끊기면 안 되기 때문이다. 환자의 죽음은 분명 마음을 크게 휘젓는 사건이고, 상황이나 수술을 실시한 이유에 따라 조금 더 수월하게 이겨낼 수 있는 경우도 있다. 만약에 생을 마감한 환자가 암을 앓았거나 심각한 사고를 당했다면 수술 외에는 다른 방법이 없다. 반면 수술을 선택*할 수 있었고 수술 외에 다른 방법도 있었던 경우 혹은 죽은 환자가 어린아이일 경우 의사는 훨씬 견디기가 힘들다.

의사의 경력도 당연히 결과에 영향을 준다. 수술 경력이 다섯 번인지 5백 번인지가 중요한 이유다. 수술은 한 번 할 때마다 학습되고, 처음 집도를 시작하고 몇 회 정도는 합병증complication*을 발생시킬 확률도 높다. 경험이 쌓일수록 그 확률은 점차 줄어든다. 외과 의사들 모두가 이러한 학습 곡선*을 거쳐야 하며 달리 돌아갈 길은 없다. 17세기에 샤를 프랑수아 펠릭스 드 타시Charles-François Félix de Tassy는 도저히 초보 의사라고 할 수 없는 시절에 루이 14세로부터 치루 때문에 괴롭다는 사실을 들었지만 바로 수술에 돌입하지 않았다. 대신 왕에게 6개월의 시간을 달라고 요청한 뒤 75명의 환자를 대상으로 수술을 해 본 다음에야 왕의 몸에 칼을 댔다. 내가 외과 의사가 되어 처음 치료했던 환자들이 다른 의사들보다 내가 경험이 부족하다는 사실을 알아챘는지 궁금할 따름이다.

외과 의사는 늘 시간에 쫓기는 상황에서 몇 시간이고 일을 할 수 있는 체력 조건도 갖추어야 한다. 정해진 휴식 시간도 없고, 야간 당직을 서고도 다음 날 아침까지 일하고, 그 와중에 퇴원 사유서를 작성하고, 신입 의사들을 교육하고, 팀을 지도하고, 여전히 친절한 태도로 사람들에게 나쁜 소식을 전하거나 희망을 잃지 말라고 이야기하고, 자신이 한 말과 한 일을 전부 다 기록하고, 무엇이든 상대가 이해할 수 있도록 충분히 설명해야 한다. 동시에 다음 환자가 대기실에서 너무 오랫동안 기다리지 않도록 시간 안배에도 신경 써야 한다.

다행히 좌절감을 느끼거나 즐겁지 않은 부분은 환자와 가족들이 건네는 감사 인사로 상쇄된다. 그리고 고된 업무는 수술에서 느끼는 큰 즐거움으로 보상받는다. 수술은 복잡한 기술을 요하는 일이지만 동시에 상당히 재미있는 일이다. 외과 의사가 하는 일들은 대부분 아주 기초적이고, 꼭 알아야 할 기술도 유치원 시절에 배우는 자르고, 꿰매고, 모든 것을 깔끔하게 마무리하는 기술과 크게 다르지 않다. 내가 어린 시절에 레고를 가지고 놀지 않았거나 무언가를 신나게 만들어보지 않았다면 외과 의사로서 적합한 자질을 절대 갖추지 못했을 것이다. 그 외에도 수술에 재미를 더하는 요소는 또 있다. 탐정처럼 환자의 문제를 찾아내는 일이다. 드러나지 않은 문제를 찾아내고 동료들과 무엇이 가장 좋은 해결책인지 의논하는 시간은 언제나 반갑다.

수술과는 아무 상관없이 사는 사람들에게는 외과 의사가 마술사처럼 느껴질 수도 있다. 책임감, 그리고 사람의 생명을 살릴 수 있는 기술과 지식을 갖춘 사람이라는 인식 덕분에 과거 외과 의사들이 큰 존경을 받는 경우가 많았다. 심지어 경외의 대상이 되거나 역경과 끔찍한 업무 환경 속에서도 메스를 들고 환자를 살리려고 애쓴 영웅으로 추앙되기도 했다. 반대로 이런 생각이 모두 왜곡된 이미지로 드러나는 때도 많다. 무심하거나 지나치게 순진한 사람, 청결하지 못하고 행동이 굼뜬 사람, 돈과 명예만 좇는 사람이 외과 의사가 되는 일도 많았다.

이 책에는 나의 직업이기도 한 외과 의사들의 이야기가 담겨 있다. 널리 알려진 환자들과 저명한 의사들, 놀라운 수술에 관한 이야기들을 다양하게 살펴볼 예정이다. 수술은 흥미진진하고 재미있는 일인 동시에 굉장히 전문적인 영역이므로 이 이야기들이 그리 단순한 내용은 아니다. 수술을 하기 위해서는 인체의 기능에 관한 복잡한 내용을 상세히 알아야 하고, 일반인들은 도통 이해할 수 없는 전문용어도 사용해야 한다. '급성● 복부 대동맥류'나 '구불결장 천공', 'B-II 문합술' 같은 용어를 수술에 관한 배경지식이 없는 독자가 접한다면 무슨 소린지 모를 수밖에 없다. 따라서 이 책에 소개된 이야기는 누구나 이해할 수 있도록 책 뒤편에 수술 관련 용어에 대한 설명도 덧붙였다. 수술의 역사를 나열하는 데 그치지 않고 우리 몸이 어떻게 기능하는지, 그리고 그 기능이 유지될 수 있도록 외과 의사가 할 수 있는 일은 무엇인지에 관한 내용도 포함하고 있다.

수술 관련 용어 중에 몇 가지는 추가적인 설명이 필요하다. 영어로 '절개incision'와 '절제 resection ●'는 '잘라 내다', '제거하다'라는 뜻을 가진 라틴어에서 기원한다. 그리고 '외상 trauma ●'은 '부상', '상처'를 뜻하는 그리스어에서 비롯됐다. 안 좋은 일을 겪고 심리적인 고통에 시달리는 것도 trauma로 표현할 수 있으나 외과에서는 물리적인 손상을 가리킨다. '적응증 indication ●'은 '수술이 필요한 이유'를 의미하고 '합병증'은 원치 않은 방향으로 전개된 일이나 사태를 가리킨다. 이외의 외과 용어들도 책 뒤편에 마련한 용어 해설에서 그 뜻을 확인할 수 있다.

이 책에서 다루는 다양한 이야기에 외과 수술의 역사가 전부 담겨 있는 것은 아니지만 이 이야기들은 외과 수술이 어떻게 흘러왔는지, 그리고 현재는 어떤 상황인지 파악하기에는 충분하다. 수술이란 무엇인가? 과거에는 무엇이 수술로 여겨졌나? 수술이 시작되면 어떤 일이 벌어지는가? 수술을 하려면 무엇이 필요한가? 인체는 칼이나 세균, 암세포, 총알의 공격에 어떻게 반응할까? 쇼크*와 암, 감염이 발생하는 바탕과 상처, 골절 치유의 기본 원리는 무엇일까? 수술로 해결할 수 있는 것과 없는 것은 무엇일까? 가장 흔히 행해지는 수술은 어떻게 생겨났고 누가 맨 처음 떠올렸을까? 각 장의 이야기들 중 대부분은 유명 인사가 받은 수술을 다룬다. 예를 들어 알베르트 아인슈타인Albert Einstein이 실제로 가능하다고 여겨진 것보다 훨씬 더 오래 살았다는 사실을 들어 본 적이 있는가? 해리 후디니Harry Houdini가 마지막 공연을 할 때 급성 맹장염을 앓고 있었다는 사실은? 시시Sisi 황후가 예순 살에 칼에 찔린 사연은? 그리고 존 F. 케네디John F. Kennedy와 리 하비 오즈월드Lee Harvey Oswald를 수술한 외과 의사가 동일인이라는 사실은? 암스테르담에 살던 한 남자가 직접 자신의 방광을 잘라 돌을 끄집어낸 이야기는 어떤가? 수술을 받을 때 몸에 전류가 흐른다는 사실이나, 외과 의사가 수술 전에 손을 씻기 시작한 것이 불과 150년밖에 되지 않았다는 것은?

이 책에서 다루는 이야기들 중에는 내게 개인적으로 특별한 의미가 있는 것들도 포함되어 있다. 특히 방광에서 돌을 꺼낸 얀 더 도트Jan de Doot의 이야기는 암스테르담에서 그가 자기 몸을 수술한 곳과 그리 멀지 않은 곳에 현재 내가 살고 있어서 더욱 흥미롭게 다가왔다. 또 평소에 나는 비만* 환자들을 대상으로 한 수술에 관심이 많은 편이라 먹성 좋은 교황들에 관한 이야기에서도 깊은 인상을 받았다. 페르시아 왕의 매력 넘치는 미망인[2]을 내가 직접 치료하면서 들은 왕의 이야기나 카리브해의 아름다운 섬, 세인트마틴에서 몇 년간 외과 의사로 일했던 경험을 상기시킨 페터르 스타위베산트Peter Stuyvesant의 이야기, 그리고 나의 상사가 역사상 최초로 원격 수술을 실시하는 모습을 지켜본 경험과 연관된 키홀 수술[3] 이야기도 모두 마찬가지다. 아주 오래전에도 암스테르담에 사는 외과 의사가 수술에 관한 책을 쓴 적이 있다. 렘브란트가 「니콜라스 튈프 박사의 해부학 강의」라는 제목의 그림에 담아낸 인물, 니콜라스 튈프Nicolaes Tulp가 그 주인공이다. 그가 쓴 책 『의학적 관찰Observationes Medicae』은 침팬지에 관한 장을 끝으로 마무리된다. 나도 같은 암스테르담 출신의 외과 의사로서 그의 뒤를 따라 이 책의 마지막 장은 특별한 동물의 이야기로 채웠다.

그리고 니콜라스 튈프 박사가 저서를 아들에게 바친 것처럼 나도 병원에서 일하느라 저녁 시간이며 주말을 충분히 함께 보내지 못한 내 두 아이 픽토르와 킴에게 이 책을 바친다.

2014년 암스테르담에서,
아르놀트 판 더 라르

---

2 13장에 나오는 이란의 왕 레자 팔레비의 미망인을 가리키는 것으로 보인다. 이란은 1935년까지 페르시아로 불렸다.
3 열쇠 구멍 수술. 작은 절개부에 내시경 검사 기구 등을 삽입하여 진행하는 수술

스스로 수술해서 꺼낸 자
신의 방광결석과 칼을 들
고 있는 얀 더 도트(Carel
van Savoyen, 1655)

1장
결석 제거술
암스테르담의 대장장이, 얀 더 도트의 결석

17세기 암스테르담의 저명한 외과 의사이자 시장이던 니콜라스 튈프의 저서에는 다음과 같은 제목이 등장한다. "*AEGER SIBI CALCULUM praecidens.*" "환자가 자기 몸에 생긴 돌을 직접 도려내다"로 번역할 수 있는 문장이다. 튈프는 이 저서에서 암스테르담에서 관찰한 여러 가지 질병과 의학적으로 호기심을 불러일으키는 일들을 광범위하게 다루었다. '12일간 지속된 딸꾹질'이며 '방혈 치료후 엄지손가락의 괴사•', '지독한 입 냄새의 희귀한 원인', '염장 청어를 1,400마리 섭취한 임산부', '음낭• 피어싱', '벌레의 1일 소변 배출량', '대변 후 네 시간 뒤에 발생한 항문의 통증', '대중적인 이 발생문제'와 같은 주제와 더불어 '벌겋게 달아오른 다리미로 인한 엉덩이 화상' 같은 다소 끔찍한 사건도 소개된다. 이러한 내용이 담긴 『의학적 관찰*Observationes Medicae*』이라는 제목의 이 책은 동료 외과 의사들이나 일반 의사들을 타깃으로 삼아 라틴어로 쓰였지만 원작자인 튈프박사 모르게 네덜란드어로 번역되어 의학계 종사자가 아닌 일반 독자들 사이에서 베스트셀러가 되었다. 그중에서도 자신의 방광결석을 직접 제거한 대장장이 얀 더 도트Jan de Doot의 이야기는 속표지에도 그 장면을 묘사한 그림이 나와 있는 것으로 볼 때, 튈프가 특별히 더 관심을 기울인 것이 분명해 보인다.

얀 더 도트는 튈프를 포함한 외과 의사들을 더 이상 믿지 못하고 자기 손으로 문제를 해결했다. 방광결석으로 몇 년을 괴로워하던 그는 한 외과 의사로부터 '돌 제거'라는 뜻의 '결석 제거술'•을 받았지만 수술이 실패하는 바람에 두 번이나 죽을 고비를 넘겼다. 당시에 결석 제거술의 사망률•, 즉 수술을 받고 죽을 확률은 40퍼센트였다. 그래서 돌을 제거해 주는 사람으로 성공하기 위한 필수 요건 중 하나가 잘 달리는 말을 소유하는 것이라는 말이 돌 정도였다. 그래야 환자 가족들이 불러 세워 따지기 전에 최대한 멀리 달아날 수 있기 때문이다. 이를 뽑는 일, 눈을 찔러서 백내장을 치료하는 일과 함께 결석 제거도 여기저기 돌아다니는 직업에 속했다. 이런 떠돌이 생활의 이점은 바로 옆 동네만 가도 너무나 오랫동안 고통에 시달려 온 불쌍한 환자는 반드시 있고 그런 사람들은 수술의 위험을 얼마든지 감수하려고 할 뿐만 아니라 비용도 기꺼이 지불한다는 것이었다.

더 도트는 수술을 받고 목숨을 잃을 수 있는 40퍼센트의 확률에서 두 번이나 살아남았다. 모두 합하면 통계학적으로는 64퍼센트의 사망률을 이겨 낸 것이다. 이 정도면 순전히 운이 좋아서 죽지 않았다고 할 만하다. 그러나 어마어마한 통증에 시달렸고 견디기 힘들 만큼 불편해서 밤에 잠도 제대로 이루지 못했다. 방광결석은 인류 역사에서 늘 따라다닌 문제였다. 고대 미라에서도 결석이 발견됐고 태곳

적부터 결석을 제거했다는 기록이 남아 있다. 옴이나 설사처럼 방광 결석은 오늘날과 비교하면 두통이나 요통, 과민성 대장 증후군처럼 굉장히 흔한 질병이었다.

방광결석은 세균 감염으로 발생한다. 열악한 위생에 따른 직접적인 결과인 셈이다. 소변이 원래 더럽다는 인식은 잘못된 생각이다. 일반적인 상황에서 이 노란색 액체에는 신장에서부터 요도를 통해 배출될 때까지 어떠한 병원균도 없다. 그러므로 소변에 세균이 존재하는 것은 비정상적인 현상이다. 소변에 세균이 존재하면 방광에 출혈이 발생하고 고름이 생기고, 방광 내에 꺼끌꺼끌한 침전물이 생긴다. 그래도 소변으로 다 배출될 정도로 그 양이 적을 때는 전혀 느낄 수 없다. 하지만 방광이 연이어 감염되고 침전물의 양이 늘어나서 다 배출되지 못하는 지경에 이르면 결석이 된다. 또한 방광 내에 너무 커서 배출되지 않는 결석이 생기면 이 결석으로 인해 또다시 감염이 일어난다. 결국 한번 돌이 생기면 제거하지 않는 한 감염이 일어날 때마다 돌의 크기가 점점 커진다. 이로 인해 방광결석은 양파처럼 층층이 여러 겹으로 된 특징적인 형태로 나타난다.

오늘날에는 아주 드문 질병이 된 방광결석이 왜 17세기에는 그토록 흔했을까? 암스테르담 같은 도시들은 집이 춥고 축축한 데다 외풍이 심했다. 벌어진 틈으로 새어 들어오는 습기 많은 바람에 대문과 창틀, 벽은 늘 젖어 있었고 눈이 내리면 현관문 아래쪽으로 집안까지 들어왔다. 하지만 달리 해결할 방법이 없어서 사람들은 밤이고 낮이고 항상 두꺼운 옷을 입고 지냈다. 렘브란트의 초상화 작품들을 보면 사람들이 털 코트를 입고 모자를 쓴 모습으로 등장한다. 게다가 당시에는 깨끗한 물로 매일 샤워를 할 수 있는 것도 아니었다. 운하에는 더러운 물이 흐르고 그 위로 죽은 쥐가 둥둥 떠다녔다. 사람들의 배설물, 쓰고 버린 물, 그리고 무두장이와 양조 업자, 화가들이 버린 화학물질도 섞여 있었다. 암스테르담 요르단 지구의 운하는 흡사 목초지 주변을 지나 암스텔강으로 천천히 흘러가던, 소똥 가득한 시커먼 배수로가 도시까지 이어진 것 같은 착각이 들 정도였다. 강물로도 제대로 된 목욕을 할 수가 없었고 속옷도 깨끗이 빨 수 없었는데 화장실용 휴지는 아직 발명도 안 된 시절이었다.

결과적으로 두툼한 옷을 껴입고 살던 사람들의 사타구니며 은밀한 부분은 늘 지저분했다. 그리고 소변이 몸에서 배출되는 관인 요도는 균이 방광까지 들어오지 못하도록 막을 수 있는 기능을 별로 하지 못한다. 외부에서 쳐들어오는 세균을 막아 낼 수 있는 가장 좋은 방법은 최대한 소변을 자주 배출해서 요도를 헹구고 방광을 청결하게 유지하는 것인데, 그러려면 물을 많이 마시는 수밖에 없었지만 깨끗한 식수를 구하기란 쉬운 일이 아니었다. 펌프로 퍼 올린 물이라고 해서 믿고 마실 수 있는 상태는 아니었기 때문이다. 물로 수프를 끓여 먹는 것이 안전하게 물을 마시는 최선의 방법이었다. 또 와인이나 식초, 맥주로 만들면 상당히 오랫동안 두고 마실 수 있었다. 실제로 1600년대 전후로 네덜란드 사람들은 맥주를 하루 평균 1리터 넘게 마셨다. 어린아이들은 이마저도 불가능해서 어릴 때 방광염이 시작되어 돌이 점점 커지는 경우가 많았다.

일반적으로 방광염에는 세 가지 불쾌한 증상이 따른다. 빈뇨증(비정상적으로 소변이 자주 마려운 것), 배뇨 장애(소변볼 때 통증이 발생하

**히포크라테스와
결석을 제거하는
사람들** —————

갓 의사가 된 사람들은 히포크라테스 선서를 통해 신께 몇 가지 약속을 한다. 그 내용은 대략 네 가지 기본 원칙으로 구성된다. 환자를 보살피는 의무를 다하는 것(병이 든 모든 사람을 위해 항상 최선을 다하는 것), 직업 윤리를 지키는 것(동료를 존중하고 신의를 다하는 것), 비밀 보장의 의무를 다하는 것(기밀 유지와 재량권)과 함께, 어떠한 경우에도 '해를 가하지 말 것(라틴어로 *Primum non nocere*)'●이 치료의 시작점이 되어야 한다는 내용이다. 히포크라테스는 결석을 제거하는 사람들이 이러한 요건을 충족시키지 않는다고 보았다. 실제로 선서 내용에는 의사들에게 결석 제거는 다른 사람의 손에 맡겨 두라고 권하는 부분이 있다. 오늘날에는 이 내용이 의사 본인이 치료할 수 없는 환자는 전문가에게 맡겨야 한다는 호소로 보이지만, 그건 이치에 전혀 맞지 않는 해석이다. 히포크라테스는 선서에 담긴 말 그대로 할 것을 의미한 것이고, 결석을 제거하는 사람들은 이 뽑아 주는 사람이나 점쟁이, 독약 만드는 사람을 비롯한 돌팔이들과 더불어 의학의 범주 밖에 있는 자들로 치부했다. 과거의 상황을 감안하면, 그 이유를 충분히 납득할 수 있다. 방광에 생긴 결석으로 생활이 아무리 고통스럽고 괴롭다 한들 돌을 제거하려다 아예 목숨을 잃을 확률이 너무 높았기 때문이다. 결석 제거술의 위험성은 이후 현재까지 백 배가량 감소했다. 이제는 수술을 두려워할 이유가 없고, 생명에 지장을 주는 수준이 아니라면 건강에 문제가 있어도 수술을 받을 수 있다. 히포크라테스로서는 외과 수술이 목숨을 구할 뿐만 아니라 삶의 질을 개선시키는 시대가 오리라곤 꿈도 꾸지 못했으리라.

는 것), 요 절박(소변을 참을 수 없는 것)이다. 튈프는 얀 더 도트가 해낸 일을 이례적으로 놀라운 성과로 보았지만, 그는 끔찍한 통증 때문에 직접 자기 몸을 절개할 수밖에 없었던 것으로 보인다. 그렇다면 일반적인 방광염 증상 외에 대체 어떤 괴로움이 있었길래 이 대장장이가 고통을 감내하고 그런 절박한 시도를 하게 된 것일까?

방광의 내용물이 나가는 곳, 요도 아랫부분에는 일종의 압력 센서가 있다. 이 센서 덕분에 우리는 방광이 꽉 차면 소변을 보고 싶다고 느낀다. 문제는 방광 아래쪽에 결석이 놓여 있으면 소변을 비워야할 상황이든 그렇지 않든 그런 느낌이 똑같이 생긴다는 것이다. 그리고 소변을 보려고 하면 압력 때문에 돌이 방광의 배출구를 틀어막는 바람에 거의 아무것도 밖으로 나오지 못한다. 게다가 이 상태에서는 결석이 압력 센서를 한층 더 강하게 자극하므로 소변을 보고 싶은 충동도 더욱 급증한다. 그러면 소변을 보려고 더욱 힘을 주게 되고, 그럴수록 소변은 더 나오지 않고, 요의는 더더욱 증가하여 결국 미쳐버릴 지경이 된다. 로마의 티베리우스 황제가 고문관들에게 희생자의 성기를 묶으라고 지시한 것도 이 같은 고통을 유발하기 위해서였다. 방광이 채워지든 그렇지 않든 낮이고 밤이고 이 같은 고통에 시달린다면, 생존 확률이 40퍼센트라는 말을 들어도 수술을 감행하는 쪽을 택할 수밖에 없지 않을까?

방광에 결석이 생긴 경험이 없는 사람은 어디를 절개해야 돌을 꺼낼 수 있는지 상상조차 하기 힘들 것이다. 그러나 방광과 이어진 소변 배출로 끝에 돌이 막혀서 힘을 줄 때마다 아래쪽으로 눌려 본 사람들, 얀 더 도트를 비롯한 환자들은 돌의 위치를 정확히 짚어 낼 수 있다. 바로 항문과 음낭 사이, 회음*(샅)이라 불리는 부분이다. 그런데 인체 구조를 잘 아는 사람이라면 절대로 이 부분을 절개하지 않는다. 혈관도 굉장히 많고 항문도 너무 가까이에 있기 때문이다. 그보다는 위에서 아래 방향으로 방광에 접근하는 것이 더 수월한데, 이 경우 복부*와 위험할 정도로 가까워서 장을 건드릴 수도 있다. 당시에 결석을 제거하던 사람들은 해부학* 전문가라기보다 손 기술 좋은 사기꾼에 가까워서 자신이 뭘 하는지도 명확히 알지 못했다. 그래서 나중에 방광 기능에 어떤 문제를 일으킬지는 별로 생각해 보지도 않고 곧장 돌이 있는 위치로 접근할 수 있도록 아래에서 절개를 강행했다. 이들의 작업을 이겨 내고 살아남은 희생자들은 대부분 요실금 환자가 되었다.

얀 더 도트가 살던 시대에 방광결석을 제거하는 방법은 '소'수술('장비를 최소화한' 수술)과 '대'수술('장비가 많이 사용되는' 수술) 두 가지로 나뉘었다. 첫 번째 방법의 경우 1세기 로마 사람인 아울루스 코르넬리우스 켈수스Aulus Cornelius Celsus의 기록에 처음 등장하지만 실제로는 그보다 수세기 전부터 활용됐다. '소'수술의 원리는 간단하다. 먼저 환자는 등을 대고 누운 뒤 두 다리를 위로 드는, 일명 결석 제거술 자세*로 불리던 자세를 취한다. 이 상태에서 돌을 빼내는 사람이 검지를 환자의 항문에 집어넣고 직장 너머로 방광 어디쯤 돌이 있는지 손가락 끝으로 감지한다. 돌을 찾으면 손가락으로 돌을 회음부 방향으로 민다. 그런 다음 환자나 도와줄 사람에게 음낭을 위로 들어 올리라고 한 뒤 회음부와 항문 사이, 돌이 있는 쪽을 절개한다. 이제 환자가 여성들이 아이를 낳을 때처럼 힘을 줘서 돌을 밀어낼 차례다. 누군가 환자의 배를 눌러서 이 과정을 도울 수도 있고, 결석을 제거하는 사람이 갈고리로 직접 뽑아내는 경우도 있다. 돌이 빠져나오면 과다 출혈로 환자가 숨지지 않도록 절개 부위를 최대한 오랫동안 압박해야 한다.

이 같은 수술은 남성에 한하여, 나이가 마흔 살 미만인 환자에게만 실시할 수 있었다. 마흔 즈음부터 절개 부위에 분비선이 팽창되어 수술에 방해가 되기 때문이다. 전립선prostate이라는 이 분비선의 명칭도 라틴어로 '앞에 놓여 있다'는 뜻을 가진 *pro-status*에서 비롯됐다.

'대'수술은 마리아누스 상투스 바롤리타누스Marianus Sanctus Barolitanus가 1522년에 묘사한 바에 따르면 그의 스승인 크레모나 지역의 요안네스 데 로마니스Joannes de Romanis가 새롭게 고안한 방법이다. 이 수술에서는 돌을 도구가 있는 쪽으로 밀어내는 대신 도구를 이용하여 돌이 있는 위치로 직접 접근한다. '마리아누스 수술'이라고도 불렸던 이 과정에는 굉장히 많은 도구가 필요해서 '장비가 많이 사용되는 수술'이라는 말이 생겨났다. 수술을 기다리는 금속 도구들이 쫙 펼쳐진 것만 봐도 질겁해서 마음을 바꾸는 환자가 많을 정도였다. '대'수술도 결석 제거술 자세로 시작된다. 그러나 음낭을 들어 올릴 필요 없이, 구부러진 막대를 성기를 통해 방광까지 삽입한다. 그런 다음 메스로 성기와 음낭 사이를 막대가 들어가는 방향과 일직선이 되도록 회음부의 중앙선을 따라 세로로 절개한다. 이어 가운데 홈이 파인 '고젯gorget'이라는 도구를 방광까지 삽입하여 결석을 부순 다음 스프레더, 집게, 갈고리 같은 도구를 이용하여 조각을 밖으로 끄집어낸다. '대'수술의 장점은 절개 부위가 작아서 요실금 위험도 적다는 것이다.

이런 복잡한 도구가 없었던 더 도트는 단순한 방법을 택하는 수밖에 없었다. 칼 하나를 가지고 십자 모양으로 큼직하게 절개하는 '소'수술이 그가 택한 방법이었다. 이 대장장이는 먼저 칼부터 직접 만들고, 거사에 착수하기 전 또 한 가지 중요한 일을 해결했다. 아내에게 수산 시장에 가서 뭘 좀 사다 달라고 부탁하여 아내를 집에서 내보낸 것이다(아내는 이상한 낌새를 전혀 느끼지 않았다). 1651년 4월 5일에 수술이 실시되는 동안 그의 곁을 유일하게 지킨 조수가 더 도트의 음낭을 들어 올리는 일을 맡았다. 이에 대해 튈프는 "*scroto suspenso a fratre uti calculo fermato a sua sinistra*(그의 형제가 음낭을 위로 들어 올려서 잡고 왼손으로 결석을 붙들었다)"라고 전했다. 그러나 튈프가 사용한 언어는 간소화된 버전의 라틴어라, 항문으로 왼손 검지를 집어넣은 사람이 둘 중 누구인지는 확실하게 알 수 없다. 아마도 모든 과정은 더 도트가 혼자 알아서 하고 조수는 갈수록 놀라운 '수술' 광경을 지켜보기만 했을 것으로 추정된다. 더 도트가 총 세 번에 걸쳐 피부를 절개했지만 상처는 그리 크지 않았다. 절개 부위에 양손 집게 손가락을 둘 다 집어넣은 뒤(물론 그 손가락 중 하나는 왼손이다) 양쪽으로 넓게 벌렸다. 더 젊을 때 이미 결석 제거 수술을 받아 본 적이 있어서 흉터가 남은 과거의 수술 부위를 절개했으므로 그렇게 심한 통증이나 출혈은 겪지 않았을 것으로 보인다. 튈프 박사의 설명에 따르면 그는 온 힘을 다해 돌을 밀어내기 시작했고, 판단력보다는 운이 더 많이 따라 준 덕분에 결석은 상당 부분 부서지고 갈라진 상태로 빠져나와 땅에 떨어졌다. 무게가 110그램이 넘는, 달걀보다 큰 돌이었다. 튈프의 저서에는 더 도트가 사용한 칼과 함께 결석의 형태도 그림으로 나와 있다. 그림을 보면 칼과 접촉한 자국으로 보이는 세로

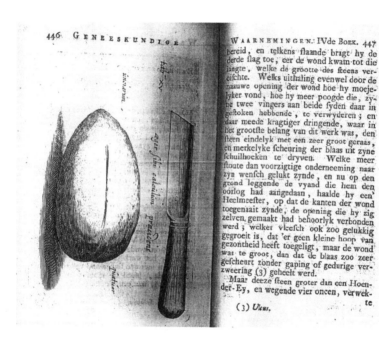

틸프의 『의학적 관찰』의 한 페이지. 더 도트의 결석과 수술에 사용한 칼

로 길게 파인 홈이 선명하게 표시되어 있다.

수술로 생긴 상처는 굉장히 심각해서 결국 외과 의사의 치료를 받아야 했고 이후로도 몇 년 동안 반복해서 곪았다. 용감무쌍한 시도가 이루어지고 4년 뒤에 카렐 판 사보이언Carel van Savoyen이 그린 초상화에서 결석과 칼을 손에 쥐고 씁쓸한 미소를 띤 채 서 있는(앉아 있지 않다니!) 더 도트의 모습을 볼 수 있다.

절박함에서 비롯된 그의 도전 이후 그리 오래 지나지 않아 회음부 중앙을 절개하는 원시적인 방식은 다른 방법으로 대체되었다. 그러나 안타깝게도 위험이 사라진 것은 아니었다. 더 도트가 자신의 방광에서 돌을 제거한 그해에 프랑스에서는 자크 볼리외Jacques Beaulieu라는 사람이 태어났다. 그는 프레르 자크Frère Jacques라는 이름으로 유럽 전역을 돌아다니며 '대'수술을 실시했는데, 회음부 절개 부위를 중앙선에서 몇 센티미터 떨어진 곳으로 바꾸었고 18세기 초에 암스테르담에서 몇 년간 활동하면서 명성을 얻었다. 이러한 수술 방식으로 사망률과 합병증 발생률*이 줄고, 절개 부위는 더 작아졌을 뿐만 아니라 결석을 더욱 정확하게 제거할 수 있었다. 1719년에는 존 더글러스John Douglas가 하복부에 *sectio alta*, 즉 '고위 절개술'이라는 방법을 최초로 적용했다. 일찍이 히포크라테스가 방광의 위쪽에 생긴 상처는 치명적이라고 경고한 이후 위에서 아래로 방광에 접근하는 것은 늘 금기시되어 왔으나 이로써 모두 잘못된 생각임이 입증됐다. 19세기에 접어들자 결석 제거는 한물간 치료법이 되고 거의 대부분이 요도를 통한 쇄석술lithotripsy로 대체됐다. 쇄석술이라는 용어는 참 어렵게 들리지만, 돌(litho)을 가루로 만드는 것(-tripsy)을 의미한다. 접을 수 있는 가느다란 겸자(집게)와 줄을 성기를 통해 방광까지 삽입하여 결석을 작게 조각내는 방식이다. 1879년에는 빈에서 방광경이 개발됐다. 요도를 통해 방광에 직접 삽입하여 결석을 시각적으로 확인할 수 있는 도구로, 돌을 찾아서 부수고 제거하는 일이 훨씬 더 쉬워졌다. 그러나 역시나 최선의 치료법은 예방이다. 매일 깨끗한 속옷으로 갈아입는 것이 그 어떤 새로운 수술법보다 인류를 아주 힘들게 괴롭혀 온 이 병을 물리치는 데 가장 효과가 뛰어나다는 사실도 밝혀졌다. 그 결과 결석 제거술은 이제 거의 실시되지 않고 특히나 회음부를 통해 제거하는 일은 절대 없다. 또한 외과가 아닌 비뇨기과의 전문 영역이 되었다.

그래도 두 다리 사이에서 이루어지는 결석 제거술에 관해 좀 더 자세히 알고 싶은 독자들을 위해, 1725년에 '대'수술을 직접 경험하고 음악으로 남긴 프랑스 작곡가 마랭 마레Marin Marais를 소개한다. 비올라다감바 연주곡으로 작곡한 이 E 단조 곡의 제목은 「제거 수술의 장면Le tableau de l'operation de la taille」으로, 환자의 입장에서 느낀 수술의 열네 가지 단계를 총 3분간 이어지는 음악으로 묘사했다. 수술 도구를 보았을 때의 느낌, 두려움, 마음을 굳게 먹고 수술대로 향할 때의 심정, 수술대 위로 올라갔다가 다시 내려와 수술을 재고할 때의 심정, 다시 수술대 위로 올라가 손발을 묶도록 내버려 두고, 절개가 시작되어 겸자가 삽입될 때, 돌을 제거할 때, 목소리가 안 날 만큼 소리를 지른 순간, 피가 철철 흐를 때, 그리고 수술대에서 내려와 침대에 눕혀졌을 때의 감상이 각각 담겨 있다.

더 도트는 온 나라에 유명 인사가 되었다. 정신 나간 사람이라고 여기는 사람들도 많았지만 직접 수술한 뒤 한 달이 지난 뒤에 그는 피터르 데 바리$^{Pieter de Bary}$라는 암스테르담의 공증인을 통해 자신의 행위를 증서로 남겼다. "엥엘스헤 스테흐$^{Engelsche Steeg}$에 사는 서른 살 얀 더 도트는…"으로 시작하는 이 문서에는 '본인이 직접 쓰고 운을 맞춘' 시 한 편이 담겨 있다. 자신감 넘치는 대장장이의 이 시에는 자신이 행한 일로 보나 성I으로 보나 자신은 이미 죽었어야 할 사람인데 여전히 살아 있다는 의미가 담겨 있다.

　　행운이 깃든 이 손에 대하여
　　온 땅이 어찌 놀라워하지 않을 것인가?
　　이것은 인간이 행한 일이지만
　　신께서 계획하여 이끄신 일이니
　　목숨이 저 멀리 달아날 때쯤
　　신은 더 도트에게 다시 생명을 주셨다.

　　그나저나 그의 아내는 시장에 다녀와서 이 모든 사태를 알고 무슨 생각을 했을까?

I　　네덜란드어로 Doot(도트)와 발음이 유사한 dood는 '죽음'이라는 뜻이다.

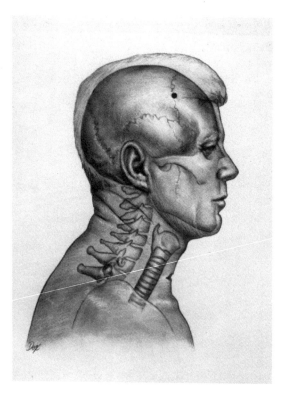

케네디 대통령(1917∼1963) 암살 당시의 총상(Ida dox 그림). 두 발의 총알로 뇌와 기관에 손상을 입었다.

2장
질식
역사적인 기관 절개술: 케네디 대통령

금요일 이른 오후, 댈러스 파크랜드 기념병원 응급실로 마흔다섯 살 남성이 실려 왔다. 총상으로 머리 한쪽이 크게 벌어진 환자의 상처에서 피와 뇌 조직이 흘러내렸다. 응급실에 있던 환자들은 서둘러 길을 터 주었다. 수많은 사람이 어찌할 바를 몰라 하며 환자와 함께 병원에 들어왔다. 응급실 밖에는 기자들이 몰려들었다. 들것과 나란히 응급실에 들어선 남자의 아내는 남편의 피로 얼굴이 온통 범벅이 되어 있었다. 환자는 곧바로 외상 치료실로 옮겨졌고 그 뒤로 문이 닫혔다. 의사 한 명과 간호사 한 명만이 환자 곁에 남고 아내는 복도에서 기다렸다.

의사의 이름은 찰스 캐리코^{Charles Carrico}. 응급실을 담당하던 스물여덟 살의 2년차 외과 레지던트였다. 그는 환자가 누군지 단번에 알아보았다. 머리에 구멍이 나고 피로 뒤덮인 채 눈앞에 누워 있는 사람은 바로 존 F. 케네디 대통령이었다. 의식이 없는 대통령의 몸에서 느릿한 경련 반응이 일어나고 있었다. 그가 숨을 제대로 쉬지 못한다는 사실을 알아챈 캐리코는 즉시 환자의 입을 열고 호흡 관을 기관까지 밀어 넣었다. 우선 작은 조명이 달린 갈고리처럼 생긴 후두경을 이용하여 구강 안쪽 깊숙한 곳까지 들여다본 뒤 혀를 한쪽으로 밀고 기관의 입구를 덮고 있는 일종의 연골 밸브, 후두개가 보일 때까지 목구멍을 최대한 열었다. 그 바로 뒤에 있는 성대가 보이자 캐리코는 비닐 튜브를 그 사이로 밀어 넣었다. 다른 부상도 살펴봐야 하지만 폐로 공기가 통하게 하는 것이 급선무였다.

온 세상이 다 아는 것처럼 그날 케네디는 살아남지 못하고 그 외상 치료실에서 숨졌다. 같은 날 저녁, 군 병리학자 제임스 흄스James Humes 박사가 그곳에서 멀리 떨어진 워싱턴 D. C. 베데스다 해군병원으로 다급히 옮겨진 대통령의 시신을 부검했다. 흄스는 자신이 해야 할 일이 세기의 부검•이 될 것임을 인지했다. 조금의 실수도 용납될 수 없었고, 수많은 사람이 지켜보고 있었다. 누군지 알 수 없는 시커먼 정장 차림의 남자들도 와 있었다. 바로 눈앞에 있는 시체는 그냥 시신 한 구일 수도 있지만 그날 정확히 무슨 일이 벌어졌는지, 나라 전체의 관심이 쏠린 진실을 밝혀낼 가장 중요한 증거이기도 했다. 총알로 생긴 상처가 전부 동일한 방향에서 날아온 것으로 밝혀지면 정신이 혼란한 미치광이 한 사람이 단독으로 총격을 벌인 것이 된다. 그러나 다른 방향에서 날아온 총상이 발견될 경우, 총격의 범인은 여러 사람이 된다.

그런데 흄스는 시작부터 문제에 봉착했다. X선 촬영 결과에서 총알이 하나도 발견되지 않았으므로 전부 몸을 관통해서 빠져나갔다는 사실이 이미 확인된 상황이었다. 즉 들어온 곳과 나간 곳에 총상이 각각 존재해야 정상이었다. 그런데 몸에서 발견된 총상은 세 곳이 전부

였다. 그중 머리 뒤쪽에 생긴 작은 구멍과 우측에 생긴 큰 총상 자국
은 뚜렷하게 일직선으로 연결됐다. 하지만 우측 등 부위, 목이 시작되
는 곳에 작은 총상이 하나 더 있었다. 크기가 아주 작은 것으로 보아
총알이 진입한 상처로 볼 수 있었다. 총알이 들어오면서 생긴 상처는
관통해 나가면서 생기는 상처보다 더 작지만 고속으로 날아온 총알은
빠져나간 구멍도 작을 수 있다. 어느 쪽이든 들어가거나 나간 구멍이
하나 더 있어야 하는데, 시신 어디서도 그런 흔적을 찾을 수가 없었다.

케네디 대통령의 자리는 부통령 린든 베인스 존슨Lyndon Baines
Johnson에게로 승계되었다. 그는 댈러스에서 워싱턴으로 케네디의 시
신을 옮겨 가는 대통령 전용기 안에서 취임 선서를 했다. 대통령이
된 존슨이 우선적으로 내린 결정 중 하나는 케네디 사망일로부터 정
확히 일주일 뒤, 수석 재판관 얼 워런Earl Warren이 이끄는 대통령 직속
위원회를 발족하여 총격 사고 조사를 지시한 일이었다. 케네디를 치
료했던 의사들에 대한 조사 결과가 포함된 위원회의 최종 보고서는
일반에 공개되어 있으므로 인터넷으로 검색하면 담당 의사들의 진술
기록을 쉽게 찾을 수 있다. 아래는 해당 보고서의 내용을 토대로 재
구성한 내용이다.

존 F. 케네디는 댈러스에서 총을 맞고 8분 내로 파크랜드 기념
병원 응급실에 실려 왔다. 응급실에서는 간호사 마거릿 헨치클리
프Margaret Henchcliffe와 외과 레지던트 찰스 캐리코가 케네디를 치료했
다. 캐리코는 곧바로 호흡 관을 삽입하고 호흡기에 연결했다. 그때
서른네 살 말콤 올리버 페리Malcolm Oliver Perry 박사가 치료실에 들어왔
다. 페리 박사도 캐리코와 마찬가지로 대통령의 호흡이 막힌 상태임

을 확인했다. 목 앞쪽 중앙의 작은 상처에서 피가 천천히 흘러나오는 것도 보았다. 그가 상황을 판단하고 조치를 결정하기까지는 1초도 채 걸리지 않았을 것이다.

대통령은 의식이 없었지만 가슴팍이 천천히 오르락내리락 움직였다. 하지만 호흡 관이 연결된 것을 감안할 때 정상적인 호흡에 따른 움직임은 아니었다. 튜브가 적절한 위치에 끼워지지 않았거나 다른 문제, 가령 기흉(폐가 망가지는 것)이나 혈흉(흉강[I]이 혈액으로 채워지는 것)이 발생했다는 의미였다. 목 앞부분에 생긴 작은 상처도 고려해야 했다. 저 상처 때문에 기관이 손상됐을까? 캐리코가 끼운 호흡 관이 기관과 연결되어 있다면 왜 저 상처로 기포가 빠져나오지 않을까? 만약 호흡 관이 잘못된 위치에, 기관이 아니라 식도에 끼워졌다면? 그런 경우 즉시 조치를 취해야 했다.

페리는 메스를 쥐고 기관 절개술tracheotomy을 실시했다. 명칭 그대로 목을 잘라서(-tomy) 기관(trachea)을 통해 공기가 폐로 전달되도록 하는 방법이다. 절개 후에는 특수 튜브를 기관에 삽입한다. 그런데 목에 생긴 작은 총상은 목젖 바로 아래 목 중앙부에 위치했고 이곳은 절개해야 하는 부분과 정확히 일치했으므로, 페리는 메스를 이용해 구멍을 좌우 수평으로 넓히기로 결정했다. 흄스가 부검 시 네 번째 총알구멍을 찾지 못한 이유는 바로 이 때문이었다.

페리가 있던 1번 외상 치료실은 뒤이어 들어선 다른 의사들로 신속히 채워졌다. 페리 바로 다음으로 도착한 찰스 백스터Charles Baxter와

I   가슴안. 목과 횡격막 사이의 부분. 심장, 허파 등이 있다.

로버트 매클렐랜드Robert McClelland는 도착하자마자 페리의 기관 절개술을 도왔다. 이들이 기관 절개용 튜브를 삽입하고 있을 때 외과 레지던트와 비뇨기과 전문의*가 도착하여 환자의 가슴 양쪽에 흉관을 삽입했다. 갈비뼈 사이로 흉벽을 지나 흉강까지 비닐 튜브를 삽입해서 기흉이나 혈흉일 경우 폐 주변에 고여 있을 공기나 혈액을 배출하기 위한 조치였다. 이어 마취과 의사가 호흡기를 맡고 심전도계로 심장 활동을 모니터링했다. 환자의 팔에 혈액과 수액을 공급할 수 있도록 혈관 절개도 이루어졌다. O형 음성 혈액, 그리고 물과 무기질이 함유된 젖산화 링거 용액이 투여됐다.

신경외과 전문의 윌리엄 켐프 클라크William Kemp Clark는 뇌 손상 여부를 확인했다. 그리고 마침 서 있던 자리가 머리 쪽이라 페리의 부탁으로 환자의 입에 끼워진 호흡 관을 제거하고 페리가 기관에 기관 절개용 튜브를 끼울 수 있도록 도왔다. 클라크는 호흡 관을 제거하다가 목 안쪽에서 혈액을 확인했다. 식도부터 위까지 코·위 영양관도 삽입됐다. 그러나 이 모든 노력에도 대통령의 호흡 상태는 나아지지 않았다. 머리에 입은 부상 부위도 간호사 한 명이 거즈로 덮고 압박을 가하고 있었으나 출혈량이 엄청났다. 의사들도 치료실 바닥과 들것에 흐른 피와 뇌 조직을 보았고, 기도를 확보하려 했으나 맥박이 잡히지 않는다는 사실도 확인했다. 클라크와 페리는 즉각 심장 마사지를 시작했다. 이로 인해 머리의 부상 부위에서 더 많은 혈액이 흘러나왔다. 클라크는 결국 심폐소생술*을 중단한다는 결단을 내리고, 오후 1시에 대통령이 사망했다고 발표했다. 병원에 도착하고 22분이 지난 시점이었다.

얼마 지나지 않아 대통령의 시신은 안보부 요원에게 인계되어 워싱턴 해군병원으로 옮겨졌다. 이때 댈러스의 의료진과 군 병원 의사들 간에 의견 교환이 이루어지지 않았는데, 이 일은 총상에 관한 논란을 일으켜 이후 아주 오랫동안 음모론이 제기되는 불씨가 되었다. 페리를 비롯해 함께 댈러스 병원의 1번 외상 치료실에 있었던 다른 열 명의 의사들은 대통령의 몸을 뒤로 돌려 몸의 뒷면을 확인할 겨를이 없었다. 목 바로 아래, 등 부위에 생긴 총상과 머리 뒤쪽의 상처를 볼 틈이 없었던 것이다. 이날 오후의 비극적인 사건 직후 즉석에서 만들어진 기자회견장에 들어선 페리는 모여든 기자들 앞에서 크게 당황했다. 그는 목에 있던 총상을 총알이 진입한 상처라고 언급했고, 언론은 대통령 암살 후 첫 몇 시간을 비롯해 이후 며칠 동안 정면에서 총을 쏜 사람을 한 명 이상으로 추정했다. 실제로 그렇다면, 리 하비 오즈월드를 체포한 근거와 완전히 어긋나는 셈이었다. 대통령을 공격하고 한 시간 반도 지나지 않아 체포된 그 젊은 용의자는 곧 단독으로 총을 쏘았다는 사실이 확인됐다. 다만 그가 총을 쏜 위치는 대통령의 **뒤쪽**이었다.

대통령 사망을 조사한 보고서 내용이 부검 보고서와 어긋나다 보니, 뭔가 은폐된 것이 있다고 여긴 사람들이 있었다. 부검 다음 날 아침에야 페리와 통화한 흄스는 마침내 기관에 총알구멍이 있었다는 이야기를 들었다. 흄스의 기준에서는 퍼즐의 마지막 조각이 된 정보였다. 목 바로 아래쪽 등에 생긴 총상과 흉강을 검시*하면서 우측 폐 윗부분에서 본 멍, 그리고 페리가 기관 절개술을 실시한 목의 총알구멍은 정확히 일직선상에 놓여 있고 머리에서 확인된 총상과 마찬가

응급 상황에서 취해야 할 의학적인 조치 ABC

알파벳을 활용하면 응급 상황에서 의학적으로 어떤 조치를 해야 하는지 쉽게 기억할 수 있다. ABC로 요약되는 이러한 조치는 생명이 위독할 때 환자 상태를 안정시키기 위해 취해야 할 일들을 순서대로 나타낸다. 먼저 A는 기도airway 확보를 의미한다. 호흡은 반드시 원활하게 이루어져야 하며, 그렇지 않을 경우 환자는 단 몇 분 만에 질식사할 수 있다. 기도를 확보하기 위해 보통 환자의 입으로 호흡 관을 삽입하여 성대와 기관 사이로 밀어 넣는다. 삽관법이라 불리는 이 조치를 시행하고도 몇 가지 이유로 인해 호흡이 원활하지 않으면 곧바로 목 앞부분을 절개하여 기관을 열어야 한다. 기관 절개술로 불리는 조치다. 초 단위가 시급한 상황에서 한시도 지체 없이 행해야 하므로 '기관 절개술을 해야 하나, 싶을 때는 곧바로 실시하라!'는 말도 있을 정도다. 그만큼 기관 절개술은 신속하게 이루어져야 하고 그 순간의 결정으로 생명을 구할 수 있다. B는 호흡breathing을 가리킨다. 환자의 폐로 산소가 충분히 공급되고 이산화탄소도 적절히 배출되어야 한다는 의미다. 환자의 몸에 호흡 기계를 연결하는 것은 이러한 이유에서다. 혈액과 인체 외부 환경 간에 기체 교환이 제대로 이루어지지 않으면 뇌와 심장은 물론 생명 유지에 필수적인 체내 모든 기관이 산소를 충분히 공급받지 못하므로 기능이 중단될 위험이 커진다. 허혈*이라 부르는 상태가 되는 것이다. 근육은 산소 없이도 여섯 시간까지 기능할 수 있지만 뇌는 겨우 4분까지만 버틸 수 있다. 또한 부차적으로는 혈중 이산화탄소가 배출되지 않으면 혈액의 pH*가 떨어진다. 이로 인해 혈액이 산성화되면 체내 기관은 더 많이 손상되고, 순환 기능circulation에 악영향이 발생한다. 바로 C로 이어지는 셈이다. 순환 기능이 안정되고 과도한 출혈로 사망하지 않도록 해야 하며, 심장 활동과 혈압도 확인해야 한다. 그러고 나면 D와 E 등이 이어진다.

지로 뒤에서 쏜 총격으로 확인됐다. 이 사실은 대통령이 뒤에서 쏜 총 두 발에 맞아 사망했다는 것을 의미했다. 암살범은 한 명이고 공범은 없다는 뜻이기도 했다. 그럼에도 영웅적인 조치를 행한 젊은 외과 의사가 즉흥적으로 한 말에 계속해서 더 무게를 두는 사람들이 많았다. 대통령이 아직 살아 있을 때 그가 두 눈으로 직접 목격한 상처를 두고 한 말이므로 한밤중에 군 병원에서 극비로 행해진 부검 결과를 밝힌 보고서보다 더 확실하다고 여긴 것이다.

케네디가 어떻게 총상을 입었는지는 에이브러햄 재프루더Abraham Zapruder라는 사람이 당시 총격 현장에 함께 있던 비서의 도움으로 선명하게 녹화한 자동차 퍼레이드 장면을 보면 알 수 있다. 퍼레이드를 담으려던 그의 영상에는 대통령이 공격을 받는 순간도 선명하게 기록됐다. 재프루더는 시야를 확보하려고 벽에 올라갔는데 어지러워서 그만두려다 비서가 다리를 잡아 줘서 계속 촬영을 할 수 있었다. 사건이 일어나고 15년이 지나서야 공개된 이 영상에는 이제 모두에게 친숙한 장면이 된, 대통령의 머리 일부가 공중으로 날아가고 아내 재키Jackie가 달리는 차 트렁크에 필사적으로 올라가는 모습이 담겨 있다. 그보다는 잘 알려지지 않았지만 대통령이 머리에 총을 맞기 5초전 모습을 보면, 알아보기는 힘들지만 그가 갑자기 얼굴을 찡그리며 양손으로 자신의 목을 부여잡는 것을 볼 수 있다. 아무도 그 사실을 눈치 채지 못하고 다들 웃으면서 신나게 손을 흔들고 있지만 대통령은 숨이 막히는 기색이 나타난다.

총격이 진행된 순서는 이렇다. 머리의 끔찍한 총상은 세 번째로 쏜 총알로 생긴 것이다. 두 번째 총알은 케네디의 등에 맞고 사선으로 몸을 관통하여 성대 아래, 기관으로 빠져나갔다. 이로 인해 누군가를 부르거나 소리를 지르지도 못해서 그가 숨이 막혔다는 사실을 아무도 알아차리지 못했다. 케네디의 목 앞쪽으로 빠져나온 총알은 바로 앞에 앉아 있던 텍사스 주지사 존 코널리John Connally의 가슴과 오른쪽 손목, 왼쪽 허벅지를 공격했다. 이동 경로가 이처럼 특이해서 '마법의 총알'이라는 이름까지 붙여진 이 총알은 워런 위원회의 보고서의 증거물 번호 399번으로 제시됐다. 재프루더의 영상을 바탕으로 상황을 재구성해 보면 총알의 움직임은 전혀 이상하지 않다. 이 두 번째 총격이 있기 전에 첫 번째 총알이 발사됐기 때문이다. 첫 총알은 목표물을 빗나가 관중으로 와 있던 제임스 테그James Tague의 오른쪽 뺨에 상처를 입혔다. 코널리는 이 총소리를 듣고 차에서 몸을 돌려 돌아보면서 떨어진 모자를 주웠다. 바로 이때 다시 총이 발사됐으므로 두 번째 총격으로 그와 케네디가 입은 총상이 모두 그와 같은 형태가 된 것이다. 그 경로를 따라 총이 발사된 위치를 되짚어가면 텍사스 교과서 보관서 건물 6층의 열려 있던 창문가로 이어진다. 그 창문 뒤에 서 있던 사람이 리 하비 오즈월드인지, 아니면 또 다른 저격수가 있었는지는 불분명하다. 오즈월드가 살인 혐의를 부인하다가 이틀 뒤에 총격으로 숨졌기 때문이다.

그렇다면 의학적으로는 어떤 일이 벌어졌을까? 두 발의 총알은 대통령의 목숨을 세 가지 측면에서 위태롭게 했다. 먼저 뇌 우반구의 상당 부분이 총격으로 날아갔다. 존 F. 케네디의 뇌는 사라졌으니, 정확히 어느 정도로, 어떤 부위가 손상되었는지는 전혀 알 길이 없다. 그러나 뇌는 아무리 끔찍한 상처를 입더라도 목숨과 무조건 직결되지는 않는다. 뇌 우반구가 손상되면 마비(반신마비)가 발생하고 감각이 둔화되거나(편측감각둔마) 몸의 왼쪽에 자극이 주어져도 인지하지 못하게 된다(편측무시). 왼쪽 시야의 시력이 감소할(편측시야결손) 수도 있다. 성격이 변하고(전두엽 장애) 간단한 계산을 못하거나(계산 불능) 음악을 감상하는 능력이 소실되고(음치증) 기억을 잃기도 한다(기억상실증). 그럼에도 말을 하고 언어를 이해하는 기능은 대부분 뇌 좌반구에서 이루어지고 호흡과 의식을 조절하는 가장 중요한 기능은 그보다 훨씬 더 깊숙이 위치한 뇌간에서 이루어지므로, 케네디라는 사람의 특징이 많은 부분 사라졌을지언정 뇌 손상 이후에도 그의 몸은 계속해서 생존할 수 있었을 것으로 보인다.

심한 출혈도 무조건 사망으로 이어지는 것은 아니다. 피를 많이 흘려도 심장의 혈압이 유지된다면 수액을 공급하고 수혈해서 다시 채울 수 있다. 병원에 도착했을 때 맥박이 잡히고 몸에 움직임이 있었으므로 그때까지 케네디의 혈압은 충분히 유지된 것이 분명하다. 부검 결과 예상치 못한 내부 출혈도 발견되지 않았다. 물론 그렇다고 해서 출혈이 전부 뇌에 난 상처에서 비롯됐다고 단정 짓기는 힘들다.

기관에 생긴 총상은 훨씬 더 직접적인 위협이 되었다. 이 부위에 총을 맞고 병원에서 캐리코가 호흡 관을 삽입하기까지 8분간 케네디는 숨을 쉬지 못했다. 혈중 산소가 불충분한 상태가 너무 오래 지속되는 것을 질식이라고 한다. 질식 상태가 되면 뇌와 뇌간, 그리고 산소 없이는 기능을 유지할 수 없는 인체의 모든 장기가 매우 빠른 속도로 손상된다. 환자가 의식이 없거나 기절하더라도 질식 초기에는 손상을 되돌릴 수 있다. 그러다 시간이 더 흐르면 되돌릴 수 없다. 이

때가 되면 환자는 의식을 되찾지 못하지만 그와 별도로 호흡은 계속된다. 우리가 혼수상태라고 칭하는 상태가 되는 것이다. 결국에는 손상이 생명에 지장을 주고 생명 유지에 필요한 기능과 의식, 호흡, 혈압을 조절하는 뇌간의 기능이 완전히 소실된다. 질식 상태에서 대통령의 몸에 나타난 이상한 움직임은 산소 부족으로 뇌간의 호흡 관리 기능이 손상된 데 따른 결과였다. 부검 결과 기흉이나 폐 내부, 주변에 다량의 혈액이 고인 징후•는 발견되지 않았다. 그러므로 더 일찍 호흡 관을 삽입하거나 기관 절개술을 실시하는 것으로 대통령의 목숨을 살릴 수도 있었을 것이다. 오늘날에는 의식이 없는 환자의 경우 호흡 관을 먼저 삽입한 뒤에 다른 곳으로 옮긴다. 1초가 아쉬운 상황인 만큼 구급차 대원이 튜브를 끼워 넣는다.

따라서 미국의 35대 대통령은 치료실을 가득 채운 의사들도 어쩌지 못한 과다 출혈과 기관 절개술이 너무 늦게 이루어진 데 따른 질식으로 사망했다. 희한하게도 미합중국의 첫 번째 대통령인 조지 워싱턴George Washington도 비슷한 이유로 목숨을 잃었다. 차이가 있다면, 워싱턴 대통령의 과다 출혈은 의사들에 의한 것이며 기관 절개술을 거부하여 숨이 막힌 채로 둔 것도 그 의사들이라는 점이다.

워싱턴의 최후는 개인 비서였던 토비어스 리어Tobias Lear 대령이 직접 목격하고 상세히 기록했다. 1799년 12월 13일 금요일, 자고 일어난 워싱턴은 목이 따끔따끔한 증상을 느꼈다. 전날 그는 말을 타고 눈 속을 달렸다. 그전부터 목이 쉬고 기침을 많이 했지만 차가운 겨울 날씨에도 농장을 둘러보러 나간 것이다. 자다가 열이 높게 올라서 깨기도 했는데 아침이 되자 거의 말을 할 수가 없었다. 그리고 숨 쉬기가 어려워지기 시작했다. 아무것도 삼키지 못하고 점점 초조해하던 그는 식초로 입 안을 헹구려다 거의 질식할 뻔했다. 토요일 아침이 되자 워싱턴은 아내의 완곡한 만류에도 불구하고 농장 감독을 불러 몸에 피를 내 달라고 지시했다. 그래도 몸이 나아지지 않자 제임스 크레이크James Craik와 구스타브 리처드 브라운Gustavus Richard Brown, 엘리샤 컬런 딕Elisha Cullen Dick까지 세 명의 의사가 호출됐다. 세 사람은 여러 차례에 걸쳐 대통령의 몸에서 피를 뽑아냈는데 열여섯 시간도 채 되지 않는 시간에 뽑아낸 피의 양이 자그마치 2.5리터에 달했다! 그로 인해 워싱턴의 몸은 크게 쇠약해졌다. 제대로 호흡하려면 똑바로 앉아 있어야 하는데 그렇게 앉을 힘도 없을 정도였다. 초저녁이 되자 호흡은 급격히 약화됐다. 아마도 당시 워싱턴은 인후염에 걸려 후두개가 기관을 거의 막을 정도로 심하게 부은 상태였을 것으로 추정된다. 이런 경우 환자는 갑자기 숨이 막혀 버릴지도 모른다는 느낌 때문에 굉장히 당혹스러워한다. 그러나 몸 전체 혈액의 절반가량을 빼내고도 워싱턴은 비교적 침착했다. 의사들 가운데 가장 어린 딕 박사는 대통령을 살리려면 기관 절개술을 실시해야 한다고 제안했지만 크레이크와 브라운은 너무 위험하다고 판단하여 반대했다. 결국 워싱턴은 그날 밤 10시에 과다 출혈과 인후염으로 인한 질식으로 숨을 거두었다. 그의 나이 예순여덟에 벌어진 일이었다.

호흡에 급작스럽게 문제가 생길 때마다 반드시 기관 절개술을 실시해야 하는 것은 아니다. 20세기 초반부터는 입에서부터 기관까지 호흡 관을 삽입하는 삽관법으로 대체됐다. 호흡 관은 현대 의학에서 탄생한 가장 성공적인 생명 구조 장비라 할 수 있다. 단순하고 유연하며 한 번 쓰고 버릴 수 있는 이 비닐 튜브는 지름이 약 1센티미터에 길이는 30센티미터다. 끝에는 작은 풍선이 붙어 있어서 성대를 지나 기관 내부까지 삽입되면 공기를 주입해 부풀려서 폐와 이 호흡 관을 통해 연결된 호흡기 사이에 오가는 통로를 밀폐시킨다. 이와 같은 방식으로 호흡 문제를 해결할 수 있을 뿐만 아니라 수술 시 마취* 후 호흡을 유지하는 방법으로도 활용된다. 삽관법으로 호흡을 확보하지 못해 환자가 질식할 수 있는 아주 드문 경우에는 최후의 수단으로 기관 절개술을 실시하면 된다.

1963년 11월 22일 금요일에 벌어진 사태는 의사 말콤 페리의 남은 인생 내내 따라다닌 일이 되었다. 당시 페리는 외과 의사 경력이 겨우 두 달밖에 되지 않아서 그렇게 정신없이 바쁠 일은 어쩌다 한 번씩 생기는 것이 전부였다. 그러나 이제 상황이 완전히 바뀌었다. 페리는 곧바로 주지사 코널리의 수술실에 불려 갔고, 이틀 뒤에는 또다시 수술실에서 리 하비 오즈월드의 복부를 눈앞에 두고 동맥 출혈을 잡느라 고투를 벌였다.

「창세기」 17장에 묘사된 할례
의 모습

3장

상처 치유
왕가의 포피: 아브라함과 루이 16세

노인은 음성을 들었다. 그리고 돌을 집어 들어 자신의 성기를 내리쳐서 음경의 꺼풀, 즉 포피를 제거했다. 그는 아들과 노예들에게도 똑같이 했다. 다들 큰 고통을 느꼈으리라. 그래서였을까, 이러한 할례(포피 절제술*)는 어른이 된 이후보다는 사내 아기가 태어나 여덟 번째 되는 날에 실시하라는 말씀이 내려졌다.

아브라함이라는 이름의 이 노인에 관한 이야기는 「창세기」 17장에 나온다. 어째서 아브라함이 이토록 놀라운 일을 행했는지에 대해서는 역사적, 사회학적, 인류학적, 신학적인 해석이 있을 수 있겠지만 외과학적인 관점으로도 설명할 수 있다. 아브라함은 13년째 자식을 갖지 못하던 때에 이 같은 일을 겪었다. 「창세기」 17장 전체를 읽어 보면 아브라함과 아내 사라가 상당히 나이 든 노인이었음에도 불구하고 아이를 낳고 싶어 했지만 그 소망이 이루어지지 않았다는 것을 알 수 있다. 이 일에 아브라함의 포피가 영향을 주었을까?

남성이 성교 시 꽤 심한 통증을 느끼게 되는 질병이 있다. 포피와 귀두 사이에 만성적으로 감염이 발생하여 포피가 수축되는 포경이라는 병이다. 아브라함의 사람들은 우르와 지중해 사이에 위치한 사막 지역에 살았다. 굉장히 건조하고 한 걸음 뗄 때마다 먼지가 우르르 솟아나는 환경에 살던 당시 사람들이 몸에 가운처럼 두른 옷은 아래쪽이 훤히 뚫려 있었다. 속옷을 챙겨 입지도 않았으니 먼지가 일면 온몸에 들어올 수밖에 없었다. 게다가 위생 개념도 거의 없을 때였다. 「창세기」에는 사람들이 물로 자신의 몸을 씻었다는 내용이 반복해서 나오지만 발을 씻은 정도에 불과했다. 사막 지역은 물을 구하기가 힘들고 소에게 먹일 물도 필요했으므로 매일 몸을 씻을 만큼 물이 풍족하지 않았을 것이다. 그러니 할례 전통이 주로 중앙아시아 사막 지역에 살던 아브라함의 사람들이나 유대인, 무슬림뿐만 아니라 호주 원주민들, 아프리카의 여러 부족 사이에서 널리 행해졌고 지금도 마찬가지인 것은 그리 놀라운 일이 아닐 것이다.

포경의 주된 문제는 발기가 일어날 때 귀두를 막고 있던 포피가 찢어질 것 같은 상태가 된다는 것이다. 성교 과정에서 이루어지는 움직임은 이 증상을 가중시키므로 만족스러울 때까지 행위를 지속하기가 더욱 힘들어진다. 남성의 입장에서는, 특히 대대손손 가문이 번창하기를 바라는 열망이 큰 사람이라면 절박한 마음에 가장 실질적인 문제의 원인, 즉 포피를 돌로 쳐서라도 없앨 마음이 들 수 있지 않을까? 대부분의 수술이 맨 처음 시작된 이유도 비슷하지 않은가? 농포나 종기 때문에 지긋지긋할 정도로 통증에 시달리다가 잠까지 제대로 잘 수가 없으면 터트려 버린다. 마치 꽝꽝 내려치기라도 하는 것처럼 욱신거리는 치통이 도통 사라지지 않아 더 이상 못 참겠다 싶으면 그냥 이를 뽑아 버린다. 마찬가지로 포피 때문에 후손을 생산하려는 노력이 물거품이 된다면, 돌로 쳐서 없애 버릴 수도 있는 것이다. 이유가 무엇이었건, 아브라함은 그 수술을 행하고 얼마 지나지 않아 소원을 이루었다. 「창세기」 21장에 따르면 사라가 아들 이삭을 낳은 것이다.

할례 이후에 일반적으로 어떤 일이 벌어지는지는 「창세기」 34장 24절과 25절의 절정에 이르는 이야기에서 확인할 수 있다. 3세대가 더 지난 뒤, 야곱의 아들들은 누이 디나를 욕보인 히위족 사람 세겜에게 복수하지 않겠다고 약속하면서 그 조건으로 히위족의 모든 남자가 스스로 할례를 받아야 한다고 제안한다. 소수 부족이었던 것으로 보이는 히위족은 그 약속만 지키면 사태를 다 정리할 수 있다는 생각에 기꺼이 그러겠다고 동의한다. 그러나 전부 한꺼번에 할례를 행하기로 한 건 끔찍한 실수였다. 히위족은 그 수술을 받고 나면 보통 어떤 상태가 되는지 야곱의 아들들이 자신들보다 훨씬 더 확실하게 알고 있다는 사실을 간과하고 그런 현명하지 못한 결정을 내린 것이다. 할례를 비롯해 어떤 수술이든 끝나고 나면 환자는 동일한 증상을 겪는다.

수술을 하면 피부의 신경섬유가 직접적인 자극을 받는다. 수술이 굉장히 큰 통증을 유발하는 이유도 이 때문이다. 그러나 칼이나 돌로 할 일이 끝나고 나면 그리 오래 지나지 않아 초기에 느낀 통증은 거의 사라진다. 그리고 인체는 치유 과정에 돌입한다. 첫 단계에서는 조직에 생긴 손상이 염증˙ 반응을 통해 복구된다. 이 과정을 담당하는 대식세포('많이 먹는 세포')라는 특수한 세포가 모든 잔해를 깨끗이 치운다. 수술 후 세 시간 정도가 지나면 이 염증 반응으로 인해 조직이 붓기 시작하고 다시 통증이 밀려오지만 처음만큼 심하지는 않다. 상처 부위는 조금 붓고 붉어지면서 약간 열이 난다. 위생적인 환경이 유지되면 이 정도로 끝난다. 며칠 지나면 염증도 사라지고 통증도 함께 가신다. 그때부터는 섬유모세포('섬유를 만드는 세포')가 수술 부위에 모여 연결 조직을 만든다. 흉터가 생기는 것이다. 이 단계를 1차• 유합에 따른 치유(라틴어로 *per primam*)라고 하며 상처의 깊이에 따라 보통 8일에서 14일간 지속된다.

그러나 「창세기」에 묘사된 것처럼 위생 상태가 썩 좋지 않은 환경에서는 손상된 조직이 상처 부위의 균에 더 유리하게 작용하므로 균이 더욱 증식하고, 결국 2차 염증 반응이 유발된다. 이번에는 백혈구•가 활성화되어 균을 없애려 하고 이 과정에서 유해한 균과 죽은 백혈구, 손상된 조직이 한데 엉켜 고름이 형성된다. 상처 부위는 진한 붉은색이 돌고 부어오르며 열도 많이 난다. 처음에는 통증이 가라앉고 견딜 만하지만 이 단계가 지나면 극심한 통증이 다시 몰려온다. 일반적으로 수술 후 이틀째 되는 날 바로 이러한 증상이 나타난다. 성서 시대에는 사건이 일어난 당일도 일수에 포함되었으므로 수술 후 이틀째 되는 날은 세 번째 날로 기록됐다(부활주일은 성 금요일로부터 이틀 뒤 일요일인데 예수가 승천한 날이 3일째 되는 날이라고 기록한 것과 같은 이치다).

히위족 전원이 할례를 받고 3일째 되는 날 끔찍한 통증에 시달리며 누워 있던 이유도 이 때문이다. 야곱의 두 아들인 시므온과 레위는 모든 과정을 꿰뚫고 있었으므로 이날이 되기만을 기다렸다가 검

염증

_____

염증은 원래 우리 몸에 있으면 안 되는 것이 생겼을 때 나타나는 반응이다. 여러 종류의 세포가 관여하는 다양하고 복잡한 반응이며, 수많은 물질이 분비되어 또 다른 반응을 유발하거나 다른 세포에 신호를 보내는 수단으로도 활용된다. 워낙 복합적인 단계를 거치는 만큼, 염증이 생긴 원인에 따라 염증 반응도 다양한 형태로 나타날 수 있다. 발목을 삐는 것, 치통, 습진, 설사, 에이즈, 흡연으로 인한 기침, 사마귀, 상처 감염, 이식받은 신장에 대한 인체의 거부 반응, 꽃가루 알레르기, 갑상선 기능 이상, 비듬, 장티푸스, 천식, 동맥경화, 모기에 물렸을 때 나타나는 반응은 모두 염증의 한 형태에 속하지만 전면적으로 나타나는 특징에는 차이가 있다. 염증이 발생한 부위에서 일어나는 국소* 반응은 다섯 가지로 요약할 수 있다. **발적**rubor[I], **발열**calor, **통증**dolor, **부기**tumor, 그리고 **기능 상실**functio laesa이다. 염증 반응에 주축이 되는 세포는 대식세포(세포 손상으로 발생한 잔해를 치우는 커다란 세포)와 림프구(외부에서 유입된 물질의 구성 성분을 인식하고 그 물질에 대항할 수 있는 항체를 만드는 작은 세포) 두 종류다. 알레르기도 인체가 감당할 수 없는 외인성 물질에 노출되었을 때 나타나는 염증 반응에 해당된다. 침입자(바이러스, 세균, 기생충)가 인체를 공격하면 우리가 감염이라 부르는 상황이 발생하고 이는 염증 반응을 촉발한다. 염증 세포가 우리 몸의 일부를 외인성 물질로 잘못 인식할 경우 자가면역질환의 원인이 된다. 류머티즘도 몸의 관절 일부에 염증으로 인한 공격이 발생한 것이므로 그러한 예에 포함된다.

을 들고 히위족이 사는 곳으로 잠입했다. 그리고 손 놓고 있던 환자

I   피부나 점막에 염증이 생겼을 때 그 부분이 빨갛게 부어오르는 현상

들을 냉혈하게 처단했다.

살아남은 환자가 있었다면 수술 부위는 어떻게 됐을까? 상처가 밖으로 노출되어 있고 너무 지저분한 환경이 아니라면, 그리고 조직이 너무 심하게 손상되지 않았다면 인체는 감염과 충분히 싸울 수 있다. 고름이 상처 밖으로 흘러나오면서 세균이 건강한 조직과 분리되는 것으로 상처 치유•가 시작된다. 그래서 19세기 중반까지는 감염을 피할 수 없으므로 수술 부위는 반드시 열어 두어야 한다고 보았다. 이와 같은 치유 과정을 2차• 유합(*per secundam*)이라고 한다. 상처는 과립화된 조직으로 서서히 채워지고 피부가 상처 가장자리에서부터 모든 부위가 완전히 덮일 때까지 형성된다. 이 2차 치유는 상처의 크기에 따라 수주에서 수개월까지 소요될 수 있다.

할례에 관한 이 두 가지 성경 속 이야기를 토대로 우리는 성인기에 깨끗하지 않은 환경에서 할례를 실시할 경우 통증을 피할 수 없다는 결론을 내릴 수 있다. 몇 세기가 흐른 뒤 갓 탄생한 종교를 전도하는 데 앞장섰던 성 바울이 할례를 받은 사람만 신도가 될 수 있다는 자격 요건을 없애려고 필사적으로 애쓴 것도 충분히 이해가 가는 대목이다. 그가 이 부분을 그토록 중시하고 밀어붙이지 않았다면 기독교는 유대교 분파 수준에서 벗어나지 못하고 전 세계적인 종교가 되지 못했을 것이다. 바울은 성인이 된 로마인, 그리스인이 할례를 받아야 하는지 고민할 필요가 없도록 한 것이다. 2세기에는 로마의 하드리아누스 황제(영국에는 그의 이름을 딴 방벽이 있다)가 할례를 금지하는 칙령을 내렸다. 이 조치는 정치적으로나 외과적으로나 발전과 반발을 모두 일으켰다.

그때까지 할례는 포피를 귀두가 드러날 정도로만 잘라 내는 **마슈크**^{mashuk}라는 방식으로 실시됐다. 그런데 땅을 점유한 로마인들에게 대항하며 세 번째로 유대인 반란을 이끈 시몬 바르 코크바^{Simon Bar Kochba}는 하드리아누스의 칙령에 반대하며 귀두를 완전히 드러내는 **페리아**^{Periah}라는 할례 방식을 퍼트리는 것으로 도발했다. 귀두의 아랫부분에 남아 있던 포피까지 둥글게 잘라 내자고 한 것이다(영어로 할례를 의미하는 단어 circumcise가 '둥글게 오려 내다'라는 의미인 것도 여기서 비롯됐다). 바르 코크바를 따르던 수많은 지지자들은 반란 기간 동안 재차 할례를 실시했고 포피를 완전히 잘라 내는 이 방식이 일반화되었다.

할례를 다시 받는 것이 정치적인 입장 표명의 수단이었던 것과 마찬가지로, 덜 열성적인 사람들은 재건술을 택할 수 있었다. 과거 할례를 받았지만 유대인들의 반란에 가담하고 싶지 않았던 사람들은 포피를 원상태로 복구시키고 로마제국의 유순한 시민으로 남았다. 로마의 저술가 켈수스가 1세기에 쓴 저서 『의학에 관하여*De Medicina*』에 이미 포피 재건술로 불리던 이 수술이 등장하는 것을 보면 상당히 빈번하게 이루어진 것은 분명해 보인다. 켈수스는 포피 재건술이 독창적인 수술이며 심지어 큰 고통을 겪지 않아도 포피를 되살릴 수 있는 방법이라고 밝혔다.

나이프와 이쑤시개만 있으면 포피를 재건할 수 있었다. 먼저 성기의 아랫부분 피부를 빙 둘러 가며 절개한다. 그리고 피부를 마치 피복처럼 기둥을 따라 앞으로 당겨서 아래쪽 끝부분에 있던 피부가 귀두를 감싸도록 하여 새로운 포피를 만드는 것이다. 둥글게 절개된 부위가 완전히 나을 때까지는 끌어당긴 피부가 그 상태로 유지되도록 이쑤시개 같은 나무 막대로 고정한다. 환자가 소변을 보더라도 개방된 상처 부위와 닿지 않을 수 있었던 이 독창적인 수술법은 위생을 지키기 어려웠던 시절에 2차 유합을 적절히 활용한 놀라운 사례라 할 수 있다.

몇 세기가 흐르고 같은 지역에 새로운 종교가 생겨났다. 오늘날에는 할례 의식이 이슬람 문화와 떼려야 뗄 수 없는 관계로 인식되지만 사실 코란에는 할례에 관한 언급이 없으며 무슬림이 반드시 치러야 할 요건으로 여겨지는 것도 아니다. 이들에게 할례는 종교보다 전통에 더 가깝다고 할 수 있고 아들이 부친의 생각을 그대로 물려받는 일이라 할 수 있다.

이어 서양 문명이 길을 잃은 암흑기가 찾아왔다. 고대 철학자들은 존재의 본질이나 이상적인 국가의 형태, 도덕 같은 고귀한 주제를 두고 고심하면서 시간을 보냈지만 중세 시대의 위대한 사상가들은 포피 문제에 골몰했다. 예수 승천일에 정말로 예수가 원래의 육신 그대로 하늘에 승천했다면, 어린아이일 때 잘라 낸 포피는 어떻게 됐을까? 그리스 학자 레오 알라티우스Leo Allatius의 주장처럼 예수의 포피는 그 육신과 별개로 하늘로 향했을까?

바티칸에서는 이 문제에 대한 공식적인 입장을 내놓은 적이 없지만 일종의 여행 서비스를, **이런 말도 생기기 전에**avant la lettre 제공하던 사람들은 지구 어딘가에 예수의 신성한 포피가 존재할 수도 있다는 가능성을 십분 활용했다. 성스러운 유물을 보유한 곳이라는 주장은 지역이나 마을에 좋은 수입원이 되기도 했다. 유럽 최초의 여행자는 순례자들이었고 그 당시에도 관광은 수익이 짭짤한 산업에 속했다. 쾰른은 세 명의 동방박사, 콘스탄티노플은 세례 요한의 손, 트리어는 성의聖衣, 브루게는 성혈聖血이 모셔져 있는 곳으로 알려졌고 성스러운 십자가는 유럽 대륙 곳곳에 흩어져 있다고 여겨졌다. 프랑스의 소도시 샤루Charroux에 예수의 포피가 존재한다는 주장이 등장한 뒤부터는 유럽 내 10여 곳의 다른 지역에서도 동일한 주장이 제기됐다. 벨기에 안트베르펜까지 가세했다. 그리고 마지막으로 남아 있다고 전해지던 포피는 1983년에 이탈리아의 작은 마을 칼카타Calcata에서 도난당했다.

전설에 따르면 샤를마뉴Charlemagne가 나사렛 예수의 직계 후손이자 아브라함의 후손이며 그 피가 프랑스 왕가로 이어졌다고 한다. 그러므로 루이 16세는 예수의 마지막 왕가 후손이었던 셈이다. 그런데 루이 16세의 포피는 우리 모두가 아는 것처럼 그의 목숨을 앗아간 프랑스혁명을 일으키는 데 결정적인 역할을 했다고 볼 수 있다. 그는 당시 포경을 앓았던 것으로 보인다.

1770년 5월 16일, 프랑스의 황태자 루이 오귀스트Louis Auguste와 오스트리아의 황녀 마리 앙투아네트Marie Antoinette가 결혼식을 올렸다. 각각 열다섯 살, 열네 살로 아직 어린 나이였다. 루이는 첫날밤에 곯아떨어졌고 아침 일찍 일어나 사냥하러 갔다. 조부인 루이 15세와 왕실 귀족들은 물론 프랑스 국민 전체가 어린 루이의 성 생활이 순조롭지 않게 출발한 것은 아닌지 염려했다. 마리 앙투아네트는 아름답고 적극적인 편이었으나 하필 프랑스 왕가에 딱 한 명 남은 루이는 성욕이 없고 피가 뜨겁지 않았다. 그녀와 결혼한 루이는 사춘기에서 못 벗어난, 무기력하고 성 기능도 발달하지 못한 소년 같은 모습이 너무 뚜렷했다. 왕자의 생식기에 문제가 있어서 성교를 하지 않는다는 소문도 돌았다. 간단한 수술로 그런 문제를 해결할 수 있지 않느냐는 추측도 공공연히 나돌았다. 결국 결혼식을 올리고 두 달 뒤에 루이는 제르맹 피쇼 드 라 마르티니에르Germain Pichault de La Martinière라는 의사에게 검진을 받았으나 수술이 꼭 필요한 문제는 발견되지 않았다.

젊은 루이가 결혼하고 2년이 지나서도 남편으로서의 의무를 다하지 못하자 조부는 손자를 불러다가 직접 은밀한 부위를 살펴보았다. 루이는 왕에게 성행위를 할 때 통증이 있어서 계속할 수가 없다고 설명했다. 왕의 눈에 손자의 성기는 예상대로 비정상적인 특징이 나타났지만 구체적으로 어떤 상황이었는지는 기록되지 않았다. 왕은 조제프 마리 프랑수아 드 라송Joseph-Marie-François de Lassone이라는 의사에게 손자를 보냈다. 1773년에 왕자를 검사한 라송은 왕의 생각과 정반대로, 루이의 성기 형태는 문제가 없다는 입장을 공식적으로 밝혔다. 그는 왕자의 성 기능 문제는 아직 어린 부부의 무지함과 성교를 거북하게 여기는 생각 때문일 가능성이 더 크다고 결론 내렸다. 그럼에도 루이의 성기는 포피가 과도하게 달라붙은 형태라 자연스러운 성욕이 생기지 않는다는 견해가 널리 퍼졌다.

1774년에 나이 든 왕이 세상을 떠나고 성욕 없는 왕자가 루이 16세 왕이 되었다. 그러자 문제는 더욱 시급히 해결해야 할 사안으로 떠올랐다. 젊은 왕과 왕비가 성생활을 하지 않는다는 사실은 왕궁과 나라 전체에서 대놓고 논의되고 수군거리는 주제가 되었다. 프랑스 곳곳에서 왕이 포경을 앓고 있다는 내용의 시와 노래, 농담이 들끓었다. 마침내 루이 16세도 1776년 1월 15일, 파리의 오텔 디외Hôtel-Dieu[2]에서 근무하던 외과 의사 자크 루이 모로Jacques Louis Moreau에게 이 문제를 상의했다. 마리 앙투아네트는 나중에 어머니에게 보낸 편지에서 이 외과 의사도 앞서 만난 다른 의사들과 똑같은 조언을 했다고 전했다. 수술을 받지 않아도 해결할 수 있는 문제라는 결론이었다. 그저 루이가 노력해야 한다는 것이다.

　앞서 진찰한 라송이나 모로의 판단은 전부 옳았다. 지금은 젊은 나이에 발생하는 포경은 야간의 자연스러운 발기와 성행위로 해결되는 경우가 많고 수술은 아주 심각한 경우에만 필요하다는 사실이 모두 밝혀졌다. 아쉽게도 이 18세기 외과 의사가 왕에게서 찾아낸 사실은 더 상세히 전해지지 않지만, 의사를 불러들이지 않고 왕이 직접 의사를 찾아가서 상담했다는 것은 뭔가 중대한 문제가 있었음을 암시한다. 포피가 다소 수축된 상태였을 것으로 추정되는데, 루이는 이후에도 아무런 노력을 하지 않은 것 같다.

　1777년, 마리 앙투아네트의 오빠가 문제를 해결하기 위해 수행단을 이끌고 찾아왔다. 매제를 만나서 도움이 될 만한 이야기도 나누고 라송도 다시 호출했다. 이번에는 공식 보고서가 작성되지 않았지만 성과가 있었던 것은 분명하다. 몇 주 후인 같은 해 8월, 루이와 마리 앙투아네트에게 아주 즐거운 시간이 찾아왔다. 드디어 효과가 나타난 것이다. 라송 박사도 요청에 따라 공식적으로 이 변화를 기록했

2　프랑스에서 중세에 설립되어 지금에 이르는 병원

다. 결혼 후 7년이 지나 부부의 결혼 생활이 드디어 완성되고, 왕과 왕비가 침대에서 함께할 때마다 한 시간하고도 15분이 지나갔다고 한다. 마리 앙투아네트는 이 시절의 강렬한 기쁨을 어머니에게도 편지로 알렸다. 이듬해에는 임신 소식이 들려왔고 1778년 12월 19일, 딸 마리 테레즈^{Marie Thérèse}가 태어났다.

아브라함의 이야기와 비교해 보고픈 마음은 절실하지만, 루이가 할례를 받았다거나 포피에 다른 수술을 받았다는 공식적인 증거는 남아 있지 않다. 그러나 라송 박사가 포경 수술 치료 전문가였다는 사실은 그저 우연의 일치가 아닐 것이다. 그는 나름의 수술법을 개발하기도 했는데, 그 내용은 세월이 훨씬 더 흐른 뒤인 1786년에야 기록됐다. 포피 여러 곳을 살짝만 잘라 내어 절개를 최소화하는 방식으로, 포피를 완전히 잘라서 귀두가 더 수월하게 빠져 나오도록 하는 방법과는 차이가 있었다. 라송 박사의 방식대로라면 포피의 형태가 변형되지 않고 거의 온전하게 남는다. 그가 루이에게도 이 가벼운 수술을 실시했을 수도 있지 않을까?

마리 앙투아네트의 갑작스러운 임신이 어떻게 이루어진 결과인지에 대한 명확한 설명, 즉 의학적인 설명이 부족했던 탓에 대부분의 프랑스 사람들은 그녀가 간통을 저질렀다고 믿었다. 나중에는 실제로 부부가 한 침대에 눕는 경우가 줄고 마리 앙투아네트가 다른 남자들과 만난 것으로 드러났다. 어쨌든 얼마 지나지 않아 프랑스혁명이 일어나 루이와 아내는 죄인으로 붙잡혔고 1793년 한 해 동안 두 사람이 겪은 일은 역사가 되었다. 부부 사이에서 태어난 자녀는 총 네 명이었지만 첫째인 마리 테레즈만이 혁명에서 살아남았다.

루이 16세를 치료한 라송 박사

세계보건기구에 따르면 2006년에 할례를 받은 성인 남성과 청소년의 숫자는 6억 6600만 명으로 추정된다. 한 사람이 제거하는 포피는 고작 몇 그램 정도에 불과하지만 이 정도 규모는 매년 수백 톤의 포피가 잘려 나간다는 것을 의미한다. 현재 세계 전체 인구의 30퍼센트가량이 할례를 받은 것으로 추산된다는 점을 감안하면, 할례는 지금은 물론 역사적으로도 항상, 세상에서 가장 널리 행해진 수술임을 알 수 있다.

옛날에는 포피가 남아 있으면 비위생적이라는 인식이 강했다. 아랍 지역에서 할례를 의미하는 표현은 '정화'라는 뜻을 담고 있다. 그러나 현대에 들어서는 의학적으로 포피를 제거했을 때 얻을 수 있는 이점은 전혀 없는 것으로 밝혀졌다. 오늘날의 수술 환경에서는 이 수술로 합병증이 생길 확률은 매우 낮지만 여전히 상당한 출혈과 염증이 발생할 수 있고, 때때로 치명적인 결과로 이어지기도 한다. 그러므로 외과 의사의 관점에서, 아직 너무 어려서 자신의 포피를 영원히 제거해도 되겠냐고 물을 수도 없는 아이들에게 이 무익한 수술을 실시하는 건 부적절하다고 생각한다.

성인이나 청소년 시기에 아브라함과 루이 16세처럼 포경이 발생하더라도 포피를 완전히 잘라 낼 필요는 전혀 없다. 어린이에게 포경이 발생했다면 자연스럽게 해결되는 경우가 많고 연고로 치료할 수도 있다. 그 정도로 해결되지 않아도 할례보다 훨씬 덜 침습적인[3] 수

---

3   큰 수술과 작은 수술에 따라 환자에게 미치는 영향에 차이가 있는데, 이처럼 수술이 환자에게 미치는 영향력의 크고 작음을 수술 침습이 크다거나 작다고 표현한다.

술로 고칠 수 있다. 성인 환자도 라송 박사가 고안한 수술처럼 포피의 기능에 악영향을 주지 않는 다양한 방법을 선택할 수 있다.

오스트리아의 엘
리자베트 황후(왼
쪽, 1837~1898). 사
망하기 며칠 전 모
습이다.

4장

쇼크
여인과 아나키스트: 시시 황후

의학적으로 쇼크란 순환계• 기능에 문제가 생기는 것을 의미한다. 인체 모든 기관이 정상적으로 기능하려면 반드시 혈액이 계속 흘러야 한다. 그리고 혈액이 흐르려면 혈압이 적정 수준을 유지해야 한다. 쇼크는 혈압이 너무 낮아져서 인체 기관에 산소가 충분히 공급되지 않을 때 발생하며, 끔찍한 결과를 초래할 수 있다.

혈액 공급이 충분치 않을 때 모든 장기가 똑같이 반응하는 것은 아니다. 뇌와 신장이 가장 먼저 타격을 받고 그 결과 의식이 사라지고 소변 생성이 중단된다. 이어 장과 폐, 간, 심장이 영향을 받는다. 쇼크 상태가 너무 오래 지속되면 복합 장기 부전 상태가 된다. 쇼크가 발생하는 메커니즘을 이해하기 위해서는 우선 동맥의 벽이 작은 근육들로 구성되며 이를 통해 혈관이 팽창되거나 수축된다는 사실부터 알아야 한다. 의학적으로는 각각 혈관 확장(혈관이 넓어지는 것), 혈관 수축(혈관이 좁아지는 것)이라고 하는 이 반응은 인체가 혈압을 조절하는 방식 중 하나다. 심장도 박동 속도를 늦추거나 높여서, 또는 더 강력하게 혈액을 뿜어내는 방식으로 혈압에 영향을 줄 수 있다.

　순환계를 구성하는 세 가지 필수 구성 요소는 심장과 혈액, 그리고 혈관이다. 심장은 혈관으로 혈액을 뿜어낸다. 이 세 가지 중 어느 하나라도 문제가 생기면 순환계 기능이 잘못될 수 있고 그에 따라 쇼크의 종류가 나뉜다. 먼저 심장성 쇼크('심장으로 인한 쇼크')는 심장 발작이나 판막 이상, 심장 손상이 원인으로 작용한다. 두 번째 저혈량('혈액의 양이 너무 적은') 쇼크는 탈수나 출혈 등으로 인해 혈액이 전신에 충분히 공급되지 않을 때 발생한다. 이 두 가지 쇼크에서는 혈압을 높이기 위해 혈관이 수축된다. 이 같은 반사 작용은 혈관에 존재하는 신경과 부신에서 분비된 아드레날린의 작용으로 촉발된다. 쇼크의 세 번째 유형인 패혈성 쇼크는 이와 반대로, 독성 물질로 인해 혈관 벽이 마비되거나 손상되어 혈관이 과도하게 팽창될 때 발생한다. 그 결과 혈압이 떨어지고 혈압을 조절하는 메커니즘이 중단된다. 그리고 주변 조직으로 체액이 새어 나간다. 패혈성 쇼크를 일으키는 독성 물질은 대부분 세균 감염이나 화상, 괴저*, 패혈증[I] 등에 따른 조직 괴사로 발생한다.

　수술도 이 세 가지 쇼크를 일으킬 수 있다. 심장에 큰 무리가 되는 수술은 심장성 쇼크를 유발할 수 있으며 출혈로 저혈량 쇼크가, 조직 손상과 감염으로 패혈성 쇼크가 발생할 가능성이 있다. 수술을 통해 쇼크를 치료할 수 있는 경우도 있다. 방대한 양의 출혈을 중단

[I]　곪아서 고름이 생긴 상처나 종기 등에서 병원균이나 독소가 계속 혈관으로 들어가 순환하여 심한 중독 증상이나 급성 염증을 일으키는 병

시키고 감염 부위에서 고름이 배출되도록 하는 것, 죽은 조직이나 손상된 조직을 제거하는 수술이 그러한 예에 해당된다. 이번 장에서는 어느 비범한 여성이 쇼크를 겪고 안타까운 결말을 맞이한 이야기를 살펴보기로 하자.

1898년 9월 10일, 루이지 루케니^{Luigi Lucheni}라는 이탈리아인 아나키스트가 시시라는 이름으로 더 많이 알려진 오스트리아의 엘리자베트 황후를 살해했다. 가슴팍을 작은 삼각줄[2]로 찌른 것이다. 그런데 이 예순 살 황후는 삼각줄에 찔린 직후만 하더라도 금방 일어나서 모자를 바로 쓰고 조용히 가던 길을 계속 걸어갔다. 암살을 시도하고도 이런 광경을 봤으니, 아마도 루케니는 경악하며 그 모습을 바라보았으리라. 나중에 경찰 두 명에게 붙들려 살인자로 체포된 후에야 그는 자신의 공격이 성공했다는 사실을 알게 됐다.

왕족이라면 누구든 상관없이 죽이려 했다는 것이 루케니가 진술한 주된 범행 동기였다. 그의 희생자가 된 황후는 며칠 전부터 제네바 호숫가에 있는 보리바주 호텔에서 지내다가 파파라치의 눈에 걸려들었다. 루케니도 신문을 읽다가 그곳에 황후가 있다는 사실을 알게 됐다. 당시 엘리자베트는 여러모로 다이애나 비와 공통점이 많았다. 파파라치가 간접적으로 죽음을 유발했다는 점도 그렇고, 동화처럼 공주님으로 태어나 막강한 나라의 잘생긴 왕자와 결혼했다는 점도 그렇다. 엘리자베트는 1854년에 열여섯 살의 나이로 당시 스물세

---

2   줄은 공작물의 표면을 다듬기 위한 공구이다. 단면의 모양에 따라 평줄, 반원줄, 원형줄, 삼각줄, 사각줄 등이 있다.

살이던 프란츠 요제프 황제와 결혼하면서 러시아부터 밀라노에 이르고 폴란드부터 터키까지 아우르는 영역에서 위세를 떨치던 장대한 왕국, 합스부르크의 황후이자 왕비가 되었다. 1950년대에 아름다운 여배우 로미 슈나이더Romy Schneider가 주연을 맡은 〈시시Sisi〉라는 영화가 개봉되자 아름다웠던 엘리자베트 황후의 인기가 다시금 치솟기도 했다. 그러나 시시의 실제 삶은 영화에서 그려진 것처럼 동화 같지 않았다. 그녀는 오늘날 신경성 무식욕증(거식증)으로 불리는 섭식 장애를 앓고 있었다. 젊은 시절에는 체중이 46킬로그램밖에 나가지 않을 정도였다. 여기다 허리를 잘록하게 만들기 위해 항상 몸에 꽉 끼는 코르셋을 입고 허리둘레를 고작 50센티미터 정도로 유지했다. 지름으로 치면 16센티미터밖에 안 되는 수준이다! 사건이 일어난 날, 몽트뢰로 가는 증기선을 타기 위해 제네바의 호텔을 나설 때도 그런 코르셋을 입고 있었다.

시시의 곁에는 너지미하이Nagymihály 출신 시녀 이르마 스타러이데 스타러Irma Sztáray de Sztára 백작부인이 함께했다. 그녀가 나중에 밝힌 내용을 보면, 두 사람이 부둣가 쪽으로 걷고 있을 때 갑자기 한 남자가 달려들어 황후가 쓰러졌다. 그러나 금방 다시 일어나 괜찮다고 말하고는 배를 놓치지 않기 위해 서둘러 걸어갔다. 그러나 배에 오른 뒤에 시시는 얼굴이 창백해지더니 실신했다. 의식이 곧 돌아오자 시녀에게 무슨 일이 있었냐고 물었다고 한다. 배는 이미 출항한 상태였고 선장에게 배를 돌리라는 요청이 전달됐다. 시녀가 황후의 고통을 덜어 주기 위해 몸을 꼭 조인 코르셋을 느슨하게 풀자 엘리자베트는 다시 정신을 잃었다. 그제야 시녀는 죽어 가는 황후의 속옷에 은화만

한 크기로 얼룩져 있는 핏자국을 발견했다. 겨우 배가 뭍에 닿고 선원들이 그때쯤 이미 숨을 거두었을 것으로 추정되는 엘리자베트를 노 두 개로 급조해서 만든 들것에 싣고 호텔로 데려갔다. 호텔에 도착한 후, 한 의사가 그녀의 팔을 잡고 동맥을 절단해 보는 것으로 사망을 확정했다. 피가 전혀 나오지 않은 것이다. 그때 시각이 오후 2시 10분이었다.

부검 결과 삼각줄은 왼쪽 네 번째 갈비뼈 가까운 곳을 8.5센티미터 깊이로 찔러서 폐를 지나 심장을 거의 전부 관통했고 그 결과 내출혈이 발생한 것으로 밝혀졌다. 어떻게 심장이 이 정도로 심하게 다친 사람이 몽트뢰행 배에 오를 수 있었을까?

우리 인체에는 중대한 문제가 발생했을 때 최초로 반응하는 여러 종류의 조절 시스템과 보존 체계가 마련되어 있다. 예순 살 엘리자베트가 심장에 구멍이 뚫리고도 그토록 오래 생존할 수 있었다는 사실은 무엇보다 그녀가 매우 건강한 상태였음을 나타낸다. 엘리자베트는 체중이 과도하게 많이 나가지도 않고 산악 지역에서 자란 데다가 흡연 경험이 전혀 없고 평생 승마를 즐겼다. 모든 장기와 시스템이 공격을 받은 후에도 기능할 수 있었던 이유는 이처럼 몸이 건강했기 때문이다.

물론 공격이 가해진 직후에는 엘리자베트도 굉장히 놀랐다. 동시에 배를 놓칠까 봐 염려했다. 이런 불안감이 교감신경계로 알려진 신경계* 일부를 자극하여 몸 전체에 즉각 경계 신호를 보냈다. 그에 따라 심장 박동이 증가하고, 근육에 더 많은 혈액이 공급되고 부신이 활성화되어 혈류로 아드레날린이 분비됐다. 작은 분비샘 두 개로 구성된 '부신adrenal'의 명칭은 양쪽 신장(라틴어로 'ren')의 꼭대기(라틴어로 'ad')에 위치한다는 데서 비롯됐다. 혈액에 아드레날린의 농도가 증가하면 교감신경계의 작용이 강화된다. 제시간에 배를 타러 갈 수 있었던 힘은 바로 여기서 생겨났을 것으로 보인다.

시시는 배에 올라서야 실신했다. 혈압이 급작스럽게 감소하는 것, 즉 쇼크가 원인이었다. 혈압이 떨어지면 가장 먼저 악영향이 발생하는 기관은 산소를 가장 많이 필요로 하는 뇌이다. 의식이 흐릿해져 실신하는 것이 쇼크의 첫 번째 증상인 경우가 많은 것도 이런 이유 때문이다. 심장에서 나온 혈액이 줄면서 혈압은 벌써부터 감소하기 시작했을지도 모른다. 출혈이 저혈량 쇼크로 이어졌을 수도 있다는 의미인데, 가능성은 희박하다. 무엇보다 심장 손상에 따른 내부 출혈이 그 정도로 심했다면 엘리자베트는 백 미터도 더 걷기 힘들었을 것이다. 그러므로 무언가에 의해 출혈이 차단되었고 쇼크는 다른 이유로 발생한 것이 분명하다.

사고 전에 시시는 심장 눌림증이 있었다. 눌림증tamponade을 뜻하는 영어 단어는 '눌러 담다', '틀어막다'는 뜻을 가진 프랑스어 tamponner에서 유래했다. 심장 눌림증이 있는 상태에서 심장에 상처가 생기면 혈액이 심장을 단단하게 감싼 막인 심장막에 고인다. 루케니가 들고 있던 삼각줄은 굉장히 얇아서 심장막에 구멍을 냈더라도 혈액이 쉽게 흘러나올 수 없을 만큼 크기가 매우 작았다. 이로 인해 처음에는 혈액 손실이 제한적이었고 흘러나온 혈액은 심장막에 고여 있었지만 차츰 그 공간이 줄고 압력은 점점 증가했다. 그러다 혈액이 조금만 더 흘러나가도 심장 기능에 심각한 결과가 초래되는

전문화

———————————

누군가 자신을 외과 의사라고 하면, 사람들은 "어떤 외과시죠?"라고 묻는 경우가 많다. 외과 의사라고 하면 그 자체가 하나의 직업이고 일반 외과의로 보면 된다는 사실을 모르는 사람들이 많은 것 같다. 의학의 전문 분야는 내과, 소아과, 신경과, 정신과, 병리학과* 등으로 구성된 내과 의학(환자 몸에 '칼을 대지 않는' 의학 분야)과 외과 의학('칼을 대는' 의학 분야)으로 나뉜다. 외과 의사들은 수백 년 동안 모든 수술을 시행했지만 20세기 들어 다양한 세부 전문 분야가 생겨났다. 산부인과의 경우 여성의 생식기관을 다루고 비뇨기과는 신장과 요로, 남성의 생식기관을 다룬다. 성형 수술, 재건 수술, 미세 수술, 손 수술은 전부 성형외과가 맡는다. 정형외과*에서는 근·골격계를 중점적으로 치료하고 이비인후과에서는 이름 그대로 귀, 코, 목을 다룬다. 그 밖에 나머지 외과 세부 분야는 치료하는 인체 기관에 따라 수평적, 주제별, 수직적으로 나눌 수 있다. 수평적으로는 외상외과(사고 후 수술)와 종양외과(암 수술), 소아외과(어린이를 대상으로 한 수술)로 나뉘고 수직적으로는 심장외과*(심장 수술), 흉부외과(폐), 혈관외과(혈관), 위·장관외과(복부에 위치한 장기)로 분류된다. 이 가운데 외상외과와 종양외과, 흉부외과, 위·장관외과, 혈관외과까지 다섯 가지 분야는 아직도 일반 외과에서 포괄하지만 소아외과와 심장외과는 각기 분리된 전문 분야가 되었다. 일부 국가에서는 유방암을 외과가 아닌 산부인과 의사*가 치료하고 외상의학을 정형외과 의사가 담당하는 경우도 있다. 또한 일반 외과 내에서 더욱 세분화되어 두경부외과, 이식외과, 비만외과 등과 같이 '초특화'된 분야도 다수 존재한다.

상태가 된 것이다.

그러므로 엘리자베트에게 발생한 쇼크는 출혈이 아니라 심장 수축으로 처음 시작됐다. 심장이 수축되면 정상적인 박동이 불가능해지고, 이로 인해 심장성 쇼크가 찾아온다. 심장 기능이 감소하면 혈압이 감소하고, 인체 여러 지점에서 혈압이 낮아지는 결과가 초래된다. 목에 위치한 두 종류의 동맥은 혈압 감소를 감지하고 이 정보를 뇌간으로 전달한다. 그리고 교감신경계가 활성화되어 혈압을 끌어올리기 위해 몸 전체의 혈관이 수축된다. 신장에서도 혈압 감소를 감지하고 일시적으로 인체의 수분 보유량을 유지한다. 엘리자베트에게 누군가 혹시 목마르냐고 물어봤다면 아마 목이 탄다고 답했을 것이다.

시녀는 시시가 굉장히 창백해졌다고 밝혔다. 평소에 피부가 분홍빛을 띠는 이유는 혈액의 흐름 때문이다. 그러므로 붉은 기가 희미해졌다면, 혈액이 다량 소실된 데 따른 빈혈이 원인일 수 있다. 그러나 혈관 수축도 피부의 혈류를 감소시키므로 황후가 실신하면서 창백해진 것은 심장성 쇼크 증상과 일치한다. 깜짝 놀랄 일이 생겨도 혈관이 수축되어 얼굴이 하얘질 수 있으므로, 아마 그 당시 시녀도 모시는 분만큼이나 핏기가 사라졌으리라.

심장 눌림증은 두 가지 방식으로 심장 기능을 약화시킨다. 심장은 중심이 비어 있는 근육 조직이며 그 공간을 채운 혈액은 심장이 수축하면서 다시 밖으로 뿜어져 나간다. 그러나 심장 눌림증이 발생하면 심장근이 혈액을 밖으로 내보낼 수는 있지만 심장막의 압력 때문에 내부에 혈액을 다시 충분히 채울 수 없다. 결과적으로 박동으로 뿜어져 나가는 혈액의 양이 줄어든다. 동시에 또 다른 일도 벌어진다. 심장근의 힘은 혈액이 적절히 채워져야 유지되므로, 심장 눌림증이 생기면 심장이 뛰는 빈도가 줄고, 더 약하게 뛰는 증상이 나타난다.

엘리자베트는 배 위에서 실신했다. 그러나 잠시 후 시녀의 팔에 안긴 채로 다시 의식을 찾았다. 기절하면서 반듯하게 누워 있었기 때문이다. 혈류가 중력과 싸우며 위로 힘들게 올라가야 할 필요가 없으므로 다리와 복부에 있던 혈액이 심장으로 더 많이 유입된 것이다. 시시의 심장은 혈액으로 채워지고, 더 많은 혈액을 더 강력히 뿜어낼 수 있게 되었다. 그렇게 몇 분이 흘렀다. 추측컨대 이 시간 동안 심장막의 작은 구멍으로 다량의 혈액이 흘러나와 흉강으로 유입됐을 것이다. 나중에 부검에서 확인된 부분이기도 하다. 그렇다면 시시는 어떻게 그런 상태로 계속 살아서 시녀에게 말을 할 수 있었을까?

이 의학적인 수수께끼의 답은 코르셋에서 찾을 수 있다. 몸에 꽉 끼는 코르셋으로 인해 시시의 복부와 골반이 압박을 받고 있었으므로 일반적인 경우보다 상체에 혈액이 비교적 더 많이 존재했다. 시녀가 코르셋을 풀자 이렇게 보존되어 있던 혈액이 엘리자베트의 전신으로 흘러가고 심장과 가까운 곳에는 다시 혈액량이 줄어든 것이다.

코르셋이 느슨해진 뒤부터 심장에 혈액이 충분히 채워지지 않았다. 인체가 활용할 수 있는 비상 대책도 더 이상 남아 있지 않았다. 혈관은 이미 최대치로 수축되고 심장 박동도 엘리자베트의 연령대를 기준으로 최대치인 분당 160회 정도에 도달했다. 여기에 최후의 한 방까지 찾아온 것으로 보인다. 쇼크로 인해 심장에 산소가 충분히 공급되지 않은 것이다. 이 문제는 심장근의 전기회로가 가장 먼저 인지한다. 정상적인 상황에서 회로의 역할은 심박 수를 규칙적이고 조직적으로 유지하여 심장이 적절히 기능하도록 하는 것이다. 그러나 산소 부족은 회로의 기능에 치명적인 영향을 준다. 엘리자베트의 심장은 아무 소용도 없이 불규칙하게 수축하는 세동 상태에 들어갔고, 결국 죽음으로 이어졌다.

엘리자베트가 배에 오르지 않고 병원으로 향했다고 해서 수술이 진행됐으리라고 확신할 수는 없다. 당시는 세계적인 외과 의사로 빈에서 오랫동안 큰 영향력을 행사한 테오도어 빌로트Theodor Billroth 교수가 세상을 떠난 지 4년이 지난 후였지만, 수술에 대한 그의 견해는 여전히 핵심 표준으로 여겨지고 있었다. 빌로트는 심장 수술에 대해 아주 단호한 입장을 표명했다. 단 한 가지 단서도 없이 '심장 수술을 시도하는 외과 의사는 더 이상 동료들로부터 존중받지 못할 것이다'라는 주장을 펼쳐서 외과 의사들이 몸을 사리게 만든 것이다. 그러나 빌로트가 세상을 떠나고 겨우 2년 뒤에 루트비히 렌Ludwig Rehn이라는 외과 의사가 처음으로 심장이 칼에 찔린 부상을 봉합하는 과감한 시도를 실행에 옮겼다. 칼에 찔려 심장이 뚫린 환자는 이 수술을 받고도 생존했지만, 외과 의사들이 심장 수술 분야를 본격적으로 탐구하기까지는 그 후로도 수년이 걸렸다.

오늘날에는 새로운 외과 분야의 엄청난 발전 덕분에 엘리자베트처럼 심장이 칼에 찔려도 생존할 확률은 매우 높다. 공격이 일어난 몽블랑 부두에서 현재의 제네바 대학병원까지 거리는 2.5킬로미터에 불과하다. 10분 내로 구급차가 사고 현장에 도착할 수 있는 거리다. 그러나 해피엔딩이 되려면 선착장이나 부두 근처에 있던 사람들이 쇼크 직후에 치료를 시작해야 한다. 시시의 시녀는 코르셋을 풀고 시시가 정신을 잃자마자 심폐소생술을 실시해야 한다. 흉골이 리드미컬하게 위아래로 움직이도록 하면 가슴 전체가 커다란 펌프 역할을 할 수 있고, 이를 통해 엘리자베트의 혈압을 안전한 수준으로 유지할 수 있다. 심폐소생술은 굉장히 힘이 많이 드는 일이므로 하얗게 질렸던 시녀의 얼굴은 곧 벌겋게 달아오를 것이다. 주변의 다른 사람들이 얼른 이어받아서 구급차가 도착할 때까지 멈추지 말아야 한다. 구급차가 도착하면, 구조 대원이 즉시 시시의 기관으로 호흡 관을 삽입하고 혈관에 바늘을 찔러 넣어 혈류로 수액을 충분히 공급해야 한다. 이렇게 해야 쇼크에 가장 효과적으로 대처할 수 있다. 심장이 불규칙하게 뛸 경우, 제세동기로 전기 충격을 가하여 심박을 정상으로 되돌릴 수 있다. 더불어 정맥* 주사로 아드레날린을 투여하고 호흡 관으로 산소를 공급하면 황후를 병원에 데려갈 준비가 완료된다. 그동안 병원에서는 수술할 의사들을 호출하고 수술실에 인공 심폐 장치를 준비한다. 시시가 수술대 위에 눕혀진 뒤에는 흉골을 세로로 절단하고 열린 흉강을 통해 인공 심폐 장치와 연결된 혈액 공급 튜브와 유입 튜브를 시시의 몸과 연결한다. 이 기계가 심장의 펌프 작용과 폐의 호흡 기능을 대신 수행하는 것이다. 외과 의사들은 흉강에 얼음물을 부어서 심장의 움직임을 중단시키고 열을 식힌 뒤 수술을 시작한다. 그러나 1898년에는 이 모든 과정이 너무나 먼 미래의 일이었다.

시시는 '행동을 통한 선전'이라는 아나키스트들의 별난 철학에 희생됐다. 그녀 외에도 같은 운명에 처한 사람들은 또 있었다. 1881년부터 1913년까지, 러시아 황제 알렉산드르 2세와 이탈리아의 왕 움베르토 1세, 사디 카르노Sadi Carnot 프랑스 대통령, 그리스 왕 요르요스 1세, 윌리엄 매킨리William McKinley 미국 대통령이 아나키스트들의 손에 암살당했다. 루이지 루케니는 종신형을 선고받고 투옥하던 중

1910년에 감옥에서 자살했다. 그의 머리는 과학적인 연구를 위해 보존되었다가 2000년이 되어서야 이 악당의 머리에 학술적으로 그리 흥미로운 사실이 없다는 결론이 내려져 베토벤, 빌로트가 먼저 영원히 잠들어 있던 빈 중앙묘지에 묻혔다. 시시의 시신은 왕실과 합스부르크 왕가의 관례에 따라 카푸친 교회 지하에 마련된 황가 납골당에 매장됐다. 그러나 먼저 세상을 떠난 남편의 가족들처럼 장이 분리되어 슈테판 대성당 지하에 묻히지는 않았고, 구멍이 뚫린 심장도 아우구스티누스 교회의 은 술잔에 보관되지 않았다. 루케니가 사용한 삼각줄은 합스부르크 왕궁에 있는 시시 박물관에 가면 볼 수 있다. 삼각줄에 찔려 구멍이 난 시시의 드레스는 부다페스트 국립박물관에 전시되어 있다. 그러나 코르셋은 남아 있지 않다.

교황 요한 23세(1881~
1963)

5장

비만
교황들: 베드로부터 프란치스코까지

로마가톨릭의 역사를 오늘날까지 아름답게 빛낸 교황과 대립 교황[I]의 숫자는 305명에 이르는데, 이 기나긴 목록을 살펴보면 의학적으로 놀라운 사실을 알 수 있다. 교황으로 지명된 후 5년 생존율이 54퍼센트에 불과하다는 사실이다. 다섯 명 중 한 명은 취임 첫 번째 해도 채 넘기지 못했다. 교황으로 선출되면 미래가 다소 암울해진다고 볼 수도 있지만, 사실 그 높은 자리에 처음 앉을 때 이미 너무 나이가 많아서 오래 머물지 못하는 것도 그리 놀라운 일은 아니다. 최고령 교황은 1730년에 선출된 클레멘스 12세로, 일흔아홉의 나이로 교황 자리에 올라 10년간 교황으로 활동했다. 1975년에 교황 바오로 6세가 교황 선출이 가능한 추기경의 연령을 최대 여든 살로 제한하는 기준을 마련했는데, 2005년에 선출된 베네딕토 16세는 이 상한선에

[I]   교회법에 따라 선출된 교황에 대립하여 비합법적으로 교황의 지위를 주장하거나 행사한 성직자

서 겨우 2년 모자라는 나이에 교황이 되었다.

과거의 교황들이 목숨을 잃은 원인으로는 주변에 습지가 많은 로마의 환경에서 비롯된 말라리아가 큰 부분을 차지했다. 이탈리아 출신이 아닌 사람은 이 지역의 기후에 적응하지 못하고 습지에 들끓는 모기에 큰 타격을 받았다.

교황의 죽음은 비밀에 부쳐지는 경우가 많았다. 심지어 그런 일이 아주 먼 옛날에만 일어난 것도 아니다. 교황 요한 바오로 1세는 1978년에 취임 후 33일 만에 예순다섯의 나이로 세상을 떠났지만 원인은 아직도 베일에 싸여 있다. 비교적 많지 않은 나이에 교황이 된 그는 어느 날 아침, 침대에서 죽은 채로 발견됐다. 부검은 실시되지 않았고 이탈리아와 바티칸 금융계는 엎치락뒤치락 서로에게 살인을 저질렀다며 비난의 화살을 보냈다. 요한 바오로 1세보다 임기가 짧았던 교황은 아홉 명밖에 없다. 708년에 취임 20일 만에 숨진 시신니오와 897년에 교황 직을 3주간 수행한 테오도로 2세도 포함된다. 레오 5세의 경우 903년에 취임하여 한 달을 꼭 채웠지만 1241년 첼레스티노 4세의 임기는 고작 17일로 종료됐다. 1503년에 교황이 된 비오 3세는 26일, 1555년에 교황이 된 마르첼로 2세는 22일, 그리고 1590년과 1605년에 교황 자리에 오른 우르바노 7세와 레오 11세는 각각 12일, 27일에 그쳤다. 혼란이 가득했던 9세기에 교황이 된 보니파시오 6세는 겨우 15일 만에 세상을 떠났는데, 원인으로는 '통풍• 발병'이 제기됐다. 그러나 실제 사망 원인은 그의 뒤를 이은 스테파노 6세의 독살이었다. 스테파노 6세는 896년에 보니파시오 6세의 전임자의 시신을 무덤에서 끄집어내서 재판한 악독한 교황이기도 했다.

752년에 스테파노 2세는 교황으로 선출되고 3일 만에 숨지는 바람에 취임식도 치르지 못했다. 한편 영국인으로는 처음으로 교황 자리를 차지한 하드리아노 4세는 5년을 다 채우지 못하고 1159년, 포도주에 떨어진 파리 때문에 질식해서 숨졌다. 위트레흐트 출신으로 그와 이름이 같은 하드리아노 6세 역시 로마가톨릭 역사상 최초의 네덜란드인 교황이 되었으나 로마에서 12개월을 살다가 1523년에 사망했다.

외과학적인 관점에서 병력*을 살펴볼 만한 사례도 여러 건이 있다. 1404년에 세상을 떠난 보니파시오 9세는 결석이 원인으로 추정된다. 그는 쓸개에 생긴 것으로 보이는 결석으로 이틀간 앓다가 사망했다. 알렉산데르 8세는 1691년에 다리에 생긴 괴저로 숨졌다. 운 나쁘게도 나폴레옹 보나파르트 시대에 교황이 된 비오 7세는 침실에서 넘어져 고관절 골절로 45일이 지나 세상을 떠났다. 20세기 말경에는 교황 바오로 6세가 자신의 집에서 비밀리에 수술을 받았다. 요도를 통해 전립선을 제거하는 이 수술을 위해 구입한 장비들은 나중에 개발도상국의 한 자선병원에 기증됐다. 2009년에는 베네딕토 16세가 휴가 기간에 팔목이 골절됐으나 팔뚝에 깁스를 하는 것으로 간단히 나았다. 그러나 부정맥 문제로 심장 박동기를 이식하는 작은 수술을 두 차례 받았다. 현재 교황인 프란치스코, 호르헤 베르고글리오Jorge Bergoglio는 폐렴을 앓은 뒤 폐 조직 때문에 기도가 팽창하는 기관지 확장증을 앓다가, 이를 치료하고자 스물한 살에 우측 폐의 위엽을 제거하는 수술을 받았다.

외과 의사인 교황도 있었다. 요한 21세는 1276년 교황으로 선출되기 전에 모국인 포르투갈에서 의학 교수로 활동했다. 그리고 교황이 된 후에도 외과 의사로 왕성하게 활동한 것으로 보인다. 임기 중에도 이탈리아에서 철학과 의학 공부를 이어 간 그는 중세 시대 내과학과 외과학 분야의 기본 정보를 『빈자貧者의 보물*Thesaurus Pauperum*』이라는 인상적인 제목의 저서에 담았다. 의료계의 업적을 일반인들도 활용할 수 있도록 쓴 일종의 연감으로, 사람들에게 도움이 되는 내용을 담는 것이(물론 읽을 수 있다면) 목표였다. 의사들은 수세기 동안 자신의 지식을 공개하지 않으려고 애썼다. 환자들이 더 이상 돈을 내고 치료를 받지 않을 수도 있다는 두려움 때문이었다. 지식이 그리 많지 않다는 사실이 들통나 곤란해지는 상황을 피하려는 마음도 있었을 것이다. 따라서 요한 21세가 쓴 책도 방대한 민간요법과 미신을 정리한 것에 가까웠지만 각종 증상에 대한 치료법과 수술 방법, 약의 재료와 제조법도 나와 있고 심지어 여러 가지 피임법과 태아를 없애는 방법도 제시했다. 피임과 낙태가 바티칸의 원칙과 병립할 수 없다고 생각하는 사람은 꼭 요한 21세의 책을 살펴보기 바란다.

그러나 여러 고서를 그만큼 뒤적였다는 사실은 의혹을 불러일으켰다. 중세 시대의 성실한 교수가 연금술에도 익숙한 데다 증류기나 천체 관측기구에도 손을 댔을 거라는 의심을 불러일으켰으니, 13세기의 분위기에서는 요한 21세가 본모습을 감추고 있다는 추측이 일었고, 곧 이 요상한 (게다가 외국인인!) 교수가 실은 마법사라는 소문이 돌기 시작했다. 1277년 봄에는 신이 마지막으로 벌을 내린 것 같은 일이 벌어졌다. 작업실 천장이 난데없이 무너져 교황의 머리 위로 떨어진 것이다. 돌무더기와 묵직한 서적들에 묻혀 쓰러진 그는 "내 책! 이제 내 책은 누가 마무리하나?"라고 외쳤다고 전해진다. 이 일로 심하게 다친 교황은 6일 뒤에 숨을 거두었고 그가 흑마술에 손을 댔다가 마땅한 벌을 받았다는 이야기가 널리 퍼졌다.

수세기 동안 교황들에게서 공통적으로 나타난 취약점은 폭식이었다. 가령 마르티노 4세는 우유 사료를 먹여서 키운 볼세나호의 장어를 잔뜩 먹고 1285년에 사망한 것으로 알려진다. 교황 인노첸시오 8세도 엄청나게 살이 쪄서 하루 종일 잠만 잤다고 한다. 게다가 그는 결코 유쾌한 사람이 아니었다. 끔찍한 마녀사냥에 착수하여 무고한 여성 수천 명을 산 채로 불타 죽게 만든 장본인이 바로 이 교황이었다. 나중에는 살이 너무 심하게 불어서 꼼짝할 수도 없는 상태가 되어 젊은 여성에게 모유를 수유받아야 한다는 진단*이 내려졌다. 거룩한 성좌를 지키는 교황이라는 이유로 의사가 이런 진단을 서슴없이 내린 것이다. 이어 몇 가지 불가해한 이유로 점점 생이 끝나 가던 교황의 무가치한 삶을 수혈로 되돌려 보자는 결정이 내려졌다. 그리하여 로마의 건강한 청년 세 명이 금화를 받는 대가로 혈액을 제공했지만 아무 소용이 없었다. 교황과 세 명의 혈액 제공자 모두 목숨을 잃었고, 죽은 젊은이들이 금화를 너무 꼭 쥐고 있던 바람에 겨우 손을 펴서 돈을 다시 빼내야 했다는 이야기가 전해진다.

당시의 수혈이 현재 우리가 알고 있는 방식과 동일하게 이루어졌는지는 분명하지 않다. 아마도 교황에게 피를 마시도록 하고 청년들은 피를 내주다가 목숨을 잃고 환자까지 숨을 거두었을 것으로 추정된다. 설사 혈관에서 얻은 혈액을 혈관으로 공급하는 수혈이 이루어졌다고 하더라도 넷 다 숨진 이유를 쉽게 추정할 수 있다. 그로부터 4백 년 뒤인 1900년이 되어서야 카를 란트슈타이너 Karl Landsteiner의

수술과 비만

_____

비만 치료 수술은 비만을 다루는 위·장관외과의 영역에 해당된다. '비만bariatric'이라는 단어는 그리스어 *baros*(체중)와 *iater*(의사)에서 유래했다. 기능성 수술에 속하는 비만 수술은 두 종류가 있다. 첫 번째는 위의 크기를 줄여서 환자가 덜 먹도록 하는 것으로 위 우회술이나 위 밴드 삽입술, 위 소매 절제술을 통해 이 같은 목표를 달성할 수 있다. 두 번째는 장의 기능을 축소시켜 소화되는 음식의 양을 줄이는 장 우회술이다. 이 두 가지를 결합한 수술도 있다. 1969년부터 실시된 위 우회술은 위의 크기를 줄이는 가장 효과적인 수술이다. 이제는 이 수술로 비만뿐만 아니라 훨씬 더 많은 병을 치료할 수 있다는 사실이 알려졌다. 제2형 당뇨, 폐쇄성 수면무호흡증후군, 고혈압과 고콜레스테롤 치료 효과가 그에 포함된다. 비만은 모든 수술의 위험 요소*로 밝혀졌다. 환자가 정상 체중에서 많이 벗어날수록 합병증 발생률도 높아진다. 같은 맥락으로 비만 치료 수술은 다른 수술보다 합병증 발생률이 더 높을 것으로 여겨졌으나, 복강경 수술(키홀 수술)이 도입된 후부터는 매우 안전한 수술이 되었다. 비만 치료 수술은 사치가 아니다. 비만은 환자의 건강에 심각한 위협이 되며, 수술은 지속적인 체중 감량을 원하는 비만 환자가 택할 수 있는 유일한 치료법이다.

연구로 혈액형이 발견되었기 때문이다. 교황 인노첸시오 8세의 혈액형은 AB형 양성으로 드문 유형이었으니 혈액형이 맞는 피를 공급받았을 확률은 매우 낮다. 마찬가지로 세 명의 청년이 전부 O형 음성이라 교황의 몸이 아무 문제없이 이들의 혈액을 활용할 수 있었을 확률도 극히 낮다.

비만이 되어 낮에도 곯아떨어지는 데다 불쾌한 감정을 마구 드러내는 것은 종교적인 관점에서 일곱 가지 대죄 중 *gula*(폭음), *acedia*(나태), *ira*(분노) 세 가지가 결합된 상태로 볼 수 있다. 그리고 의학적으로는 이런 상태를 폐쇄성 수면무호흡증후군Obstructive Sleep Apnoea Syndrome, OSAS이라고 한다. 수면 질환인 OSAS의 증상은 비만인 사람이 밤에 잠을 잘 때 짧게 반복적으로 호흡이 멈추는 것apnoea이며 보통 코골이가 동반된다. 이러한 증상 때문에 밤에 충분히 휴식을 취하지 못하므로 환자는 꼭 필요한 렘수면 단계까지 진입하지 못한다. 그 결과 낮에도 졸리고 기분이 안 좋은 데다 굉장히 무기력한 상태가 된다. 또한 허기를 유발하는 경우도 많아서 비만이 더 악화되고, 결과적으로 수면 문제도 더더욱 악화된다. 찰스 디킨스의 1837년 소설 『피크위크 문서 *The Pickwick Papers*』에도 이와 정확히 일치하는 증상을 보이는 인물이 등장한다. OSAS가 피크위크 증후군으로도 불리는 이유다.

오늘날에는 복강경을 이용한 위 우회술을 통해 OSAS를 효과적으로 치료할 수 있다. 위의 크기를 줄이는 이 수술로 무기력함과 비만, 불면증의 악순환을 끊을 수 있게 된 것이다. 교황 인노첸시오 8세의 경우도 현재 기술로는 큰 도움을 받을 수 있었을지도 모른다. 자기 삶에 만족하는 건강하고 유능한 세계 지도자가 되어 암흑기였던 당시의 의사들이 바라던 모습이 되었을 수도 있다. 실제로 인노첸시오 8세가 OSAS 환자였다면 그의 죽음은 순전히 의학적인 실패로 봐야 한다. 이 질병은 만성적인 산소 부족을 유발하여 적혈구 생산을 촉진하고, 그 결과 빈혈과는 달리 혈액에 적혈구가 다량 존재하게 된다. 환자에게 절대로 수혈을 해서는 안 된다는 의미다. 진짜 사망 원

교황 요한 21세(?~1277)   교황 마르티노 4세(?~1285)

교황 인노첸시오 8세(1432~1492)   교황 레오 10세(1475~1521)

인이 무엇인지는 알 수 없으나, 교황이 숨진 1492년을 기점으로 음울했던 중세 시대도 막을 내렸다.

인노첸시오 8세의 손자이자 피렌체 지역의 통치자였던 조반니 디 로렌초 데 메디치Giovanni di Lorenzo de' Medici는 교황의 역사에서도 단연 흥미진진한 사건을 대표하는 인물이다. 교황 레오 10세가 된 조반니는 서른일곱 살에 교황으로 선출되자 "신께서 우리에게 교황의 자리를 주셨으니 즐기자"고 말한 것으로 유명하다. 그는 이후 7년간 그 자리에 머물면서 무려 5백만 두카트에 달하는 돈을 끌어모았다(오늘날로 치면 수억 유로에 해당되는 금액이다!). 레오 10세는 불쌍한 죄인들에게 면죄부를 판매하고 성직자의 자리는 가장 많은 돈을 낸 자에게 주는 방식으로 돈을 모아서 술잔치며 파티, 예술 등 풍족한 삶을 누리는 데 흥청망청 써 댔다.

르네상스 시대의 유명 인사들 중에는 동성애자가 많았고 레오 10세도 마찬가지였다. 그래서 치루와 치열에 반복적으로 시달렸다. 그가 고통을 겪고 있다는 사실은 새하얀 백마에 올라 범접할 수 없는 화려한 장관을 이루며 로마 곳곳을 돌아다닐 때는 물론, 교황 취임식이 열리던 당일에도 얼굴에 그대로 드러났다. 교황의 연인은 스물여섯 살이던 추기경 알폰소 페트루치Alfonso Petrucci로 추정됐다. 그런데 1516년이 되자 알폰소가 아주 지겨워졌는지, 그 청년을 자기 손으로 없애기 위해 거의 신빙성 없는 의문을 제기했다. 베르첼리Vercelli라는 의사에게 수술을 받기로 한 레오 10세는 알폰소가 이 외과 의사에게 뇌물을 먹여 수술 중에 교황의 항문에다 독약을 주입하라고 시켰다는 주장을 펼친 것이다. 베르첼리는 사지가 찢겨서 죽임을 당했지만 그건 시작에 불과했다. 알폰소 추기경에게도 유죄가 인정되어 사형이 선고되었고, 교황은 한때 연인이었던 그를 붉은색 실크 실에 목 매달아 죽였다.

그런데 피렌체 출신의 이 교황이 외과 의사를 그 정도로 경멸적으로 대한 이유가 있었다. 피렌체는 동성애로 유명한 곳이었고, 외과 의사는 남성 환자가 항문에 문제가 생겨 치료받을 경우 시의 치안판사에게 의무적으로 보고해야 한다는 규정이 상당히 오랜 기간 동안 시행됐다. 그리고 보고가 들어온 환자들은 기소 대상이 되었다.

교황 율리오 3세는 전체 교황을 통틀어 가장 부끄러운 줄 모르고 게걸스럽게 음식을 탐했던 사람이다. 아이러니하게도 숨을 거두기 몇 개월 전부터는 음식을 점점 더 삼키기 힘든 병에 걸려서 1555년, 결국 아무것도 먹지 못하고 굶어 죽었다. 위나 식도에 암이 생긴 환자들도 이와 비슷한 증상을 보인다. 위로 이어지는 식도에 악성종양이 생기면 여러 가지 특징적인 증상이 나타나고 예후*는 암울하다. 주된 증상은 의학 용어로 연하곤란, 즉 음식을 삼키기가 어려워지는 것이다. 종양의 크기가 작아도 고기처럼 질기고 단단한 음식을 제대로 삼키지 못하는 문제가 발생한다. 이로 인해 환자가 라틴어로는 *horror carnis*, 즉 육류 공포증 증세를 보인다. 또한 삼키지 못한 음식이 식도에 걸려 *foetor ex ore*('입에서 나는 냄새'를 의미하는 라틴어) 증상도 악화된다. 상태는 갈수록 악화되어 수개월 내에 유동식 외에는 아무것도 먹지 못하는 지경에 이른다. 성장 속도가 빠른 암성 종양에 맞서 싸우려면 더 많은 에너지가 필요하므로 인체에 저장되어 있던 단백질과 지방이 모두 고갈된다. 환자가 그 어느 때보다 영양 상태가 좋아야 할 때 더 이상 음식을 먹지 못하게 되는 것이다. 율리오 3세도 쇠약해져서 극심한 영양실조인 종말증cachexia●을 앓다가 결국 종말을 맞이했다.

4백 년 뒤에는 안젤로 론칼리Angelo Roncalli가 교황 요한 23세로 선출되어 다정한 성품으로 사람들로부터 널리 사랑받았다. 1960년대에 제2차 바티칸공의회를 마련하여 가톨릭교회의 근대화를 이끌고자 노력했던 그도 심한 과체중이었다. 교황으로 선출된 후, 성베드로 광장의 정해진 발코니에 서서 사람들과 만날 때 걸치는 예복도 몸에 맞는 크기로 구할 수가 없을 정도였다. 그리하여 요한 23세는 등 부분을 잠그지 못한 채로 옷을 입어야 했지만 광장에 모여 교황을 향해 환호하던 군중들은 이상한 점을 전혀 느끼지 못했다. 그도 위암으로 세상을 떠났다.

위에 종양이 생길 경우, 말기가 될 때까지는 음식을 삼키기 어려운 문제가 반드시 나타나지는 않는다. 식도는 영향을 받지 않기 때문이다. 그럼에도 육류 공포증은 보통 위암의 최초 증상으로 나타난다. 또한 위액이 종양을 공격하고 그 결과 위에 궤양이 생기면 상복부에 통증이 느껴지고, 종양세포에 발생한 궤양에서 출혈이 시작되어 천천히 빈혈로 진행되는 동시에 급작스러운 토혈(혈액 구토)로 이어진다. 장의 혈액 때문에 변 색깔이 검게 변하는 혈변(흑색변) 증상도 나타난다.

종양이 점점 커지면 식도암 환자와 마찬가지로 음식을 먹기가 점점 더 힘들어진다. 소화가 안 된 음식은 토하게 되고, 치명적인 종말증으로 치닫는다. 교황 요한 23세는 이런 단계까지는 겪지 않았다. 빈혈 증상이 왜 나타나는지 알아보기 위해 위 X선을 촬영한 결과 위암이라는 진단이 내려졌다. 그러나 이 사실은 최대한 비밀로 부쳐졌다. 공의회가 열리면 전 세계에서 2백 명이 넘는 주교들이 참석하는데 교황은 통증과 위의 이상 증상에 계속 시달렸을 것으로 보이지만 회의 대표자석에 늘 앉아 있었다. 그러나 위출혈이 반복되어 여러 차례 입원 치료를 받고 1963년, 여든한 살의 나이에 위 천공으로 세상을 떠났다. 종양에 따른 궤양으로 위벽이 망가진 것이다.

위에 구멍이 나면 속에 들어 있던 물질과 위산이 복강^{2}으로 흘러나가고 환자는 상복부에 갑자기 칼로 찔린 것처럼 격렬한 통증을 느낀다. 그로 인해 복막염이 발생하고, 환자는 응급 수술이 아니면 해결할 수 없을 만큼 위태로운 상태에 이른다. 그와 같은 경우 위에 생긴 구멍을 막거나 위의 일부를 절제하고 복강을 물로 철저히 세척하는 치료가 이루어져야 한다. 그러나 나이 든 교황에게는 이 수술을 실시하지 않는다는 결정이 내려졌다. 의학적으로나 윤리적으로 현명한 결정이었다. 이미 회복 가능성이 희박한 데다, 수술을 한다고 해도 종말증을 앓다가 비참하게 죽음을 맞이할 뻔했기 때문이다. 요한 23세는 위 천공으로 복막염이 발생하고 9일을 더 살다가 세상을 떠났다. 시신은 방부 처리된 후 유리관에 눕혀져 성베드로 성당의

---

2   배안. 횡격막을 사이로 위로는 흉강이 있고, 아래는 골반강으로 통하며 그 안에 내장, 생식기관 등이 있다.

제단에 안치됐다.

후에 교황에 오른 요한 바오로 2세는 요한 23세를 성인으로 시성했다. 폴란드 출신 교황으로 많은 사랑을 받았던 요한 바오로 2세는 수술을 가장 많이 받았다는 점에서, 외과학적인 관점에서는 305명의 교황 중 가장 흥미로운 인물로 꼽을 수 있다.

교황 요한 바오로
2세(1920~2005)

6장
장루
마법의 탄환: 카롤 보이티와

언론에서 슈퍼스타로 다루어지던 요한 바오로 2세는 이탈리아 출신의 전임자들과 완전히 다른 면모를 보였다. 젊고, 스포츠를 좋아하고, 열정 넘치고 명석하면서 진취적이던 그는 동구권의 공산주의 몰락에도 결정적인 역할을 했다. 전례 없는 인기의 상승세를 이어 가던 1981년 5월 13일, 이 주인공이 복부에 총을 맞고도 살아남은 사건이 발생했다. 그가 총부리와 마주한 건 이때가 두 번째로, 어릴 때 친구가 모르고 쏜 총에 맞을 뻔했지만 빗나간 일이 있었다. 하지만 이번에는 중상을 입었다. 그의 목숨을 살린 이탈리아인 외과 의사는 주인공의 목숨과 특정한 수술법, 두 가지를 모두 구했다.

그날 오후 5시쯤 흰색 지프차에 탄 교황 요한 바오로 2세는 환호하는 2만여 명의 군중들 사이로 성베드로 광장을 가로지르던 중이었다. 인파 속에는 총과 폭탄을 가진 메흐메트 알리 아자^{Mehmet Ali Ağca}와 오랄 첼리크^{Oral Çelik}라는 두 터키인도 포함되어 있었다. 오후 5시 19분, 스물세 살 청년 아자가 9밀리미터 브라우닝 권총으로 두 발을 발사했다. 그가 쏜 총알은 예순 살 미국인 앤 오드레Ann Odre의 가슴과 자메이카에서 온 스물한 살 여성 로즈 힐Rose Hill의 왼쪽 팔 윗부분, 그리고 6미터 떨어진 곳에 있던 예순 살의 교황 카롤 유제프 보이티와Karol Józef Wojtyła의 복부를 맞췄다. 총을 쏜 범인은 곧 레티티아Laetitia 수녀에게 제압됐다. 첼리크는 아무것도 하지 않았다. 교황을 실은 전용차는 비명을 질러 대는 군중을 지나 쏜살같이 광장을 빠져나갔다. 크게 다친 교황은 구급차로 옮겨져 가장 가까운 대학병원인 5킬로미터 거리의 제멜리 병원으로 이송됐다. 병원에 당도한 교황은 응급실이 아닌 10층에 마련된 교황 전용 치료실로 옮겨졌다.

치료를 맡은 외과 의사 조반니 살가렐로Giovanni Salgarello는 배꼽 바로 왼쪽에서 작은 총상을 발견했다. 오른쪽 팔 윗부분과 왼쪽 검지에도 상처가 보였다. 환자가 잠시 의식을 되찾아 종부 성사가 시작되었으나 교황은 다시 의식을 잃었고 쇼크가 찾아와 수술실로 옮겨졌다. 총을 맞고 45분이 지난 오후 6시 4분, 교황은 전신마취를 받았다. 마취 담당의는 입으로 호흡 관을 삽입하다가(삽관) 실수로 교황의 치아 하나를 부러뜨렸다. 살가렐로는 환자의 복부를 소독한 뒤 수술 부위를 멸균된 위생 천으로 덮었다. 막 메스를 들고 수술을 시작하려는 찰나, 살가렐로의 스승인 프란체스코 크루치티Francesco Crucitti가 부리나케 수술실로 들어섰다. 개인 병원을 운영하던 그는 소식을 듣자마자 얼른 차를 몰고 로마로 향했다. 그리고 수술을 시작하려고 할 때 딱 맞게 도착한 것이다.

두 의사가 이탈리아 언론에 전한 얼마 안 되는 정보에 외과적인 상상력을 더하면, 수술 순서는 다음과 같이 추정된다. 크루치티와 살가렐로는 교황의 복부 중앙선을 따라 위아래로 길게 절개했다. 복막•, 즉 복강을 감싸고 있는 막을 절개하자 피가 넘쳐흘렀다. 교황의 혈압은 정상치인 100수은주밀리미터(mmHg)보다 훨씬 낮은 70수은주밀리미터에 이르렀다. 의사들은 눈에 보이는 가장 커다란 핏덩어리를 손으로 떠서 제거하고 흡입기로 나머지 혈액을 제거한 뒤 거즈로 피가 흘러나오는 상처 부위를 압박했다. 나중에 교황이 흘린 피는 3리터로 추정되었으나 수술 과정에서 A형 음성 혈액이 10단위[1] 공급된 것을 보면 소실된 혈액은 그보다 훨씬 더 많았음을 짐작할 수 있다. 복강에는 혈액뿐만 아니라 대변도 있었다. 두 의사는 손으로 장전체를 훑으면서 확인하고 소장과 장간막•(소장을 배 뒤쪽과 연결하는 막)에서 총 다섯 개의 구멍을 발견했다. 출혈이 일어난 각각의 부위마다 클램프(집게)를 끼우고 알아보기 쉽게 구분한 뒤에도 복강은 계속 피로 채워졌다. 아래쪽에서 배어 나오는 것 같았다. 수술대를 기울여 교황의 머리가 몸보다 낮아지도록 한 다음, 두 의사가 손 네 개로 장을 최대한 위로 끌어올렸다. 그래야 복강 아래쪽을 볼 수 있기 때문이다. 다리로 이어지는 주요 혈관이 위치한 곳이기도 했다. 출혈이 계속되어 어디가 손상되었는지 정확하게 파악할 수는 없었지만 크루치티는 아래 깊숙한 곳, 교황의 천골[2]에 손가락 두께만 한 구멍이 생긴 것을 감지했다. 과연 손으로 누르자 가장 심한 출혈이 잡혔다.

크루치티는 그 부위를 자세히 살펴보기 위해 일단 무균• 왁스로

---

1   혈액의 용량을 나타내는 '단위unit'는 450~500밀리리터의 전혈을 의미한다.
2   엉치뼈. 척추의 아래 끝 부분에 있는 이등변 삼각형 모양의 뼈

구멍을 막았다. 왼쪽 다리와 이어지는 주된 혈관들이 구멍 바로 곁을 지났지만 다행히 손상되지 않은 것으로 확인됐다. 수술실에 있던 모든 의료진이 안도의 한숨을 내쉬었다. 마침내 출혈이 해결된 것이다.

이제 수술대 위쪽에 자리한 마취 팀과 상의할 차례가 왔다. 그쪽에서도 분주한 움직임이 계속됐다. 교황이 피를 많이 흘렸기 때문에 수액과 혈액을 집중적으로 공급하여 보충하면서 혈압과 심장 활동을 면밀히 모니터링해야 했기 때문이다. 환자의 상태는 어느 정도 진정되기 시작했고 일단 위험한 고비는 넘겼다.

수술의 다음 순서는 무엇일까? 보통 외과 의사들은 이런 경우 복강을 다시 한 번 살펴보면서 계획을 세우고 그대로 실행해 나간다. 먼저 출혈 부위에 끼운 클램프를 하나씩 제거하고 몸에 흡수되는 실로 봉합한다. 수술 보조*는 클램프의 숫자를 세어 가며 빠뜨린 곳이 없는지 확인한다. 그런 다음 복강에 눌러 둔 거즈를 하나씩 제거하면서 출혈이 멈췄는지 확인한다. 간호사는 제거된 거즈의 수를 세고 무게를 측정한다.

두 의사는 교황의 복강 벽 안쪽을 점검했다. 총알구멍은 왼쪽에 나 있었다. 상복부에 위치한 장기들, 간과 대장의 가로로 이어지는 부분, 위, 비장3을 살펴본 결과 모두 아무 이상이 없었다. 그다음 살펴본 신장도 마찬가지로 손상되지 않았다. 수 미터로 이어진 소장과 대장을 따라 장 전체도 꼼꼼히 살펴보았다. 이 과정에서, 복부 왼쪽

---

3 '지라'라고도 하는 림프 계통 기관. 위의 왼쪽이나 뒤쪽에 있으며, 오래된 적혈구나 혈소판을 파괴하거나 림프구를 만들어 내는 작용을 한다.

아래로 4분의 1 정도 내려간 곳, 대장의 마지막 부분에 해당되는 S 자 결장sigmoid colon에 길게 찢어진 상처가 발견됐다. (sigmoid colon이라는 영어 명칭은 모양이 S 자를 닮았다는 뜻에서 그리스어 알파벳 중 영어의 S에 해당되는 sigma에서 따온 것이다.) 이것으로 교황이 입은 외상의 구체적인 상태가 정확히 파악됐다.

이때까지 발견된 구멍은 모두 단순한 궤적을 이루었다. 복벽[4] 왼쪽에서 시작되어 소장을 지나 대장의 한 부위를 거쳐 몸 뒤편의 천골에 이른 것이다. '총알이 거기서 다른 곳으로 가지는 않았을까?' '환자의 몸 뒤쪽에서 총알구멍을 본 사람 없나?' '젠장, 지금 아무도 교황의 몸 뒷면을 체크하지 않은 거야?' 아마도 수술실에서 이런 말이 오갔을 것이다. 그러나 이제 와서 몸을 뒤로 돌릴 수도 없었다. 의료진은 수술이 마무리될 때쯤 X선 촬영을 실시하여 총알이 교황의 천골 혹은 엉덩이에 아직 박혀 있는지 확인하기로 했다.

다음 순서로 의료진은 골반 부위에 끼워 놓은 거즈를 제거했다. 충분히 마른 상태였다. 천골에 생긴 구멍은 좌측 장골 동맥과 장골 정맥(왼쪽 다리로 혈액이 오가는 큰 혈관)에 인접하지만 이 혈관들은 멀쩡했다. 신장에서 방광으로 소변이 흘러가는 좌측 요관도 무사했다. 운이 좋은 경우였다. 이제 수술 계획을 세우면 된다. 먼저 소장에서 찾은 구멍은 그리 큰 문제가 아니었다. 외과 의사들은 소장에서 두 부분을 잘라 내고 장을 새로 연결하기로 결정했다. 소장 끝부분인 회장 말단에 생긴 작은 구멍은 쉽게 해결할 수 있지만 대장의 찢어진

---

4   배안 앞쪽의 벽. 피부, 근육, 복막 등으로 이루어져 있다.

부위는 이보다 훨씬 더 까다로운 문제였다.

무슨 차이 때문일까? 소장에는 아직 소화가 진행 중인 음식물과 위와 간(담즙), 췌장에서 분비된 소화액이 섞인 유체가 담겨 있다. 그리고 이 소화액은 모두 세균의 생장을 억제한다. 그러므로 소장에 담긴 물질은 비교적 처리하기도 쉽고 심하게 지저분하지도 않다. 또한 소장은 혈액이 아주 넉넉하게 공급되고 벽이 근육으로 구성되어 있으며 바깥쪽에는 연결 조직이 탄탄한 외막이 있다. 이와 달리 대장에는 세균과 압축된 대변이 꽉 들어차 있고 벽도 훨씬 얇다. 혈관도 매우 적다. 그러므로 대장을 외과적으로 봉합하다가 내용물이 소장으로 새어 들어갈 가능성이 상당히 높은데, 만약 그런 일이 벌어진다면 아주 심각한 결과가 초래될 수 있다.

일반적인 상황에서도 대장 봉합 후 누수가 발생할 위험은 약 5퍼센트, 스무 건 중 한 건으로 상당히 높은 편이다. 복부에 감염이 발생한 경우(복막염) 위험성은 더욱 증가한다. 카롤 보이티와는 수술 전 45분간 장의 내용물이 복강으로 흘러들어갔으므로 수술 후에도 누수가 발생할 확률이 매우 높았다. 이처럼 누수 위험이 높을 때 적용할 수 있는 외과적인 해결책은 바로 장루(스토마*)다. 장으로 유입된 물질이 장의 상처 부위를 지나지 않고 몸 바깥으로 바로 빠져나가도록 복벽에 출구를 만드는 것이다.

수술의 역사를 되짚어 보면 장루는 필요성이 동기가 되어 등장했다. 19세기까지는 사람의 배를 절개해서 연다는 생각을 그 누구도 감히 하지 못했다. 하지만 다른 누군가에 의해, 가령 칼이나 검에 배가 잘려서 이미 열려 버렸다면 외과 의사가 최소한 뭐라도 시도해 볼 수 있는 기회를 얻었다. 환자가 그대로 사망하더라도 비난할 사람은 아무도 없었다. 이처럼 다친 상처가 이미 있어야 환자를 살릴 희망을 조금이라도 얻을 수 있다는 인식을 넘어, 상처가 없어도 장에 장루를 만드는 방법을 최초로 제시한 사람은 중세 말 가장 이름을 떨친 성공한 외과 의사이자, 본명 테오프라스투스 봄바스투스 폰 호엔하임Theophrastus Bombastus von Hohenheim보다 스스로 택한 또 다른 이름 파라셀수스Paracelsus로 더 많이 알려진 인물이었다. 장루는 라틴어로 '*anus praeternaturalis*'라고 하는데 직역하면 '자연적인 항문 이외에'라는 뜻이다. 장루의 종류는 여러 가지가 있다. 일시적인 것(임시 장루)과 영구적인 것(비가역적 장루), 그리고 소장에 만드는 것(회장루)과 대장에 만드는 것(결장루)으로도 나뉘며 말단이 하나인 것(말단 장루)과 두 개인 것(이중 원통루)으로도 나눌 수 있다.

교황 요한 바오로 2세의 경우 가장 안전한 해결책은 프랑스의 앙리 아르트망Henri Hartmann 5이 1921년에 고안한 수술법이었다. 하트만 수술로 불리는 이 방법은 대장의 마지막 부분(S 자 결장)을 제거하고 위아래 말단을 연결하지 않는 것이다. 아래쪽 말단은 그대로 입구를 닫고 위쪽 말단은 장루로 만든다. 장을 봉합할 필요가 없고 따라서 나중에 내용물이 샐 일도 없는 안전한 수술법이다. 환자의 복부에 감염이 발생한 경우, 먼저 그 문제가 해결될 때까지 기다렸다가 2차 수술을 진행하여 장을 연결하면 된다. 즉 환자와 복부가 모두 수술을 감당할 수 있는 상태가 될 때까지 기다릴 수 있다. 이렇게 컨디션이

5   영어식 발음으로는 헨리 하트만이다.

파라셀수스

회복된 후에 대장을 연결하면 복부가 감염된 상태에서 연결할 때보다 제대로 치유될 확률이 더 높아진다. 이것이 하트만 수술의 큰 장점이다. 대장을 서로 잇는 수술을 더 적합한 시점까지 연기함으로써 봉합으로 인한 누수 위험을 줄일 수 있다.

그러나 이 이탈리아의 외과 의사들은 다른 방법을 택했다. 대장의 손상된 부위를 잘라 내지 않고 찢어진 부분을 꿰맨 다음 위쪽으로 떨어진 지점에 장루를 만들었다. 상처 부위로부터 30센티미터 정도 간격을 둔 윗부분이었다. 이 같은 수술의 이점은 하트만 수술보다 2차 수술에서 장루를 더 손쉽게 제거할 수 있다는 점이다. 그러나 대장의 봉합 부위를 세균이 존재하는 복강 내에 그대로 두어야 하는 위험도 감수해야 한다.

수술 시간이 수 시간째에 접어들었을 때 크루치티의 스승인 잔카를로 카스틸리오네Giancarlo Castiglione가 다급히 수술실에 들어왔다. 밀라노에서 사고 소식을 듣고 로마행 비행기에 올라 딱 알맞은 시점에 제멜리 병원에 도착한 것이다. 카스틸리오네와 크루치티, 살가렐로는 교황의 복강을 세척하고 배수로 역할을 할 실리콘 또는 고무 재질의 튜브를 삽입하여 복부에 차 있던 액체를 제거했다. 그런 다음 복벽을 닫고 X선을 촬영한 결과 총알은 발견되지 않았다. 나중에 총알이 빠져나간 상처는 교황의 둔부에서 발견됐고 총알은 교황 전용차에서 찾을 수 있었다.

교황의 검지와 팔 윗부분에 생긴 상처까지 치료가 끝났을 때 수술 시간은 다섯 시간 25분이 흘렀다. 충분히 짐작할 수 있겠지만, 이 사건으로 새로운 영웅에 등극한 사람은 살가렐로도, 크루치티도 아닌 언론과 인터뷰한 카스틸리오네였다. 이야기를 극적으로 풀어 가는 법에 능통했던 그는 교황이 생존한 것은 기적이라고 밝히면서 "해부학 책을 보면, 총알 하나가 관통하면서 그 많은 주요 기관을 건드리지 않고 지나갈 수 있을 만큼 좁은 경로는 없다"고 언급했다. 당연히 이치에 안 맞는 소리다. 교황의 해부학적인 구조는 지극히 정상이었고, 소장과 대장에 모두 합쳐 여섯 개의 구멍이 생겼다. 피를 3리터나 잃은 치골도 분명 주요 기관에 해당된다. 카스틸리오네의 말을 풀이해 보자면 총알이 조금이라도 한쪽으로 비켜서 지나갔다면 주요 혈관을 뚫을 수도 있었다는 의미다. 그랬다면 총을 맞고 수술대에 오르기까지 지체된 45분은 굉장히 긴 시간이 될 뻔했다. 그러나 나중에 교황도 이 의사의 허황된 말을 강조하는 데 한몫했다. 총알이 자신의 하복부에서 '성모의 손'이 이끄는 대로 지나갔다고 언급하여, 성모 마리아가 직접적으로 도움을 주었음을 암시한 것이다.

수술 후 5일이 지난 뒤 교황은 제멜리 병원 중환자실에서 예순한 번째 생일을 맞이했다. 그리고 6월 3일에 퇴원했지만 수혈과 수술 과정에서 사이토메갈로 바이러스 감염이 발생하여 6월 20일에 다시 입원했다. 응급 수술이 실시된 경우 복강에 장의 내용물이 들어갈 수 있으므로 상처 감염이 생기는 건 드문 일이 아니다. 이 같은 감염으로 복벽이 제대로 치유되지 않아 시간이 한참 흐른 뒤에 상처 부위가 파열되어 절개 탈장[6]으로 이어지는 경우도 많다. 수술을 새로 받아야 하는 상황이 되는 것이다. 교황도 이 같은 운명에 처할 수 있었다. 그러나 복막

---

6   수술한 상처 부위의 근육이 벌어지며 생기는 탈장

염은 빠른 속도로 회복됐고, 교황은 장루를 가능한 한 빨리 제거했으면 좋겠다는 뜻을 밝혔다. 그리하여 8월 5일, 총격이 일어나고 10주도 지나지 않았을 때 크루치티는 대장의 양쪽 말단을 다시 이었다. 45분 만에 끝난 이 수술을 마치고 9일 후 교황은 다시 퇴원했다.

교황 전용차는 방탄차로 바뀌었다. 나중에 자신을 예수 그리스도라고 주장한 아자가 이탈리아 감옥에서 19년을 복역하는 동안 카롤 보이티와는 그를 여러 차례 찾아가서 만났다. 이후 아자는 터키에서 다시 10년간 수감된 후 2010년에 석방됐다. 교황이 총격 당시에 입고 있던 스위스 속옷 제조 업체 한로Hanro의 흰색 티셔츠는 피로 얼룩진 그대로 로마의 애덕 수녀회 성당에 유물로 보관되어 있다. 교황은 살가렐로와 동료들에게 바티칸에서 수여하는 가장 영광스러운 훈장인 성 대그레고리오 교황 훈장을 내렸다.

교황 요한 바오로 2세는 1년 뒤에 또다시 공격을 받았다. 정신이상 증세를 보인 스페인 신부 후안 마리아 페르난데스 이 크론Juan María Fernández y Krohn이 기다란 총검으로 찔러 피부에 상처를 입힌 것이다. 그는 교도소에서 3년간 복역한 뒤 벨기에에서 변호사로 활동하기 시작했다.

카롤 보이티와는 1984년부터 신분을 숨기고 이탈리아 아부르초 지방의 산악 지대에서 자주 스키를 즐겼다. 그러나 1991년에 건강이 악화되기 시작했다. 파킨슨병이 발병한 데 이어 1992년에는 대장에서 전암성 용종이 발견됐다. 종양이 발견된 곳은 S 자 결장으로, 과거 암살범이 쏜 총알이 대장을 관통한 바로 그 지점이었다. 과거 총상을 입고 수술받은 것과 용종이 서로 연관이 있을 가능성은 아주 적

수술 팀

현대 수술실은 수술이 진행되는 동안 무균 구역(균이 전혀 없는 깨끗한 곳)과 비무균 구역(깨끗하지만 균이 완전히 제거되지 않은 곳)으로 나뉜다. 환자의 몸에서 수술이 진행될 부위는 소독제*로 닦는다. 그리고 나머지 부위는 종이로 된 무균 위생 천으로 덮어 둔다. 수술실에 있는 모든 사람은 깨끗한 수술복과 모자, 마스크를 착용한다. 수술은 외과 의사와 보조 외과 의사가 실시한다. 그리고 수술 보조인 수술실 간호사가 장비와 각종 도구를 책임진다. 이 세 사람은 모두 '무균' 상태여야 한다. 즉 무균 처리된 가운과 장갑을 착용하고, 균이 완전히 제거된 상태여야 한다. 또한 무균 구역 바깥에 있는 것은 아무것도 만지지 않고 무균 상태를 계속 유지해야 한다. 꿰매는 데 사용하는 봉합사 등 모든 도구와 재료도 무균 처리되고 위의 세 사람만 사용할 수 있다. 2차 수술 보조의 역할은 순환 간호사 또는 수술 전문 기사로 알려진 사람들이 맡는다. 이들은 무균 수술복을 입지 않고, 수술 팀이 사용하는 재료를 무균 상태로 제공한다. 이들이 담당하는 중요한 역할은 수술 시 사용된 거즈를 세는 것이다. 수술대 머리맡에는 마취 의사가 앉아 있다. 보조와 함께 환자에게 마취제를 투여하는 것이 마취 의사의 역할이다. 이렇게 환자 한 명을 수술할 때 총 여섯 명이 수술실에 투입되며, 이중 세 사람은 무균 수술복을 착용한다(과거에도 외과 의사는 혼자서 수술할 수 없었으며, 네 명의 조수가 투입되어 환자의 팔과 다리를 붙들었다).

지만, 만약 1981년에 의사들이 하트만 수술을 실시해서 교황의 대장에서 찢어진 부위를 완전히 제거했다면 종양이 생기지 않았을까? 어쨌든 종양이 발견되고 나서 S 자 결장은 모두 제거됐고 교황은 수술 후 건강하게 회복됐다. 11년 전에도 수술대를 지켰던 프란체스코 크루치티가 이번에도 수술에 참여했다. 차후 결석이 발생할 위험을 없애기 위해 S 자 결장을 제거하면서 쓸개도 함께 제거했다.

1993년에 카롤 보이티와는 계단에서 굴러떨어져 어깨가 탈구°됐다. 1994년에는 욕실에서 미끄러지는 바람에 고관절이 골절되어 인공 고관절 수술을 받았다. 1995년에는 교황을 노린 세 번째 암살이 계획됐다. 알 카에다가 필리핀에서 자행하려던 이 시도는 사전에 발각되어 무마되었다. 1996년에는 맹장염으로 의심되는 증세가 나타나 또다시 수술을 받았다.

교황 요한 바오로 2세는 나이가 들어서도 유머 감각을 잃지 않았다. 고관절 수술을 받은 직후에 의자에 앉아 있던 교황은 극심한 통증 때문에 겨우겨우 뻣뻣한 자세로 몸을 일으키고는 갈릴레오 갈릴레이의 말을 떠올려 웅얼웅얼 기발한 농담을 던졌다. "**그래도 움직인다!** Eppure, si muove!"

노년기에 교황의 건강이 악화된 과정은 언론을 통해 지나치다 싶을 만큼 생생하게 보도됐다. 2005년, 그는 기침 때문에 호흡이 곤란해져 정신을 잃고 기관지 절개술을 받았다. 그리고 한 달 뒤에 요로 감염으로 숨졌다. 지금까지 교황 자리에 오른 그 어떤 사람보다 많은 수술을 받은 요한 바오로 2세는 2014년에 성인으로 시성됐다.

교황은 복부를 관통한 총알이 성모 마리아의 인도로 중요한 혈관을 건드리지 않고 무사히 지나갔다고 믿었고, 이 커다란 행운에 보답하고자 총알을 포르투갈의 파티마 성모상에 기부했다. 이 성모상을 자세히 살펴보면 왕관 위에 마치 다모클레스의 칼처럼 고정되어 있는 총알을 볼 수 있다.

페르시아의 왕. 다리
우스 1세(B.C. 550~
B.C. 486)

7장

골절
의사 데모케데스와 그리스 방식: 다리우스 1세

역사상 가장 흥미로운 책으로 꼽을 수 있는 헤로도토스의 『역사』
는 지금으로부터 2400년 이상 먼 옛날에 완성되었는데, 이 책에 담긴
내용 중에는 작성 시점에도 이미 백 년이 된 이야기가 하나 있다. 나
이가 서른세 살가량이던 한 남성이 말을 타고 사냥을 나갔다가 발목
을 삐는 바람에 발이 비정상적인 방향으로 틀어졌다는 이야기다.

정확히 어떤 상황에서 이런 일이 벌어졌는지는 나와 있지 않지
만, 그 이후에 의사가 발을 제자리로 돌려놓은 내용은 좀 더 자세히
기술되어 있다. 의학 용어로는 이를 재배치reposition라고 한다. 그런데
치료 과정에서 극심한 통증에 시달린 환자는 다른 의사에게 다시 진
찰을 받았는데, 두 번째 의사는 명확하고 간단한 견해를 밝혔다. 그
냥 가서 쉬라는 것이 전부였다. 이 환자가 그리스 마라톤 평원에서
벌어진 전투에 나갔다가 완전히 패하기 전까지 계속해서 전쟁을 벌
인 것을 보면, 어쨌든 발목은 완전히 나은 것으로 보인다. 이 이야기
속 주인공은 다름 아닌 페르시아의 왕이자 세계 최초로 아스팔트 깔

린 고속도로를 건설하고 페르세폴리스를 세운 인물, 스스로도 '왕 중의 왕'이라 칭한 다리우스 대제다.

왕의 발목을 처음 치료해서 심한 통증을 느끼게 한 사람은 이집트 출신의 의사였다. 당시에는 이집트인들이 가장 뛰어난 의사들로 여겨졌다. 치료에는 문제 될 것이 하나도 없었지만 다리우스는 만족하지 않았을 뿐이다. 만약 방향이 비뚤어진 발목을 제자리로 돌려놓지 않았다면 의사로서 큰 과실이 되었으리라. 발의 위치가 틀어지면 최대한 빨리 다리 아래쪽에 올바르게 자리하도록 맞춰 주어야 한다. 그렇지 않으면 발로 공급되는 혈액의 양이 크게 줄어 결국 괴사하기 때문이다. 물론 다리우스 대제의 발목을 제자리로 맞추려면 배짱이 아주 두둑해야 했을 것이다. 게다가 페르시아 의사들은 바빌로니아 함무라비 왕이 처음 제정한 이후 천 년 동안 지켜지던 법을 따라야만 했다. 함무라비 법전으로 알려진 이 법전은 후세에 전달될 수 있도록 높이 2미터가 넘는 검은색 현무암 기둥에 내용이 새겨져 있다. 현재는 파리 루브르 박물관에 가면 법전의 실물을 볼 수 있다.

함무라비 법전의 내용은 상업 규칙을 토대로 한다. 외과 의사의 경우, 치료가 잘되면 돈을 받고 그렇지 않을 경우 아무것도 받지 않기로 환자와 약속해야 한다. 그리고 치료가 잘못되면, '눈에는 눈, 이에는 이'로 대표되는 이 법전의 원칙이 그대로 적용되어 그에 대한 책임을 져야 한다. 함무라비 법전 197조에는 다른 사람의 뼈를 부러뜨린 사람은 희생자가 노예가 아닌 이상, 뼈 하나가 부러지는 벌을 받는다고 명시되어 있다. 노예의 뼈를 부러뜨린 경우 199조에 따라 그 노예를 사들인 값의 절반을 지불하고, 해방된 노예의 뼈를 부러뜨렸다면 198조에 의거하여 1골드미나에 해당하는 금액을 지불해야 한다. 218조에는 외과 의사의 치료 중에 환자가 사망한 경우 의사의 손을 자른다는 내용이 나와 있다. 의사의 입장에서는 노예를 치료하는 것이 수익성 면에서는 별로 좋지 않을지 몰라도 훨씬 안전한 일이었다. 법전 219조에 따르면 노예가 치료를 받다가 숨지면 사들인 값과 값이 동일한 다른 노예로 대체해 주어야 한다. 즉 양손을 잃을 위험은 없었다는 의미다.

함무라비 법전에는 환자가 왕일 때 의사와 환자의 관계에 대한 내용은 전혀 나와 있지 않다. 202조에 고위직에 있는 사람을 때린 사람은 공개된 장소에서 소꼬리 채찍으로 60회를 맞는다는 내용만 있을 뿐이다. 충분히 예상할 수 있겠지만 다리우스 대제는 법 위에 군림하는 사람이었다. 발의 통증 때문에 격분한 그는 이집트 의사를 십자가에 매달아 죽이라고 명령했다.

왕에게 그냥 쉬면 해결된다고 이야기한 사람은 그리스 전역에 명성이 높았던 크로톤 출신의 의사 데모케데스로, 당시 다리우스 왕의 죄수 신분이었다. 원래 사모스섬을 통치하던 폴리크라테스의 주치의였던 이 의사는 폴리크라테스가 다리우스 대제에게 붙잡히면서 수행단의 일원으로 함께 붙들려 있던 상황이었다. 다리우스의 발을 진단해 줄 의사를 급하게 구하기 전까지 그의 존재는 알려지지 않았다고 한다.

헤로도토스의 기록에 따르면, 데모케데스는 다리우스의 발목을 그리스 방식으로, 즉 '부드럽게' 치료했다. 헤로도토스는 이에 대해, (그리스 출신이 아닌) 다른 의사들과 달리 데모케데스는 자신이 해야 할 일을 정확히 알고 있었다고 설명한다. 그 방식은 대단한 성공을 거둔 모양이다. 다리우스의 발은 완쾌했고, 왕은 데모케데스에게 큰 선물을 하사한 뒤 페르시아 왕궁의 노예로 임명했다. 하지만 사실 데모케데스가 한 일이라곤 환자의 발목을 살펴본 뒤 (이집트인 동료 덕분에) 발이 올바른 위치에 놓여 있으며 건강하다는 결론을 내린 것이 전부다. 그가 해야 할 일은 왕을 안심시키고, 휴식을 취하면서 인체가 마법처럼 발휘할 치유의 힘을 믿으라고 권하는 것으로 족했다. 때로는 이렇듯 아주 간단한 노력이 훌륭한 치료가 되기도 한다.

하지만 이 이야기가 사실일 가능성은 희박하다. 헤로도토스에게는 그리스인과 그들이 가진 치료 기술의 우수함을 잔뜩 부풀릴 만한 충분한 이유가 있었다. 그 자신이 그리스인이기도 했고, 페르시아 왕을 구하고 노예가 된 그리스인 의사의 사연을 쓴 시점은 아테네가 2차 페르시아전쟁으로 페르시아인들의 손에 파괴된 시기였다. 1차 페르시아전쟁을 시작한 것은 다리우스 대제였지만 기원전 490년에 마라톤 전투에서 패했고, 나중에 그의 아들인 크세르크세스 왕이 그리스를 상대로 재차 전쟁을 벌였다. 당시 행해진 작전은 역사상 규모가 가장 거대한 수준이었으나 그리스는 항복하지 않았다. 헤로도토스는 자신의 저서에서 페르시아에 관한 내용을 최대한 객관적으로 기술하려 애썼지만 다리우스의 발목에 관한 이야기는 이 두 번의 페르시아전쟁이 휩쓸고 간 뒤에 그리스의 기상을 끌어올리고자 했던 노력이 반영된 해석이라고 볼 수 있다. 오늘날의 외과학적 지식을 적용할 때 다리우스처럼 중요한 역사적 인물이 정말로 발을 삐었다면 그에 대한 어떠한 치료 기록도 남아 있지 않다는 것은 믿기 힘들다. 또한 발목 관절을 다쳤는데 기능적인 문제가 잔존하지 않았고 정밀한 치료를 요하는 심한 만성* 통증도 없이 완벽하게 회복되었다는 것은 그 시대의 기술을 감안하면 결코 가능한 일이 아니다.

발목은 발을 구성하는 뼈 가운데 가장 위쪽에 자리한 **거골**talus로 이루어진다. 목재를 연결할 때 장붓구멍과 장부촉을 서로 끼우는 것처럼, 거골은 다리 아래쪽에 있는 일종의 장붓구멍에 꼭 맞게 끼워지는 장부촉 역할을 한다. 발목을 연결하는 이 장붓구멍은 **경골**tibia(정강이뼈) 상부의 안쪽, 그리고 **비골**fibula(종아리뼈) 바깥쪽에 있다. 발에서 이 부분들은 항상 딱 맞게 연결되어 있고 발목이 외상을 입은 경우에도 장붓구멍에 해당하는 부분이 부러졌을 때만 위치가 틀어진다. 또한 골절이 발생했을 때 뼈를 원래 있던 자리에 밀리미터 단위까지 정확히 돌려놓지 않으면 거골을 발목의 구멍에 제대로 끼워 넣을 수 없고, 그로 인해 뼈에 마모가 발생하여 퇴행성 관절 질환으로 이어진다. 이는 발목에 심각한 문제를 초래한다. 발목 관절은 우리가 한 발자국 디딜 때마다 체중을 모두 견디고, 뛰거나 점프할 경우 더 큰 힘을 견뎌야 하기 때문이다. 그런데 다리우스 왕의 행보를 보면 그런 문제를 겪은 것 같지는 않다.

발목 관절을 제자리에 똑바로 돌려놓는 것처럼 부러진 뼈를 정확하게 제자리로 다시 맞추는 일이 본격적으로 가능해진 것은 1851년에 네덜란드 군의관 안토니우스 마테이선Antonius Mathijsen이 석고 붕대를 발명한 데 이어 1895년에 빌헬름 콘라트 뢴트겐Wilhelm Conrad Röntgen이 X선을 발견한 뒤 국제골절치료연구학회(AO 학회)에서 1958년에 기존의 방법과 전혀 다른 수술 기법을 개발한 이후부터였다. 오늘날

**외상학과,
외과,
정형외과** ——— 사고로 생긴 부상과 상처를 치료하는 외상학은 전형적인 외과 영역에 속한다. 과거 전쟁 시기에는 특히 중요한 분야로 여겨졌다. 뛰어난 군의관은 다친 병사도 치료해서 다시 나가 싸울 수 있도록 만들어 주는 사람들이었으니 왕에게는 너무나 귀중한 존재였다. 평시에는 범죄와 교통사고, 작업장 사고로 발생한 환자들의 치료에서 외상학이 더욱 활발히 활용됐다. 외상 치료는 오랜 세월 이발사들이 담당했다. 마침 치료에 딱 적합한 의자와 세면대를 구비하고 있는 데다 깨끗한 칼도 보유했기 때문이다. 수술이 성공적으로 끝나고 나면 이발사는 피로 얼룩진 흰색 붕대를 막대에 말아서 가게 바깥에 내놓았고 이는 그 이발소에서 외상 치료를 받을 수 있음을 나타내는 징표가 되었다. 지금도 이발소 바깥에 빨간색과 흰색으로 칠해진 막대기가 빙빙 돌아가는 것은 이러한 역사에서 유래한다. 한편 정형외과는 처음에 외과 수술과 아무런 관련이 없었고 칼이나 날카로운 칼날, 메스도 다루지 않았다. 영어로 정형외과orthopaedics라는 말은 '곧바로'의 뜻을 가진 그리스어 *orthos*와 '어린이'라는 뜻의 *paidion*이 결합된 것으로, 뼈가 기형인 아이들의 몸에 고정 장치와 부목을 대서 형태를 바로잡는다는 의미를 담고 있다. 오늘날 정형외과 의사들은 어린이를 비롯해 모든 환자의 뼈와 관절 이상을 치료하고 메스도 사용한다. 관절 치환술이 등장한 이후에는 정형외과에서도 외과 수술에 필요한 기술을 전면적으로 활용하게 되었다.

에는 금속판과 나사로 부러진 조각을 원래 있던 자리에 단단히 고정시키는 방식이 활용된다. 골 접합술로 알려진 이 수술은 이름 그대로 '뼈를 하나로 붙인다'는 뜻이다. 뼈의 작은 조각들을 전부 모아서 정확히 맞추고 나사로 고정시키는 일은 굉장히 손이 많이 가는 일이다.

19세기 이발소에서 쓰던 수술 도구

발목의 경우 절개부터 마지막 봉합까지 족히 한 시간은 걸린다.

다리우스의 발목이 부러진 것이 아니었다면, 관절을 잇는 부분이 부러지지 않고 위치만 비틀어질 수도 있을까? 관절이 빠지는 것, 탈구로 더 잘 알려진 상태라서 그토록 통증을 호소했을지도 모를 일이다. 발목뼈가 위치만 어긋나는 경우는 굉장히 드물고, 그러려면 뼈가 아주 튼튼해야 한다. 그런데 다리우스의 경우 뼈가 그 정도로 단단하지는 않았다고 볼 수 있는 단서가 있다. 다름 아닌 헤로도토스가 직접 실시한 과학적인 실험에 힌트가 담겨 있다. 헤로도토스는 자신이 그런 사실을 밝혀냈다는 사실을 인지하지 못했지만 말이다.

이 역사가는 관광차 이집트를 방문했다가 미치광이로 불리던 다리우스의 전임자, 캄비세스 왕이 이끄는 페르시아 군대와 프삼티크 왕이 이끈 이집트군의 첫 번째 전투가 벌어졌던 사막을 찾았다. 승리는 페르시아의 몫으로 돌아갔지만 양쪽 모두 엄청난 손실을 입었다. 당시의 관례대로 전투가 끝난 뒤(또는 대살육이 마무리된 뒤에) 시체는 각기 분리하고 무더기로 쌓아 두었다. 헤로도토스는 뼈만 남은 그 시체 더미를 살펴보다가, 관광객 특유의 파괴 본능이 갑자기 솟구쳐 돌을 집어 던져 보았다. 그런데 페르시아인들의 두개골은 작은 돌로도 구멍이 뚫리는데 이집트인들의 두개골은 꽤 큼직한 돌로 내리쳐도 부러지지 않는다는 사실을 발견했다. 헤로도토스는 이러한 차이가 태양빛에서 비롯되었다고 보았다. 머리에 아무것도 안 쓰고 생활하는 이집트인들은 평생 머리로 빛을 그대로 받아들이는 반면 페르시아에서는 항상 펠트 모자를 쓰거나 양산을 들고 다녔다(실제로 햇볕을 쬐면 뼈가 튼튼해지는 것은 사실이다. 하지만 그 이유는 헤로도토스의 생각처럼 햇볕 자체가 아니라 그 빛을 받아 합성된 비타민 D 덕분이다).

다리우스의 뼈를 분석할 수 있다면 뼈가 얼마나 튼튼했는지도 확인할 수 있을 것이다. 혹시 발목뼈가 남아 있으면 골절 흔적을 찾을 수 있을지도 모른다. 피부에 상처가 생기면 반드시 흉터가 남듯이 성인의 경우 뼈에 생긴 상처, 즉 골절 흔적도 수년이 지난 후까지 남아 있다. 뼈도 피부처럼 살아 있는 조직이기 때문이다.

뼈는 세포로 구성되며 가느다란 혈관들이 두꺼운 칼슘 층 사이를 교차해서 연결되어 혈액을 공급한다. 그래서 뼈가 부러지면 피가 나는 것이다. 그런데 뼈의 칼슘 성분은 치유 과정에 방해가 되므로, 파골세포(이름 그대로 '뼈를 허무는' 세포)가 이 문제를 해결한다. 이 특화된 세포가 하는 일은 골절된 부위의 양쪽 뼈조직을 몇 밀리미터 정도 없애고 상처 부위를 깨끗하게 만드는 것이다. 파골세포가 제 몫을 다하고 나면 조골세포('뼈를 만드는' 세포)가 나설 차례다. 조골세포는 연결 조직을 만들어서 빈틈을 메우는 기능을 한다. 조골세포가 만든 조직은 실제로 벌어진 틈보다 더 큰 공간을 차지하므로 골절 부위에는 덩어리 형태로 새로운 조직이 생긴다. 가골이라 불리는 이 덩어리는 골세포라는 갓 생성된 뼈세포로 구성되고, 이 골세포가 보유한 칼슘을 활용하여 가골은 점점 단단해진다. 골절 부위가 가골로 이어져 충분히 붙기까지는 두 달 정도가 소요된다. 골세포는 계속 성장하고 골절된 뼈는 나머지 부분과 구조적으로 동일해지지만 가골은 흉터로 남는다.

안타깝게도 다리우스의 발목에 이 가골이 남아 있는지 사후 검사를 진행할 수는 없다. 페르시아에서도 이집트처럼 시신을 미라로 만들어 보존했고 다리우스의 묘는 현재 이란의 유적지인 낙쉐 로스

탐^{Naqš-e-Rostām}에서 발견됐으나, 바위를 부수고 들어간 내부에는 다리우스의 시신이 남아 있지 않았다. 그러므로 사냥 나갔다가 다친 그의 발목에 무슨 문제가 생겼는지는 영원히 수수께끼로 남을 것이다.

헤로도토스의 기록을 토대로 할 때 데모케데스는 어떤 삶을 살았을까? 다리우스를 설득하여 이집트인 동료의 목숨을 빼앗지 않도록 한 걸 보면, 그는 '부드러운 손길'을 가졌을 뿐만 아니라 마음도 부드러운 사람이었던 것 같다. 또한 데모케데스는 극심한 향수병에 시달렸고, 이제 왕으로 섬겨야 하는 사람이 자신을 너무 흡족하게 받아 주었으니 두 번 다시 그리스로 돌아가지 못하면 어쩌나 염려했다. 그러다 아토사 왕비의 가슴에 종기가 생겼고 이를 절개하여 잘 치료한 데모케데스는 그 보상으로 왕에게 그리스로 돌아가게 해 달라고 요청했다. 당시 그리스 공격을 목전에 둔 다리우스는 그에게 스파이 활동에 참여하라고 지시했다. 정찰병들을 이끄는 가이드 겸 통역사 역할을 하도록 한 것이다. 데모케데스는 이를 달아날 기회로 활용하여 태어난 고향 크로톤으로 돌아올 수 있었다. 그리고 레슬링 선수인 밀론의 딸과 결혼한 후 아이기나에 정착하여 나랏일을 하면서 1년에 60미나(1탤런트)씩 버는 괜찮은 삶을 살았다. 나중에는 아테네로 옮겨 매년 100미나씩 받다가 1년 뒤에는 사모스섬의 통치자 폴리크라테스의 주치의가 되어 120미나씩 수입을 올렸다. 그 정도 급여는 그때와 현재의 빵 가격을 기준으로 비교할 때 오늘날 외과 의사들의 일반적인 급여와 비슷한 수준이다. 이리저리 불운이 거듭된 탓에 다리우스 대제 밑에서도 일해야 했던 그는 당대 가장 유명한 의사였음에도 불구하고 역사책에는 그 못지않게 부드러운 손길을 지니고 동료들과의 결속이 두터웠던 또 다른 그리스인 의사, 히포크라테스의 막강한 그늘에 가려 거의 드러나지 않는 인물이 되었다.

함무라비 법전도 시간의 거센 변화를 견뎌 내지 못했다. 함무라비는 자신이 만든 법을 바꾸려는 자는 누구라도 닌 카락Nin-karak 여신의 분노를 사서 '절대 나을 수 없는 고열과 깊은 상처'에 시달릴 것이며 위대한 신, 벨Bel의 참혹한 저주에서 헤어 나올 수 없을 것이라 경고했다. 그럼에도 의사가 반드시 결과를 내야 한다는 규정('병이 낫지 않으면 돈을 내지 않는다')은 바뀌었다. 현대 의료법에서 환자는 더 이상 상품을 구매하는 소비자가 아니다. 그러므로 의사의 의무도 최선을 다해 노력해야 한다는 것으로 바뀐 것이다('환자를 돌볼 의무'). 이제 외과 의사는 결과를 내기 위해 애쓰는 대신 최선을 다해 노력할 수 있게 되었다. 때로는 원하는 결과가 나올 수 없다는 점에서 의사가 보호받을 수 있는 변화가 일어난 것이다. 환자에게 해가 발생하는 경우도 책임의 초점이 결과가 아니라 의도로 옮겨 가는 쪽으로 바뀌었다. 즉 환자가 해를 입지 않도록 외과 의사가 최선을 다했다면, 발생한 결과에 대해 책임지지 않아도 된다.

칼을 들고 남을 해치는 사람과 메스를 들고 남을 치료하는 외과 의사를 구분하는 이러한 차이는 법으로 명문화되었다. 유무죄 여부는 자격과 권한으로 가린다. 충분한 자격을 갖춘 외과 의사에게는 권한이 주어지지만 의사로서 계속 일하기 위해서는 합당한 수준의 자격을 유지할 수 있도록 노력해야 하고, 이를 위해 경험을 쌓고 보강 교육을 받는 한편 우수한 결과를 낼 수 있어야 한다.

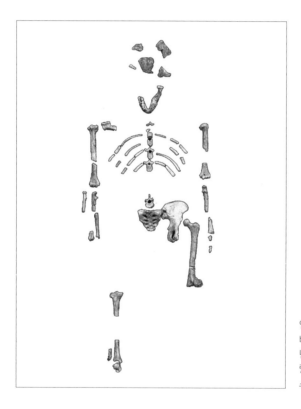

인류의 조상인 루시의
뼈 화석. 루시는 320만
년 전 존재했던 오스트
랄로피테쿠스 아파렌시
스종에 속한다.

8장

정맥류
루시와 현대 수술: 오스트랄로피테쿠스 아파렌시스

우리 몸의 각 구성 요소는 수십억 년 간의 시행착오를 거치면서 육안으로 보이는 수준에서나 세포, 분자 수준에서나 서로 밀접한 관계를 형성하고 있다. 이러한 특징을 이해하려면 생물학과 생화학, 유전학을 포함한 몇 가지 자연과학적 지식을 알아야 하는데, 그 관계가 워낙 복잡하다 보니 인체 구성 요소 중 상당수는 그 기능이 깜짝 놀랄 만큼 단순하다는 사실을 간과하기 쉽다. 혈액이 반대 방향으로 흐르지 않도록 막는 정맥 판막도 그러한 예에 속한다. 혈관의 판막이 어떻게 작용하는지 상세히 설명하려면 다소 전문적인 내용까지 들어가야 하지만 중력과 압력만 알아도 쉽게 이해할 수 있다.

두 다리 안쪽에는 각각 발목부터 사타구니까지 피부 바로 아래에 자리 잡은 기다란 정맥이 있다. 큰두렁 정맥, 영어로는 간단히 GSV(Great Saphenous Vein)라고 불리는 정맥이다('saphenous'는 '굵은 밧줄'을 의미하는 라틴어 단어, *saphon*에서 유래했다). GSV는 크기가 더 작은 수많은 정맥과 연결된다. 또한 사타구니에서 시작되는 부분은 양치기들이 들고 다니는 지팡이 끝처럼 짧게 구부러진 형태를 띠는데 이를 큰두렁 아치라고 한다. 바로 이 아치 부분에 작은 판막이 있다. 그리고 그 아래로 이어진 큰두렁 정맥의 모든 정맥에 판막이 있어서 혈액이 중력의 힘으로 다시 아래로 흘러가지 않도록 막는데, 여기까지는 그리 특이할 것이 없다. 희한한 점은 큰두렁 아치 위로는, 즉 사타구니에서 심장으로 이어지는 긴 정맥에는 판막이 단 하나도 없다는 것이다. 그러므로 성인을 기준으로 할 때 큰두렁 아치에 있는 작은 판막 하나가 하루 종일 아래로 약 50센티미터에 달하는 액체 기둥의 압력을 오롯이 버티고 있는 셈이다. 이는 인체 다른 판막에 가해지는 압력과 비교할 때 다섯 배는 더 큰 수준이다. 판막이라는 구조는 그렇게 탄탄하지도 않고 그 정도로 큰 압력을 견디도록 만들어진 것도 아닌, 지극히 평범한 구성 요소라는 점에서 상당히 큰 부담이 지워진다고 볼 수 있다. 이로 인해 큰두렁 아치에 있는 이 작은 판막은 가끔 고장이 난다. 혈액의 역류를 막지 못하고 '누수'가 생기는 것이다. 이럴 때 정맥류가 발생한다.

정맥류란 피하 정맥에 혈액이 너무 천천히 흐르거나 아예 흐르지 않아서, 또는 역류하여 비정상적으로 비대해진 정맥을 가리킨다. 보기에 흉할 뿐만 아니라 통증, 가려움, 주변 피부의 습진 같은 문제도 일으킨다. 정맥류는 대부분 판막에 누수가 생기는 것으로 시작하고 압력을 가장 많이 받는 큰두렁 아치가 제 기능을 못할 때 발생하는 경우가 많다. 이 판막이 기능하지 못하면 10센티미터 정도 아래쪽에 있는 판막에 압력이 가중된다. 이로 인해 두 번째 판막은 원래 버티고 있던 액체 기둥의 압력과 함께 10센티미터에 해당하는 압력을 더 부담해야 한다. 그러다 이 판막마저 기능을 상실하면 다음 판막에는 더 큰 압력이 가해진다. 이런 식으로 압력이 점차 증가하면서 GSV는 기다란 풍선처럼 부풀어 오른다. 판막 전체에 누수가 발생할 경우, 원래 두께가 0.5센티미터를 넘지 않는 GSV가 훨씬 비대해져 정맥류가 되고 곳곳에 포도송이만큼 부풀어진 부위가 생기기도 한다.

그러므로 정맥류는 큰두렁 아치에 있는 작은 판막이 감당해야 하는 기능보다 너무 약한 데다 이유는 알 수 없지만 그 위쪽으로 연결된 주요 정맥에는 판막이 전혀 없어서 생긴 결과로 볼 수 있다. 왜 그럴까? 답은 의외로 간단하다.

답을 찾기 위해서는 320만 년 전으로 거슬러 올라가 **오스트랄로피테쿠스 아파렌시스***Australopithecus afarensis*였던 스물다섯 살 루시를 만나 봐야 한다. 루시를 비롯한 이 종의 구성원들은 최초로 두 발로 서서 걷기 시작한 인류의 조상에 해당된다. 직립보행을 했던 루시에게서 현대 외과학의 근간이 된 토대를 절반은 찾을 수 있다. 루시의 뼈 일부는 1974년, 고인류학자 도널드 조핸슨Donald Johanson과 톰 그레이Tom Gray가 에티오피아에서 발견했다. 두 사람은 그 유골 발굴 작업 때 마침 라디오에서 흘러나온 비틀스의 노래 「루시 인 더 스카이 위드 다이아몬드Lucy in the sky with Diamonds」에서 착안하여 루시라는 이름을 붙였다. 당시 발굴된 루시의 유골은 현재 에티오피아 아디스아바바 국립 박물관에 전시되어 있으며 전 세계 여러 박물관에서 복제된 모형으로도 접할 수 있다.

루시의 어머니는 아직 네 발로 걸었다고 가정해 보자. 사타구니부터 심장까지 액체로 채워진 주요 정맥이 수평으로 가로놓여 있을 때는 압력이 축적되지 않으므로 루시의 선조는 정맥류로 고생할 일이 없었다. 큰두렁 아치 '위'에 있는 주요 정맥의 판막 유무를 따져 보는 것도 무의미할 것이다. 위치상 위에 있지도 않았기 때문이다.

그러므로 정맥류는 현대인과 역사를 함께한다고 할 수 있다. 정맥류의 최초 사례는 3500년도 더 이전의 이집트에서 발견됐다. 또 정맥류를 최초로 묘사한 이미지는 아테네 황금기로 거슬러 올라가고, 히포크라테스는 처음 붕대 치료를 시도했던 의사였다. 로마의 켈수스는 정맥류를 절단해서 끝이 무딘 갈고리로 끄집어내는 방법을 설명했다. 플루타르코스에 따르면, 율리우스 카이사르의 삼촌인 로마 집정관 가이우스 마리우스는 정맥류 자체보다 그 수술로 인해 더 큰 고통을 느끼고 다른 쪽 다리는 수술을 받지 않았다. 대ᵗ플리니우스는 강인하기로 소문난 이 정치인이 수술대에 누워 몸이 묶이는 것을 거부하고 일어서서 수술을 받은 유일한 환자였다고 전했다. 대찬 성격에 꼭 맞는 선택이지만 사실 좀 바보 같은 일이었다. 정맥류를 절단해서 개방하면, 환자가 누워 있을 때보다 일어서서 혈관이 수직으로 놓여 있을 때 훨씬 더 많은 혈액이 뿜어져 나오기 때문이다.

정맥 판막도 중세 시대가 되어서야 언급되었으나 제대로 알려지지는 않았다. 외과 의사 앙브루아즈 파레Ambroise Paré는 GSV를 다리 상부 높은 곳에서 묶음 실로 묶으면 된다는 생각을 처음으로 제시했다. 지금은 이렇게 해도 GSV의 기능을 대신할 정맥이 충분히 있으므로 아무런 해가 되지 않는다는 사실이 밝혀졌지만, 파레가 그 당시에 이런 사실을 정말 알았을까?

1890년에 독일의 외과 의사 프리드리히 트렌델렌부르크Friedrich

Trendelenburg는 정맥 상부를 묶는 방법을 더 상세히 소개하는 한편, 정맥 판막의 누수로 혈압이 증가하면서 발생하는 정맥류에 대해 최초로 몇 가지 사실을 파악하고 그 내용을 밝혔다. 기능적 치료가 가능해진 첫걸음이었다. 이에 따라 환자가 수술대에 등을 대고 눕도록 한 뒤 머리가 아래로, 발이 위로 향하도록 수술대를 기울이는 방식은 그의 이름을 따서 트렌델렌부르크 자세로 불린다. 이 자세에서는 혈압이 역전되어 다리의 압력은 마이너스, 심장의 압력은 플러스 상태가 된다. 심장의 압력이 증가하는 이 같은 자세는 특히 쇼크 환자에게 도움이 된다. 정맥류 수술 시에는 이처럼 다리의 압력이 낮아지는 것이 좋다.

19세기 말이 되자 호주의 외과 의사 제리 무어Jerry Moore가 파레와 트렌델렌부르크의 방식을 종합하여 완성했다. 그는 GSV를 최대한 높은 위치에서 묶는 것보다는 한 단계 더 나아가 큰두렁 아치를 묶어야 한다는 사실을 파악했다. 이 방법은 현대 표준 치료법이 되었고, 영어로는 양치기 지팡이를 뜻하는 프랑스어 *crosse*에서 유래한 crossectomy(복재정맥 분리·결찰술●)로 불린다. 이 방법은 이미 발생하여 눈으로 확인할 수 있는 정맥류 치료는 물론 재발 방지 방법으로도 활용할 수 있다.

20세기에는 복재정맥 분리·결찰술에 혈관을 '벗겨 내는 것', 즉 GSV를 피하 조직●에서 한꺼번에 완전히 제거하는 방식이 결합되었다. 이 방법은 2005년까지 정맥류의 표준 치료법으로 활용되었고 한쪽 다리를 수술하는 데 채 15분도 걸리지 않았다. 외과 역사상 가장 위대한 의사로 꼽히는 테오도어 빌로트는 정맥류 수술에 철저히 반대했지만 그 이유는 밝히지 않았다.

스웨덴의 방사선 전문의 스벤 이바르 셀딩에르Sven Ivar Seldinger는 혈관 수술의 개념에 엄청난 변화를 가져왔다. 1953년, 셀딩에르는 혈관을 안쪽에서부터 치료할 수 있는 방법을 고안했다. 이 방법을 토대로 1964년에는 또 다른 방사선 전문의 찰스 도터Charles Dotter가 경피적 혈관성형술[1]을 개발했다. 좁아진 동맥 안쪽에 작은 풍선을 넣어 늘리는 치료법으로, 단순하면서도 영리한 아이디어였다. 21세기에 들어서는 셀딩에르 방법이 동맥뿐만 아니라 정맥류 치료에도 활용되기 시작했다. GSV의 내부에 레이저로 열을 가한 뒤 극초단파 치료로 봉쇄하는 것이다. 이 모든 과정이 메스를 댈 필요도 없이 이루어진다.

루시부터 인류에게 시작된 문제는 이뿐만이 아니다. 항문에 누수가 생기지 않도록 막아 주는 작은 혈관(항문 혈관) 세 개가 우연히 직장에 있었기에 망정이지, 그렇지 않았다면 루시는 두 발로 걸으려다 몇 걸음 떼고 다시 마음을 바꿔 네 발로 걸었을 것이다. 배변 활동은 지금까지도 적응이 이루어지지 않아서 우리는 엉덩이를 직각으로 구부려야 그 일을 마칠 수 있다. 또한 배변을 위해서는 훨씬 더 많은 압력이 가해져야 하고, 이는 치질과 직장 탈출증, 변비 같은 인류의 흔한 질병으로 이어졌다.

외과 의사들에게 꾸준한 일거리를 제공했다는 점에서 루시에게

---

[1] 경피적 혈관성형술은 수술하지 않고 피부에 주삿바늘로 구멍을 뚫은 뒤 혈관에 카테터를 집어넣는 치료 방법을 의미한다. '경피적'이란 '피부를 통한다'는 뜻이다.

순환계

_____

심장에는 두 개의 판막이 있다. 심장의 오른방실은 약한 압력으로 몸에 있는 혈액을 폐로 보낸다. 폐는 구조가 섬세해서 높은 압력을 견디지 못한다. 심장의 왼방실은 폐에서 유입된 혈액을 몸의 나머지 부분으로 보낸다. 이때 뿜어내는 압력은 오른방실보다 훨씬 크다. 동맥은 산소가 풍부하게 함유된 선명한 붉은색 혈액을 심장에서 가장 먼 구석구석까지 전달한다. 그리고 정맥은 몸 전체에서 혈액을 수거해서 다시 심장으로 보낸다. 심장과 혈관, 즉 순환계의 기능은 수수께끼로 남아 있다가 1628년, 영국에서 윌리엄 하비William Harvey가 죽어 가는 사슴의 심장을 절개하여 살아 있는 상태로 박동하는 모습을 몇 시간 동안 지켜본 뒤에 처음으로 밝혀졌다. 그는 이때 발견한 사실을 『동물의 심장과 혈액의 운동에 관한 해부학적 연구Exercitatio Anatomica de Motu Cordis et Sanguinis in Animalibus』라는 제목의 논문으로 발표했다. 그전까지 인체의 순환계 기능이 거의 알려지지 않은 주된 이유는 사후에 혈액이 응고되므로 시신의 혈관은 대부분 공기만 차 있는 상태로 발견되었기 때문이다. 혈액이 다시 심장으로 흐르려면 팔다리의 움직임과 정맥 판막의 종합적인 작용이 필요하고 이를 골격근 펌프라고 한다. 가슴의 흡입력도 이 과정에 도움이 된다. 숨을 들이쉬면 흉강에 음압[2]이 발생하여 복부와 팔다리 혈액을 끌어당긴다. 소화계와 비장에 있는 정맥은 순환계와 별도로 기능한다. 간문맥으로 알려진 이 정맥들은 혈액을 심장으로 운반하지 않고 간으로 보내는 역할을 한다.

감사해야 할 또 한 가지 문제는 서혜관[3]과 관련이 있다. 복벽 바닥 부

_____

2   폐의 압력이 대기압보다 낮은 상태. 공기가 폐 쪽으로 이동하게 된다(반대말=양압).
3   아랫배의 벽을 이루는 근육층 사이에 남자에게는 정삭, 여자에게는 자궁 원인대가 놓여 있는 길

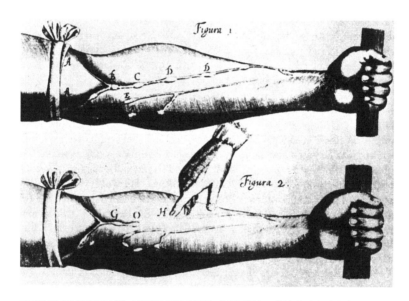

윌리엄 하비의 『동물의 심장과 혈액의 운동에 관한 해부학적 연구』에 실린 정맥 이미지

분에 자리한 서혜관은 가장 탄탄해야 하지만 매우 약하다. 그리고 중력이 뱃속에 든 내용물을 계속해서 끌어당기므로 이 취약한 부분은 지속적으로 영향을 받는다. 이로 인해 서혜관에 구멍이 생기는 것을 서혜부 헤르니아라고 한다. 역시나 진화 과정에서 제외된 것으로 보이는 부분이다. 네 발로 걸을 때는 서혜관이 복부의 중력 중심점보다 밑이 아닌 위에 자리하므로 아무런 문제가 되지 않지만 두 발 동물에게는 심각한 설계 오류일 수밖에 없다. 직립보행을 하는 인류는 생애 중 서혜부 헤르니아가 생길 확률이 25퍼센트나 된다. 그만큼 외과 의사에게 일거리가 많다는 뜻이기도 하다.

네 발로 걷다가 두 발로 걷기 시작한 변화로 인해 고관절과 무릎도 두 배 더 많은 무게를 견디게 되었다. 또한 척추 뼈 사이사이에 있는 추간판은 원래 아무것도 지탱할 필요가 없었지만(수평으로 놓여 있었으므로) 이제 체중의 절반을 떠안게 되었다(수직). 이 하중은 무릎과 고관절, 허리에 가해지고, 그 결과 외과의 한 줄기인 정형외과가 탄생했다. 정형외과 의사들이 하는 일의 상당 부분은 과도한 하중이 실린 고관절과 무릎을 인공 기관으로 교체하고 추간판 탈출증을 치료하는 것으로 이루어진다.

하지만 직립보행으로 발생한 가장 두드러지는 결함은 다리 동맥인 것 같다. 네 발 보행 시절과 마찬가지로 골반 뒤쪽 깊숙한 곳에 자리한 동맥은 여전히 90도로 구부러진 특성이 나타난다. 네 발 동물의 경우 뒷다리가 몸통과 직각으로 연결되므로 이러한 특징이 나타나는데, 인류 역사 중 대부분의 시간은 원시 시대 육상 동물에서 네 발로 걷는 인류로 진화하는 과정에 해당되므로 자연 선택에 따라 동맥은 90도로 둥그스름하게 구부러지는 넓고 커다란 형태가 된 것이다. 원래 사족 보행 시 순환계 구조에서는 혈액에 난류4가 발생할 가능성이 희박했다. 혈액 난류는 동맥벽을 손상시킬 수 있는 만큼 생존에도 큰 영향을 주는 문제다. 그러나 원만한 각으로 혈관이 구부러진 상태에서 직립보행을 시작하자, 다리 동맥은 서혜부에서 다시 90도로 구부러져야만 하고 이번에는 둥근 곡선이 아닌 날카로운 각을 형성하게 된 것이다. 두발 보행에 맞게 적응이 이루어지지 않은 이 각은 혈액의 난류를 일으키고, 구부러진 부분은 동맥이 좁아져 딱딱해지는 현상이 나타났다(동맥경화). 인류의 동맥경화가 서혜부에서 가장 많이 발생하는 이유도 이 때문이다. 동맥이 점점 좁아지면 다리에 산소가 풍부한 혈액이 절실할 때, 즉 움직일 때 혈액 공급이 원활하게 이루어지지 않는다. 그 결과 걸을 때는 다리에 통증이 느껴지다가 가만히 서 있으면 통증이 바로 사라지는 증상이 나타난다. 의학적으로는 간헐적 파행claudication•('절뚝이다'라는 의미의 라틴어 단어 *claudicare*에서 유래)이라고 하는 이 증상을 네덜란드어로는 '윈도우 쇼핑 다리'라고 한다. 길거리를 걸어 다닐 때는 다리가 아프다가 상점 앞에 잠시 서서 안을 들여다볼 때는 통증이 가라앉는 특징을 반영한 명칭이다. 문제가 심할 경우에는 다리에 괴저가 발생할 수도 있다. 네 발 동물은 전혀 염려하지 않는 문제들이다.

지금까지 우리는 현대 외과 의사들이 치료하는 질병들 중에서 루시가 살던 시대까지 거슬러 올라가는 여러 가지 문제를 살펴보았다.

---

4   혈액이 고르게(순탄하게) 흐르지 못하고 뒤엉키거나 소용돌이치는 현상

정맥류, 치질, 서혜부 헤르니아, 동맥경화 같은 질병들은 외과의 평균적인 일감 중 절반을 차지한다. 다시 말해 외과에서 하는 일의 상당 부분이 루시가 두 발로 걷기로 결심하면서 시작된 것이다. 우연인지 모르지만 루시에게는 에티오피아어로 *Dinqines*라는 이름도 붙여졌다. '대단해요'라는 의미인데, 아마도 외과 의사들은 크게 공감할 것이다.

해리 후디니(1874~
1926)가 중국식 물고
문 통으로 공연을 하
는 모습

9장

복막염
탈출의 명수 해리 후디니의 죽음

　1926년 10월 31일, 에리크 바이스Erik Weisz가 사망했다는 사실이 전 세계에 뉴스로 전해졌다. 미국에서는 조심스러운 낙관론이 피어나던 시기였지만 빈곤과 불안 문제는 여전했고 당시에는 알려지지 않았지만 아돌프 히틀러와 베니토 무솔리니가 세계정세를 거머쥐기 위한 준비를 착착 진행하고 있었다. 클로드 모네가 사망한 해이자 메릴린 몬로가 태어난 해이기도 하다. 이때만 해도 유럽은 무엇이든 가능성이 열려 있는 것만 같은 미국에 부러운 시선을 던졌으나 1929년, 뉴욕 증권시장 대폭락 사태가 일어났다. 그전까지 미국의 '광란의 20년대'는 찰스턴1과 금주령, 록펠러, 알 카포네2의 시대였다.

　에리크 바이스는 찰리 채플린과 스탠 로렐Stan Laurel, 올리버 하디

1　1920년대 미국의 찰스턴에서 시작된 사교춤. 네 박자의 경쾌한 리듬에 맞추어 발끝을 안쪽으로 향하고 무릎으로부터 아래를 옆으로 차면서 춘다.

2　미국의 갱gang 두목. 금주법 시대에 술을 밀매하여 돈을 벌고 범죄를 저지르며 시카고의 암흑가에 군림하였다.

Oliver Hardy3와 함께 미국의 이 멋진 시대를 대표하는 얼굴로 여겨졌다. 그의 본명을 아는 사람은 별로 없었으나 무대에서 불린 이름은 거의 한 세기가 흐른 지금까지도 전 세계적으로 유명할 뿐만 아니라 그가 개발한 특별한 기술을 가리키는 말로도 사용된다. 에리크 바이스는 바로 국제적인 명사, 해리 후디니의 본명이다. 구속복으로 자신의 몸을 꽁꽁 묶고 거꾸로 매달리거나 체인을 둘둘 감은 채로 꽉 닫힌 나무 상자에 갇혀 뉴욕항의 바닷물로 던져진 인물, 수갑을 차고 맥주가 가득 들어 있는 커다란 우유 통에 갇힌 바로 그 탈출의 명수다. 그는 매번 무탈하게 빠져나왔다. 청동 관에 산 채로 갇혀서 땅에 묻혔을 때도 마찬가지였다. 그러니 후디니의 죽음도 그의 인생처럼 극적일 거라 생각하는 사람이 많을 것이다. 후디니의 전설적인 공연으로 이야기되는 일명 중국식 물고문 통 공연에서는 좌석을 꽉 메운 관객들이 보는 앞에서 수갑을 차고 거꾸로 매달려서 머리부터 물속에 빠지기도 했던 사람이니 분명 그렇게 생각할 만도 하다. 그러나 현실은 전혀 달랐다.

후디니는 자신의 화려한 탈출 공연에 심령술과 전통적인 서커스 속임수를 접목시켰다. 그는 저글링도 할 줄 아는 곡예사이자 힘센 장사이기도 했다. 자신은 복근이 워낙 탄탄해서 어떤 타격도 견딜 수 있다고 주장하면서 아무나 와서 때려 보라고 하기도 했다. 후디니의 죽음이 바로 이런 도발 때문에 그의 배로 날아온 묵직한 펀치로 인한 것이라는 이야기가 오랫동안 떠돌았지만, 이제는 그의 최후가 묘기

---

3   스탠 로렐과 올리버 하디는 무성영화 말기에서 유성영화 초기에 걸쳐 활약한 미국 희극영화의 명콤비다.

와는 아무 상관이 없으며 병원에 안 가고 버틴 질긴 고집이 큰 몫을 했다는 사실이 잘 알려졌다.

1926년 10월 22일, 당시 학생이던 고든 화이트헤드Gordon Whitehead 와 자크 프라이스Jacques Price, 샘 스밀로비츠Sam Smilovitz는 후디니를 만나러 캐나다 몬트리올의 한 공연장 대기실을 찾았다. 바로 전날 공연이 열린 곳이었다. 후디니는 초상화를 그리고 싶다는 스밀로비츠의 요청에 침대처럼 긴 의자에 누워 포즈를 취했다. 잠시 후 화이트헤드가 정말 배를 아무리 세게 맞아도 견딜 수 있냐고 물으며, 한번 도전해 보고 싶다고 이야기했다. 후디니가 그러라고 하자마자 그는 곧바로 주먹을 날렸다. 화이트헤드는 후디니의 우측 하복부를 굉장히 세게 몇 차례 가격했다. 그 자리에 있던 나머지 두 학생은 당시 그 유명한 탈출의 명수가 친구의 재빠른 공격에 미처 대비하지 못한 기색이 역력했다고 나중에 밝혔다. 세 번째 펀치까지 맞고 난 뒤에야 주먹을 견딜 만큼 복부 근육에 충분한 힘이 들어갔지만, 두 목격자는 전날 저녁까지만 해도 무대에서 어떤 것에도 끄떡하지 않고 너무나 놀라운 공연을 벌인 강인한 사람이 그 소파 위에서, 제대로 얻어맞은 주먹 몇 방에 극심한 통증을 느끼는 모습을 똑똑히 보았다.

다음 날 후디니는 저녁 공연을 마치고 투어의 다음 목적지인 디트로이트로 가기 위해 열차에 올랐다. 몸이 영 좋지 않았던 그는 도착하면 의사를 만나 진찰을 받고 싶다고 출발 전에 미리 전보를 보냈다. 그러나 디트로이트에 도착했을 때는 진찰을 받을 시간이 없었고, 그는 고열에 시달리면서 생애 마지막이 될 공연을 준비했다. 공연이 끝나고 그를 만난 의사가 지체 없이 당장 수술을 받아야 한다고 결론 내린 것에 비추어 보면, 물속에서 몇 분이나 숨을 참았다가 탈출하는 연기를 펼쳤다는 사실이 더욱 놀라울 따름이다. 관중들은 시종일관 감탄을 자아내던 그 스턴트맨에게 무슨 일이 생겼는지 짐작도 하지 못했으리라.

디트로이트의 외과 의사는 간단한 검진 후에 바로 진단을 내렸다. 후디니의 배에 손을 올려놓았을 때, 이 탈출 전문가가 흔히 생기는 문제에 시달리고 있다는 사실을 알아챘기 때문이다. 세상에 드러난 지 얼마 되지 않은 질병, 충수염이었다. 충수염은 그로부터 40년 전(후디니가 열두 살일 때), 보스턴의 의사 레지널드 피츠Reginald Fitz에 의해 처음 제대로 알려졌다. 지난 수천 년간 사람들의 목숨을 위태롭게 한 병이었던 만큼 놀라운 쾌거였다. 고대 메소포타미아나 이집트, 그리스, 로마의 의학 관련 문서에는 충수염에 대한 언급이 없지만 의학적인 지식이 상당히 발전한 고대 문명사회에서도 분명 광범위한 질병이었을 것으로 추정된다. 18세기 해부학자인 조반니 바티스타 모르가니Giovanni Battista Morgagni가 충수염을 처음으로 설명했으나, 그도 왜 이 병으로 사람이 목숨까지 잃는지 정확한 원인을 집어내지는 못했다. 1887년에 이르러서야 필라델피아의 의사 토머스 모턴Thomas Morton이 최초로 수술에 성공한 뒤 이 병에 걸리면 무조건 목숨을 잃는 것은 아니라는 사실이 명확해졌다.

후디니는 몬트리올에서 곧바로 병원으로 가 수술을 받았어야 했고, 그랬다면 목숨을 건질 수 있었을 것이다. 하지만 고집이 너무 셌는지, 자만심이 너무 강했는지, 아니면 돈을 벌어야 된다는 생각이 너무 컸는지, 그것도 아니면 그저 의사가 무서웠는지 알 수 없으나 그는

의학 용어

_____

영어에서 의학적인 증상과 질병을 의미하는 단어는 -*osis*로 끝난다. 예를 들어 arthrosis(관절증)는 관절(*arthron*)과 관련된 병을 의미한다(마모에 의해 발생). 접미사가 -*itis*인 경우 염증을 나타낸다. arthritis(관절염)는 관절에 염증이 생겼다는 뜻이다. 그런데 염증이 전부 감염에 해당되는 것은 아니다. 세균, 바이러스, 기생충 같은 병원균이 퍼져서 생긴 염증만 감염에 속한다. 접두사가 a 또는 an인 의학 용어는 '~없이'를 의미하고 ec나 ex로 시작되는 단어는 '밖으로, 외차'의 뜻이다. 그러므로 apnoea(수면 중 무호흡증)는 '호흡이 없는'이란 뜻이고 tumourectomy(종양 절제술)는 종양tumour을 잘라 낸다는 의미다. haem(at)o라는 표현은 혈액과 관련이 있다는 의미다. haematuria(혈뇨•)는 소변에 피가 섞인 것을 나타내고 haemoptysis(객혈)는 기침을 할 때 피가 나오는 것을 의미한다. 종양을 의미하는 tumour(라틴어로 '부풀다'의 뜻)와 관련된 단어는 -*oma*라는 접미사로 끝난다. 체액이 쌓여도 종양이 될 수 있으며 haematoma(혈종)의 경우 혈액이 한 곳에 모여서 생긴다. 단단한 조직도 종양이 될 수 있다. lipoma(지방종)는 지방 조직으로 이루어진 종양을 의미한다. 한편 종양은 악성 또는 양성으로 나뉜다. 악성종양이 암으로 발전할 경우 암종(carcinoma. 피부나 점막, 선 조직에 생기는 암)이나 육종(뼈, 근육 등 그 밖에 다른 조직에 생기는 암)이 된다. 양성종양은 암종과 별개의 종류다. 한편 검사 결과 특정 진단이 확인되었거나 질병이 발견된 경우 결과가 양성이라고 한다. 그러므로 결과가 양성이면 환자에게는 안 좋은 일인 경우가 많다. 어떠한 검사도 결과를 백 퍼센트 신뢰할 수는 없고, 때때로 양성 또는 음성으로 나온 결과가 틀린 경우도 있다. 접미사가 -*genic*인 단어는 원인을 의미한다. 무언가가 carcinogenic(발암성)이라고 한다면, 암을 일으킬 수 있다는 뜻이다.

'쇼는 계속되어야 한다'고 결론 내렸다. 그리하여 디트로이트에 도착하고도 3일 뒤에야 수술을 받았다. 의사는 충수가 터져 복막염이 생겼다는 사실을 발견했다. 후디니의 복강은 고름으로 가득했다. 4일 후에는 다시 배를 열어 세척해야 했다. 그래도 상황은 나아지지 않았다. 당시에는 감염을 누그러뜨릴 항생제도 없었다. 결국 해리 후디니는 이틀 뒤 쉰두 살의 나이로 세상을 떠났다. 시신은 대중들의 엄청난 관심 속에 그가 탈출 묘기를 할 때 사용한 것과 똑같은 청동관에 뉘어져 뉴욕 퀸즈에 묻혔다. 에리크 바이스, 저글링하는 사람, 스턴트맨, 심령술사, 그리고 탈출의 명수로 전 세계가 '위대한 후디니'라 부르던 사람은 지극히 평범하고 흔한 병인 충수염으로 목숨을 잃었다.

충수염은 굉장히 흔한 질병이다. 남성의 8퍼센트, 여성의 7퍼센트 이상이 생애 중 어느 시점에 충수염을 경험한다. 어떤 나이에도 발생할 수 있으며 가장 공통적으로 나타나는 증상은 급격한 복통이다. 맹장으로도 불리지만 충수('벌레 모양')가 더 정확한 명칭인 이 기관은 대장이 소장과 만나는 지점부터 시작되고 끝이 막혀 있는 관 구조로 되어 있다. 복부를 위아래로 네 등분 했을 때 아래쪽 4분의 1 지점, 오른쪽에 자리한다. 지름은 1센티미터도 안 되고 길이는 10센티미터 정도 된다.

의사들은 이 자그마한 기관의 존재를 오래전부터 알고 있었지만 이토록 작은 것이 엄청난 비극을 낳을 수 있다는 사실은 전혀 알려지지 않았다. 크기가 매우 작고 일단 염증이 발생하면 매우 빠른 속도로 터진다는 특징 때문이기도 하다. 그 결과 장의 내용물이 복부로 유입되어 복강의 내막에 해당하는 복막 전체에 염증이 발생하는 복막염을 일으킨다. 이 때문에 누구도 자그마한 충수와 복부에 염증이 번지는 치명적인 결과 사이에 연관성이 있으리라곤 생각지 못했다. 19세기에 외과 의사들이 마침내 환자가 살아 있는 상태에서 과감하게 배를 여는 수술을 어느 정도 성공시키기 전까지 충수는 이미 죽은 환자의 몸에서나 관찰할 수 있었다. 부검이 실시되어도 복막염이 최악에 치달은 결과를 보면서 벌레처럼 생긴 그 작은 부속 기관이 터져 있는 것을 아무도 발견하지 못했다.

충수염이 발생하면 충수에 염증이 생기는 것부터 시작하여 병의 각 진행 단계를 나타내는 일련의 증상이 이어진다. 먼저 복부 중앙 위쪽에 흐릿한 기질적4 통증이 느껴진다. 염증은 하루 안에 충수 주변으로 번지고 가까운 복막 주변, 즉 우측 하복부에도 자극이 발생한다. 앞서 기질적 통증이 약했던 것과 달리 이 국지적인 통증은 굉장히 격렬하고 뚜렷하게 발생한다. 보통 충수염 환자들은 통증이 배중앙에서 시작해서 오른쪽 아래로 내려가고 그럴수록 점점 더 심해진다고 이야기한다. 복막이 국지적으로 자극을 받으면 열이 나고 입맛이 없는 증상(식욕 부진)이 나타나며, 몸을 움직일 때 통증이 강하게 느껴진다. 이 단계에 환자들은 몸에 손을 대면 아파서 못 견뎌 하고 갑작스러운 움직임에도 크게 괴로워하며, 등을 대고 누워서 다리를 위로 끌어당기면 좀 편하다고 느낀다. 평범한 사람이라면 병이

---

4 '기질적'이란 조직병리학적으로 구체적인 원인이 있다는 의미다. '기능적'과 반대 의미로 사용된다.

여기까지 진행된 상태에서 객석이 꽉 찬 공연장 무대에 가만히 서 있는 것조차 불가능할 것이다. 하물며 후디니처럼 온 몸이 묶인 채 거꾸로 매달려 머리부터 중국식 물고문 통에 빠지는 일은 상상할 수도 없다.

다음 단계가 되면 충수 주변에 고름이 형성된다. 처음에는 고름이 장 주변에 그대로 머물러 있지만, 병이 더 진행되면 충수 일부가 괴사하고 터져 버린다. 그로 인해 대변과 장에 있던 가스가 복강으로 흘러들어온다. 환자는 배 오른쪽 아래에서 갑자기 더욱 강한 통증을 느끼고, 아픔은 곧 배 전체로 퍼져 나간다. 이어 통증은 어디서 시작됐는지 정확히 짚어 낼 수 없을 정도로 극심해진다. 생명이 위태로운 복막염 단계에 이른 것이다.

복막염 증상을 전체적으로 나타낼 수 있는 표현은 '복부 자극'일 것이다. 즉 복근이 팽팽하고 배가 딱딱해지며 움직일 때마다 통증이 느껴진다. 배를 만질 때만 아픈 것이 아니라 눌렀다가 손을 뗄 때 더 심한 통증을 느끼는데, 이를 '반동 압통'이라고 한다. 환자의 얼굴은 창백해지고 눈이 푹 들어가는 데다 볼이 핼쑥해져서 불안하고 긴장한 기색이 고스란히 느껴진다. 장은 염증으로 인해 정상적인 움직임이 중단된다. 그래서 배에 청진기를 갖다 대면 비정상적으로 조용한 반응을 확인할 수 있다. 이 모든 증상은 복막염의 가장 특징적인 증상이라, 환자를 잠시 살펴보고(얼굴과 자세) 몇 가지 질문을 던진 다음 (어디가 아픈지, 통증이 어느 부위에서 언제부터 시작됐는지) 배를 한 번 눌러 보고(단단한지, 눌렀다가 힘을 풀 때 통증을 느끼는지 여부) 청진기를 대 보는 것(장이 움직이는 소리가 들리지 않는 것)으로 수초 만에 진단을 내릴 수 있다. 마지막 단계에 이르면 패혈증으로 인한 패혈성 쇼크 증상이 나타난다. 복막은 커다란 표면인 만큼 엄청나게 많은 균이 혈류로 유입된다. 그 결과 균이 온몸에 퍼져 고열 증상이 나타나고 장기 전체가 영향을 받는다. 그리고 사망에 이른다.

복막염은 응급 수술이 필요한 급성 질환이다. 외과 의사가 최대한 빨리 원인을 바로잡거나 제거하고, 복강을 씻어내야 한다는 의미다. 수술은 가능한 한 병이 덜 진행됐을 때 실시되어야 하며 패혈성 쇼크가 발생하기 전에 돌입하는 것이 좋다. 그보다는 복막염이 전신 감염 단계에 이르기 전이 훨씬 좋지만 가장 적합한 수술 시점은 문제가 시작된 기관, 즉 자그마한 충수만 영향을 받았을 때다.

위와 같은 원칙은 1889년에 미국의 외과 의사 찰스 맥버니Charles McBurney가 충수 수술에서 지켜야 한다고 제시한 내용이다. 수술이 일찍 실시될수록 완쾌할 확률이 더 높아지고, 아직 복막염으로 번지지 않았다면 염증이 생긴 기관만 제거하는 것으로 충분히 해결할 수 있다는 것이 주된 내용이다. 이후 맥버니는 충수와 떼려야 뗄 수 없는 사람이 되었다. 통증이 가장 극심하게 느껴지는 지점이자 복벽을 절개하여 충수 절제술(맹장 수술)을 실시하는 지점에는 '맥버니 포인트'라는 이름이 붙여졌다. 외과 의사라면 동료가 환자를 가리키며 '맥버니 포인트에 압통이 있다'고 하면 즉각 무슨 상황인지 알아챘다.

전통적인 충수 절제술은 다음과 같은 순서로 진행된다. 먼저 환자가 등을 대고 반듯하게 눕고 외과 의사는 환자의 오른쪽, 수술 보조는 왼쪽에 선다. 의사는 환자의 하복부 오른쪽 부위를 사선으로 절개한다. 정확한 맥버니 포인트는 환자의 배꼽부터 장골능선의 뼈가 튀어나온 부분, 즉 골반 바깥쪽 가장자리까지 선이 그어졌다고 가정했을 때 그 3분의 2 지점이다. 피부와 피하 조직 아래에는 복근이 세 겹으로 층층이 놓여 있다. 복벽은 절개하지 않고 세 겹으로 걸린 커튼을 하나씩 열어젖히듯, 근섬유 사이를 잘 헤쳐서 안쪽으로 들어간다. 세 번째 근육 아래에 복막이 있다. 의사는 조심스럽게 복막을 붙잡고 장이 손상되지 않도록 조심스럽게 개방한다. 운이 좋으면 충수가 바로 보이지만 보통은 뱃속 더 깊은 곳에 있어서 보이지 않는다. 이 경우 의사는 손가락으로 주변을 더듬어서 충수를 찾아 살짝 붙잡고 밖으로 끄집어낸다. 그런 다음 충수에 혈액을 공급하는 혈관을 찾아 소형 클램프와 흡수성 실로 묶고 절제한다. 충수에도 동일한 작업을 한다. 절제가 끝나면 복막을 닫고 근육 층도 제자리로 돌려놓은 뒤 건막, 즉 세 겹의 복근 중 가장 바깥쪽 근육에 덮인 평평한 힘줄도 덮는다. 그리고 마지막으로 피하 조직과 피부를 닫는다. 이 모든 과정은 20분 정도가 소요된다. 그러나 이제는 이런 전통적인 방법으로 충수를 제거하는 대신 복강경을 이용하여 배꼽과 두 곳의 아주 작은 절개 부위로 충수를 제거하는 키홀 수술이 더 많이 실시된다.

발열과 하복부 오른쪽의 통증까지, 후디니는 전형적인 충수염 증상을 보였다. 디트로이트에서 공연을 마치고서야 겨우 그를 진찰하러 분장실에 들어선 의사는 오른쪽 아랫배에 통증을 느끼며 심각한 상태에 놓인 환자와 마주했다. 증상이 워낙 뚜렷해서 3일 전에 후디니가 고든 화이트헤드가 날린 펀치에 배를 맞았다는 사실과 굳이 연계할 필요도 없을 정도였다. 수술이 시작되자 그 진단이 명확히 확인됐다. 충수에 구멍이 뚫려 있고 그 결과 복막염이 발생한 것이다. 그럼에도 세간의 관심은 후디니의 배를 가격한 펀치에 쏠렸다. '외상성 충수염', 즉 직접적인 가격이나 추락, 기타 복부에 발생한 외상으로 충수염이 생겼다고 의심되는 사례는 그전에도 인용된 적은 있지만 외상과 충수염의 인과관계는 밝혀지지 않았다. 후디니와 고든이 만난 일과 병이 시작된 것은 단 며칠 사이에 일어난 일이지만 그저 우연일 뿐이다. 충수염이 생기는 원인은 여전히 불투명하다. 특정한 상황에서 충수염을 앓는 사람과 그렇지 않은 사람의 차이점이 무엇인지도 아직 밝혀지지 않았다.

후디니의 경우에는 원인을 찾는 것이 무척 중요했다. 그와 만난 세 명의 학생은 경찰로부터 집중적인 심문을 받았고 불쌍한 고든 화이트헤드의 주먹이 명백한 사인으로 확정되었다. 안전과는 상당히 거리가 먼 직업 탓에 후디니가 들어 둔 생명보험의 사고 관련 약관을 해석하는 데 있어서도 사인은 중대한 의미가 있었다. 해당 조항에는 후디니가 곡예 중에 사고로 사망할 경우 아내이자 그를 평생 도운 조수였던 베스 바이스Bess Weisz가 받게 될 보험금은 두 배로 늘어나 50만 달러가 된다고 명시되어 있었다. 힘을 보여 주려고 복부에 주먹을 맞고 사망했다면 이 조항을 적용할 수 있지만 충수염처럼 흔한 질병이 사인인 경우 그럴 수 없었을 것이다. 후디니가 때려도 된다고 허락했다는 사실을 프라이스와 스밀로비츠가 증언한 덕분에 다행히 화이트헤드는 중상해죄와 살인죄로 기소되지 않았다.

1926년 10월 24일에 디트로이트 개릭 극장에서 후디니의 생애 마지막 공연을 지켜본 관객 중에 해리 리클스Harry Rickles라는 사람도 있었다. 공연이 끝나고, 리클스는 실망스러웠다고 생각했다. 예정된 시각보다 30분 이상 늦게 시작된 데다 후디니의 컨디션이 별로 안 좋아 보였다. 실수를 해서 관객이 속임수를 알아차린 일도 있었고 조수가 도와줘야만 했던 순간도 여러 번 있었다. 리클스는 후디니가 숨지고 며칠이 지나서야 이 탈출의 명수가 충수가 터진 상태로 공연을 했다는 사실을 접하고, 그가 자신을 응원하는 관객들을 위해 생애 마지막 순간까지 목숨 바쳐 공연했음을 깨달았다.

영국의 빅토리아
여왕(1819~1901)

10장

마취
여왕의 마취: 빅토리아 여왕

하노버 공국의 빅토리아는 영국의 여왕이자 인도의 황제였다. 그녀의 제국에서 태양은 결코 지는 법이 없었다. 자녀와 손자들이 유럽 곳곳의 왕족이었고, 빅토리아가 통치한 시대는 아예 빅토리아 시대로 불린다. 빅토리아는 사촌지간이던 작센 코부르크·고타 왕가의 앨버트 왕자와 결혼했다. 영국 왕실 역사상 모든 커플이 그랬듯이 두 사람도 서로를 사랑하는 완벽한 부부처럼 보였지만, 이들이 끊임없이 싸우고 때로는 주먹질까지 오갔다는 사실은 잘 알려지지 않았다. 그런 일로 버킹엄 궁전의 분위기가 싸늘해지는 일은 심심찮게 벌어졌다. 또한 빅토리아는 아이 낳는 일을 '동물적인' 경험이라고 칭하면서 출산에 따르는 엄청난 고통을 너무나 싫어했다. 앨버트가 아내에게 한 번만 더 때리면 떠날 거라고 위협하자 크게 격분한 일도 있었다. 빅토리아 여왕은 강인한 여성이었지만, 이런 일들이 자신의 정신을 해칠 정도로 참을 수 없는 일이라고 생각했다. 그리고 일곱 명의 자녀를 모두 무탈하게 낳고도 출산을 형언할 수 없는 고통으로 여거서 매번 아이를 낳고 나면 최소 1년은 산후* 우울증에 빠져 있다가 나아질 만하면 다시 임신을 했다. 1853년에 빅토리아는 다시 임신을 했고 또다시 앞으로 겪게 될 일을 떠올리며 히스테리를 부리기 시작했다. 더 이상 이대로 두어서는 안 되겠다고 결심한 앨버트는 존 스노John Snow라는 의사를 불렀다. 이제 마취를 해야 할 때가 온 것이다.

환자를 잠들게 하는 것, 또는 완전한 무의식 상태로 만드는 기술은 전신마취general anaesthesia 혹은 마취narcosis('잠들다'라는 의미의 그리스어)로 불린다. 전신마취가 행해진 첫 번째 수술은 존 스노를 호출한 때로부터 7년 전인 1846년 10월 16일, 미국 보스턴의 매사추세츠 종합병원에서 실시되었다. 치과 의사 윌리엄 모턴William Morton이 에드워드 애벗Edward Abbott이라는 환자에게 에테르, 더 구체적으로는 디에틸에테르를 흡입하도록 한 것이다. 애벗은 목에 생긴 종양을 제거해야 했고, 마취 후 외과 의사 존 워런John Warren이 수술을 마쳤다. 모든 것이 순탄하게 흘러가서 환자는 아무것도 느끼지 못하고 수술이 끝난 뒤에 깨어났다. 무척이나 감격한 워런이 남긴, 감정을 다소 절제한 듯한 감상은 길이 남았다. "여러분, 이건 사기가 아닙니다." 수술의 역사에 전환점이 된 순간이었다.

날카로운 수술 도구가 발명된 후부터, 환자의 몸을 절개해서 도와주려는 사람은 수술이 진행되는 내내 몸부림치는 환자와 싸워야만 했다. 칼로 몸을 가르는 데서 오는 고통도 고통이지만, 환자는 무엇보다 그 시련을 견디고도 살아남지 못할까 봐 크게 걱정했다. 그래서 외과 의사는 늘 신속하게 움직여야 했다. 통증이 지속되는 시간을 최대한 줄여야 했기 때문이기도 하지만, 수술 보조나 다른 도우미들이 환자를 붙들고 있는데 여유롭게 수술할 겨를이 없기 때문이기도 했다. 그로 인해 수술은 항상 '빠를수록 좋은' 것으로 여겨졌다. 런던에서 활동하던 외과 의사 로버트 리스턴Robert Liston은 수술을 시작할 때마다 지켜보는 사람들에게 "여러분, 시간 좀 재 주세요, 시간이요!"라고 외쳤다. 수술대에 누운 환자가 자신을 힘껏 누르고 있는 조수들의 힘을 기어이 이겨 내기 전에 의사가 수술을 마치지 못하면 끔찍한 결과가 발생했다. 환자가 극심한 공포에서 깨어나지 못한 채로 사방팔방 피를 튀기며 돌아다닐 뿐만 아니라, 그 과정에서 이 불운한 환자가 한층 더 겁을 집어먹고 제정신을 잃기 십상이라 다시 눕히기가 처음보다 훨씬 더 힘들었다. 이는 특별한 드레스코드를 탄생시킨 계기가 되었다. 150여 년 전까지만 해도 외과 의사들은 수술할 때 항상 까만색 가운을 입었다. 그래야 옷이 피에 뒤덮여도 티가 잘 나지 않고 자주 세탁할 필요도 없었던 것이다. 어떤 의사들은 자신의 수술복이 피에 얼마나 흠뻑 젖었는지 옷이 가만두어도 꼿꼿하게 서 있을 정도라며 으스대기도 했다.

결론적으로 의사가 수술을 빨리 해치우지 못하면 결과는 참담했다. 속도가 곧 안전이었다. 따라서 정확한 부위를 작고 깊게, 정밀하게 절개하고 한 번에 여러 층의 조직을 최대한 많이 자르는 것이 관건이었다. 그래서 조직 층을 실로 묶거나 달군 쇠로 지져서, 혹은 간단히 붕대로 꽁꽁 싸매어 수술 부위를 '되돌린' 후에야 출혈이 겨우 중단됐다. 효과적인 방법이지만 그리 확실한 수술법이라고 볼 수는 없다. 의사가 수술 과정을 꼼꼼히 살펴볼 시간이 없고, 예기치 않은 상황이 발생할 경우 대처할 만한 시간도 공간도 없는 방식이었기 때문이다. 이렇듯 1846년 10월 16일 전까지는 세세한 부분까지 신경 쓸 시간이 없는 수술이 일반적이었다.

신속하게 수술할 줄 아는 외과 의사들은 전신마취를 시간 낭비로 여겼다. 그래서 유럽에 전신마취가 일반화되기까지는 상당한 시간이 걸렸다. 위험하고 불필요하며 터무니없는 절차라며 공개적으로 반대 목소리를 내는 외과 의사들도 많았다. 영국에서는 마취가 수술을 재빨리 해낼 수 없는 돌팔이 의사들에게나 필요한 '양키들의 사기 행각'으로 불리기도 했다. 그러나 이런 인식은 빅토리아 여왕의 성질 덕분에 바뀌었다. 여왕이 과감하게 마취를 받기로 하고 엄청난 효과를 본 후부터 누구도 마취를 무시하지 못했다. 그동안 잘 알려지지 않았던 이 새롭고 반가운 발견에 국민 전체가 확신을 갖는 계기가 된 것이다.

농부의 아들로 태어난 존 스노는 에테르와 클로로포름에 관한 책을 쓴 아마추어 마취 의사였다. 클로로포름을 정해진 양만큼만 천천히 흡입할 수 있도록 고안된 특수 마스크를 만들기도 했다. 보스턴에서 에테르 마취가 처음 이루어지고 1년 뒤인 1847년에 제임스 영 심프슨James Young Simpson은 에든버러에서 처음으로 클로로포름 마취를 실시했다. 그러므로 존 스노가 1853년에 실시한 것은 전혀 새로운 일이 아니었지만 여전히 드문 일이었다. 빅토리아는 스노가 사실 전문가가 아니며, 여왕 자신이나 태어나지 않은 아이에게 어떤 위험을 안겨주게 될지도 제대로 알지 못했다는 사실을 다 알고 있었을까? 왕실에 들어서서 침실로 이어진 계단을 오를 때 스노의 심장은 엄청나게 쿵쾅댔을 것이다. 저녁 시간이라 복도와 거실, 계단 모두 가스등이

마취학

————————

오늘날에는 마취학이 별도의 분야로 자리 잡았고 손수건에 에테르를 몇 방울 떨어뜨리던 시대는 오래전에 지나갔다. 현대 의학의 전신마취에는 총 세 가지 종류의 약물이 사용된다. 먼저 마취제는 의식을 약화시키는 한편 잠이 오게 하고(수면) 망각(기억상실) 상태를 유도한다. 마취제로는 수술 시 통증으로 인해 발생하는 신체 반응, 즉 심박 수와 혈압이 증가하고 피부에 소름이 돋거나 땀이 나는 것 같은 반응을 완벽히 억제할 수 없으므로 통증을 약화시키는 강력한 약(진통제)도 함께 투여된다. 보통 아편 유도제가 사용되는 경우가 많다. 마취라는 표현은 '느낌이 없다'는 뜻이다. 수술 과정에서 근육이 긴장하지 않도록 근이완제도 투여 약물에 많이 포함된다. 이 근이완제로는 아마존 원주민들이 화살촉에 발라 사용하는 독성 물질 쿠라레에서 얻은 성분이 사용된다. 이 세 가지 약물을 함께 사용하면 환자는 편안하게 잠이 들고 수술이 진행되어도 신체 반응을 보이지 않는다. 마취과 의사는 호흡 기계인 산소 호흡기로 환자의 호흡 기능을 유지시키고 이를 위해 환자의 코나 입으로 기관까지 기관용 튜브를 삽입한다(삽관법). 전신마취가 완료되면 환자의 심장 박동과 혈중 산소 농도, 뱉는 숨에 포함된 이산화탄소 농도를 혈압 측정용 밴드와 가슴, 손가락에 부착한 전극을 통해 계속해서 모니터링한다. 수술이 시작되면 마취과 의사는 혈구 수와 소변 상태, 혈당 수치, 혈액 응고와 같은 항목도 함께 점검한다. 마취로 환자가 잠을 자도록 하는 단계를 '유도', 깨어나는 단계를 '각성'이라고 한다.

켜져 있었다. 왕궁의 시종들도 모두 긴장한 기색이었고 내각 의원들도 와서 대기하고 있었다. 잔뜩 긴장해서 기다리는 사람들이 보이고,

대기실을 지나고도 문을 몇 개 더 지난 뒤에야 여왕이 끙끙대는 소리가 들렸을 것이다. 스노는 과연 여왕이 낯선 사람을, 일개 평민인 자신을 침착하게 받아들이고 존중해 줄 것인지 염려했으리라. 스노는 방 안에 들어서서 침대 머리맡으로 갔다. 직접 개발한 마스크는 허용되지 않았으므로 깨끗한 손수건을 여왕의 코와 목 위에 올려 두었다. 그리고 피펫[I]을 이용하여 병에 담아 온 클로로포름을 손수건 위에 몇 방울 떨어뜨렸다. 스노 자신도 클로로포름을 약간 흡입할 수밖에 없었을 테니 고개를 옆으로 돌려서 맑은 공기를 재차 깊이 들이켜야 했을 것이다.

스노는 모든 과정을 상세하게 기록했다. 그는 여왕이 더 이상 통증을 느끼지 않을 때까지 클로로포름을 한 방울씩 떨어뜨렸다. 그러나 클로로포름이 자궁 수축 자체에는 아무런 영향도 주지 않았으므로 여왕은 극심한 수축을 계속 느낄 수 있었다. 1853년 4월 7일 자정을 20분 넘겼을 때 여왕이 자궁 수축을 느낄 때마다 스노가 손수건에 떨어뜨린 클로로포름은 총 열다섯 방울이었다. "여왕님께서는 투여로 훨씬 편해졌다고 말씀하셨다." 스노는 당시 상황을 이렇게 기록했다. 그리고 "자궁이 수축될 때 발생하는 통증이 줄고, 수축 간격 사이에 느끼는 통증도 크게 완화됐다." 여왕은 클로로포름을 흡입하고도 단 한 순간도 정신이 멍해지지 않았으며 분만하는 동안 의식이 계속 멀쩡히 깨어 있었다. 아기는 53분이 지나 새벽 1시 13분에 태어났다.

I   일정한 부피의 액체를 정확히 옮기는 데 사용되는 유리관. 상단에서 시약을 빨아 올린다.

빅토리아 여왕의 마취 의사였던 존 스노

몇 분 뒤에는 태반도 나왔다. 여왕은 기뻐하며 "클로로포름의 효과에 매우 흡족해했다"고 한다. "저 고마운 클로로포름은 진정 효과가 상당해서 정말 마음에 든다"고도 표현했다. 새로 태어난 왕자에게는 레오폴드Leopold라는 세례명이 내려졌다. 왕과 왕비의 여덟 번째 아이이자 네 번째 아들이었다.

앨버트는 뛸 듯이 기뻐했지만 그 행복은 오래가지 않았다. 얼마 지나지 않아 여왕은 또다시 산후 우울증에 빠졌는데, 이번에는 유독 상태가 더 심각했다. 의학계 학술지 『랜싯Lancet』은 싸늘한 비난이 담긴 의견을 내놓았고 성서학자들도 성경에 여성은 출산의 고통을 반드시 견뎌야 한다고 나와 있다는 점을 언급하며 격노했다. 그러나 유럽 전역의 일반 대중들에게 여왕의 소식은 엄청난 충격을 안겨 주었다. 특히 프랑스에서 클로로포름의 사용은 **여왕의 마취**l'anaesthésie à la reine로 불리며 돌풍을 일으켰다. 환자들이 마취 없이는 수술을 받지 않으려고 하니 외과 의사들도 요구에 응할 수밖에 없었다.

무조건 신속하게 처리하던 오래된 수술 방식은 수십 년 내로 사라지고, 새로운 분야가 등장했다. 마취학 덕분에 외과 의사들은 더욱 정확하게 수술하고, 발버둥 치며 고통에 고함치는 환자 때문에 정신을 흐트러뜨릴 필요도 없게 되었다. 이제 수술은 정밀하고 꼼꼼해지고 옷이 흠뻑 젖을 일도 없으며 소음이 생길 일도 사방에 피가 흩뿌려질 일도 없었다. 조직도 한 번에 자르지 않고 한 겹씩 절개하고 그때마다 출혈을 잡는 작업이 동시에 진행됐다. 다 끝나고 한꺼번에 출혈을 처리하는 대신 '바로바로' 막는 방식이 도입된 것이다. 여기에 프리드리히 트렌델렌버그와 테오도어 빌로트, 리하르트 폰 폴크만Richard von Volkmann 같은 새로운 영웅들의 활약 덕분에 외과학은 더욱 정교한 학문이 되었다. 검은색 수술복도 하얀 가운으로 바뀌었다.

윌리엄 홀스테드William Halsted도 새롭게 명성을 얻은 인물 중 한 사람이다. 서혜부 헤르니아와 유방암 치료법에 혁신을 가져온 홀스테드는 수술용 고무장갑을 도입한 인물이기도 하다. 또한 여러 동료를 모아 연구진을 꾸리고 국소마취라는 놀라운 기술을 개발했다. 마취제를 특정 신경 주변에 주사하여 환자의 의식이 계속 깨어 있으면서도 마취가 이루어진 부위는 감각이 사라져 아무것도 느끼지 못하도록 하는 기술이었다. 홀스테드의 연구진은 자주 만나서 서로 마취 연습을 하며 아주 멋진 저녁 시간을 보냈다. 이들이 사용한 마취제는 코카인이라, 홀스테드는 국소마취의 선구자이자 중독자가 되었다. 이제는 국소마취에 코카인 대신 파생 물질로 만든 의약품이 사용된다. 국소 부위에 동일한 마취 효과가 있으면서도 자극성 부작용•은 없는 물질로 대체된 것이다.

마취가 수술에 혁명을 일으켰다면, 다음 혁신은 위생 개념의 도입이었다. 1847년에 헝가리에서 이그나즈 제멜바이스Ignaz Semmelweis는 출산 후 산모에게 발생하는 감염 질환인 산욕열²과 관련하여 한 가지 사실을 발견했다. 의과대학 학생들이 해부학 수업에서 시신을 만진 후 손을 씻지 않고 분만실에 와서 출산을 도울 경우에 산욕열이 발생한다고 밝힌 것이다. 하지만 손 씻기 같은 단순한 행위가 사람의

---

2 분만할 때 생긴 생식기 속의 상처에 연쇄상 구균 등이 침입하여 생기는 병. 산후 10일 내에 발병하여 보통 38도 이상의 고열이 2일 이상 계속된다.

생사를 좌우할 수 있다는 말을 누구도 믿지 않았고 제멜바이스의 주장은 정신 나간 소리로 폄하됐다. (하필 그가 신경성 질환을 앓고 있어서 정신이 점점 이상해질 가능성이 있었다는 점도 이런 평가를 막는 데 도움이 되지 않았다.) 결국 제멜바이스가 제시한 위생의 기본 원칙은 루이 파스퇴르Louis Pasteur가 세균이 병의 원인이라는 사실을 밝히기 전까지 수용되지 않았다. 조지프 리스터Joseph Lister는 1865년, 수술 부위의 감염을 막기 위해 처음으로 소독약을 사용했다. 소독은 혁신적인 일이었으나 초창기에는 소독약의 부식 작용 때문에 상처 부위에 사용하면 큰 통증을 유발하고 시간상으로도 번거로운 문제가 있었다. 마취약의 발견 덕분에 비로소 소독도 가능해졌다.

빅토리아 여왕을 흡족하게 한 클로로포름은 간을 손상시키고 부정맥을 유발할 수 있다는 사실이 밝혀지면서 20세기에는 사용이 중단됐다. 에테르도 강력한 마취제이자 웃음 가스로도 잘 알려진 아산화질소(N_2O)로 대체되었으나, 이 역시 이산화탄소보다 환경에 3백 배나 더 큰 악영향을 주는 주요 온실가스로 확인되면서 쓰이지 않게 되었다.

현대에 들어서는 마취제를 혈류에 바로 주입한다. 그만큼 약효가 빠르게 나타나고 수술 과정에서 투여 용량도 더 정확하게 조정할 수 있다. 현재 가장 많이 사용되는 마취제는 프로포폴로 더 많이 알려진 2,6-다이아이소프로필페놀2,6-diisopropylphenol이다. 프로포폴은 여러 가지 이점이 많고 투여가 중단되면 마취 효과가 빠르게 사라지는 특징이 있다. 게다가 환자가 마취에서 깨어나면 잠을 푹 잔 것처럼 느끼는 것도 장점이다. 우유와 비슷해 보여서 '행복의 우유' 또는 '기억상실 우유'로도 불린다. 그러나 기적 같은 이 마취제도 위험성이 있다. 팝 스타 마이클 잭슨은 프로포폴 중독이었고, 2009년에 이 약 때문에 사망했다. 의사가 잭슨의 건강 상태에 충분한 주의를 기울이지 않아서 발생한 의료 과실*이었다. 훌륭한 마취 의사라면 환자가 마취에서 깨어난 뒤 24시간 동안 상태를 면밀히 살펴보아야 한다.

존 스노도 환자를 그렇게 모니터링했는지는 알 수 없다. 그가 여왕의 마취를 담당한 건 사실이지만 훌륭한 마취 의사로 기억되지는 않는다. 대신 스노는 전혀 다른 이유로 사람들에게 기억된다. 1854년, 런던에서 발생한 콜레라가 공공 급수 펌프 한 곳에서 시작됐다는 사실을 밝힌 사람이 바로 스노였다. 그는 병이 전염될 수 있다는 사실을 처음으로 밝히고 질병이 어떻게 확산되는지 연구하는 역학을 창시했다.

빅토리아는 1857년 4월 14일에 다시 아이를 낳을 때도 스노에게 마취약을 갖고 와 달라고 요청했다. 베아트리스Beatrice 공주를 낳을 때였는데, 이 출산 이후에는 여왕도 산후 우울증에 시달리지 않아 모두를 놀라게 했다. 베아트리스는 여왕의 아홉 번째이자 마지막 자녀였다.

네덜란드의 식민지 총
독이었던 페터르 스타
위베산트(1610~1672)

11장

괴저
리틀만 전투: 페터르 스타위베산트

크리스토퍼 콜럼버스는 인도를 찾아 서쪽으로 떠난 두 번째 항해에서, 수평선 너머로 떠오르는 섬을 발견하고 배가 도착한 요일을 따서 도미니카(일요일)라는 이름을 붙였다. 북서 방향으로 계속 나아가던 그는 8일 뒤인 1493년 11월 11일 월요일에 또 다른 섬에 도착했다. 그리고 섬의 이름을 도착한 날로 지었다. 물론 그가 새로운 땅을 처음 발견한 건 아니었다. 이미 수천 년 동안 그 땅에서 살아온 사람들이 있었기 때문이다. 섬의 토착민인 카리브 인디언들은 자신들의 섬을 '소금의 땅'이라는 뜻인 사우알리가^{Soualiga}라고 불렀다. 1627년부터는 네덜란드 선박이 이 섬을 수시로 찾아와서 수많은 언덕과 거대한 만 사이에 펼쳐진 광활한 염전에서 소금을 채취해 갔다. 17세기 네덜란드는 청어를 절이기 위한 소금 수요가 굉장했던 시기였다. 네덜란드인들은 필요한 소금을 충분히 확보하기 위해, 노예들이 아프리카에서 아메리카 대륙으로 갈 때 정박하는 장소였던, 근처의 신트외스타티위스^{Sint-Eustatius} 섬에서 노예를 데려다가 일을 시켰다.

더 멀리 아메리카 대륙까지 싣고 가곤 했다. 그러나 '소금의 땅'이 자신들의 소유라고 생각했던 스페인에서는 네덜란드인들이 '자기네' 것이라며 소금을 가져가는 행위를 가만둘 수 없었고 결국 전쟁이 벌어졌다. 1633년에 섬을 점유한 스페인은 곳곳에 요새를 세웠다. 그중에서 그레이트만과 리틀만 사이에 위치한, 바다로 멀리 뻗은 곳에 세워진 요새는 네덜란드의 소금 운반선인 **플라위트선**의 활동을 저지했다. 1644년이 되자, 쿠라사우섬에서 네덜란드 서인도회사 총독을 맡고 있던 사람이 상황을 해결하러 나섰다.

콜럼버스가 당도한 날(11월 11일)이 성 마르티노 축일St. Martin's day이라 '월요일'이 아닌, 세인트마틴섬이라는 이름으로 불리게 된 이 섬에는 멋진 해변이 서른네 곳이나 있다. 페터르 스타위베산트Peter Stuyvesant 총독도 이 섬을 공격하러 왔을 때 다른 서른세 곳 중에서 한 군데를 선택할 수 있었을 텐데, 하필 스페인 요새로 접근할 수 있는 리틀만을 목적지로 정했다. 지금도 관광객들이 볕을 쬐며 누워 있거나 수정처럼 반짝이는 청록색 바다에 뛰어들어 스노클링을 즐기는 이 해변을 장악할 수 있다면 섬 전체를 손에 넣을 수 있다는 것이 스타위베산트의 생각이었다.

하지만 그는 그리 훌륭한 전략가가 아니었다. 이 공격은 네덜란드군에 처참한 재앙이 되었고 스타위베산트 자신에게도 개인적으로 큰 수치심을 안겨 주었다. 그가 이끈 함대는 저 멀리 리워드제도에서 세인트마틴섬까지 카리브해를 건너 5백 해리의 거리를 오랜 기간에 걸쳐 항해했다. 마침내 그를 태운 기함 **블라우어한호**가 섬에 당도한 때는 1644년 3월 20일 성지주일이었고 아무런 저항도 받지 않은 채로 케이만에 들어섰다. 리틀만의 아름다운 해변과 바로 이어지는 작은 만이었다. 스타위베산트의 군대는 노 젓는 배에 올라 얕은 바다를 건너 해안가로 이동했다. 프리지아제도 통치자의 아들은 따뜻한 바닷물로 당당하게 뛰어 내려 바닷가로 성큼성큼 걸어갔다. 보네르섬 총독 야코프 폴락Jacob Polak의 명령에 따라 병사들은 대포를 내려 리틀만이 내려다보이는 언덕으로 끌고 올라갔다. 반대편 곳에 스페인 요새가 건너다보이는 위치였다. 하지만 리틀만이 너무 방대하기도 했고 대포가 너무 소형이라 도저히 요새까지 포탄이 닿을 수가 없는 거리로 드러나자 표적에 더 가까운 포좌를 다시 찾아야 했다. 스타위베산트는 리틀만 중에서도 벨 에어라 불리는 해변을 바로 내려다보는 작은 언덕으로 이어진 측방 경로를 찾아 군대를 이끌었다. 그러나 그가 네덜란드 국기를 꽂은 그곳은 스페인 요새의 포탄이 얼마든지 코앞에 떨어질 수 있는 위치였다.

콰! 소리와 함께 스페인 요새에서 쏜 첫 번째 포탄은 스타위베산트를 정통으로 때려 그의 오른쪽 다리가 날아갔다. **블라우어한호**의 선장도 바로 옆에 서 있다가 함께 포탄에 맞고 볼과 눈을 잃었다. 스타위베산트는 즉시 보트로 옮겨져 군함으로 실려 갔다.

다행히 우리는 아주 오래전부터 겪지 않아도 되는 사태가 그 순간 배에 누워 신음하던 페터르 스타위베산트에게는 선명한 현실이 되었다. 그는 차마 자기 다리를 볼 수 없었지만, 어떤 상황인지 곧바로 깨달았다. 부상이 어느 정도로 심각하고 상처가 얼마나 크건 간에, 다리를 잘라 내야만 하는 상황이었다. 지금으로부터 150여 년 이상 먼 과거에는 다리에 개방골절[1]이 발생했을 때 도움이 되는 치료법은 절단이 유일했다. 상처가 덜 심각한 경우에도 곧바로 절단하지 않으면 치명적인 결과가 기다리고 있었다. 상처 치유에 가장 큰 적인 가스 괴저의 위험이 늘 도사리고 있었기 때문이다.

괴저는 살아 있는 조직이 괴사하는 것을 통칭하는 표현이다. 피부와 피하 조직, 근육, 심지어 팔다리 전체에 산소가 부족할 때 최종 단계에 발생하는 무서운 결과라 할 수 있다. 괴사한 조직은 얼음처럼 차가워지지만 환자는 고열에 시달린다. 동맥혈이 차단되는 경우에도 괴사가 발생할 수 있으며, 이를 경색*이라고 한다. 사지에 혈액이 차단되면 그 부위가 시커멓게 말라붙은 형태가 되어 다른 부분과 극명히 구분되며 괴사한 부분이 바짝 건조되므로 건성 괴저라고 한다. 상처 부위가 감염되는 경우에도 조직이 괴사할 수 있다. 이 경우 고름과 함께 살이 썩어 액체가 흐르므로 습성 괴저라고 한다. 그중에서도 일부 세균에 의해 기체가 형성되는 경우가 가스 괴저에 해당된다.

가스 괴저는 괴저병 중에서도 가장 치명적인 형태로, 대부분 **클로스트리디움 퍼프린젠스**Clostridium perfringens(이하 **퍼프린젠스**)라는 딱 어울리는 이름을 가진 미생물에 의해 발생한다. 라틴어 동사인 *perfringere*는 '으스러뜨리다', '허물다', '공격하다', '힘으로 뚫고 나가다'라는 뜻을 가지고 있다. 이 미생물은 지구 어디에서나 발견된다. 모래, 토양, 대변, 길에 떨어진 쓰레기까지 이 균들로 가득하다. **퍼프린젠스**와 관련된 다른 균들도 위험성이 만만치 않다. **클로스트리디움 테타니**Clostridium tetani는 '입 벌림 장애'로도 불리는 치명적인 질병,

---

I   골절부와 피부의 창상이 복합되어 있는 유형의 골절

파상풍의 원인균이고 **클로스트리디움 디피실리**Clostridium difficile가 장에 유입되면 생명을 위협할 정도로 심각한 감염을 일으킨다. **클로스트리디움 보툴리눔**Clostridium botulinum은 해로운 식중독 균에 속한다. **퍼프린젠스**는 비위생적인 환경에서 산욕열을 일으킨다. 수많은 사람이 두려워했던 이 병으로 과거에 너무나 많은 여성이 안타깝게 목숨을 잃었다.

퍼프린젠스는 혐기성 미생물이므로 산소가 없는 환경에서만 생존할 수 있다. 이 균의 위험한 특성은 조직이 부패되는 가스를 분출한다는 것, 그리고 독소라고 하는 독성 물질을 만들어 낸다는 것으로 정리할 수 있다. 이 가스 괴저와 상처 감염은 수백 년 동안 수술을 좌절시킨 원인이었는데, 왜 어떤 상처 부위는 감염이 되는데 다른 부위는 감염이 안 될까? 스타위베산트의 상처에는 왜 가스 괴저가 발생했을까? 왜 오늘날에는 가스 괴저가 거의 생기지 않을까?

상처 부위에 발생하는 감염이나 괴저는 세 가지 요소로 좌우된다. 첫 번째는 당연히 상처다. 피부가 얼마나 개방되었는지 그 크기는 중요하지 않다. 세균은 워낙 작아서 극히 작은 상처에도 침투할 수 있다. 두 번째 요소는 상처 부위에서 증식에 성공한 균의 숫자이다. 다친 부위를 깨끗하게 만들고 그 상태를 유지하면 이 숫자를 최소로 줄일 수 있다. 그러나 가장 중요한 결정 요소는 바로 '상처 면'으로 일컬어지는 상처 주변 조직의 손상이다. 상처 면의 상태가 핵심인 이유는 다음과 같다.

날카로운 칼에 베인 상처의 경우 상처 면은 거의 손상되지 않는다. 베인 곳 가장자리도 해를 입지 않은 상태로 남아 있고 건강한 조직이 면역계를 활성화시켜 다친 곳으로 유입되는 세균을 모두 없앨 수 있다. 날카로운 칼에 깔끔하게 베인 상처를 재빨리 비누나 소독제를 사용하여 물로 씻어 내면 심지어 곧바로 붙는 경우도 있다. 이를 1차 치유 또는 1차 유합(라틴어로 *per primam*)이라고 한다. 그러나 베인 부위가 청결하지 않으면 감염이 발생하여 고름이 생긴다. 감염된 상처는 1차 유합으로 닫히지 않으므로 2차 치유, 또는 '부차적인 치유 기회'에 해당하는 2차 유합(*per secumdam*)을 통해 회복된다. 상처 면이 건강하면 산소가 충분히 공급되고, **퍼프린젠스**는 산소가 있으면 살아남을 수 없으므로 베인 상처가 아무리 지저분하다 한들 가스 괴저가 생길 가능성은 희박하다.

그러나 터진 상처의 경우, 조직이 멍들고 으깨지고 찢기므로 상처 면의 혈관도 함께 손상되어 산소 공급량이 감소한다. 이로 인해 상처 크기보다 훨씬 더 많은 조직이 괴사한다. 죽은 조직, 즉 괴사 부위는 온갖 세균이 자라기에 딱 좋은 환경이 된다. 무엇보다 산소가 부족하므로 **퍼프린젠스**가 번성하기에 유리한 조건이 되어 가스 괴저의 출발점이 되는 것이다.

이런 사실을 잘 안다면 해결책도 비교적 간단하다. 우선 상처 부위를 최대한 빨리 깨끗하게 만들어야 한다. 깨끗한 물(가령 세인트마틴섬 주변의 수정처럼 맑은 해수)로 씻어 내고 노출된 채로 둔다. 그런 다음 날카로운 칼로 죽은 조직을 전부 잘라 내고 건강한 조직만 남긴다. 외과 용어로는 이 단계를 지칭하는 용어가 있다. 프랑스어로는 *debridement* 또는 *nettoyage*, 독일어로는 *anfrischen*, 영어로는 *necrosectomy*(라틴어, 그리스어에서 유래)라고 하는 괴사 조직 제거술이다. 이 단계가 끝나면 상처가 **2차 유합**으로 완전히 회복될 때까지 깨끗한 상태를 유지해야 한다.

하지만 안타깝게도 옛날 외과 의사들은 하지 말아야 될 일만 골라서 한 것 같다. 상처를 헹구고 씻는 대신 불로 태운 것도 그렇다. 이런 방법으로 균을 죽일 수는 있지만 상처 면의 조직과 혈관도 함께 손상되므로 산소는 더욱 부족해진다. 게다가 과거의 외과 의사들은 열이 나면 방혈을 시도하여 빈혈을 유발했기 때문에 상처 부위로 가야 할 산소는 더더욱 줄어드는 사태가 벌어졌다.

스타위베산트의 상처는 부수적인 피해가 훨씬 많았다. 포탄에 맞아 부서진 뼈가 상처 바깥으로 튀어나왔으니, 그의 다리는 눈에 보이지 않는 **퍼프린젠스**에게 그야말로 잔칫상이 되었으리라. 이와 같은 환경에서 혐기성 세균은 급속도로 증식한다. 공격이 시작되면 면역계는 염증 반응으로 대응하고, 그 결과 열이 나고 고름이 생긴다. 침입한 미생물은 주변의 건강한 세포까지 없애는 독소를 만들어 낸다. 그로 인해 발생한 액체와 고름이 합쳐져서 습성 괴저가 된다. 따라서 조직을 썩게 만드는 가스가 발생하여 건강한 조직으로 침투하고 그 피해를 입은 조직에는 혈액 공급이 차단된다. 가스가 찬 피부를 만져 보면 마치 갓 내린 눈을 밟는 것 같은 느낌이 든다. 가스와 독소는 계속해서 더 많은 조직을 괴사시키고 감염은 더 빠른 속도로 퍼져 나간다. 괴사한 조직이 늘어날수록 산소 공급량은 더욱 줄고 상처 부위의 환경은 병원균에게 한층 더 이로운 조건을 갖추게 된다. 이런 대대적인 공격을 받게 된 이상, 치명적인 결과가 따를 수밖에 없다.

스타위베산트의 상처는 **퍼프린젠스**로 가득 찼다. 벨 에어의 토양에도, 스페인 요새에서 발사한 포탄에도, 그를 군함으로 태우고 온 지저분한 보트에도, 의사의 청결하지 않은 손과 그의 손톱 밑에 낀 시커먼 때에도, 더러운 수술대와 의사가 집어든 더러운 톱, 더러운 붕대에도 균이 가득 묻어 있었다. 군함의 의사는 이런 사실을 전혀 알지 못했지만 스타위베산트의 다친 다리를 최대한 높은 지점에서, 즉 건강한 조직이 있는 곳 아래를 잘라야 그의 목숨을 살릴 수 있다는 사실은 알고 있었다. 군의관에게는 일상적인 수술의 하나였던 절단 수술에는 네 가지 도구가 필요했다.

먼저 환자를 수술대에 눕히고 의사가 다리 윗부분에 지혈대*를 댄다. 출혈을 막고 다리 감각을 어느 정도 둔화시키기 위한 도구다. 그 상태로 30분간 두면 환자는 절단에서 오는 고통이 약화될 정도로 다리가 저릿해진 느낌을 받는다.

다음으로 의사는 절단용 나이프를 준비한다. 메스처럼 작은 도구가 아니라 길이 30센티미터에 너비가 3센티미터인 일종의 도축용 나이프다. 끝이 뾰족한 이 나이프에는 큼직한 손잡이가 달려 있다. 의사는 이 나이프를 이용하여 무릎 바로 윗부분을 뼈가 닿는 곳까지 단번에 절개했다. 그 자체만 해도 어마어마한 통증을 유발하지만, 굵은 전선처럼 다리 아래와 연결된 큰 신경이 잘려 나갈 때 가장 큰 통증이 발생한다. 급작스럽고 싸하게 퍼지는 그 엄청난 고통으로 환자는 비명을 질러 댄다. 스타위베산트의 입에 나무토막을 물려 두었다면 그 끔찍한 비명 소리를 줄이는 데 도움이 됐을 것이다.

근육과 힘줄, 신경 사이에 자리한 주요 혈관도 당연히 함께 잘려 나간다. 다리 위쪽에 매어 둔 지혈대 덕분에 혈액이 뿜어져 나오지는

나이프와 포크

———————

저녁 식탁에서 우리가 식사를 즐기려면 나이프와 포크, 스푼, 유리잔, 냅킨이 필요한 것처럼 현대적인 수술이 이루어지려면 수술실에 반드시 구비되어야 할 표준 도구들이 있다. 그 첫 번째는 수술용 나이프다. 원래 일체형 메스가 사용되었으나 이제는 일회용 칼날을 손잡이에 끼워서 사용한다. 언제든 한 번도 사용된 적 없는, 날카롭고 깨끗한 칼날을 사용할 수 있게 된 것이다. 칼날의 종류도 여러 가지이며 숫자로 구분한다. 가장 많이 사용되는 것이 10번(대형, 곡선 날)과 15번(소형, 곡선 날), 그리고 11번(끝이 뾰족하여 찌를 수 있는 형태의 날)이다. 조직을 붙잡을 때는 핀셋처럼 생긴 겸자를 사용한다. 끝이 뭉툭한 '해부용' 겸자와 끝이 뾰족한 비외상성 '수술용' 겸자가 있다. 피부를 절개하고 펼칠 때 쓰는 가위와 실을 자르는 가위도 필요하다. 봉합용 바늘은 니들 홀더 needle holder (지침기)•라고 하는 특수한 클램프로 고정한다. 수술 부위를 잡아당겨서 열 때는 리트랙터 retractor[2]가 사용된다. 피는 다양한 크기의 멸균 거즈로 닦아낸다. 작은 용기에 담긴 세척제와 소독제, 용도별로 모양과 크기가 제각기 다른 클램프도 수술 도구가 놓인 테이블에 마련된다. 뼈 수술의 경우 드라이버와 톱, 정, 끌, 드릴, 망치, 줄도 필요하다. 그 밖에 수술용 탐침•, 확장기, 검안경, 흡입관도 수술 도구에 포함된다. 오늘날 수술에는 위와 장 사이 복부를 연결하는 용도로 다양한 스테이플러 기기가 활용된다. 마지막으로, 전기 탐침으로 조직을 절개하거나 그을리는 장치인 전기 응고기 없이 진행할 수 있는 수술은 거의 없다.

않았지만 붕대로는 잘린 혈관에서 흘러나오는 피를 감당할 수 없었

———————

2 견인기. 진료에서 상처 부위나 절개구를 넓게 벌려, 처치를 용이하게 하기 위해 사용하는 기계

다. 잘려 나간 다리 쪽에도 대략 1리터 정도의 혈액이 포함되어 있어서 수술대는 그 쪽에서 흘러나온 피로 가득 차기 시작하고 곧 사방이 피바다가 되었다.

절단 부위는 포탄으로 다친 상처보다 충분히 위에 있는 건강한 조직이다. 그런데 뼈는 조금 더 위쪽에서 잘라야 뼈의 말단이 근육과 피부에 충분히 덮일 수 있다. 그러므로 다음에 할 일은 뼈와 결합된 근육을 한 뼘 정도 너비만큼 거둬 내는 것이다. 의사는 골막 박리기라는, 다소 섬뜩한 이름을 가진 일종의 긁어내는 도구로 이 작업을 실시했다. 뼈에 덮인 골막을 긁어내기 위해 그 도구로 네 번 혹은 다섯 번 정도, 나무토막을 대패질하듯이 강하게 힘을 가해 표면을 긁었다. 그때마다 환자는 아직 목소리가 남아 있다면 또다시 소름 끼치는 비명을 질러 댔으리라. 이제 의사는 톱을 준비했다. 튼튼하고 날카로운 날이 달린 톱으로 허벅지 뼈를 열 번 정도 톱질해서 절단한다. 환자는 톱날이 말 그대로 '뼈를 가는' 진동을 고스란히 느낄 수밖에 없다. 수술실은 뼛가루와 피, 토해 낸 음식물, 소변, 땀까지 온통 뒤범벅이 되어 구역질 나는 현장이 되었을 것이다. 그때 툭, 둔탁한 소리와 함께 다리가 떨어져 나간다. 다리는 생각보다 훨씬 더 무겁다. 그만큼 다리가 잘린 사람은 그 부분이 너무 가벼워져서 놀란다.

그대로 노출되어 있는 절단 부위는 붕대로 꼼꼼히 감싸고 지혈대를 제거한다. 출혈이 계속되면 의사는 항상 그래 왔듯이 불에 달군 쇠를 준비한다. 이때쯤이면 환자는 죽은 사람처럼 정신을 잃은 지 오래일 것이다. 잘린 면은 **2차 유합**을 통해 치유된다.

전쟁의 역사를 거치는 동안 수만 개의 다리가 이런 식으로 절단

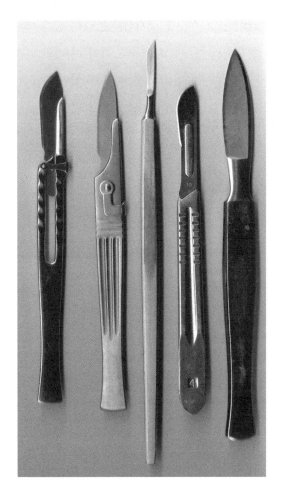

현대의 메스

됐다. 프랑스 군의관 도미니크 장 라레Dominique Jean Larrey의 기록을 보면, 1794년에 스페인에서 4일간 이어진 시에라네그라 전투에서만 7백 회의 사지 절단 수술을 실시했다고 나와 있다. 이 정도면 4일 내내 밤낮없이 톱질만 한다고 가정해도 거의 4분마다 다리 하나를 절단해야 하는 수준이다. 그가 이 일을 해낼 수 있었던 것은 지금도 '라레 리트랙터'로 불리는, 그의 이름을 딴 기구 덕분이다. 뼈 주변을 벌리고 끼워 넣기만 하면 근육과 피부가 말끔히 밀려 나가서 톱질하기 용이한 상태로 만들어 주는 발명품이었다. 골막 박리기를 사용하여 긁어내는 과정을 생략할 수 있게 된 것이다. 불운한 환자들이 줄줄이 지혈대를 맨 채로 대기하고, 라레는 나이프와 리트랙터를 들고 톱을 챙긴 조수, 그리고 붕대를 들고 있는 또 다른 조수와 함께 치료를 해 나갔다.

과거에는 일반적이던 이 같은 방식에서 우리가 벗어날 수 있게 된 것은 아무것도 모르는 열한 살짜리 고아를 대상으로 실시된 잔인한 실험 덕분이다. 제임스 그린리스James Greenlees라는 이름의 이 아이는 글래스고에서 마차에 치어 깔리는 바람에 정강이뼈가 부러져 피부를 뚫고 밖으로 튀어나왔다. 다친 부위에는 길거리의 흙먼지가 잔뜩 묻었다. 다리를 절단하지 않으면 괴사가 발생하여 분명 목숨을 잃을 수 있는 상황이었다. 그러나 소년을 치료한 조지프 리스터는 절단 수술을 실시하지 않았다. 1865년 8월 12일, 그는 다리를 잘라 내는 대신 다친 부위에 부식성 액체인 석탄산수를 뿌렸다. 제임스의 목숨도, 다리도 모두 무사해서 이 같은 치료의 효과가 확인되고, 리스터는 소독이라는 구세주 같은 개념을 세상에 알렸다. 다친 부위를 치료할 때 소독제를 사용하게 된 것이다. 당시에는 아이들을 대상으로 실험하는 일이 꽤 많아서 발견 과정이 정당한가에 대해서는 누구도 문제를 제기하지 않았다.

스타위베산트의 패배는 계속된 낭패로 이어졌다. 스페인군은 분명 대놓고 비웃었을 테지만, 그럼에도 네덜란드인들은 포기하지 않고 며칠 동안 육지에서, 또는 바다에서 스페인 요새를 향해 부질없는 공격을 지속했다. 스타위베산트가 절단 수술 후에 회복기를 보내고 있던 **블라우어한호**도 공격에 투입되어 포탄을 세 발 맞았다. 4월 17일, 처음 도착한 날로부터 정확히 4주가 지난 날 잔뜩 풀이 죽은 네덜란드인들은 후퇴했다. 이후 4년 동안 세인트마틴섬은 그대로 스페인의 소유로 남아 있었다.

스타위베산트는 네덜란드로 돌아갔다. 하나밖에 남지 않은 다리로는 먼 바다를 누비는 상인으로 살 수가 없었기에 회사에서는 바다 대신 뭍에서 지내며 책상 앞에 앉아서 할 수 있는 일을 맡겼다. 그는 맨해튼섬에 건설된 네덜란드 식민지, 뉴네덜란드의 총독을 지내고 그곳의 주도인 뉴암스테르담의 첫 번째 시장이 되었다. 그의 이력을 보면 사지가 절단됐다고 해서 직업을 무조건 잃는 건 아닌 것 같다. 하지만 평범한 선원들이 팔이나 다리를 잃고도 스타위베산트처럼 상황에 맞는 일자리를 찾는 경우는 거의 없었다. 대부분 하던 일에서 쫓겨나 뭍에서 거지로 살거나 해적이 되어 바다로 나갔다.

1664년에 뉴암스테르담은 영국의 손으로 넘어가 뉴욕으로 명칭이 바뀌었다. 스타위베산트는 네덜란드로 돌아갔다가 다시 뉴욕으로 돌아와 일반 시민의 한 사람으로 살았다. 그러다 1672년 예순한 살의 나이로 숨겨 세인트마크스 보워리 교회에 안치됐다.

네덜란드는 1648년에 '뮌스터 평화조약'이라는 이름으로 세인트 마틴섬을 돌려받았다. 정확히는 전부 다 돌려받은 것은 아니고 절반 정도 되찾았다. 프랑스가 섬 북쪽(생마르탱Saint-Martin)을 식민지로 삼고 네덜란드는 남쪽(신트마르턴Sint Maarten)을 통치했다. 두 식민지는 그렇게 4세기 가까이를 조화롭게 지냈지만 섬에 사는 모든 이들은 영어로 말했다. 그레이트만 너머에 펼쳐진 방대한 염전은 현재 국영 매립지가 되었다.

셜록 홈즈(오른쪽)와
왓슨 박사(Sidney
Paget 그림)

12장

진단
내과 의사와 외과 의사: 에르퀼 푸아로와 셜록 홈즈

의사가 환자를 찾아가서도 손가락 하나 까딱하지 않던 시절이 있었다. 의사 자신이 그런 소소한 일에 신경 쓰기엔 스스로가 너무 대단한 사람이라고 여겼거나, 괜히 건드렸다가 병이 옮을까 봐 걱정이 돼서 그랬으리라. 아시아와 아랍 지역에서는 환자가 나무나 상아로 만든 사람 모양의 작은 조각상을 들고 지금 어디가 아픈지 가리켜 보이곤 했다. 그런 경우에도 의사가 환자의 말에 귀를 기울이리라고 장담할 수는 없었다. 게다가 의사로부터 효과적인 치료법이 나오는 경우는 거의 드물었다. 의사가 제시하는 해결책은 늘 한결같았다. 항문으로 관장*하라고 하거나 입으로 다 토해 내서 속을 비우라고 권하거나 어떤 증상에도 도움이 된다며 만병통치약을 건네는 식이었다. 한 방에 다 낫는 약, 베네치아 산 뱀 모양 쿠키로 만든 알약 등이 그렇게 제공됐다. 외과 의사들의 역할은 이와 극명히 대조됐다. 두 손으로 뭐든 다 하는 사람이 바로 외과 의사였다. 무엇보다 수술에는 만병통치약의 개념이 없다. 특정한 문제는 그에 맞는 수술로 해결해야지 다른 수술로는 치료할 수가 없다.

다행히 의학은 큰 변화를 겪었고 수술하지 않는 의학 분야에서도 똑같이 중요하고 세밀한 치료법이 생겨났다. 그럼에도 환자의 질병에 어떻게 개입하는가에 있어서 양쪽의 차이는 여전히 남아 있다. 수술하지 않는 의사들은 '환자에게 무슨 문제가 생겼나'에 해당되는 진단을 올바르게 내려야 한다. 오늘날에는 진단 결과에 따라 가장 적절한 치료법이 거의 다 발견됐다. 이제 질병은 정해진 프로토콜과 지침에 따라 의학적으로 치료된다. 의사는 환자 각각의 치유력이 발휘되도록 기다린다. 설사 결과가 그렇게 흘러가지 않더라도, 진단이 틀리지 않았다면 의사가 할 수 있는 일이 없다.

그러나 외과 의사는 다르다. 수술의 성공 여부는 올바른 진단과 프로토콜, 환자 개인의 치유력뿐만 아니라 외과 의사가 개인적인 차원에서 치료에 얼마나 관여하는가에 달려 있다. 진단은 정확했더라도 환자가 결국 치유되지 못했고 외과 의사가 실수를 저질렀을 가능성은 남아 있다. 즉 외과 의사는 비외과적 치료를 하는 의사들보다 환자의 질병에 보다 개인적으로 개입하는 것이다. 그들은 병이 해피엔딩으로 끝나든 안 좋게 끝나든 항상 결말의 한 부분을 차지한다.

그러므로 외과 의사는 환자의 몸에 무슨 문제가 있는지 찾기 위해 일반 의사와는 다른 방식을 택한다. 환자의 회복 여부가 자신의 기술에 달려 있으므로 치료를 시작하기에 앞서 무엇이 문제인지 스스로 완벽하게 확신할 수 있어야 하기 때문이다. 수술하지 않는 의사들에게는 이러한 확실성이 별로 중요한 요건이 아니므로 처음부터 환자와 더 멀찍이 거리를 둘 수 있다.

환자에게 무슨 문제가 생겼는지 어떻게 알 수 있을까? 다시 말해 진단은 어떻게 내릴 수 있을까? 의사들은 의학의 역사가 시작된 이래로 지금까지 늘 이 질문의 답을 찾기 위해 노력해 왔다. 그리고 처음부터 환자가 느끼는 공포와 늘 맞닥뜨려야 했다. 생의 끝이 가까이 다가왔다고 느끼는 사람은 누구나 의사에게 그 마지막이 어떻게 찾아올 것인지 듣고 싶어 한다. 아직 희망은 있는지? 남은 시간은 어느 정도 되는지? 통증에 시달릴 것인지? 이런 질문에 대답하려면 환자의 문제를 세밀하게 알아야 한다. 의사들은 다른 사람들보다 살면서 병이나 장애가 있는 사람을 더 많이 만나므로 그 일을 누구보다 잘 해낼 수 있다. 그리고 환자의 문제가 무엇인지 파악하고 나면 예측을 할 수 있다. 이를 진단과 예후라고 한다. 이 두 가지 의학 용어는 지식을 뜻하는 그리스어 *gnosis*에서 유래했다. 진단^{diagnosis}에는 '간파하다' 또는 '꿰뚫어 보다'라는 뜻의 그리스어 전치사 *dia*(-를 통해)가 붙고 예후^{prognosis}에는 예측, 전망을 의미하는 전치사 *pro*(전-)가 결합됐다.

초기에는 의사가 병을 설명할 수 있는 진단만 내리면, 정말로 뭐가 잘못됐는지 모르더라도 충분했다. 직접 해결할 필요도 없었다. 몸 여기저기 뾰루지가 몇 개 생겼고 그렇게 심하지 않다면, 왜 생겼는지는 중요치 않았다. 하지만 고름이 터져 나와 지독한 악취를 풍길 정도로 수많은 농양이 머리부터 발끝까지 뒤덮고 있다면 분명 뭔가 걱정할 일이 생긴 것인데, 두 경우 모두 의사는 간단한 민간요법을 처방해도 상관없었다. 그 처방은 도움이 안 될 수도 있고 심지어 더 해가 될 수도 있었다.

이렇게 병의 근본 원인을 제대로 이해하지 못한 채로 수백 년이 흐르는 동안, 네 가지 인체의 액체, 즉 혈액, 점액, 황담즙, 그리고 흑담즙에 해당되는 체액에 관한 도무지 근거를 알 수 없는 이야기가 병의 원인으로 제시됐다. 병이나 증상은 이 체액이 균형을 잃어서 생기는 것이라는 믿음은 외과 의사들에게 좋은 치료의 출발점이 되지 못했다. 네 가지 체액 중 어느 한 가지를 다시 채우거나 양을 줄일 수 있는 유일한 방법으로 떠올린 것이 방혈이었으나 그 결과는 상당히 미심쩍었다. 그럼에도 비외과적 의사들은 방혈을 일반적인 해결 방법으로 제안했다.

문제가 무엇인지 인지하고 이름을 붙였다면 왜 그런 문제가 발생했는지 알아내야 한다. 외과 의사들은 문제의 원인을 제거하기 위해 기왕이면 칼을 이용하는 쪽을 선호한다. 진단은 예후에 중요한 영향을 주고 병의 원인은 치료의 중심이 된다. 음식물이나 대변이 장을 통과하지 못하고 막힌 상태를 통칭하는 장폐색*을 예로 들어 보자. 우리가 이 문제의 원인을 전혀 알지 못하던 때부터 진단이 내려진 아주 좋은 예시다. 딱히 해결할 방법이 없다면, 장폐색이라는 진단이 내려진 경우 예후는 원인이 무엇이든 굉장히 절망적이다. 환자는 토하기 시작하고 용변을 보지도 못한다. 방귀도 나오지 않고 복부는 부어오르고 극심한 위경련도 발생한다. 증상이 나아지지 않으면 그대로 숨을 거두고 만다. 그러나 해결하고자 한다면, 장폐색이 어떤 문제인지는 물론 왜 그런 문제가 생겼는지도 알아야 한다. 장이 종양이나 염증 때문에 막혔을 수도 있고, 닭 뼈가 걸려 있는지도 모른다. 진단은 동일하지만 원인에 따라 각기 다른 수술 치료가 이루어진다. 그러므로 환자에게 무엇이 잘못됐나, 하는 질문에는 증상은 무엇인지, 그 원인은 무엇이고 어떻게 그 병으로 이어졌는지 등 여러 가지 다른 질문이 포함되어 있다.

현대 의학의 진단법은 과거보다 훨씬 더 세세해졌고 답을 찾는 일도 점점 더 까다로워졌다. 그리고 그만큼 더 발전된 기술이 필요하다. 내과 의사와 외과 의사가 일하는 방식은 범죄를 해결하는 형사들의 방식과도 동일하다. 즉 의사가 환자에게 생긴 문제를 찾는 것과 형사가 범인을 찾는 것에는 닮은 부분이 있다. 병의 원인을 가리는 것은 곧 범죄의 동기를 찾는 것과 같고, 병이 어쩌다 생겼는지 찾는 과정은 살인자의 범죄 순서를 추적하고 살인 무기를 어떻게 사용했는지 찾는 것과 비슷하다. 그리고 형사마다 자신만의 수사 방식이 있듯이 의사도 제각기 다른 방식으로 수수께끼를 풀어 간다.

최고의 추리소설 작가를 꼽는다면 당연히 애거사 크리스티Agatha Christie일 것이다. 그리고 그녀의 책에 등장하는 인물들 가운데 단연 출중한 주인공은 바로 에르퀼 푸아로Hercule Poirot라는 형사다. 유창한 말솜씨에 매력과 지성을 겸비한 푸아로는 앞에 놓인 수수께끼가 무엇이든 한 치의 실수 없이 해결한다. 하지만 이 인물을 만들어 낸 작가는 그에게 반영웅적 면모도 부여했다. 예의 바르지만 허영심과 자만심이 강하고, 객관적이지만 오만하고 변덕스러우며 탐구심이 많지만 흥미롭다고 느끼는 일에만 손을 내미는 사람, 그리고 프랑스어를 사용하지만 고향은 벨기에인 사람이 바로 푸아로다. 이 훌륭한 중년의 괴짜 탐정은 빈틈이라곤 없이 승승장구한다. 콧수염은 왁스를 발라 양쪽 끝이 손잡이마냥 위로 올라간 모양으로 깔끔하게 정돈하고 살인이 일어나는 곳이면 어디든 나타나니 살인자로서는 분통 터지는 일이 아닐 수 없다. 에르퀼 푸아로가 등장하는 소설은 고정된 틀에 따라 줄거리가 흘러간다. 그는 개성이 분명한 한 무리의 사람들과 함께 한정된 공간에 놓인다. 도시와 멀리 떨어진 시골 저택이나 눈 속을 달리는 오리엔트 특급열차, 또는 나일강의 유람선에 갇히는 식이다. 그리고 함께 있던 사람들 중에 누군가가 살인을 저지른다. 푸아로는 그 사건을 조사하기 시작하고, 드러난 정보보다 그가 무언가를 훨씬 더 많이 알고 있다는 사실이 분명하게 드러난다. 소설 마지막 장에서는 푸아로가 모든 등장인물을 거실이나 큰 홀에 모아 놓고 살인자를 가려낸다. 이때 그는 한 사람 한 사람에게 따져 묻는다. 그리고 모두 살인을 저지를 수도 있었다고 설명한다. 각자 숨겨진 범행 동기가 있고, 명확한 알리바이가 있는 사람은 아무도 없다고 꼬집는 것이다. 집사는 열쇠가 있으니 칼을 가지러 갈 수 있고, 남작 부인은 빚더미에 올랐으니 유산이 있으면 요긴할 것이고, 주방 하녀는 질투심이 많다. 그러나 과하게 충격적인 동기를 가진 사람은 없다.

각 인물의 범행 동기를 지적한 다음, 푸아로는 그럼에도 그들이 살인을 저지르지 않은 이유를 함께 이야기한다. 마지막 사람, 즉 살인자의 순서가 될 때까지 이 설명은 이어지는데, 개개인을 철저히 분석하기 전까지는 그 마지막 인물이 누구인지 드러나지 않는다. 이 같은 방식으로 푸아로가 마침내 마지막 사람을 향하고 끔찍한 살인을 벌인 배경을 설명할 때까지 긴장감은 고조된다. 주변 인물들이 살인에 가담할 수도 있었다는 사실을 상세하게 밝힌 이야기는 워낙 흥미진진해서 우리는 푸아로가 그동안 수집한 정보들 가운데 대부분이 사건 해결과 무관했다는 사실을 쉽게 잊어버린다. 결국 미스터리를 해결할 수 있었던 정보는 진짜 살인자와 관련된 내용밖에 없다.

푸아로의 역할은 내과 전문의가 하는 일과 정확히 동일하다. 내과 의사는 수술을 하지 않는 의사로, 내과학이라는 분야의 의학 전문가로서 질병에 관심을 기울이고 약으로 치료하는 사람을 가리킨다. 호흡기내과(폐질환을 전문적으로 다루는 분야) 의사도 내과 의사에 속하고 소화기내과(소화기관), 심장내과(심장), 신장내과(신장), 종양내과(암) 전문의들도 모두 마찬가지다. 내과 의사는 당뇨병, 심혈관 질환, 혈액 질환, 염증 질환을 비롯해 수술을 하지 않아도 되는 질병을 사실상 전부 치료한다. 이들은 에르퀼 푸아로처럼 문제를 목록으로 작성해서 푸는 방식을 선호한다. 푸아로는 범죄 분석에 돌입할 때 '무슨 일이 있었나?'라는 질문을 던진다. 내과 의사는 환자가 어떤 증상을 보이면 '문제가 무엇인가?'라는 질문으로 시작한다. 그리고 푸아로와 내과 의사 모두 문제가 무엇인지 파악하고 용의선상에 오른 대상에 한해서만 각각의 특성을 요약하고 정리한다. 푸아로가 그 명단 중 누가 살인을 저지를 수 있었을까 자문한다면, 내과 의사는 증상의 원인에는 어떤 것들이 있을까 자문한다. 의학에서는 이것이 각기 다른 진단으로 도출된다. 애거사 크리스티는 범죄 현장에 있던 사람, 즉 푸아로가 살펴봐야 할 사람의 숫자를 제한하여 대체로 그가 수월하게 목록을 작성할 수 있도록 이야기를 만들었다. 내과 의사도 과거처럼 다양한 진단 가능성을 떠올리며 힘든 시간을 보낼 필요가 없다.

지난 50년간 의학이 계속 발전하면서 대부분의 증상과 질병은 진단 매뉴얼이나 초록, 의학계 학술지, 인터넷에서 쉽게 찾을 수 있기 때문이다. 그러므로 내과 의사는 가능한 진단 목록을 금세 뚝딱 만들어낼 수 있다.

이제 증거와 단서를 분석할 차례다. 푸아로는 심문과 조사를 벌이고 필요하면 다른 사람들에게 도움을 요청한다. 내과 의사도 환자에게 현재 나타나는 증상과 더불어 전반적인 건강 상태와 병력, 가족들의 병력에 대해 질문한다. 그리고 환자를 진찰한 뒤 혈액검사나 X선 검사 등 보충할 만한 검사를 실시하고, 필요하면 다른 분야 전문의에게 조언을 구한다. 푸아로와 내과 의사는 특히 가장 유력한 용의자뿐만 아니라 모든 용의자에게도 관심을 기울인다는 점이 동일하다.

마지막 단계는 가능성이 낮은 후보를 제외하는 것이다. 후보를 하나하나 면밀히 검토하면서 문제의 원인인지 생각한다. 딱 한 명, 범인이 아닐 가능성이 가장 낮은 사람만 남을 때까지 전체 리스트를 살펴본다. 형사에게는 바로 그가 주요 용의자이고 내과 의사에게는 이것이 '잠재 진단'이 된다. 푸아로의 이야기에서는 이처럼 가능성을 바탕으로 후보를 배제하다 보면 매우 놀라운 결론에 다다른다. 가령 『오리엔트 특급 살인』에서는 현장에 있던 모두가 범인이고, 『나일강의 죽음』에서는 희생자가 바로 범인이다.

외과 의사는 이런 과정을 이해할 수 없다. 추론 방식도 더 실용적이고 순차적인 경우가 많다. 여자는 금성에서 왔고 남자는 화성에서 왔다고들 하지만 외과 의사의 입장에서는 가끔 내과 전문의들이야말로 완전히 다른 세계, 세상의 논리가 몽땅 사라진 곳에서 온 것처럼 느껴질 때가 있다. 가령 한 내과 의사가 찾아와 어떤 환자를 지목하면서 '장폐색 가능성을 배제해 달라'고 요청하고, 그 근거로 그 환자는 더 이상 장폐색 증상을 보이지 않지만 퇴원을 해야 하는데 방사선 의사가 환자의 복부 CT 스캔을 살펴보다가 '장폐색으로 해석할 수도 있는' 부분을 발견한 것이 전부라고 이야기하면, 외과 의사는 적잖이 당황한다. 내과 의사에게는 이런 상황이 자신의 진단 체크리스트를 혼란스럽게 만드는 일이므로 장폐색으로 의심되는 부분을 외과 의사가 제외한다고 확인을 해 줘야 하는 것이다. 외과 의사로서는 당연히 말이 안 되는 소리다. 이 상태에서 확실한 것은 증상이 없는 환자를 의심만으로 수술해서는 안 된다는 사실뿐이다.

반대로 외과 의사가 급성 충수염으로 의심되는 환자의 수술을 진행하던 중 염증이 생긴 곳이 충수가 아니라 소장이라는 사실을 발견한다면, 내과 의사가 화를 낼 수 있다. 소장에 생긴 염증은 수술이 아니라 약물로 치료하기 때문이다. 그러나 외과 의사는 환자가 큰 통증을 호소했고 그것이 생명을 위협하는 복막염 증상일 가능성도 있었기 때문에 수술은 당연한 결정이었다는 입장을 고수한다. 그에 대해 내과 의사는 충수염으로 본 것부터가 잘못된 것 아니냐고 응수한다. 예를 들어 환자가 일주일 동안 설사 증상을 보이다가 염증이 생겼다면 충수염일 가능성은 더욱 줄어든다.

서로를 이해하지 못하는 이런 상황은 논리적으로 사실을 발견하는 두 가지 방식인 연역법과 귀납법의 철학적 차이에서 비롯된다. 역사적으로는 연역법이 귀납법보다 더 오래됐지만, 1934년에 칼 포퍼Karl Popper가 과학적인 방법을 따르는 과학철학을 발전시킨 이후에는 둘 다 자리를 내주었다.

중세 시대에는 황금기로 불린 고전 고대 시대에 이미 인간의 지식이 정점에 달했다는 믿음이 널리 확산됐다. 이에 일반 의사와 외과 의사 모두 그리스 철학자 아리스토텔레스와 로마 검투사들을 치료했던 의사 갈레노스가 남긴 지혜를 아무 비판 없이 받아들였지만, 나중에야 두 사람의 논지를 뒷받침할 만한 근거가 그리 탄탄하지 않다는 사실이 드러났다. 그리하여 르네상스 시대가 되자 과학자들은 다시 과감하게 비판적인 사고를 시작하고 전반적인 관찰 결과를 토대로 결론을 도출했다. 그러한 방식을 연역법이라고 한다. 외과 의사들은 전체적으로 봤을 때 복막염은 목숨을 위협하는 질병이고 충수를 제거하기 위해 수술하는 것은 위험성이 더 작다고 판단한다. 그러므로 연역적인 판단으로는 환자가 충수염으로 의심될 경우 수술을 하는 쪽을 택하는 것이다.

한 세기가 더 지나 계몽주의 시대가 되자 실험이 과학의 핵심 바탕으로 자리 잡았다. 결론은 구체적인 결과를 얻은 다음에 도출됐다. 이것이 귀납법이다. 특정 현상을 나타내는 징후가 많을수록 그 일이 실제로 일어날 가능성도 높고 그 반대도 마찬가지라고 보는 것이다. CT 스캔 결과 장폐색일 수도 있는 지표가 발견되었다면 장폐색으로 진달될 가능성이 높지만 환자가 아무런 증상을 보이지 않을 경우 그 가능성은 낮아지고 외과 의사가 수술할 이유가 없다고 단언하면 더더욱 낮아진다.

이후 칼 포퍼가 반증 가능성의 원칙과 과학적인 방법을 제안했다. 사실은 발견될 수 없고, 우리는 사실에 관한 이론을 수립할 수 있을 뿐이라는 것이 포퍼의 주장이었다. 단 이때 이론은 반드시 반박할 수 있는 방식으로 정립되어야 한다. 포퍼의 생각은 현대 의학 분야 전체의 기본 토대가 되었다. 일상적인 임상 현장에서 과학적인 방법은 다음과 같이 적용된다. 환자가 생기면 먼저 최대한 빨리, 잠정 진단의 내용을 바탕으로 명료한 치료 계획을 세운다. 잠정 진단은 현 상황의 반증 가능한 이론을 토대로 도출된다. 치료 후 원하는 효과가 나타나지 않으면 이 잠정 진단을 비판적으로 검토하지만 일단 잠정 진단을 내리기 위해서는 귀납법과 연역법을 동원하여 환자를 살핀다.

에르퀼 푸아로가 귀납법의 명수라면 세계적인 문학에 등장하는 또 한 명의 위대한 탐정, 셜록 홈즈Sherlock Holmes는 연역법의 달인이다. 외과 의사가 내과 의사와는 다른 방식으로 잠정 진단을 도출하는 것처럼 홈즈도 푸아로와는 완전히 다른 방식으로 사건을 해결한다. 키가 크고 마른 체형에 심각한 얼굴을 한 그는 음식은 거의 먹지 않지만 담배는 수시로 피워 댄다. 그리고 안개가 자욱한 런던에서, 유령처럼 희미하고 비밀에 가려진 미스터리를 해결한다. 사건 해결의 바탕이 되는 것은 셜록 홈즈의 머릿속에 뒤죽박죽 저장된 방대한 지식이다. 그는 선원들이 몸에 새긴 문신의 의미를 연구하기도 하고 영국 각 지역별로 토양의 색과 조성을 모조리 외우고 있는가 하면, 신문마다 어떤 글꼴을 사용하는지도 안다. 이러한 포괄적인 사실이 그가 펼치는 추론의 토대로 활용된다. 셜록 홈즈 식 수사의 강점은 관

진단

_____

환자의 상태를 파악하기 위해 조사해야 하는 것은 기본적으로 세 가지다. 먼저 의사는 환자에게 과거에 앓았던 병과 현재 나타나는 문제(증상), 그리고 약 복용 여부를 묻는다. 이를 '병력anamnesis'이라고 하며 그리스어로 '기억으로부터'라는 의미를 가지고 있다. 이와 함께 의사는 환자 가족의 질병에 대해 질문한다. 다른 사람에게 환자 상태를 질문하는 경우도 있다(hetero-anamnesis). 아이가 아플 때 부모에게 묻거나 교통사고 현장을 목격한 행인에게 질문하는 것이 그와 같은 예에 해당된다. 문진이 끝나면 신체검사가 이어진다. 의사가 촉각, 후각, 시각, 청각적인 평가와 측정된 수치를 확인하는 단계다. 시각적인 검사를 시진이라고 하고 촉각으로 확인하는 것을 촉진, 두드려 보는 것을 타진, 청진기로 소리를 들어 보는 것은 청진이라고 한다. 의사가 검지로 직장을 촉진하는 경우 **항문 촉진**palpatio per anum이라고 한다. 동공에 빛을 비춰서 반사 반응을 검사하거나 망치를 이용하여 힘줄 반사를 확인하는 방법도 있다. 귓속을 검이경으로 들여다보고 망막을 안저경으로 살펴보기도 한다. 날카로운 핀이나 소리굽쇠는 여러 가지 촉각을 검사하는 데 사용된다. 의사의 코도 중요한 검사 도구다. 고름이나 감염 상처, 체액의 상태와 성분이 냄새만으로 놀랄 만큼 정확하게 파악되는 경우도 있다. 마지막으로 의사는 혈액 검사나 현미경 검사, 의료 영상 촬영 등 보충 검사를 요청할 수 있다. 영상의 경우 X선 사진이나 조영제 검사, CT 스캔 등을 꼽을 수 있고 그 밖에도 MRI(자기공명영상), 도플러 검사, 초음파 검사, 이중 초음파 검사 등이 있다. 경우에 따라 동위원소 스캔을 통해 방사선을 이용하여 질병을 파악하는데 이를 섬광조영술이라고 한다.

찰이다. "세상은 그 누구도 본 적 없는 명확한 것들로 가득하다." 그의 말 속에는 정신적인 부모이자 그를 탄생시킨 아서 코넌 도일Arthur Conan Doyle의 생각이 담겨 있다. 이 작가는 의사이기도 하다. 셜록 홈즈는 연역적인 추론을 활용하여 관찰한 내용과 자신이 아는 내용을 비교한다. 한 가지 관찰은 다른 관찰로 이어지고, 그렇게 계속해서 앞으로 나아간다. 워낙 실력이 뛰어나서 다른 가능성을 고심하거나 생각의 방향이 바뀌는 경우는 드물다. 그러므로 셜록 홈즈의 수사 방법은 푸아로의 방식보다 훨씬 효율적이고 직접적이지만, 그가 얼마나 제대로 관찰하고 얼마나 많은 지식을 갖고 있느냐에 따라 흔들릴 가능성도 그만큼 크다. 셜록 홈즈가 혼자 일하는 것도 이런 이유 때문이다. 친구인 왓슨 박사가 함께 다니지만 홈즈는 그를 자신의 제자처럼 대하며 큰 도움을 기대하지 않는다. 코넌 도일도 혼자 골몰하는 셜록의 마음속 생각을 대화로 끌어내고 독자들의 이해를 돕기 위한 목적으로 왓슨이라는 인물을 만들어 낸 것으로 보인다.

홈즈와 그를 만든 작가의 추론이 연역적으로 이루어진다는 것은 명확한 사실이다. 귀납적 추론은 훨씬 복잡한 동시에 명료하고 객관적이다. 셜록 홈즈는 추론한 내용 중 많은 부분을 자세히 설명하지 않다가 모든 것이 끝나고 나서야 밝힌다. 그만큼 셜록 홈즈의 모험은 거의 매번 성공적인 결말로 마무리된다. 외과 의사를 포함한 의학 전문가들에게는 그런 여유를 느낄 새가 없다. 누구보다 우월하고 속을 알 수 없는 셜록 홈즈 같은 존재가 안개에 덮인 런던에서 범죄자들보다 한 수 앞선 기량을 선보이던 시대는 지나갔다. 현대의 외과 의사는 환자의 문제를 전부 혼자서 해결하고 조사의 품질도 스스로가 결정하는 개별적인 전문가가 될 수 없다. 여러 분야의 의사가 함께 환자에 관한 까다로운 결정을 내릴 일이 점점 늘어 가고 환자의 상황에 따라 다양한 전문가들이 의견을 조율한다. 또 결정된 내용은 철저히 정당성을 따져 보고 기록한다. 즉 연역적으로 사고하는 시대도 얼마 남지 않은 것이다. 이러다 보면 그리 멀지 않은 미래에 외과 의사와 내과 의사가 서로를 이해하는 날이 오지 않을까?

그래도 절대 변치 않을 사실이 하나 있다. 외과 의사가 수술대 옆에 서서 메스를 쥐고 수술에 돌입하는 순간, 그때부터는 오롯이 혼자이며 환자에게 하는 모든 것, 환자에게 일어나는 모든 일은 의사 본인의 일이자 개인적인 책임이 된다. 그러므로 외과 의사가 자신이 하는 일에 확신을 가지기 위해서는 분별력이 확률적인 결과에 좌우되지 않아야 한다.

이란의 왕, 모하마드
레자 팔레비(1919~
1980)

13장

합병증
거장과 왕: 모하마드 레자 팔레비

    제2차 세계대전이 한창일 때, 독일 출신의 배우이자 가수 마를레네 디트리히Marlène Dietrich는 「나는 머리부터 발끝까지 사랑을 위해 태어난 사람이라네Ich bin von Kopf bis Fuß auf Liebe eingestellt」[I]라는 섹시한 노래로 전방을 지키던 수많은 장병의 마음을 녹였다. 쭉 뻗은 다리가 매력적인 여성 가수가 불러서 한층 더 깊은 인상을 남긴 노래였다. 실제로 그 당시에는 디트리히의 다리가 세상에서 제일 예쁘다고 이야기하는 사람들도 있었다. 사진으로 남은 디트리히를 보면, 한 손에 담배를 들고 특유의 관능적인 표정을 짓고 있는 모습이 많다. 그러나 그렇게 피운 담배는 결국 그 아름다운 다리에 영향을 주었고 혈관이 막혀 혈관외과 전문의의 수술을 받아야 했다. 그녀가 온 세상이 다알 만큼 매력적인 다리에 마법을 부릴 수 있도록 기꺼이 허락한 의사는 오직 한 명, 마이클 드베이키Michael DeBakey였다.

I   (원주) 이 노래의 영어 제목은 「다시 사랑에 빠진다면Falling In Love Again」이다.

혈관외과 전문의는 혈관, 특히 동맥을 전문적으로 다루는 외과 의사다. 동맥과 정맥을 함께 봉합하는 수술 기법은 20세기 초, 프랑스 외과 의사 알렉시 카렐Alexis Carrel이 처음 고안하여 시도했다. 이 일로 카렐은 외과학의 전반적인 발전에 중요한 공헌을 한 것으로 인정받아 1912년에 노벨 의학상을 수상했다. 혈관 수술은 특별한 경우에만 실시된다. 혈관은 크기가 작아서 인체 다른 부위를 수술할 때 쓰는 것보다 더 작은 바늘과 실이 필요하다. 또한 혈관을 자르면 곧바로 피가 뿜어져 나오기 때문에 클램프를 끼워서 일시적으로 혈류를 막아야 하는데, 팔다리와 장기는 피가 흐르지 않는 상태로 그리 오랫동안 버틸 수 없으므로 클램프를 지나치게 오래 끼워 둘 수도 없다. 흐름이 멈추면 혈액이 응고될 수 있다는 문제도 있다. 혈관을 봉합한 뒤 다시 피가 흐르더라도, 봉합된 부위의 혈관 벽에 혈전이 형성되어 또다시 흐름이 막힐 수도 있다. 혈관이 건강해야 장기와 인체 다른 부분도 무사히 생존할 수 있으므로 혈관 수술은 아주 긴급한 경우가 많고, 환자의 목숨이 수술에 달려 있다고 느껴지는 일도 많다. 20세기에 너무나 많은 유명 인사들이 혈관외과 전문의를 국제적인 영웅으로 여긴 것도 무리가 아니다.

새롭고 흥미로운 분야로 여겨지던 혈관 수술은 인체의 가장 중요한 기관, 심장으로 가는 길을 열었다. 한때 외과 의사들 사이에서 절대 닿을 수 없는 신의 영역으로 여겨지던 심장 수술의 발전은 1967년, 케이프타운에서 크리스티안 바너드Christiaan Barnard가 심장 이식 수술•을 처음으로 성공리에 해내면서 절정에 이르렀다. 2년 뒤에 인류 최초로 이룩한 달 착륙과 동등하게 여겨진 업적이었다. 그리고 이 모든 발전의 중심에는 휴스턴 감리교 병원의 심혈관(심장과 혈관) 외과 의사 마이클 드베이키가 있었다. 그는 혁신적인 업적을 남겼을 뿐만 아니라 최초의 인공 심장을 개발하는 일에도 참여했다. 하지만 무엇보다 드베이키는 그리 흔치 않은 질병인 대동맥 박리 치료를 이끈 선구자로 꼽힌다. 대동맥 박리는 혈관외과 전문의가 해결하는 질병 중에서도 굉장히 까다로운 병으로, 심장에서 뻗어 나온 인체의 주된 동맥인 대동맥의 내막이 찢어지면서 발생한다. 높은 압력을 받아 뿜어져 나온 혈액이 이 찢어진 틈으로 유입되고 이로 인해 대동맥 내막과 외막이 분리된다. 시간이 갈수록 분리되는 범위가 점점 더 커진다. 그 결과 엄청난 통증과 함께 뇌와 양쪽 팔, 궁극적으로는 몸 나머지 전체로 공급되는 혈액의 흐름에 문제가 생길 수도 있다. 그런데 바로 드베이키가 고안한 수술로 이 급박한 상황을 해결할 수 있게 된 것이다.

드베이키는 거장으로 불렸다. 그가 세계적으로 유명세를 타게 된 것은(그리고 이 별명이 붙여진 계기는) 가장 유명한 환자였던 영국의 전前 국왕 에드워드 8세가 1964년에 드베이키에게 수술을 받기 위해 비공식적으로 미국을 방문했을 때부터였다. 디트리히도 그랬고 혈관외과 전문의가 치료하는 환자들 대다수가 그렇듯이 에드워드도 골초였다. 수술을 받던 당시에 에드워드는 일흔 살로, 당시로선 목숨을 걸어야 했던 혈관 수술이 꼭 필요한 상황이었다. 그는 언론에 자세한 정보는 이야기하지 않고, '거장을 만나러 갔다'고만 밝혔다. 32년 뒤인 1996년에 러시아 대통령 보리스 옐친Boris Yeltsin은 5중 우회 수술을 받아야 한다는 진단을 받았다. 여든일곱 살의 거장이 미국에서 러시아로 그를 도우러 간 것을 보면, 옐친 대통령은 자국의 심장외과 의사가 영 못 미더웠던 것 같다. 그는 드베이키를 '마법사'라고 칭했다. 벨기에의 왕 레오폴드 3세, 요르단의 후세인 왕을 비롯해 할리우드 스타 대니 케이Danny Kaye와 제리 루이스Jerry Lewis, 백만장자 아리스토텔레스 오나시스Aristotle Onassis, 미국 대통령 케네디와 존슨Johnson, 닉슨Nixon, 유고슬라비아의 독재자 티토Tito까지 그에게 치료를 받은 무수한 유명 인사들도 보리스의 의견에 공감할 것이다. 드베이키가 결코 겸손하지 않았고 주어진 명예를 기꺼이 받아들인 것도 명성을 드높이는 데 한몫했다.

이란의 왕좌에 올랐다가 쫓겨난 모하마드 레자 팔레비Mohammad Reza Pahlavi가 1980년에 비장 절제술을 받아야 하는 상황이 되었을 때 지구상의 모든 의사를 통틀어 딱 한 사람만 떠올린 것도 그런 이유 때문이었다. 그러나 드베이키는 심혈관 전문의라 비장은 다루어 본 적도 없어서 드베이키 자신에게나 그 유명한 환자에게나 썩 적절한 선택은 아니었던 것 같다.

1979년 1월 16일에 벌어진 이란혁명으로 도주를 시작한 왕은 테헤란에서 비행기에 오른 후 두 번 다시 고국 땅을 밟지 못했다. 당시 그의 목숨은 아야톨라 호메이니Ayatollah Khomeini[2]와 이슬람 시위대뿐만 아니라 암 때문에 위태로웠다. 망명길에 오른 왕은 어딜 가나 환영받지 못하고 또다시 다른 나라를 전전해야 하는 신세가 되었다. 게다가

---

2   이란의 종교인이자 정치인. 이란혁명의 최고 지도자로 1979년에 임시 정부를 수립하였다.

복부에 발생한 악성 비호지킨 림프종3과도 싸워야 했다.

　프랑스 출신의 종양 전문의 조르주 플랑드랭Georges Flandrin 교수가 왕과 함께 다니면서 그를 치료했다. 종양 전문의는 내과학의 특수 분야 중 하나로 수술을 하지 않고 암을 전문적으로 치료한다. 왕은 빈혈과 통증에 끊임없이 시달렸고 담낭에 염증까지 생겨 상태가 더욱 악화됐다. 그리하여 뉴욕에서 담낭을 제거하는 담낭 절제술을 받았다. 미국의 외과 의사들은 악성 림프종 때문에 왕의 간, 그리고 특히 비장이 비대해진 사실을 확인했다. 의학 용어로 간·비장 비대, 즉 간과 비장이 자연발생적으로 커진 것이다. 비장이 비대해지면서 혈구가 계속해서 분해되고 통증도 발생했다. 담낭 제거술은 무사히 끝나고 왕은 회복했지만 그가 병원에 입원했다는 사실이 알려지자 병원 건물 밖에서 시위와 폭동이 이어졌다. 왕과 가족들은 미국에서도 안심하고 머물 수 없다고 느꼈다. 왕의 담낭에 생긴 문제가 해결되고도 건강은 나아지지 않았다. 통증과 피로가 늘자 이제 비대해진 비장을 제거해야 하는 시점이 된 것이다.

　얼마 후 테헤란 주재 미국 대사관에서 인질극까지 벌어지자 지미 카터Jimmy Carter 대통령도 이 고위급 손님을 한시바삐 다른 곳으로 보내려고 한 것 같다. 왕과 파라 디바Farah Diba 왕후는 멕시코로 넘어갔다가 다시 바하마를 거쳐 파나마로 이동했지만, 가는 곳마다 범죄인 본국 송환이라는 처분이 내려질 위험이 계속 따라다녔다. 이런 상황에

3　림프종은 림프조직 세포가 악성으로 전환되어 생기는 종양을 말하며, 비호지킨 림프종은 특징적 소견을 가지는 호지킨 림프종을 제외한 나머지 악성 림프종을 모두 포함한다.

서 수술을 받을 수도 없었다. 그러다 이집트의 사다트Sadat 대통령이 옛 친구에게 기꺼이 쉴 곳을 제공하고 치료받을 수 있도록 배려한 덕분에 1980년 3월, 왕은 카이로의 마디 군병원에 도착했다. 5일 뒤에는 드베이키가 마취 의사와 병리학자를 조수로 대동하고 같은 병원에 당도했다. 그리하여 3월 28일, 드베이키와 이집트인 의사 푸아드 누르Fouad Nour, 두 명의 외과 의사가 왕의 비장을 절제하는 수술을 집도했다. 환자의 아내와 장남은 수술실과 연결된 텔레비전을 통해 진행 상황을 실시간으로 지켜보았다. 수술은 성공적으로 끝났다. 드베이키는 왕의 비장이 미식축구 공만큼 컸다고 밝혔다.

비장이 인체에서 맡은 기능은 비교적 미미한 편이므로 필요하다면 없애도 된다. 오래된 혈구를 걸러서 혈액의 품질을 유지하는 비장의 역할은 인체 면역계의 한 부분이고 특히 어릴 때 크게 발휘된다. 달리기를 할 때, 혹은 심하게 웃을 때 비장 근처에서 생소한 감각이 느껴질 때가 있는데, 대플리니우스도 이 점을 인지하고 비장이 그러한 활동과 관련이 있을 것이라고 생각했다. 16세기에 비장 절제술이 실시된 기록은 두 건이 남아 있다. 1549년, 아드리아노 차카렐리Adriano Zacarelli가 나폴리에서 한 젊은 여성의 비장을 제거했다는 기록이 있고 1590년에도 이탈리아에서 프란치스쿠스 로세티Franciscus Rosetti라는 사람이 환자의 비장 절반을 제거한 것으로 나와 있다. 그러나 복부 수술을 받은 환자가 생존한 최초의 사례가 1809년에 보고된 것을 감안하면 실제로 비장 제거술이 이루어졌을 가능성은 낮고 피하 조직의 타박상으로 발생한 큰 핏덩어리를 없앤 것으로 추정된다. 그와 같은 핏덩어리는 색깔이나 질감이 비장과 굉장히 흡사해서 이탈리아의 두 의사가 자신들이 제거한 것이 비장이라고 생각할 만하다. 최초의 비장 절제술은 1876년에 파리에서 쥘 에밀 페앙Jules-Émile Péan이 실시했다. 스무 살 여성 환자의 비장을 잘라 낸 수술로, 제거된 비장 무게는 1킬로그램이 넘었다.

비장 절제술은 규칙만 잘 지키면 크게 어려운 수술이 아니다. 수술 방법은 외과 수련의 3년 또는 4년차에 배운다. 주의해야 하는 사항이 두 가지 정도 있지만 비장 자체는 비교적 복잡하지 않다. 크기는 보통 아보카도 절반 정도로, 우산 모양 버섯과 약간 비슷하게 생겼다. 비장으로 혈액이 오가는 혈관이 버섯 기둥 부분에 해당된다. 비장은 복강 왼쪽 맨 윗부분에 깊이 파묻혀 있어서 찾기가 힘들다. 복강으로 양손을 손목까지 집어넣어야 닿을 수 있을 정도다. 게다가 비장은 굉장히 약하다. 너무 세게 잡아당기거나 누르면 찢어지기 쉬운데, 그 경우 극심한 출혈이 발생하므로 위험하다. 또한 비장이 파열되면 터져 나온 혈액 때문에 수술 부위를 제대로 보지 못하게 되므로 무슨 일이 있어도 그런 일이 생기지 않도록 해야 한다. 이와 함께, 외과 의사들이 비장 절제술을 배울 때 강조되는 주의 사항이 또 하나 있다. 바로 췌장의 꼬리를 조심해야 한다는 것이다!

췌장은 가늘고 길쭉한 기관으로, 독일어로는 '복부의 침샘'으로도 불린다. 그러나 췌장에서 만들어지는 소화액은 침보다 훨씬 더 강력하다. 우리가 먹는 음식 중에 고기를 소화시키는 것이 췌장액이다. 그런데 이 기관의 꼬리가 비장과 이어진 혈관과 나란히 위치하며 비장 바로 앞까지 이어지는 경우도 있다. 그러므로 비장의 혈관에 클램프를 끼우는 지점이 오른쪽으로 과도하게 치우치면 비장을 제거하면서 췌장의 일부가 함께 제거된다. 이 경우 췌장의 소화액이 복강으로 새어 나오면 생체 조직이 소화되고 고름이 생기는, 매우 위험한 상황이 벌어진다. 비장이 건강한 상태에서는 췌장을 건드리지 않도록 클램프를 끼우는 것이 그리 어렵지 않지만, 이란의 왕은 비장이 아주 비대해진 상태였으므로 절제술도 수월하지 않았다.

누르는 드베이키에게 '클램프에 췌장 꼬리가 집힌 것 같다'고 이야기했지만, 드베이키는 이 이집트인 동료 의사가 두 눈으로 보고 이야기한 것을 손을 내저으며 부정했다. 그리고 클램프 아래에 굵직한 묶음 실을 고정시켰다. 그러자 누르는 작은 튜브를 집어넣어서 흘러나온 체액이라도 복강 밖으로 제거하자고 강하게 제안했다. 이번에도 드베이키는 불필요한 조치라고 생각하고 배수 절차 없이 복부를 봉합했다. 그가 수술 장갑을 벗자 사람들은 박수를 쳤다. 비장의 무게는 1.9킬로그램에 달했다. 제거된 비장과 검사를 위해 떼어 낸 간 조직에서는 암도 발견됐다. 안타깝게도 현미경 검사에서 췌장 조직도 발견됐다…

수술 후 3일이 지나자 환자는 왼쪽 어깨 뒷부분에 통증을 느꼈다. 열도 나기 시작했다. 그러나 수술 부위는 빠른 속도로 회복되어 왕은 병원 밖으로 나가 정원을 산책할 수 있게 되었다. 드베이키는 휴스턴으로 돌아가 영웅 대접을 받으며 인터뷰를 했다. 그동안 환자는 멀리 떨어진 곳에서 천천히 허물어지고 있었다. 열은 좀처럼 가라앉지 않고, 계속 몸이 안 좋고 피곤했다. 통증 자체는 크지 않았지만 하루 종일 침대에 누워 지내야 했다.

하루하루가 지나고 몇 개월이 지나도 열은 수그러지지 않았다.

왕은 수혈도 받고 항생제 치료도 받았다. 미국에서 여러 의사가 그를 찾아왔지만 드베이키는 휴스턴에 계속 머물면서 환자의 X선 검사 결과를 받아 보았다. 그는 왕의 폐 왼쪽 아래에 폐렴이 생겼을지도 모른다는 추정을 밝혔고 이로 인해 기도에 기관지경을 집어넣는, 썩 유쾌하지 않은 검사가 실시되었지만 아무런 이상 징후도 발견되지 않았다. 수많은 전문가들이 큰 그림을 완전히 놓치고 있을 때, 파리에서 플랑드랭 박사가 왕의 상태를 확인하고 깜짝 놀랐다. 횡격막 아래에 농양이 생긴 것을 정말 아무도 알아채지 못했단 말인가?

이 문제는 외과 수술의 전통적인 오류에 속한다. 복강에 감염이 발생하면 열이 나고 복막이 자극을 받는데, 감염 부위가 횡격막 아래로 한정된 경우 증상이 발열로만 나타난다. '횡격막 아래'를 의미하는 의학 용어는 횡격막하, 횡격막 아래에 농양이 생기는 것을 횡격막하 농양이라고 한다. 복강이 감염되고 그로 인해 복막에 자극이 발생하면 환자는 극심한 통증을 느끼고 몸을 아주 살짝만 움직여도 더 큰 통증에 시달린다. 그러므로 의사는 환자가 어떤 문제를 겪고 있는지 확실하게 알 수 있지만, 복막이 아닌 횡격막만 영향을 받은 경우 겉으로는 확인할 수 없다. 발열 증상만 나타나고 딸꾹질을 하거나 어깨가 아프다고 하는 정도가 전부다. 플랑드랭은 바로 이 증상을 알아챈 것인데, 심지어 그는 외과 의사도 아니었다. 폐 X선 검사 결과도 그의 추측과 맞아떨어졌다. 조치를 취하기 위해 이집트로 날아간 플랑드랭은 모두를 붙들고 따지기 시작했다. 프랑스에 있던 외과 의사 피에르 루이 파니에즈Pierre-Louis Fagniez도 호출했다. 그리하여 7월 2일, 파니에즈는 이란 왕의 복부 왼쪽 윗부분을 작게 절개하고 복강에 고여 있던 고름을 1.5리터나 빼냈다. 왕은 횡격막 아래에 거대한 농양이 생긴 채로 석 달이나 방치된 것이다. 고름을 제거하자 왕은 금세 회복되어 산책을 다닐 수 있게 되었다. 식욕도 돌아오고, 본국으로 돌아가 정치에 다시 관여할 계획도 세우기 시작했다. 그러나 3주 하고도 며칠이 더 지난 어느 날, 왕의 상태는 갑자기 악화됐다. 혈압이 떨어지고 안색이 극도로 창백해지더니 급기야 의식을 잃었다. 수혈을 해도 소용이 없었다. 1980년 7월 27일, 왕은 예기치 못한 내출혈로 예순 살 생을 마감했다.

왕은 발덴스트롬 마크로글로불린혈증Waldenström's macroglobulinemia 이라는 비호지킨성 암을 앓고 있었다. 희귀하지만 공격성이 그리 크지 않은 질병이다. 하지만 이 병이 사망 원인은 아니었다. 드베이키가 비장 절제술을 실시하면서 췌장이 손상된 것이 사인이었다. '의원병', 즉 '의사의 부주의로 발생한' 문제로 숨진 것이다. 췌장 끝부분이 의사로 인해 잘려 나간 후 췌장액이 새어 나가 횡격막 아래, 거대한 비장이 제거되고 남은 큼직한 빈 공간에 감염이 발생하여 농양으로 가득 채워졌다. 게다가 강력한 췌장액이 비장 동맥의 혈관 벽을 녹여 상복부의 갑작스러운 출혈로 이어졌다.

이 사례는 수술 후 합병증이 목숨을 위협할 수도 있다는 사실을 분명하게 보여 준다. 그렇다 해도 합병증이 반드시 사망으로 이어지지는 않는다. 적시에 파악되고 올바른 조치가 취해지면 치료될 수 있다. 합병증이 장기간 지속되거나 또 다른 질병으로 확대되는 경우에만 목숨이 위태로워진다. 이란 왕의 경우는 이 두 가지 모두에 해당된다. 췌장이 손상되어 농양으로 번졌고, 치료가 너무 늦게 시작되는

열

사람을 포함한 포유동물과 조류는 모두 온혈동물이다. 우리 인체는 체온을 37도 정도로 유지하기 위해 끊임없이 에너지를 소비한다. 뇌 안쪽에 깊숙이 자리한 시상하부가 인체의 온도 조절 장치다. 그런데 염증이 발생하면 인터류킨 6 interleukine-6라는 단백질이 방출되어 시상하부의 기능을 방해한다. 즉 인터류킨 6는 설정된 체온을 높여서 열이 나게 만든다. 그로 인해 인체는 몸을 따뜻하게 하려고 더 열심히 노력해야 하고 너무 춥다고 느낀다. 시상하부가 이 잘못된 정보를 뇌에 전달하면 실제로는 추운 환경이 아닌데도 우리는 춥다고 느낀다. 온도 조절 장치의 설정이 높아진 것인데 우리는 몸이 으슬으슬하다고 느끼며 덜덜 떠는 것이다. 그러다 시간이 흐르고 인터류킨 6의 영향이 줄면 상황은 정반대가 된다. 설정된 체온이 떨어지고, 우리는 너무 덥다고 느끼면서 땀을 흘리기 시작한다. 발열 증상에 특별한 기능이 있는지는 명확하지 않다. 환자가 열이 나면 그냥 놔두고 뭔지는 알 수 없지만 인체가 기능을 다 발휘할 수 있도록 기다려야 할까, 아니면 체온이 떨어지도록 열을 내리기 위해 애써야 할까? 열이 날 때는 분명 원인이 있지만 그 원인을 쉽게 찾을 수 없을 때가 종종 있다. 그리고 염증마다 체온이 오르내리는 패턴도 제각기 다르다. 바이러스 감염 시 보통 체온이 39도를 넘어서고 세균에 감염되면 38~39도까지 오른다. 세균 감염으로 고름이 가득 차 팽팽해진 농양이 생기면, 짧은 간격으로 열이 오르는 증상이 특히 저녁 시간대를 중심으로 나타난다. 고름으로 발생한 열은 외과적인 수술로 고름을 제거해야 내려간다. 결핵으로는 열이 거의 나지 않지만 땀을 많이 흘리며 주로 밤에 이 같은 증상이 나타난다. 또 장티푸스에 걸리면 '브론토사우루스 열'로도 알려진 특유의 발열 패턴이 나타나고 방광염으로는 열이 전혀 발생하지 않는다.

바람에 출혈이 발생하여 불운한 환자는 결국 목숨을 잃었다.

마이클 드베이키는 아주 오래 살았다. 2006년 12월 31일, 아흔일곱 살이던 그는 가슴에 통증을 느끼고 심장 발작으로 죽겠구나, 생각했다. 그러나 통증이 지속되고 숨이 끊어지지 않자, 동맥 절제술의 아버지로 불리는 자신이 그런 별칭을 부여받을 수 있었던 바로 그 수술을 받아야 한다는 사실을 인지했다. 그리하여 드베이키는 자신이 개발한 복잡한 대수술을 받은 최고령 환자가 되었다. 심지어 그 큰 수술을 이겨 내고 살아남았다. 그리고 2년 뒤, 백 세 생일을 조금 남겨 두고 평화로이 눈을 감았다.

그가 만든 특수 도구인 '드베이키 겸자'는 지금도 전 세계 외과 의사들이 매일 사용하고 있다. 드베이키는 분명 훌륭한 외과 의사이고 수많은 동료에게 모범이 된 사람이다. 그러나 아무리 훌륭한 의사도 때로는 실수를 한다는 것 또한 명확한 사실이다. 무엇보다 합병증은 수술의 핵심 요소 중 하나이고, 합병증의 위험성은 얼마나 대단한 사람이든 간에 결코 간과해서는 안 된다.

마를레네 디트리히도 장수했다. 1992년에 아흔 살의 나이로 파리에서 사망할 당시까지 그녀의 다리도 드베이키 덕분에 아주 건강했다.

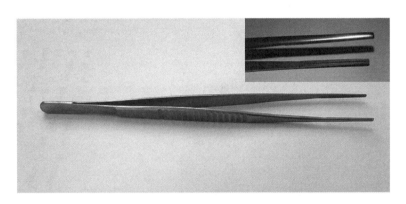

드베이키 겸자

프랑스의 베르사유
궁정 음악가였던 장
바티스트 륄리(1632~
1687)

14장

확산
두 음악가의 엄지발가락:
장 바티스트 륄리와 밥 말리

지휘자들이 작은 지휘봉을 흔드는 모습은 너무나 친숙하지만 19세기까지만 해도 그런 모습은 볼 수 없었다. 과거 오케스트라 앞에 선 지휘자들은 끝에 우스꽝스러운 공이 달린 기다란 막대기를 들고 있었다. 행진하는 음악대 앞에서 고적대장이 막대기를 빙빙 휘두르는 모습에서 그 시절 지휘자들이 엿보인다. 루이 14세 시대 프랑스의 베르사유 궁정 음악가였던 장 바티스트 륄리Jean-Baptiste Lully도 지휘할 때 기다란 지팡이를 사용했다. 1687년 1월 4일 토요일, 박자에 맞춰 지팡이로 바닥을 쿵쿵 치던 륄리는 일종의 산업재해를 겪었다. 그리고 77일 뒤 그 증상으로 목숨을 잃었다.

바로크 시대가 절정에 달한 때였다. 베르사유는 세상의 중심이었고, 륄리는 바로크 음악과 프랑스 오페라의 거장이었다. 그가 모시는 태양왕 루이 14세는 2개월 전에 항문 수술을 받고 무사히 회복 단계에 접어들었다. 륄리는 새해를 맞아 왕의 쾌차를 축하하며 「테 데움Te Deum」을 연주할 예정이었다. 그는 1677년에 작곡한 이 예식 곡을 이

참에 위엄이 넘치는 걸작으로 특별히 편곡하여 재탄생시켰다. 이 곡은 1월 8일 수요일, 파리의 푀양 수도사 교회에 모인 왕과 대규모 청중 앞에서 연주될 예정이었다. 1월 4일 토요일에는 최종 리허설이 진행됐다. 트럼펫과 심벌즈 소리가 텅 빈 교회 안에 울려 퍼지고, 50명의 연주자와 프랑스에서 가장 아름다운 목소리를 가진 백 명이 넘는 합창단도 자리했다. 이들 앞에, 륄리는 키보다도 큰 지팡이를 들고 섰다.

바로크 음악의 대표적인 특징은 화음이 리드미컬하게 쌓이면서 곡 전체가 완성되는 바소 콘티누오Basso Continuo I 다. 따라서 연주자들은 어느 정도 즉흥적으로 연주할 수 있었지만 륄리는 자신이 만든 곡에 최대한 개입하는 편이었고 그러한 경향은 리허설 때 가장 뚜렷하게 나타났다. 거대한 지팡이를 들고, 바소 콘티누오로 연주되는 곡의 리듬에 맞춰 집중하라고 외치듯이 열정적으로 쿵쿵 바닥을 치는 그의 모습을 쉽게 상상할 수 있으리라. 그러다 한순간, 륄리는 지팡이로 자기 발가락을 내리쳤다. 그가 어금니를 악물고 연주를 이어 갔는지, 급격한 통증에 고함을 질렀는지, 즉흥 연주에 전념하던 연주자와 합창단이 이 사고를 전혀 눈치 채지 못했는지 아니면 알아채고 웃음을 터뜨렸는지는 알 수 없다. 지휘자가 고통스러운 비명을 지른 바람에 「테 데움」의 최종 리허설이 중단됐을지도 모른다. 그 일 직후에 무슨 일이 있었는지는 몰라도, 1월 8일은 다가왔고 륄리가 지휘를 맡아

I   통주저음. 주어진 숫자가 딸린 저음 위에 즉흥적으로 화음을 보충하면서 반주 성
부를 완성하는 기법. 17~18세기 유럽에서 널리 쓰였다.

공연이 아주 성공리에 마무리된 것은 분명하다. 그러나 공연을 마치고 그가 다리를 절며 마차에 오르는 모습이 목격됐고 며칠 후에는 엄지발가락에 감염 증상이 나타났다. 열까지 나자 아내가 의사인 알리오Alliot를 불렀다. 륄리를 살펴본 의사는 괴저를 예방하려면 발가락을 절단해야 한다고 말했지만 륄리는 거절했다.

감염은 발가락에서 발로, 다시 다리로 서서히 퍼졌다. 그때까지만 해도 절단 수술을 받으면 목숨은 구할 수 있었다. 륄리도 분명 그 사실을 알고 있었다. 그럼에도 그는 알리오의 권고를 무시하고, 7만 프랑이라는 어마어마한 돈을 내면서까지 돌팔이 의사에게 치료를 받았다. 처음에는 회복되는 듯했지만 다시 열이 나기 시작했다. 그러자 사기꾼 의사는 돈만 들고 달아났다.

절단 수술만 받으면 목숨은 구했을 텐데 륄리는 왜 거부했을까? 다리 없이 살아 봐야 아무 소용이 없다고 생각했을까? 륄리는 오페라와 발레 작품을 창작하던 음악가이자 배우, 댄서, 안무가였다. 그리고 무대 위에서나 밖에서나 늘 한껏 즐기며 사는 사람이었다. 이탈리아에서 가난하게 살던 그는 프랑스로 건너와 기타리스트로 출발해 유명 인사의 자리까지 차곡차곡 올라왔다. 존경받는 작곡자이자 남편, 아버지였고 태양왕에게는 가까운 친구이기도 했다. 동시에 파리의 동성애자 사회에서도 환영받았던 사람이라, 17세기 프랑스는 그의 예술 작품과 더불어 그를 둘러싼 크고 작은 스캔들로도 지루할 틈이 없었다. 다리가 하나만 남으면 직업은 물론 삶의 즐거움과 지위까지 전부 포기해야 할 판이었다.

아니면 륄리가 그저 무모한 사람이라 상황의 심각성을 과소평가했던 걸까? 감염이 번져 목숨이 위태로운 지경에 이르기까지는 77일이 걸렸는데, 이는 상당히 긴 시간이다. 처음부터 가스 괴저가 생긴건 아니겠지만, 일단 가스 괴저가 시작되면 감염이 들불처럼 번져서절단 수술을 받지 않으면 3일 내로 사망한다. 따라서 처음에는 공격성이 크지 않은 세균 감염에 불과해서 병이 퍼지는 속도도 느리고 증상도 별로 없었을 것이다. 너무 미미해서 릴리가 미처 위험성을 인지하지 못했을 수도 있다.

상황을 종합해 보면 림프관염²과 패혈증으로 생긴 농양이 원인이거나, 처음에는 국소 부위(발가락)에서 시작된 감염이 일정 범위(다리)로 퍼지고 다시 전신(몸 전체)으로 퍼진 것이 원인일 수도 있다. 이런 과정을 확산이라고 한다. 농양은 고름이 차고 폐쇄된 감염 부위를 가리킨다. 고름이 무엇이고, 어떻게 생기는지는 일찍이 밝혀졌다. 개방된 상처 부위에서 감염이 일어나 그곳에서 흘러나온 죽은 조직과 백혈구, 세균이 뒤엉켜 베이지색의 크림처럼 찐득찐득한 액체를 이룬 것이 고름이다. 그런데 고름은 몸속 깊은 곳, 피부 아래에도 생길 수 있고 이 경우 흘러나갈 곳이 없어서 그 자리에 고인 채로 압력을 받는다. 그럴 때 농양이 생기는 것이다. 열린 상처든 폐쇄된 농양이든 대부분 고름을 구성하는 균은 연쇄상구균이나 포도상구균으로, 둘 다 우리 피부에 서식하는 미생물이다. 농양의 경우 고름이 피부아래, 심부 조직까지 뚫고 들어왔다는 의미가 된다. 유입 지점, 즉 상

---

2   림프관에 생기는 염증. 연쇄상구균 · 포도상구균 등의 화농균이 원인으로, 가려움 · 긴장 · 열감熱感 등의 증상을 드러내는 표재성表在性과 별다른 증상 없이 림프관 부근에 압통壓痛을 느끼는 심재성深在性이 있다.

처까지 이어진 경로가 생긴 경우에만 이 같은 일이 벌어질 수 있다. 모르고 못을 밟거나 개에 물렸을 때, 피지선이나 땀샘에 염증이 생겼거나 모발이 몸속으로 자라는 경우, 피부가 가렵거나 습진이 생겨서 혹은 피부가 갈라져서 긁다가 상처가 생긴 경우도 그러한 예에 속한다. 손발톱은 손상된 큐티클[3]이 유입 지점이 될 위험이 있다. 륄리의 발가락이 바로 그런 경우로 보인다.

게다가 장 바티스트의 양말도 연쇄상구균과 포도상구균이 들끓는 원인이 되었을 것이다. 17세기에는 옷을 매일 세탁하거나 갈아입지도 않았고 프랑스 궁정이라고 예외는 아니었다. 그 시절에 가발과 향수, 화장수가 큰 인기를 얻었던 데는 다 그럴 만한 이유가 있다. 감지 않은 머리와 씻지 않은 몸, 옷에서 풍겨 나오는 악취를 덮으려면 그런 것들이 꼭 필요했다. 그로부터 백 년은 더 지나 나폴레옹 시대가 되어서야 위생 관념이 어느 정도 발전하여 유럽에서는 로마와 함께 자취를 감추었던 하수관이 설치되고 사람들이 씻고 옷도 세탁하는 시설이 다시 생겨났다. 태양왕의 궁전에서 펼쳐진 그 다채로운 삶이 얼마나 지저분했을지 상상하긴 쉽지 않다. 그러나 장 바티스트 륄리의 땀에 젖은 양말이 균을 키운 이상적인 터전이 된 것은 분명하다.

농양이 생기면 처음에는 세균이 피부 아래에서 염증만 일으킨다. 피부는 부어오르고 열이 나면서 팽팽해지고 붉어진다. 통증도 느껴진다. 그러다 균이 염증 세포의 작용을 물리치면, 염증 부위에 고름

3　각피. 생물의 체표 세포에서 분비하여 생긴 딱딱한 층. 몸을 보호하고 수분의 증발을 방지하는 구실을 한다.

이 형성된다. 이때부터 감염이 더 진행된다. 고름의 양이 늘어나면서 주변 조직을 바깥쪽으로 밀어내고 인체는 연결 조직이나 흉터 조직을 만들어서 이를 막으려고 한다. 벽으로 둘러싸인 농양이 생기고 고름이 그 안에 모이면 일시적으로 감염도 중단된다. 하지만 혈액이 고름을 관통해서 흘러가지 못하기 때문에 면역 체계가 기능을 발휘할 수 없다. 항생제도 소용이 없다. 환자는 극심한 열에 시달리고, 쌓이고 쌓인 고름은 딱딱한 공처럼 느껴진다. 부어오른 부위에 손가락 두 개를 대고 한 손가락으로는 바깥쪽으로 밀면서 다른 손가락으로는 안쪽으로 밀어 보면 안쪽이 액체로 채워져 있는지 알 수 있다. 외과학에서는 이를 파동fluctuation•이라고 한다. 부은 곳에서 파동이 발생하면 감염이 심해져 농양을 절개할 때가 되었다는 의미다.

농양 벽을 절개하고 그 안에 있던 고름을 전부 빼내면, 남은 벽은 일반적인 개방 상처와 마찬가지로 **2차 유합**을 통해 사라진다. 이 과정을 절개 배농이라고 한다. 농양을 적시에 절개해서 고름을 빼내지 않으면 균이 더욱 증식하여 농양 벽을 뚫고 주변 조직까지 퍼져 나간다. 그로 인해 피하지방층이 감염되는 것을 연조직염이라고 한다.

피하지방 조직에는 극히 좁은 관이 교차하며 지나는데, 이 관으로는 혈액이 아닌 림프•라는 체액만 흐른다. 이 림프관 중에서도 가장 미세한 관을 림프모세관이라고 한다. 림프관에 염증이 생기는 림프관염이 시작되면 관을 타고 염증이 번지고 피부 표면에도 농양에서 붉은색 선이 퍼져 나오는 형태가 나타난다. 이런 선은 하루 정도 지속된다.

여러 림프관은 림프절•이라는 곳에서 만난다. 크기가 0.5센티미터도 채 되지 않는 이 작은 분비선은 네트워크를 이룬 림프관의 허브 역할을 한다. 발가락에서 림프절이 모여 있는 가장 가까운 위치는 무릎 안쪽의 비어 있는 공간이다. 그다음은 서혜부다. 림프절이 감염되면 그 부위가 부풀어 오르므로 피부 아래에 작은 멍울이 잡히는 것으로 쉽게 확인할 수 있다. 그런 덩어리가 첫날에는 무릎 뒤쪽에 나타나고 다음 날에는 서혜부에도 나타난다. 림프절은 서혜부를 지나 복부를 지나고 계속해서 위로 올라가 가슴의 혈관까지 이어진다.

항생제를 사용하지 않으면 림프관 감염, 즉 림프관염으로 다량의 균이 혈액까지 도달하므로 패혈증으로 이어질 수밖에 없다. 그리고 혈액에 닿은 균은 다른 장기에도 감염되어 그곳에서 농양을 발생시킨다. 뇌, 간, 부신도 그 대상이 될 수 있다. 그렇게 농양에서 시작된 모든 과정이 곳곳에서 진행되는 것이다. 환자의 생존 가능성은 전체적인 건강 상태에 크게 좌우된다. 건강한 사람은 면역 체계도 건강하고 오래 살 수 있다. 77일을 버틴 걸 보면 륄리도 분명 건강한 사람이었다.

륄리의 다리는 점점 녹색이 되고 거무스름한 색으로 변했다. 그는 먼저 공증인을 불러 유언장을 작성하고, 다음으로 신부님을 불러 고해성사를 했다. 자식을 열이나 둔 아버지이자 무수한 남성들과 문란한 생활을 즐기던 그는 죽음을 앞두고 「죄인이여, 죽을 수밖에 없도다Il faut mourir, pécheur, il faut mourir」라는 노래를 만들었다. 그리고 1687년 3월 22일에 세상을 떠났다.

3세기가 지난 후 또 한 명의 위대한 음악가가 엄지발가락에 생긴

장벽

———————————

모든 생물이 생존하기 위해 반드시 갖추어야 하는 조건 중 하나는, 자신과 주변 환경 사이에 놓인 장벽을 유지하는 것이다. 그러려면 에너지가 필요하고, 동물의 경우 계속해서 산소가 공급되어야 한다. 살아 있는 세포는 세포막이 유지될 때만 생존할 수 있다. 사람을 비롯한 복합 다세포생물도 외부 세계로부터 자신을 보호하기 위한 장벽이 있다. 외부 세상과 맞닿은 피부, 몸 내부의 점막, 그 사이에 존재하는 면역계가 바로 그 장벽이다. 암은 비정상적인 암세포가 이 같은 장벽을 허물어뜨릴 때만 생긴다. 인체를 지키는 또 다른 장벽 중 하나는 췌장으로, 췌장액은 육류를 소화시키는 작용을 하지만 췌장은 그 자체의 장벽 덕분에 소화되지 않는다. 마찬가지로 위 안쪽에 형성된 점막 층인 위 점막에서는 순수한 염산이 만들어지지만 점막 자체는 염산의 작용을 견딜 수 있다. 감염 질환은 살아 있는 병원균이 인체의 장벽을 뚫고 들어올 때 발생한다. 피부나 점막에 개방된 상처가 생기거나 혈액 공급이 제대로 이루어지지 않을 때 그와 같은 일이 생길 수 있다. 후자의 경우 생체 조직에 산소 공급이 부족하여 장벽을 탄탄하게 유지할 만한 에너지를 충분히 만들어 내지 못하는 것이 침입의 원인이 된다. 물리적인 손상과 산소 부족은 인체 장벽이 약화되는 주된 메커니즘이다. 현대 외과학에서는 그 메커니즘을 파악하는 것이 해결해야 할 과제, 즉 수술 과정에서 메스로 파괴된 장벽을 최대한 효과적으로 회복시키는 방법을 찾는 기본 바탕이 된다. 바꿔 말하면 수술 부위 주변 조직에는 혈액이 꾸준히 충분하게 공급되어야 하고, 개방된 상처에는 살아 있는 병원균이 침입하지 않도록 해야 한다는 뜻이다.

병으로 세상을 떠났다. 이 사람의 음악은 륄리의 음악보다 훨씬 더 큰 영향력을 발휘했다. 생전에 만든 곡은 통틀어 몇 시간 정도 길이에 불과하지만 그는 전에 없던 새로운 장르를 만든 선구자였다. 그 역시 발가락 절단 수술을 받으면 살아남을 수 있었지만 거부했다. 릴리와 다른 점이 있다면 그는 자신감이나 허영심 때문에 거부한 것이 아니라, 종교적 이유로 수술을 받을 수가 없었다. 이 음악가도 릴리와 마찬가지로 돌팔이의 도움을 받으려 했고, 그 시도는 역시나 실패로 돌아갔다.

모든 일은 발가락 통증에서 시작됐다. 하지만 그는 발을 어디서 어떻게 다쳤는지 기억나지 않았다. 처음에는 마리화나를 피우면 통증을 어느 정도 견딜 수 있었다. 한동안은 축구를 하다가 발가락을 다쳤나 보다, 생각했지만 통증이 가시지 않았다. 의사들은 발톱 아래에 종양이 생겼다고 진단했다. 그리하여 작은 종양을 제거하기 위해 간단한 수술이 실시됐고 제거된 조직에 대한 현미경 검사가 진행됐다. 그 결과 악성 흑색종으로 밝혀졌다. 피부의 색소 세포인 멜라닌 세포로 인해 발생하는 공격적인 피부암의 일종이다. 발가락 절단이 필요하다는 권고가 내려졌지만 그는 이를 거부하고 단식과 흡연, 허브 성분으로 된 연고를 바르는 것으로 병을 치료해 보려 했다. 그렇게 2년이 흐르는 동안, 몸 다른 곳에도 문제가 생겼지만 그는 병의 심각성을 경시했다. 발가락의 암은 몸 전체로 퍼졌다. 결국 증상이 극도로 악화되어 곧 죽게 된다는 사실을 도저히 모른 척할 수가 없는 지경에 이르렀다. 그는 자신의 운명을 받아들이고, 그가 만든 곡 중에 가장 아름다운 곡으로 꼽히는 「구원의 노래Redemption Song」를 만들었다.

밥 말리Bob Marley는 죽기 전 여덟 달을 독일에서 지냈다. 그가 앓던 암을 치료할 수 있다고 이야기한 사기꾼의 병원이 있는 곳이었다.

밥 말리

그러나 특수한 식단과 '전체론적' 방식이라는 주사에도 불구하고 암은 폐와 뇌까지 퍼졌다. 죽음이 임박하자 말리는 고향에 돌아가고 싶어 했다. 그러나 독일에서 고향으로 비행하는 동안 건강은 더욱 악화됐다. 플로리다까지는 왔지만 자메이카로 가는 비행기를 타기에는 몸 상태가 너무 좋지 않았다. 처음 진단을 받고 3년이 지난 1981년 5월 11일, 그는 마이애미의 한 병원에서 숨졌다. 인체가 불결해진다는 이유로 절단을 금지한 말리의 종교는 라스타파리Rastafari4로, 죽음과 관련된 행위는 모두 피해야 한다는 것이 이 종교의 주된 원칙이다. 그래서 치명적인 질병이 존재한다는 사실도 받아들이지 않았다. 말리는 서른여섯 살의 나이로 세상을 떠났다.

인체에 암이 발생하면 암세포는 감염이 일어났을 때 세균이 확산되는 것과 같은 방식으로 퍼진다. 두 경우 모두 국지적인 공격이 특정 부위로 퍼지고 결국 몸 전체에 영향을 준다. 확산 메커니즘은 동일하다. 암의 경우 '위치 변경'을 의미하는 전이•로 불린다. 악성 암세포의 특징은 세 가지가 있다. 먼저 기존에 있던 곳에서 다른 곳으로 옮기는 방식으로 인체의 통제 메커니즘을 피하는 암세포가 있다. 이 세포들은 건강한 인체 세포 사이를 뚫고 길을 직접 찾아낸다. 이

---

4   성경을 흑인의 편에서 해석하여 예수가 흑인이었다고 주장하는 신앙. 1975년에 죽은 에티오피아 황제 하일레 셀라시에Haile Selassie를 예수의 재림으로 숭배하는데, 제2차 세계대전 전에 서인도제도의 흑인들 사이에서 일어나 유럽 흑인들의 정신적 아프리카 회귀 운동으로 확대되었다. 1982년에 영국 국교회가 종교로 인정하였다.

를 침윤이라고 한다. 암세포가 인체를 어디까지 침윤했는지에 따라 암의 단계가 정해진다. 암세포의 생활 주기는 인체 통제 메커니즘의 영향을 받지 않는다. 즉 닥치는 대로 증식하여 숫자를 점점 늘려 나가는 것이 암세포의 두 번째 특징이다. 세 번째 특징은 암세포가 되기 전의 세포가 지닌 특징이 암세포가 되면 사라진다는 것이다. 원래의 성질이 많이 사라질수록 더욱 강력한 악성 암세포로 기능한다.

암세포도 세균 감염이 발생할 때와 같은 방식으로 몸 곳곳에 퍼지지만 그 속도는 훨씬 느리다. 릴리는 77일간 생존한 반면 말리는 3년을 버텼다. 두 사람 몸의 경계를 뚫고 무언가가 성공적으로 침입한 곳, 즉 특정 부위에서 모든 문제가 시작됐다. 세균은 피부나 점막이 손상되어 체내로 침입할 수 있을 때까지 기회를 노려야 하는 반면, 암세포는 멀쩡한 인체 장벽을 능동적으로 공격해서 길을 만들어 침입할 수 있다. 감염과 암, 두 경우 모두 인체가 공격을 받고 세균이나 암세포가 급속히 증식하여 조직이 손상되면 인체 반응이 촉발된다. 면역계가 물리치러 나서는 것이다. 손상된 조직을 깨끗이 치우는 백혈구와 항체, 대식세포가 세균과 암세포를 공격한다. 이 단계까지도 공격은 국지적인 수준이고, 영향 범위는 감염이 일어났거나 암세포가 생긴 곳을 벗어나지 않는다. 또한 이 경우 침입원을 전체(*in toto*)• 절제하는 excision / resection • 외과적인 방법으로 공격을 중단시킬 수 있다. 즉 감염되어 죽은 조직이 포함된 상처(괴사)는 잘라서 제거하고(괴사 절제술) 농양은 절개해서 개방하고(절개 배농) 종양은 잘라서 제거한다(종양 절제술).

암세포도 세균처럼 림프관을 통해 림프절로 퍼져 나갈 수 있다.

림프관염이 발생하면 피부에 불그스름한 선이 나타나듯이, 희귀한 피부 종양 중에 암이 림프관을 타고 확산된 것을 육안으로 확인할 수 있는 경우가 있다. 상상력을 조금 보태면 그 모습이 게와 비슷하다. 종양이 게의 몸통이고, 림프관을 따라 확산된 것은 꼭 게의 다리처럼 보인다. 영어로 암을 뜻하는 단어 'cancer'도 바로 이런 특징이 반영된 것으로, 라틴어로 게를 뜻하는 단어에서 유래했다. 그러나 대부분의 암은 육안으로 볼 수 없다.

림프관으로 확산된 암세포는 일종의 필터 역할을 하는 림프절에서 붙들리고 그곳에서 생장하여 종양이 된다. 공격 부위가 국소에서 인체의 한 부위로 바뀐 것이다. 이 단계에서는 비대해진 림프절을 직접 느낄 수 있다. 릴리의 경우와 마찬가지로 밥 말리도 무릎의 빈 공간에서 이 덩어리가 만져지고, 이어 서혜부에서도 느껴졌다. 이렇게 되면 최초로 생긴 종양을 전체 절제하는 것으로는 소용이 없다. 부위* 절제가 필요한데, 이는 곧 종양과 함께 암세포가 침입한 림프절도 함께 제거해야 한다는 의미다. 외과 용어로는 이를 근치根治* 절제라고 한다. 영어로 근치를 의미하는 단어 'radical'은 라틴어 *radix*(뿌리)에서 유래한 것으로, '뿌리부터' 제거한다는 뜻이다. 암세포가 림프절까지 도달했는지 여부가 파악되지 않았더라도 전부 제거하는 것이 최선이다. 그러므로 암의 외과적인 제거는 전체 절제(종양을 하나도 남기지 않는 것)와 근치 절제(종양과 연관된 림프절을 하나도 남기지 않는 것)의 원칙이 모두 지켜져야 한다. 감염의 경우 국소 침입 단계부터 특정 부위 침입까지 항생제로 대부분을 해결할 수 있다. 암도 종류에 따라 몇 가지는 화학요법과 방사선치료로 그와 같은 효과를 얻을 수 있다.

침입원이 순환계를 침범하면 다른 기관으로 퍼질 수 있다. 이를 '원격 전이'라고 한다. 보통 이 단계가 되면 수술로는 치료가 불가능하다. 항생제(감염의 경우)와 화학요법(암인 경우)의 효과만 기대할 수 있다.

암의 진행 단계는 TNM법을 토대로 국소, 부위, 전신으로 분류된다. T는 종양tumour을 뜻한다. T_1은 가장 초기 단계임을 나타내고 T_3는 기관의 장벽을 넘어 성장한 단계, T_4는 인접 기관의 장벽까지 관통한 단계를 의미한다. 대부분의 경우 외과적인 전체 절제가 가능하며, 외과 의사는 종양 주변 조직을 몇 센티미터 추가로 제거하는 안전한 방법을 택한다. 암세포가 육안으로 확인된 것보다 현미경상으로는 더 많이 퍼진 경우가 많기 때문이다. N은 절node을 의미한다. N_0는 림프절이 암세포에 영향을 받지 않았다는 뜻이고, N_1은 암세포가 가장 가까운 림프절 단위까지 퍼졌음을 나타낸다. 이 단계까지는 근치 절제를 실시하면 영구적인 치료가 가능하다. N_2는 보통 암세포의 영향을 받은 림프절을 수술로 제거할 수 없는 단계를 나타낸다. M은 전이metastasis의 약자다. M_0는 원격 전이가 발생하지 않은 단계이고 M_1은 멀리 떨어진 기관도 영향을 받았음을 의미한다. 간이나 폐, 뇌로 암이 한정적으로 퍼진 일부 경우에는 M_1 단계의 암도 수술로 치료할 수 있다.

암의 TNM 단계에 따라 환자의 예후, 즉 얼마나 더 살 수 있는지와 더불어 치료 방식도 정해진다. 암 치료는 목적에 따라 여러 가지 형태가 될 수 있다. 근치적 치료•는 암을 완전히, 영구적으로 없애는 것을 목표로 하며, 이를 위해 심각한 부작용이나 신체 일부를 절단하는 위험성을 감수할 만하다고 본다. 대부분 질병이 초기 단계일 때 적용할 수 있는 치료 방식이다. 완화 치료*의 목표는 질병의 진행을 제한하거나 암세포가 늘어나지 않도록 억제하여 환자의 생명을 연장시키는 것이다. 그러므로 치료로 인해 발생할 수 있는 단점보다 환자에게 남아 있는 기간의 관점에서 치료로 얻을 수 있는 장점에 더 큰 무게를 둔다. 최종 단계 치료인 말기 치료*는 환자가 생을 마감하는 날까지 최대한 편안하게 지내도록 하되 병을 물리치기 위한 노력은 하지 않는 방식이다.

밥 말리에게 발가락을 '딱' 하나만 절단하라는 진단이 내려진 것을 보면, 그 시점에는 암이 국소 단계에 머물러 있었던 것이 분명하다. 발톱 아래에 작은 종양이 생겼기 때문에 그는 곧바로 통증을 느꼈고 이는 그가 가장 이른 단계에 암을 발견하게 된 이유이기도 하다. 악성 흑색종이 이 단계($T_1N_0M_0$)일 때 절제 수술을 실시할 경우 환자가 5년 뒤에도 생존할 확률은 90퍼센트다. 그러나 밥 말리는 발가락 절단을 거부했고, 더 오래 살지 못했다. 그러나 전설이 된 것만은 분명하다.

1세기경 로마의 전
사였던 루키우스
아프로니우스(대아
프로니우스)

15장

복부
로마인들과 복부 성형술 :
루키우스 아프로니우스 카이시아누스

모든 생활 방식을 통틀어서 인체에 비만을 유발할 가능성이 가장 높은 것이 서구식 생활 방식이다. 비만은 현대에 생긴 광범위한 질병의 근원이고, 세계 곳곳에 전염병처럼 확산됐다. 제2형 당뇨와 심혈관 질환, 암도 비만과 밀접한 관련이 있다. 그러므로 서구식 생활 방식은 의료비가 꾸준히 증가한 중대한 원인이다. 그런데 이러한 생활 방식은 고대 로마에서 시작됐다. 그 당시에도 지금처럼 비만이 점점 심각한 문제로 부각되었다. 젊은 층에서 그러한 경향이 특히 두드러진 것도 마찬가지였다. 로마인들이 햄버거를 발명한 것과도 깊은 연관성이 있을 것이다.

1세기 초 로마에서는 형편이 넉넉한 사람들이 소비하는 온갖 사치품이 제국 전역에서 물밀듯이 흘러들어오고 있었다. 이 부유층의 생활 방식 중에서도 가장 퇴폐적인 부분은 바로 식생활이었다. 양동이를 든 노예가 테이블 앞에 드러누운 손님들에게 다가와 목구멍 안쪽을 살살 긁어서 일부러 음식을 게워내도록 하여 뱃속에 다음 요리가 들어갈 공간을 마련하는 모습은 로마의 연회장에서 흔히 볼 수 있는 풍경이었다. 구운 기린의 목, 속 재료를 채운 코끼리 코 요리, 돼지 자궁 구이, 돌고래 미트볼, 사슴의 생 뇌, 공작새 혀를 넣은 파이 같은 음식이 이 시기에 실제로 만들어졌다.

젊은 루키우스 아프로니우스 카이시아누스Lucius Apronius Caesianus도 이런 별미를 한껏 즐긴 것 같다. 그는 심각한 과체중이었다. 부친인 대大아프로니우스는 이방인을 제거하던 거칠고 노련한 전사였다. 전장에서 대규모 살상을 저지를 때(한 명이 열 명을 상대했다) 조금이라도 겁을 먹는 자가 보이면 단번에 호된 벌을 내리던 사람이었다. 율리우스 카이사르가 오래전 침략하여 **로마제국**의 범위에 포함시킨 지역들을 북쪽의 반란 세력에 대비하여 밤낮으로 지키는 것이 대 아프로니우스의 몫이었다. 게르마니아의 생활은 로마인들의 삶과 극명한 대조를 이루었다. 요새를 짓고, 진지를 공격하는 동시에 지키는 임무를 수행하면서도 식사는 가까운 곳에서 구하거나 사냥할 수 있는 도토리, 토끼, 멧돼지 같은 재료로 만든 간단하고 변변찮은 음식으로 때우는 것이 전부였다. 아프로니우스는 이런 공헌을 인정받아, 15년에 로마제국에서 가장 큰 영광으로 여겨지던 포상을 받았다. 로마에서 그를 맞이하는 승리의 행진이 열린 것이다. 출세에도 탄력이 붙어 몇 개월간 집정관으로 일한 뒤 아프리카 총독으로 부임했다. 그가 야만인의 얼굴을 내리친 창은 신께 바쳐졌다. 그런 아프로니우스였으니, 뚱뚱하고 땅딸막한 아들의 생활 방식을 반드시 바꿔야 한다고 절실히 느꼈을 만하다. 아들도 자신처럼 전사로 키울 생각이었기 때문이다.

부자 사이에 이 문제로 갈등이 있었다는 내용은 간접적인 자료만 남아 있다. 그러나 백과사전을 집필한 로마의 위대한 학자 대플리니우스가 78년에 발표한 역작 『박물지*Naturalis Historia*』에 루키우스가 받은 수술이 등장한다. 11권 15장을 보면, 지방 조직에 관한 내용과 함께 "집정관 루키우스 아프로니우스의 아들이 수술로 지방을 제거하였으며 이를 통해 손쓸 수 없었던 체중 문제가 해결됐다는 기록이 있다"는 내용이 나온다. 플리니우스는 지방 조직에 '아무런 감각이 없고' 혈관도 없다는 자신의 주장을 뒷받침하는 근거로 이 수술을 언급했다. 더불어 플리니우스는 과체중인 동물은(그는 이 범주에서 사람을 제외하지 않았다) 장수하지 못한다는 현명한 통찰도 밝혔다.

로마제국에서 이와 같은 수술이 한 번만 실시된 것은 분명 아닌 것 같다. 플리니우스 시대가 수백 년 지난 뒤에 로마가 관리하던 멀리 떨어진 지역 중에 고대 유대Judea에서도 이 수술이 실시됐다는 기록이 있다. 『탈무드』(바빌로니아 탈무드, 83b장)에 남겨진 해당 기록에 따르면 수술을 받은 환자는 유난히 몸집이 비대했던 랍비 엘르아잘 벤 시므온Eleazar ben Simeon이었다. "환자에게는 잠을 유도하는 물약이 제공되었다. 대리석 방에서 복부가 개방되어 지방이 여러 양동이 분량만큼 제거됐다." 수술은 미용 목적이 아니라 기능 차원에서 실시됐다. 『탈무드』에는 엘르아잘의 복부가 크게 줄어들자 판단을 내릴 때도 직감에 의지하는 일이 줄고 분별력이 늘었다고 나와 있다. 수술 전에는 너무 뚱뚱해서 성행위를 할 때도 마음대로 움직이지 못했다는 의혹도 제기되었다.

그러나 로마에서 당시 행해진 이런 수술이 정말로 개복 수술*,

즉 즉 복벽을 절개해서 복강까지 도달하는 수술이었다고는 상상하기 힘들다. 그보다 수백 년 앞서 히포크라테스는 복부를 절개해서 개방하면 반드시 목숨을 잃는다고 글로 명시했고 로마인들도 그 내용을 알고 있었다. 기원전 46년에는 로마의 원로원 의원이던 카토Cato가 스스로 배를 갈라 자살을 시도했다. 카이사르와의 길고 긴 갈등 끝에 아프리카에서 곤란한 상황에 빠지자 생을 포기하기로 마음먹은 것이다. 침실에서 발견된 카토는 아직 살아 있었다. 의사가 카토의 뜻과 반대로 상처를 꿰맸지만 밤이 되자 카토는 꿰맨 부분을 다 뜯어냈고 동틀 무렵 세상을 떠났다. 그로부터 1800년 이상이 지나서야 개복 수술이 성공적으로 이루어졌다.

물론 전쟁 기간에는 배를 열고 장이 쏟아져 나오더라도 어쩔 수 없이 수술해야 하는 상황이 수도 없이 많았다. 그러나 이런 불운한 환자들이 살아남을 확률은 워낙 미미해서, 자존심 있는 의사라면 평시에는 비슷한 수술을 해 볼 엄두도 내지 않았다. 대체 뭐가 그렇게 위험한 일이었기에 외과 의사들 사이에서 개복 수술이 그토록 오랜 기간 동안 금기시됐을까? 사실 그럴 만큼 위험한 일은 전혀 없었다. 복부를 열고 닫는 것이 다른 상처를 치료하는 것보다 더 까다로운 것도 아니다. 문제는 복벽 뒤에 위험성이 내포된 복잡한 요소들이 자리하고 있다는 사실이었다.

몇몇 설화에 묘사된 복부에 관한 내용을 보면, 과거에는 우리의 뱃속에서 일어나는 일들이 그리 세밀하게 파악되지 않았음을 짐작할 수 있다. 고래 뱃속으로 걸어 들어갔다가 며칠 뒤에 나오는 것은 불가능한 일이다. 잠옷을 입은 할머니나 빨간 망토를 입은 자그마한 소

최초의 개복 수술

최초의 개복 수술은 놀랍게도 마취제가 개발되고 무균 환경의 필요성이 입증된 때보다 수십 년 일찍 실시됐다. 미국 시골 지역에서 외과 의사로 일하던 에프라임 맥도웰Ephraim McDowell이 1809년 크리스마스 날에 마흔네 살 여성 환자 제인 토드 크로포드Jane Todd Crawford의 왼쪽 난소에서 거대한 종양을 제거한 수술이었다. 이 수술은 켄터키주 댄빌에 위치한 맥도웰의 집 거실에서 실시됐다. 환자는 평정심을 유지하려고 계속 찬송가를 불렀다고 한다. 수술은 한 시간 반 동안 이어졌고, 환자는 건강을 되찾았다. 그리고 일흔여든 살까지 건강하게 장수했다. 맥도웰은 복부를 개방하고 장이 테이블로 쏟아져 나오는 것을 보고도 침착하게 대응했다. 나중에 그는 수술 도중에는 밖으로 나온 장을 밀어 넣을 수가 없었지만 커다란 종양을 제거하자 여유 공간이 생겨서 집어넣을 수 있었다고 기록했다. 이제는 개복 수술이 복강에 있는 모든 장기를 치료하기 위한 표준 절차가 되었다. 복부를 여는 방법도 여러 가지다. 중심선을 따라 수직으로 절개하는 방법도 있고 가로로, 또는 대각선으로 절개할 수도 있다. 또 하키 스틱형 절개, V형 절개chevron incision, 맥버니 절개McBurney's incision, 코커 절개Kocher's incision, 배틀 절개Battle's incision, 반월형 횡절개Pfannenstiel incision와 같은 방법도 있다. 복부에 감염이 발생한 경우에도 개복 수술을 활용할 수 있으며 위·장관에 구멍을 내고 종양을 제거하는 것, 장폐색 치료, 장에 막혀 있는 음식과 대변을 제거하는 목적으로도 실시된다. 최근에는 이러한 치료가 개복 수술 대신 복강경 치료, 즉 복부 키홀 수술로 대체되는 경우가 늘고 있다.

녀, 또는 여섯 마리 아기 늑대를 늑대의 뱃속에서 다시 꺼내고 그 자리를 돌로 채워 넣은 다음 꿰매 버리는 일도 불가능하다. 다른 이유를 떠나서 입으로 들어가면 복강이 아니라 장에 도달하기 때문이다.

기본적으로 위·장관은 입부터 항문까지 하나의 기다란 관으로 되어 있다. 이 관을 구성하는 각 부분마다 다양한 기능을 수행하고 구조와 명칭도 다르지만 전부 하나의 관을 이루고 있다. 구강(입)을 지나면 인두가 나오고 이어 식도, 위, 십이지장, 소장, 그리고 맹장과 충수가 연결된 대장(결장)이 있으며 맨 끝에 직장이 있다. 위에서 직장까지 대략 9미터 정도의 관 전체가 복강에 겹겹이 접혀 있다. 또한 전체가 복강 뒷면과 연결되어 있는데 이 부분을 장간막이라고 한다. 위와 장이 복강과 완전히 분리되어 있지 않다는 의미다. 이 장간막을 통해 위와 장으로 가는 혈관이 연결되어 있다. 복강에는 그 밖에도 네 가지 장기가 있다. 간, 담낭, 비장, 그리고 지방 조직이 커다랗게 접힌 장막이다. 여성의 경우 자궁과 난소 두 개도 복강에 자리한다. 구성 요소는 딱 여기까지이며, 장과 각 장기 사이에 체액이 소량 존재하지만 공기는 없다. 복강은 인체에 자연적으로 존재하는 그 어떠한 구멍과도 연결되어 있지 않고, 세균이 전혀 없는 것도 이런 이유 때문이다.

복강은 장과 여러 장기로 거의 꽉 차 있는 상태라 소장과 대장이 복벽에 바로 붙어 있다. 그러므로 복벽을 절개할 때는 장이 손상되지 않도록 굉장히 주의를 기울여야 한다. 그럼에도 장에 영향을 주지 않고 배를 열기란 거의 불가능하다. 그 이유는 여러 가지가 있다. 우선 복근이 긴장된 상태가 유지되므로 복압이 높다. 복부에는 좌우 양쪽에 네 가지 근육이 자리한다. 수직으로 이어진 **복직근**rectus abdominis(배 오른쪽과 왼쪽에 하나씩 자리한다. 흔히 '복근'으로 불리는 바로 그 근육이다)

과 각각 아래와 위 방향 대각선으로 이어지는 외복사근과 내복사근, 그리고 수평으로 놓인 복횡근이다. 우리가 일어서거나 등을 바로 펴고 자리에 앉아 있을 때, 또는 허리를 구부릴 때 이 네 가지 근육이 모두 사용된다. 그런데 이 복벽을 절개해서 개방하면 환자가 통증을 느끼면서 놀라고 당황하므로 이에 대한 반사 작용으로 복부 근육이 수축된다. 이로 인해 장은 복벽에 눌리므로 메스로 가를 때 장을 피하기가 어려워진다. 이 압력으로 인해 복부를 절개하자마자 장이 쏟아져 나온다. 의사가 상황을 미처 다 인지하기도 전에 이미 장이 배바깥으로 나와 있거나 수술대까지 나와 있는 것이다. 의사로서는 당연히 아주 골치 아픈 일이다. 환자가 의식이 깨어 있는 상태에서 절개 부위를 깔끔하게 다시 닫는 것도 어려운데 장을 다시 원래 자리로 집어넣기란 거의 불가능할 만큼 까다로운 일이다.

기원전 3세기, 프톨레마이오스 왕조 시대에 알렉산드리아에서는 에라시스트라토스Erasistratus와 헤로필로스Herophilus라는 외과 의사가 사람의 복부가 해부학적으로 어떤 구조로 되어 있는지 조사해 볼 수 있는 기회를 얻었다. 사형 선고를 받은 죄수들을 대상으로 실험해도 좋다는 허락이 떨어진 것이다. 살아 있는 사람의 배를 갈랐으니 이들도 분명 높은 복압으로 발생하는 여러 상황과 맞닥뜨렸을 것이다. 그래도 이들은 다시 배를 봉합할 필요가 없었다. 운 나쁜 희생자들에게는 분명 끔찍한 경험이었을 테지만, 고문을 당하다가 더욱 처참하게 죽는 것보다는 나았을지도 모른다. 두 의사는 배를 절개할 때 생기는 통증 다음에 복막의 통증이 이어진다는 사실을 인지했다. 복강 내벽에 해당되는 복막은 장과 복부 기관 쪽으로 뻗어 나간 형태로 자리한다(영어에서 복막peritoneum에 해당되는 단어는 '뻗어 나간다'는 의미다). 복막에는 신경섬유가 있어서 건드리면 극심한 구토와 구역질을 유발한다. 환자가 고통 속에 비명을 지르고 개방된 복부 안쪽에 손을 댈 때마다 토하기 시작한다면, 어떻게 제대로 수술을 이어 갈 수 있을까? 또한 복부를 개방하면서 장이 손상됐다면, 그 안에 있던 내용물과 온갖 세균이 복강으로 흘러 들어가서 환자가 복막염을 앓다가 며칠 내로 숨을 거둘 수도 있다. 그러므로 환자가 진정된 상태로 아무것도 느끼지 않고 복근이 수축되지 않도록 해야 하며 구토 반응도 나오지 않도록 해야 한다. 물론 의사가 위생적으로 수술에 임하고 장을 손상시키지 않는 것도 당연한 요건이다.

『탈무드』에 기록된 이야기로 돌아가면, 랍비 엘르아잘이 특수한 대리석 방에서 수술을 받았다는 부분에서 수술에 필요한 기본적인 위생 요건이 어느 정도 갖추어진 것으로 추측할 수 있다. 그러나 복부 수술 시 반드시 갖추어져야 하는 청결한 환경에서 수술이 이루어졌으리라곤 생각하기 힘들다. 랍비에게는 수면을 유도하는 약이 제공되었고 이는 일종의 마취로 볼 수 있으나, 분명 복근의 긴장을 충분히 완화시키고 복막의 감각을 마비시킬 정도로 약효가 강력하지는 않았을 것이다. 아프로니우스와 엘르아잘 두 사람 모두 수술을 받고 오랫동안 살아 있었다는 점에서, 두 사람 다 정말로 복부 수술을 받았을 가능성은 없다. 뱃살이 두툼한 경우 과도한 지방이 반드시 복강 내부에만 형성되는 것은 아니다. 피하지방, 즉 피부와 복근 사이에도 지방이 축적된다. 아프로니우스와 엘르아잘이 복강 내부에 쌓인 지방을 제거하지 않았다면 복부 주변에 있던 지방이 제거됐을 것이다. 즉 복강이 아닌 복벽 바깥쪽에서 이루어지는 수술을 받은 것인데, 의학 용어로는 이를 복부 성형술abdominoplasty이라고 한다(여기서 *abdomen*은 그리스어로 -*lastos*, '틀이 잡히다', '형성되다'라는 뜻이다). 일반적으로는 '복부 지방 제거술tummy tuck'로 더 많이 불린다.

그러나 그 정도 수술도 당시에는 분명 굉장히 위험한 일이었다. 이제는 비만 환자의 피부를 열고 피하지방 조직을 제거할 경우 수술 부위에 문제가 생기는 경우가 많다는 사실이 알려져 복벽 성형술은 체중을 먼저 크게 감량한 환자에 한하여 실시한다. 이런 점에서 플리니우스가 루키우스 아프로니우스의 수술을 설명하면서 밝힌 지방 조직의 특성은 대부분 정확하다. 피하지방 조직에 혈관이 아예 없다고 한 것은 사실과 다르지만 실제로 이 조직에 혈관은 굉장히 적다. 이는 곧 피하 조직의 지방층이 두꺼울수록 수술 부위가 감염되거나 제대로 낫지 않을 위험도 커진다는 뜻이다.

로마 시대에는 상처 감염이 생사를 위협하는 합병증이었다. 루키우스의 경우 다른 자료를 통해 수술을 받고도 건강하게 장수했다는 사실이 전해졌고, 이로써 그가 받은 복부 성형술이 심각한 합병증 없이 깔끔하게 마무리됐다는 것을 알 수 있다. 아마도 루키우스는 수술을 받기 전에 체중을 어느 정도 감량한 것으로 보이며, 플리니우스가 '손쓸 수 없는 체중 문제'라고 언급한 것은 비만 자체가 아니라 체중을 감량한 후에도 남아 있던 과도한 살을 가리킨 것으로 추정된다. 반면 랍비 엘르아잘은 말년에 끔찍한 고통에 시달렸다고 전해진다. 혹시 수술로 인한 합병증과 관련이 있을까?

오늘날에는 체중이 백 킬로그램 이상인 환자에 한하여 복부 성형술을 받을 수 있도록 하는 수술 요건이 마련되었다. 현대에 들어서는 1899년, 볼티모어의 산부인과 의사 하워드 켈리Howard Kelly가 처음으로 복부 성형술에 대해 설명했다. 1960년대에 이르자 엘리자베스 테일러Elizabeth Taylor를 수술한 의사로 유명한 브라질의 성형외과 전문의 이보 피탕기Ivo Pitanguy가 성형 목적의 복부 성형술을 개발했다. 그가 개발한 방식은 현존하는 여러 가지 복벽 교정술의 토대가 되었다. 이어 1982년에는 프랑스의 외과 의사 이브 제라르 일루즈Yves-Gerard Illouz가 강철관과 강력한 진공 흡인기를 사용하여 피하지방을 제거하는 새로운 기법을 소개했다. 지방 흡인술로 알려진 이 기법은 피부를 작게 절개하고 강철관을 지방 조직에 삽입하여 강한 힘으로 왔다 갔다 움직이면서 지방을 잘게 부순 뒤 뽑아내는 방식이다. 여기서도 지방 조직은 아무런 '감각'이 없다고 한 플리니우스의 설명이 거의 정확했음을 알 수 있다. 실제로는 신경섬유가 소량 존재하지만, 국소마취를 하면 지방 흡인술을 실시할 수 있다. 여분의 피부를 제거하는 성형 수술 방법도 이제는 굉장히 다양해졌다. 그 정점은 360도로 교정하는 '윤곽 수술'이다. 먼저 환자가 등을 대고 반듯하게 누우면 복부의 피부를 제거하는 수술을 실시하고, 전신마취 상태에서 이렇게 '새로' 만들어진 배가 아래로 가도록 몸의 방향을 돌린 다음 외과 의사가 등 부위의 피부를 교정하는 수술이다.

앞서 살펴본 이야기에 등장한 두 영웅은 어떤 인생을 살았을까? 루키우스 아프로니우스는 군인이 되어 아프리카에서 벌어진 전투에 부친과 나란히 나섰다. 퇴폐적인 도시의 삶과 워낙 멀리 떨어진 곳에서 살았으니 건강한 생활 방식을 유지하기도 어렵지 않았을 것이다.

계급도 가장 높은 자리까지 올라 칼리굴라^{Caligula} 황제가 재위한 39년에는 집정관이 되었다.

그로부터 2000년 정도가 지나, 아프로니우스를 병들게 했던 서구식 생활 방식이 다시 수면 위로 떠올랐다. 새 천 년이 시작될 무렵, 전 세계 성인 인구 여덟 명 중 한 명이 비만으로 집계됐다. 그중에서 아프로니우스처럼 생활 방식을 완전히 바꾸고 죽을 때까지 유지하는 사람은 5퍼센트에 불과하다.

대플리니우스는 79년, 베수비오 화산이 폭발하여 폼페이 전체가 용암에 덮였을 때 세상을 떠났다. 하늘에서 우수수 떨어지는 부석을 피하려고 머리에 쿠션까지 동여맸지만 살아남지 못했다. 그가 연기에 질식해서 숨을 거둔 사실 등 사망 당시의 상황을 전한 조카 소플리니우스의 기록이 정확하다면, 세상을 떠날 당시 대플리니우스는 과체중이었다.

이번 장에서는 플리니우스가 전한 수술 사례가 집정관 대아프로니우스의 아들이 겪은 일이라고 추정했다. 그러나 부자의 이름이 같고 아들 역시 플리니우스가 이 수술 이야기를 쓰기 전에 집정관이 되었으므로, 실제로 수술을 받은 사람은 세간에 알려지지 않았지만 아들인 아프로니우스가 낳은 자식일 가능성도 있다. 만약 그렇다면, 이야기는 훨씬 더 재미없겠지만 말이다…

알베르트 아인슈타인
(1879~1955)

16장

대동맥류
수술의 상대성: 알베르트 아인슈타인

현대적인 수술은 절대적이지 않다. 가능성을 계산할 수 있는 확률의 과학이다. 가령 담낭에 염증이 생기면 발열 증상이 동반될 가능성은 있지만, 열이 난다고 해서 담낭에 염증이 생겼을 가능성은 매우 희박하다. 보편적으로 열은 담낭에 염증이 생기는 것보다 훨씬 더 빈번하게 발생한다. 열 말고 담낭에 염증이 생겼을 때 전형적으로 나타나는 다른 증상이나 징후가 함께 나타난다면 담낭염일 가능성은 높아진다. 그러한 대표적인 증상이 하나 더 나타날 경우 담낭염일 가능성은 훨씬 더 높아진다. 이렇게 세 가지 증상 또는 징후가 복합적으로 나타나는 것을 3대 증상•이라고 한다. 담낭에 염증이 생기는 것, 즉 담낭염의 3대 증상은 열과 상복부 통증이 등까지 퍼져 나가는 것, 그리고 상복부 오른쪽에 통증이 있고 숨을 들이마실 때 더 심하게 아픈 '머피 징후Murphy's sign'가 나타나는 것이다. 3대 증상은 '특이적'이다. 즉 세 가지 증상이 모두 나타날 경우 해당 질병으로 진단되고 실제로 환자가 그 병에 걸렸을 가능성이 매우 높다는 의미다. 그러나

'감도'가 높지는 않다. 이는 해당 질병이 이 3대 증상 중 하나도 나타나지 않은 경우에도 발생할 수 있다는 뜻이다.

혈액 검사나 X선 검사, 초음파 스캔 같은 보충 검사는 감도와 특이성이 제각기 다르므로 결과를 해석할 때 그러한 특성을 고려해야 한다. 심지어 수술 여부를 결정하는 일(수술의 적응증)도 상대적이며 확률만을 토대로 한다. 즉 수술로 성공적인 결과를 얻을 확률과 수술하지 않을 때 발생하는 위험성을 함께 놓고 비교해야 한다. 이와 같은 확률과 위험성은 '30일 사망률(수술 직후 30일 내에 환자가 사망할 확률)'이나 '이환율•(수술로 인해 부작용이나 합병증이 발생할 확률)', '5년 생존율(환자가 5년 뒤에도 살아 있을 확률)'과 같은 용어로 표현된다. 현재 대부분의 검사와 질병, 수술은 이러한 확률과 위험성이 밝혀졌다. 이와 같은 확률을 고려한 수술은 증거 기반• 수술이 된다. 의료 현장에서 수술 결정을 내릴 때는 반드시 의학계 연구 문헌으로 검증된 결과를 바탕으로 해야 한다는 뜻이다. www.pubmed.com 과 같은 웹 사이트에 적절한 키워드를 입력해서 검색하면, 그러한 문헌을 찾아서 참고할 수 있다. 특정한 의학적 문제와 관련하여 의학계 학술지에 발표된 내용은 전부 이와 같은 방식으로 찾을 수 있다. 따라서 현대 의학에서 수술은 확실하게 필요하다, 그렇지 않은가의 문제가 아니라 치료될 가능성이 더 큰지 적은지, 성공 확률이 높은지 낮은지의 여부로 결정된다.

물론 예외도 있다. 놀라운 진단을 받거나, 반대의 가능성이 더 큰 상황에서도 생존하는 환자들은 이러한 방식으로 도출된 불가능성이 실현될 수도 있음을 보여 준다. 상대성 이론을 탄생시킨 알베르트 아인슈타인도 바로 그런 환자였다. 대동맥에 문제가 생겨 목숨이 위태로운 질병을 앓고 있었지만 담낭에 염증이 생긴 환자와 비슷한 증상을 보였고, 실제로 가능하다고 추정된 시간보다 더 오래 살았다.

대동맥은 인체에 존재하는 가장 큰 혈관이다. 흉강(가슴)부터 아래를 향해 수직으로 뻗은 동맥 중에 복부를 지나는 복대동맥은 보통 직경이 2센티미터 정도다. 동맥벽의 경도^{rigidity}에 문제가 생기면, 혈액이 지나면서 발생하는 압력으로 인해 혈관이 서서히 부풀어 올라 마치 풍선 같은 형태가 된다. 그러나 다른 심혈관 질환과 달리 뚜렷한 원인이 있어야만 이런 문제가 생기는 것은 아니다. 대동맥이 부풀어 오르는 질병을 대동맥류라고 하며, 복대동맥이 팽창된 경우 복부대동맥류$^{abdominal\ aortic\ aneurysm}$, 간단히 AAA라고 한다. 대동맥류가 생겨도 혈류에는 영향이 없으므로 대부분 특별한 증상이 나타나지 않는다. 그러나 AAA는 결국 파열되고, 특정한 크기에 이르면 치료를 받아야 한다. AAA가 급성 질환, 즉 AAAA(acute abdominal aortic aneurysm)가 되면 AAA와 달리 증상이 나타난다. 동맥이 갑자기 수축되면서 혈관 벽이 약간 손상되는데 이곳으로 혈액이 새어 나가 복부나 등 쪽에 극심한 통증이 생긴다. 서둘러 치료를 받지 않으면 수 시간, 혹은 수일 내로 혈관이 전부 파열된다. 그런데 알베르트 아인슈타인은 AAA였지만 증상이 나타났고, 그럼에도 수 시간이나 수일 정도가 아닌 수년을 병을 안고 생존했다.

1905년에 상대성 이론을 발표했을 때 아인슈타인의 나이는 스물여섯 살이었다. 온 세상의 관심이 쏟아지고 E=mc^{2}은 역대 가장 유명한 공식이 되었다. 그러나 파시즘이 등장하고 반유대주의 사상

이 노골적으로 표출되던 유럽에서 나치로 알려진 국가사회주의 독일 노동자당이 정권을 잡는 일이 벌어지자 유대인이던 아인슈타인은 1933년에 독일을 떠났다. 연구를 계속하게 해 주겠다는 뉴저지주 프린스턴대학교의 매력적인 제안을 받아들여 미국으로 향한 것이다. 같은 해 베를린에서 외과 의사로 일하던 루돌프 니센Rudolf Nissen도 이스탄불로 향했다.

니센은 아인슈타인만큼 유명한 인물은 아니지만, 외과 의사들 사이에서는 니센 위저추벽성형술이라는 수술로 기억된다. 위의 내용물이 식도로 유입되어 속 쓰림, 트림 같은 불쾌한 증상을 유발하는 위·식도 역류질환(위산 역류) 치료에 적용되는 아주 멋진 수술이다. 그러나 니센은 외과 의사로서 이보다 훨씬 더 큰 영향력을 발휘했다. 1931년, 그는 처음으로 폐 전체를 절제하는 데 성공했고 동결 절편이라는 검사 방법을 개발했다. 수술이 진행되는 동안 조직 검체[I]를 신속히 현미경으로 분석할 수 있는 방법이다. 또한 니센은 식도 전체를 절제하는 수술도 최초로 성공했다. 제2차 세계대전이 발발하자 니센도 미국으로 망명했지만 의사 자격을 동일하게 인정받지 못해 처음에는 수술 보조로 일하다가 1941년에야 병원을 개업할 수 있었다. 개업 직후 뉴욕의 두 병원, 브루클린 유대 병원과 마이모니데스 병원에서 그에게 외과 과장 자리를 제안했다. 니센은 이를 수락하고 큰 명성을 얻기 시작했다.

니센은 1948년에 그동안 만난 모든 환자를 통틀어 가장 유명한

I   시료. 시험, 검사, 분석 등에 쓰는 물질이나 생물

아인슈타인의 복부대동맥류 수술을 집도한 루돌프 니센

사람을 만났다. 예순아홉 살이던 알베르트 아인슈타인이었다. 평생 담배를 피우고 절대로 운동을 하는 일이 없었지만 살면서 건강에 문제가 생긴 적은 한 번도 없었던 아인슈타인은 그 즈음 체중이 조금 불었는데, 잘 알려진 대로 건강에 안 좋은 식습관 때문인 것으로 여겨졌다. 아인슈타인은 니센에게 일 년에 몇 번 정도, 복부 오른쪽 윗부분에 통증이 느껴지는데 통증이 한번 시작되면 며칠씩 지속되고 대부분 구토 증상도 동반된다고 이야기했다. 담석증으로 흔히 나타날 수 있는 증상이었다. 담석증의 3대 증상은 복부 오른쪽 윗부분의 통증과 구토 혹은 구역질, 그리고 똑바로 앉지 못하는 것이다. 아인슈타인은 최근에 통증이 나타났을 때는 프린스턴에 있는 집 욕실에서 기절했다고 이야기했다. 이 부분은 일반적인 담석증 증상이 아니었다. X선 검사 결과에서도 담낭에 담석으로 볼 수 있는 징후는 아무것도 나타나지 않았다. 그런데 신체검사를 진행하던 중에 니센은 복부 중앙에서 맥동[2]을 느꼈다. 혹시 복대동맥에 대동맥류가 생긴 것일 수도 있다는 생각이 스치자 니센은 깜짝 놀랐다. 아인슈타인이 욕실에서 겪은 증상, 즉 갑작스러운 통증과 기절은 AAAA의 증상이기도 했다. 예상이 맞을 경우, 수술을 받지 않으면 환자는 금방 사망에 이를 수 있는 상황이었다.

오늘날 복부대동맥류 수술은 매우 성공적이고 위험률도 감수할 만한 수준이며 환자 나이가 예순아홉이면 비교적 젊은 축에 속한다. 수술의 성공 여부는 수술 전 두 가지 조건에 따라 좌우되는데, 1948년

2   맥박이 뜀

에는 이 두 가지 모두 충족될 수가 없었다. 첫 번째는 수술 전 X선 검사를 실시하여 대동맥류의 크기(직경)와 늘어난 정도(길이)를 파악하고 대동맥류의 위치(신장 혈관을 중심으로 한 상대적인 위치)를 찾아야 한다. 지금은 조영제를 투여하여 CT 스캔을 실시하거나 초음파 스캔을 통해 그와 같은 정보를 얻을 수 있으나 1948년에는 아직 이런 검사법이 개발되지도 않았다. 따라서 니센은 일단 수술을 시작하고 상황을 보면서 방법을 마련해야 했다. 사실상 그가 환자에게 제공할 수 있는 치료는 거의 없다고 할 만한 수준이었다. AAA 수술은 1951년에 파리에서 처음으로 성공했다. 샤를 뒤보스트^{Charles Dubost}라는 외과 의사가 사망자의 대동맥을 일부 절개하여 대체하는 수술을 실시한 것이다. 그러므로 1948년에는 급성 대동맥 파열이 발생한 경우 환자의 목숨을 살리기 위해 외과 의사가 대동맥을 묶는 방법을 사용하기도 했는데, 이 경우 다리로 향하는 혈류 공급이 중단되어 다리를 잃을 수도 있었다. 아인슈타인의 입장에서는 아직 목숨을 걸어야 할 정도로 위태로운 상황도 아닌데 이런 끔찍한 부작용은 생각할 수 없었다.

니센은 아인슈타인의 복부를 열고 수술을 진행했다. 담낭은 담석도 없고 정상적인 상태였지만, 복대동맥은 대동맥류가 발생하여 자몽만 한 크기로 부풀어 있었다. 문제가 된 혈관이 아직 멀쩡한 것을 확인하고, 니센은 실험적인 방법을 적용하기로 했다. 혈관을 셀로판으로 감싼 것이다. 사탕이나 빵, 담배를 포장할 때 사용하는 이 인공 재료는 인체에 이질적인 물질이지만 완전히 용해될 수 있으므로 연결 조직의 반응을 촉발할 수 있다는 생각에서 나온 방법이었다. 연결 조직에 흉터 조직이 형성되면, 팽팽하게 부풀어서 얇아진 혈관 벽이 강화되어 언젠가 불가피하게 발생할 수밖에 없는 혈관 파열을 지연시킬 수 있다고 본 것이다.

셀룰로스3 중합체인 투명한 셀로판은 1900년대에 개발되어 다양한 용도로 활용됐다. 수술에 활용할 수 있는 방법에 대해서도 여러 가지 실험이 진행됐다. 니센이 택한 방법은 이전에도 몇 차례 활용되었으나 당시는 아직 장기적인 결과가 뚜렷하게 밝혀지지 않은 때였다. 게다가 오랫동안 세계 최고의 과학자로 명성을 떨친 사람의 대동맥류를 샌드위치 포장지와 동일한 물질로 감싸기로 결정하는 것은 상당한 배짱이 필요한 일이었다. 아인슈타인이 수술을 받고 몇 년이 더 흐른 뒤에는 셀로판의 기능을 인공 혈관 수술이 전부 대체했다. 대동맥에 문제가 생긴 부분을 비닐 튜브로 대체할 수 있게 된 것이다. 오늘날에는 수술에 셀로판을 사용한다고 하면 혈관외과 전문의들 대다수가 껄껄 웃음을 터뜨릴 것이다. 그럼에도 알베르트 아인슈타인은 자몽만 한 크기로 부푼 대동맥이 셀로판으로 단단히 감싸진 상태로 7년을 더 살았다. 현대의학에서 밝혀진 AAA의 특성을 감안하면 작은 기적이나 다름없는 일이었다.

니센이 아인슈타인의 AAA 크기를 어림짐작으로 대충 파악한 것 같지는 않다. 과거에는 의사가 종양이나 대동맥류와 같은 '공간

---

3   포도당으로 된 단순 다당류의 하나. 고등 식물이나 조류의 세포막의 주성분이다. 물에는 녹지 않으나 산에 의하여 가수 분해가 되며, 화학 약품에 대한 저항성이 강하다. 목재, 목화, 마류麻類 등에서 채취하며 필름, 종이, 인조견, 폭약이 되는 나이트로셀룰로스 등의 원료로 널리 쓰인다.

점유성 병소'의 크기를 과일에 빗대어 묘사하는 경우가 많았다. 특히 귤과 오렌지, 자몽이 많이 활용됐는데 이 세 가지 과일은 지름이 각각 2인치, 3인치, 4인치에 해당되기 때문이다. 대동맥류의 크기가 클수록 예후와 환자가 맞이할 상황도 더욱 비관적이므로 니센도 어떤 과일에 비유할지 신중하게 고민했을 것이다. 자몽의 지름은 평균 10센티미터 정도다. 지름이 7센티미터인 AAA를 치료하지 않고 두었을 때 예상되는 생존 기간의 중앙값은 고작 9개월이다. 환자 중 절반은 이 기간도 채우지 못하고 사망한다는 의미이기도 하다. 또한 지름이 8센티미터가 넘는 대동맥이 1년 내로 파열될 확률은 30퍼센트가 넘는다. 아인슈타인의 경우, 대동맥류의 크기가 10센티미터였으니 1~2년 내로 사망할 것이라 추정할 수 있다. 7년까지 생존할 확률은 몇 퍼센트에 불과했다.

이처럼 위태로운 상황에도 불구하고 아인슈타인은 수술 후 빠르게 회복해서 3주 후에는 퇴원했다. 4년 뒤에는 이스라엘 대통령 자리를 맡아 달라는 제안까지 받았다. 상대성 이론을 발표한 이후에는 더 큰 성과를 내지 못하긴 했지만 생애 마지막 7년도 프린스턴대학의 고등 연구소에서 연구를 이어 갔다. 그러나 그가 중력의 법칙을 양자역학과 통합하려는 성과 없는 시도를 계속하는 동안 물리학의 라플라스 법칙은 그의 대동맥류에 제대로 적용된 것 같다. 이 법칙에 따르면, 대동맥류가 생긴 혈관에 일정한 압력이 주어지면 혈관 벽에 발생하는 긴장은 지름의 크기에 비례한다. 즉 혈관 벽에 동일한 압력이 가해졌을 때 대동맥류의 크기가 클수록 혈관에 더 큰 긴장이 발생하므로 대동맥류는 더욱 커진다. 그뿐만 아니라 혈관 벽이 점점 더 얇아지면서

꿰매기와 묶기

외과 의사는 굉장히 빠르고 깔끔하게 실을 매듭지을 수 있다. 손가락 하나로도 가능하며 양손을 다 사용하기도 하고 니들 홀더(지침기)를 사용할 때도 있다. 매듭 종류에는 외과 수술용 특수 매듭과 함께 다양한 옭매듭이 있다. 옭매듭은 두 가닥의 실이 있을 때 한 가닥으로 다른 실을 한 번이 아닌 두 번 감아서 묶는 방식이다. 이렇게 해서 단단히 잡아당기면 매듭이 납작해진다. 실을 이처럼 두 번 꼬아서 묶으면, 매듭 자체는 맨 위에 하나만 생기지만 매듭이 느슨해지지 않는다. 그리고 나중에 매듭 전체를 함께 잡아당기면 이중으로 꼬인 부분이 하나로 뭉치면서 맨 처음 묶은 매듭은 한층 더 단단해진다. 그리고 꼬인 부분마다 실이 느슨해지지 않도록 막는 역할을 한다. 그러나 수술에서 가장 많이 사용되는 매듭은 간단한 끼움식 매듭이다. 매듭을 팽팽하게 잡아당기는 대신 한 가닥에 다른 가닥을 여러 번 묶어서 매듭 전체는 느슨하지만 각 매듭마다 묶인 강도를 조정할 수 있다. 이때 마지막 매듭은 반대 방향으로 세게 잡아당겨서 매듭 전체를 '고정'시킨다. 꿰매는 방법 중에 가장 간단한 것은 단일 고리를 만드는 것이다. 즉 실이 끼워진 바늘을 바깥에서 안쪽으로 찔러 넣고, 다시 안쪽에서 바깥쪽으로 빼낸 다음 매듭을 짓는 방식이다. 벌어진 피부의 양쪽 가장자리를 최대한 정밀하게 가까이 붙이기 위해 외과 의사들은 '도나티 봉합Donati stitch' 방식을 활용한다. 먼저 기본적인 방법으로 봉합을 하는데, 벌어진 가장자리로부터 1밀리미터 정도만 떨어진 위치에서 다시 실이 끼워진 바늘을 집어넣어서 꿰맨다. 그리고 매듭을 묶는 것으로 마무리한다.

커지는 속도도 더 빨라지고, 혈관이 파열될 위험도 더욱 커진다.

1955년 4월, 아인슈타인은 다시 복통에 시달렸다. 이번에는 열과 구토 증상도 동반됐다. 그의 나이는 일흔여섯이었다. 모든 증상이 담낭염으로 추정될 만한 상황이었으나(3대 증상이 모두 나타났다), 의사들은 당연히 AAAA일 것으로 우려했다. 1955년에는 대동맥류도 인공 혈관 수술로 치료할 수 있는 병이 되었다. 그리하여 이 수술을 해본 경력이 있는 뉴욕의 혈관외과 전문의 프랭크 글렌Frank Glenn이 아인슈타인의 요청으로 그와 만나 수술에 대해 설명했다. 그는 아인슈타인의 집으로 찾아와서 수술을 권유했지만, 환자는 거절했다. "생명을 인위적으로 늘리는 건 멋없는 일"이라는 말과 함께, "내 몫을 다 살았으니 이제 가야 할 때가 됐다. 우아하게 끝낼 것"이라는 설명이 이어졌다. 아인슈타인은 프린스턴 병원에 입원해서 모르핀을 투여받았다. 그리고 이틀 뒤인 4월 17일 밤에 세상을 떠났다. 급성 담낭염의 3대 증상이 모두 나타났지만 실제로는 대동맥류가 파열된 이 이례적인 임상 증상에는 그의 이름을 빌려 '아인슈타인 징후'라는 명칭이 붙었다.

그렇다면 셀로판으로 혈관을 감싼 니센의 시도가 과연 도움이 됐을까? 그렇지는 않은 것 같다. 아인슈타인은 그냥 운이 좋았을 뿐이다. 그가 숨진 다음 날, 병리학자 토머스 하비Thomas Harvey는 세계적인 과학자의 시신을 부검했다. 그 결과 폐에서 흡연자 특유의 특징이 발견됐고 동맥경화와 비대해진 간, 파열된 복대동맥류가 관찰됐다. 그로 인해 복부에 최소 2리터의 혈액이 고여 있었다. 담낭에는 아무런 이상이 없었다. 아인슈타인의 뇌 무게는 1,230그램으로, 성인 남성의 평균보다 2백 그램 가벼웠다.

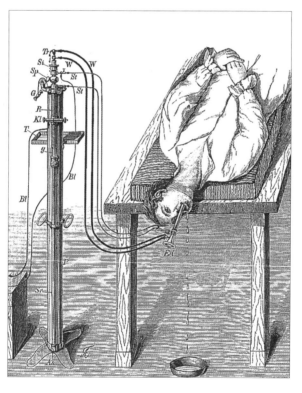

폴란드의 외과 의
사인 요한 폰 미쿨
리치(1850~1905)가
실시한 내시경 검
사의 모습

17장

복강경 검사
내시경과 최소 침습 수술이 일으킨 혁신

1806년 12월 9일, 빈의 의학 기관인 요제피눔에서 개최된 학술회의가 끝나고 일곱 명의 신사가 자그마한 방에 모였다. 조수 한 명이 젊은 여성의 시신 한 구를 준비해 놓고 이들을 기다리고 있었다. 일곱 명의 교수는 시신을 대상으로 독일인 의사, 필리프 보치니Philipp Bozzini가 프랑크푸르트에서 개발한 기구를 시험해 볼 생각이었다.

보치니는 검경(인체의 구멍을 검사하는 의료 기구)과 초, 대안렌즈(현미경이나 망원경에서 눈을 대고 보는 렌즈)로 구성된 이 기구를 '빛 전도체light conductor'라고 불렀다. 놀라운 발명품으로 여겨지던 기계였지만, 의사라면 누구나 이 검경이 잘못 설계되었다는 사실을 알고 있었다. 그림자 없이 관찰하기 위해서는 검경과 광원, 관찰자의 눈이 모두 일직선상에 놓여야 하는데 이 기구는 촛불과 의사의 눈이 일직선을 이루지도 않고 의사의 머리가 빛을 가리는 구조였다. 게다가 촛불로 인해 기구가 지나치게 뜨거워지는 문제도 있었다. 그럼에도 요제피눔의 총책임자와 부책임자, 네 명의 명예교수, 그리고 군의관 한 사람까지 총 일곱 명의 의사는 보치니의 기구로 테이블 위에 누워 있는 시신의 질과 항문을 검사하고 깜짝 놀랐다. 그들은 다음과 같이 기록했다. "프랑크푸르트에서 보내온 빛 전도체를 놓고 검사를 실시했다. 이 기구를 시험하기 위한 목적으로 마련된 여성의 시신에 직접 적용해 보았더니, 결과는 기대 이상으로 희망적이었다."

히포크라테스를 비롯한 고대 외과 의사들도 검경을 이용하여 인체의 여러 구멍을 검사했지만, 이처럼 만족스러운 결과가 확인된 '프랑크푸르트 빛 전도체' 실험은 내시경술, 즉 의사가 충분한 빛을 활용하여 인체 내부를 살펴보는 기술이 탄생한 진정한 계기가 되었다. 이후 빛 전도체는 여러 나라의 의사들과 기구 제작자들을 통해 개량됐다. 1855년에는 프랑스 외과 의사 앙토냉 장 데소르모Antonin Jean Desormeaux가 자신이 발전시킨 버전에 내시경이라는 이름을 붙였다. 그때부터 '속을 들여다보는' 기술이 '내시경술(내시경 검사)'로 불렸다.

거의 190년이 지난 1996년 2월 9일, 벨기에의 외과 의사 뤽 판데르 헤이던Luc Van der Heijden은 브루게 교외에 위치한 아세브룩의 신트루카스 병원에서 열린 연례 복강경 수술 심포지엄이 끝난 뒤에 약간 긴장한 기색으로 회의장 앞쪽 작은 테이블에 앉아 있었다. 공식적인 자리라 그날만은 수술복 대신 말끔한 정장을 차려입은 그의 얼굴이 곧 텔레비전 카메라에 등장하고, 기술자들은 150킬로미터 떨어진 네덜란드 니우어헤인의 신트안토니우스 병원과 통신을 시도했다. 당시 등장한 지 얼마 안 된 종합 정보 통신망(ISDN)이라는 기술 덕분에 이러한 통신 연결도 가능해진 것이다. 마침내 네덜란드의 외과 의사 페터르 호^{Peter Go}가 화면에 등장했다. 영상은 조금 흔들리고 소리도 매우 작았지만, 환자가 수술대에 누워 마취 상태에 들어갔으며 준비가 완료됐다는 페터르 호의 설명을 들을 수 있었다. 서혜부 헤르니아를 앓고 있는 환자로, 복강경(키홀) 수술이 실시될 예정이었다. 환자의 복부를 비출 카메라는 사람이 아닌 로봇이 들고 수술은 벨기에에서 판 데르 헤이던이 진행하기로 했다. 페터르 호가 이끄는 네덜란드 수술 팀은 팔짱을 낀 채로 수술대 옆에 서 있고, 벨기에에서 버튼을 조작하자 카메라가 위아래로 움직이더니 누워 있는 환자의 배 왼쪽에서 오른쪽 방향으로 들어가기 시작했다.

이 복강경 헤르니아 수술을 끝까지 마무리한 사람은 네덜란드의 의사 페터르 호였지만, 카메라를 이용한 이 수술은 세계 최초로 이루어진 원격 수술이었다. 20년이 지난 현재, 직장이나 부신을 제거하는 수술, 대장 일부를 절제하는 수술, 위 우회술과 같은 복잡한 수술에도 복강경 수술은 표준 치료법이 되었다. 기존의 개복 수술보다 더 빠르게(대부분 한두 시간 이내), 더 안전하고 더욱 손쉽게 수술을 마칠 수 있게 된 것이다. 어떻게 이 정도 수준에 이를 수 있었을까?

초가 조명을 대신하는 도구로는 물론 그만한 성과를 거둘 수 없었다. 1879년, 빈의 기구 제작자 요제프 라이터^{Josef Leiter}와 비뇨기과 의사 막시밀리안 니체^{Maximilian Nitze}는 광원을 기구 바깥으로 옮기고 기구를 인체 구멍 속으로 집어넣을 수 있도록 함으로써 이 문제를 완전히 해결했다. 라이터와 니체가 개발한 것은 방광경으로, 빛을 발하는 전선을 활용하여 요도를 통해 방광 내부를 볼 수 있는 도구였다(토머스 앨바 에디슨이 전구를 발명한 때보다 6개월 정도 앞선 시기였다). 빛을 내는 전선이 물로 냉각되는 방식이었다. 이 방광경으로 세계적인 명성을 얻게 된 라이터는 당대 가장 위대한 외과 의사로 꼽히던 빈의 테오도어 빌로트의 조수에게 내시경 장비의 최종 목표라 할 수 있는 위내시경을 개발하려고 하니 도와 달라고 요청했다. 위 내부를 들여다볼 수 있는 장비를 만들기로 한 것이다. 그리하여 라이터와 그의 조수가 된 요한 폰 미쿨리치Johann von Mikulicz는 끝부분에 물로 냉각되는 조명이 달린 관을 만들었다. 1880년, 폰 미쿨리치는 서커스에서 칼을 삼키는 묘기를 벌이던 환자를 대상으로 이 기다란 튜브를 끝까지 삼키도록 하여 최초로 위내시경 검사를 실시했다. 이후에도 그는 이 내시경으로 환자 수백 명의 위를 검사했다. 제자인 게오르크 켈링Georg Kelling도 검사를 가끔 도와주곤 했다.

폰 미쿨리치가 사용한 튜브는 재질이 단단해서, 환자에게는 분명 너무나 끔찍한 경험이었을 것이다. 먼저 환자는 테이블 위에 반듯하게 누워서 머리가 테이블 가장자리를 지나 아래로 향하도록 자세를 잡는다. 이 상태에서 길이가 60센티미터는 족히 되는 금속관을 환자의 벌린 입 속으로 집어넣고 식도를 지나 위까지 계속 삽입한다. 관으로 공기를 주입하고 조명을 켜면, 위를 눈으로 볼 수 있었다. 환자가 공포에 빠지거나 숨이 막히는 증상 없이 가만히 누워 있을 수 있다면, 의사는 위 안쪽을 충분히 살펴볼 수 있다. 검사할 수 있는 폭은 그리 크지 않았지만, 그전까지 누구도 생각조차 해 본 적 없는 일이었다.

이어서 또 한 가지 중대한 도약이 이루어졌다. 전혀 다른 아이디어에서 부차적으로 생긴 결과였다. 복강에 공기를 넣어 부풀리는 시도는 수년 전부터 흡입법(가스 주입법)이라는 이름으로 이미 시행되고 있었다. 소모성 질환인 결핵에 시달리는 환자에게 다른 방법이 없을 때 최후의 치료법으로 흡입법이 적용되었는데, 일부 경우 실제로 도움이 되기도 한다고 여겨졌다. 적어도 복부에 공기를 주입하여 부풀려도 거의 해가 될 일이 없다는 사실은 분명하게 확인됐다. 폰 미쿨리치도 이전부터 흡입법을 활용해 왔고, 기존에 쓰던 에어 펌프를 내시경에 똑같이 적용했다. 그를 돕던 게오르크 켈링은 복강 내 공기압을 높이면 복부 안쪽의 내출혈을 막을 수 있다는 아이디어를 떠올리고, 개를 대상으로 실험해 보기로 했다.

처음에 켈링은 실험동물의 간을 파열시킨 뒤 복강을 팽창시키고 어떤 결과가 나타나는지 지켜보았다. 그러나 개가 계속 목숨을 잃는 결과만 이어졌다. 왜 생각했던 결과가 나오지 않는지 이해할 수 없었던 그는, 복강에서 무슨 일이 벌어지는지 정확히 알고 싶었다. 그래서 직접 두 눈으로 확인하기 위해, 니체와 라이터가 개발한 방광경을 복벽을 통해 팽창된 복부 안쪽으로 삽입했다. 그 결과 공기압으로는 파열된 간의 출혈을 전혀 멈출 수 없다는 사실을 확인했다. 개가 출혈에 시달리다 죽어 가는 모습을 지켜보던 켈링은 자신이 새로운 것을 발명해 냈다는 사실도 깨달았다.

1901년 9월 23일, 함부르크에서 개최된 제73차 자연주의 과학자 의학회의에서 켈링은 관중들이 지켜보는 가운데 그 실험을 다시 실시했다. 이번에는 간을 파열시키지 않고, 건강한 개의 복강에 공기를 주입하여 팽창시킨 뒤 복벽으로 방광경을 집어넣었다. 키홀 수술이 탄생한 순간이었다.

**복강경
장비 타워와
트로카[I]**

복강경 수술은 전적으로 기술에 좌우된다. 수술에 필요한 장비는 총 네 가지로, '복강경 장비 타워'라 불리는 이동식 카트의 각 층에 실려 있다. 카트 맨 위에는 스크린이 설치되어 있고 그 밑에 카메라 장비가 있다. 손에 들고 사용할 수 있는 디지털 카메라의 헤드는 가스 주입기, 즉 복부에 이산화탄소를 주입하여 일정한 압력으로 부풀리는 장치와 빛을 내는 광원에 각각 연결되어 있다. 이 장비 타워에서 나온 세 종류의 전선이 복강경 수술에 사용된다. 카메라와 연결된 케이블, 광학섬유로 된 조명 케이블, 그리고 이산화탄소 기체가 나오는 관이다. 이 가운데 카메라와 조명 케이블은 복강경과 연결된다. 복강경은 지름이 약 10밀리미터, 길이가 30~40센티미터인 관에 이미지와 빛을 인식하는 렌즈가 달린 구조로 되어 있다. 팽창된 복강 내로 진입하기 위해 먼저 트로카라고 하는 기구를 복벽에 삽입한다. 지름 5~12밀리미터에 밀폐식 밸브가 장착된 이 기구를 통해 내시경과 클램프를 포함한 다른 기구를 복부 내로 들일 수 있다. 복부에 주입하는 기체는 산소가 전혀 섞이지 않아야 하며, 모든 내시경 장비와 트로카는 전기가 통하지 않도록 제작된다. 트로카와 내시경 장비는 매우 섬세하고 기계적으로도 복잡한 구조로 되어 있어서 손상되기 쉽고 세척하기가 까다롭다. 따라서 대부분 일회용을 사용하고 복강경 수술을 한 번 실시한 뒤에는 폐기한다. 복강경 수술이 비싼 이유도 이 때문이지만, 대신 환자가 병원에서 지내야 하는 시간을 줄일 수 있으므로 그 점은 충분히 상쇄된다.

지금은 복강경이 현대 외과 수술에서 없어서는 안 되는 요소가 되었지만 한때는 비수술 의학인 내과의 영역으로 국한되어 있었다

[I]   투관침. 배안이나 가슴막안에 괸 액체를 뽑아내는 데 쓰는 의료 기계

는 사실은 선뜻 믿기지가 않는다. 켈링이 1901년에 최초로 복강경 실험을 선보인 당시에는 진단 근거가 될 만한 보충 검사가 몇 가지에 불과했다. 혈액 검사는 이제 막 등장한 단계였고 X선 검사로는 복부와 관련된 정보를 거의 얻을 수가 없었다. 현미경 검사는 환자가 사망한 이후에나 가능했다. 그러니 복강경은 새로운 기술로 환영받고 의학에 커다란 발전을 가져왔지만, 수술에 사용되기보다는 간이나 다른 기관을 자세히 살펴보고 병이 어디까지, 얼마나 진행됐는지 확인하는 수단으로 활용됐다. 개발 초기에 발생하는 문제들도 있었다. 1923년에는 산소로 팽창된 복부에서 잠깐 불이 붙은 일도 생겼다. 다행히 환자는 거의 피해를 입지 않았지만, 그 이후부터 폭발성이 없는 이산화탄소가 사용됐다.

복강경을 진단 도구에서(복부 안쪽의 상황을 확인하는 것) 치료 도구로(무언가를 하기 위해 배 내부를 살펴보는 것) 다시 한 단계 발전시킨 것은 외과 의사가 아니라 산부인과 의사들이었다. 복강경은 배꼽을 통해 배 안으로 삽입하면 간을 확인할 수도 있지만 자궁과 난소도 완벽하게 확인할 수 있다. 이 경우에 추가로 할 일은 수술대를 비스듬하게 기울여서 머리가 아래를 향하도록 함으로써 장이 하복부가 아닌 상복부 쪽에 위치하도록 하는 것이다. 산부인과 의사들은 내과 의사들과 달리 수술에 익숙한 사람들이라, 복강경을 활용해 간단한 수술을 수월하게 완료할 수 있었다. 처음에는 복강경을 이용하여 양쪽 나팔관을 묶는 불임* 수술을 실시하고, 더 나아가 난소 낭종을 잘라 내고 자궁외임신된 수정란을 제거하는 수술에도 복강경을 활용했다. 이러한 수술에 숙달된 뒤에는 더 복잡한 수술에도 복강경을 활용하

복강경을 개발한 게오르크 켈링

기 시작했다. 독일의 산부인과 의사 쿠르트 젬Kurt Semm은 복강경을 이용하여 자궁 섬유종을 제거한 데 이어 자궁 전체를 제거하는 수술도 성공했다. 1966년, 그는 복부에 이산화탄소를 주입하고 일정한 압력을 안전하게 유지해 주는 자동 기체 주입 장치CO2-Pneu-Automatik를 시장에 내놓았다. 더불어 산부인과 의사들이 복강경 수술을 연습할 수 있는 상자 형태의 모형 장치도 개발했다.

1975년 12월 2일, 네덜란드에서 산부인과 전문의인 형 예프Jef로부터 복강경 사용법을 배운 헹크 데 콕Henk de Kok이라는 외과 의사가 호린험의 지역 병원에서 세계 최초로 복강경을 활용한 충수 절제술을 실시했다. 한 손에는 복강경을 들고 충수의 위치를 찾고 다른 한 손으로는 복부의 정확한 지점을 아주 작게 절개한 뒤 충수를 제거한 수술이었다. 모든 과정은 복강경을 계속 들여다보면서 진행됐다. 그러나 동료 외과 의사들은 수술 과정 전체를 비난했다.

실제로 복강경 수술은 외과 의사들 사이에서 거의 호응을 얻지 못했다. 한 손에 복강경을 계속 들고 있어야 하므로 수술을 할 수 있는 손이 하나밖에 남지 않는다는 이유 때문이었다. 그러다 전혀 새로운 기술이 등장한 이후에야 비로소 수술에 복강경이 제대로 활용되기 시작했다. 1969년, 조지 스미스George Smith와 윌러드 보일Willard Boyle이 CCD 칩이라는 명칭으로 더 많이 알려진 전하 결합 소자를 발명한 뒤부터 이미지를 디지털화하여 처리할 수 있게 된 것이다. 최초의 CCD 카메라는 1982년에 시장에 등장했고 불과 몇 년 내로 수술 보조가 카메라를 들고 있을 정도로 크기가 작은 카메라가 등장했다. 외과 의사는 똑바로 서서 화면을 보면서 수술을 할 수 있게 되었다. 그래도 여전히 확신을 갖지 못하는 의사들이 많았다. 1987년 프랑스 리옹에서 필리프 무레Phillipe Mouret는 비디오 영상을 활용한 복강경 담낭 절제술, 즉 비디오카메라와 텔레비전 화면을 활용하여 담낭을 제거하는 수술을 최초로 실시했다. 그는 사실 산부인과 의사였지만 이 수술이 성공하자 수많은 외과 의사들이 자극을 받았고 수년 내로 복강경은 들불처럼 확산되어 대대적으로 사용되기 시작했다.

담낭 절제술은 세계에서 가장 많이 실시되는 복강경 수술이 되었다. 전통적인 담낭 절제술에서는 절개 부위가 15센티미터 이상이었던 것과 달리, 오늘날은 절개 부위가 서너 군데 정도면 충분하고 그길이를 모두 합쳐도 4센티미터가 되지 않았다. 대중은 이 커다란 차이를 단번에 인지하고, 언론에서도 일제히 엄청난 혁신이 이루어졌다고 보도했다. 환자가 느끼는 통증도 크게 줄었을 뿐만 아니라 병원에 일주일씩 입원할 필요 없이 수술 바로 다음 날 퇴원할 수 있게 되었다. 그야말로 진정한 대변혁을 촉발시킨 시초가 된 것이다. 수술기법을 최소한으로 적용하면서 최대한의 치료 효과를 얻는 최소 침습 수술은 21세기 외과학에서 마법 같은 용어로 자리를 잡았다. 당연한 수순처럼 느껴지는 이 발전이 현실이 될 수 있었던 것은 순전히 복잡한 최첨단 기술의 발전 덕분이다.

이제는 복부 기관 중에 복강경으로 수술이 불가능한 장기는 하나도 없다. 2001년에 프랑스의 자크 마레스코Jacques Marescaux 교수는 과거 판 데르 헤이던과 페터르 호의 성과를 토대로, 대서양을 사이에 둔 원격 수술을 실시했다. 그가 붙인 '린드버그 수술'²이라는 명칭 자체가 이미 굉장한 시도가 될 것임을 암시했다. 뉴욕에서 약 6,400킬로미터 이상 떨어진 스트라스부르에 있는 한 여성 환자를 대상으로 로봇을 조종하여 복강경 담낭 절제술을 시도한 수술이었다. 최근에 마레스코는 아예 한 군데도 절개하지 않고 질을 통해 복강경을 삽입하여 담낭을 절제하는 수술을 해냈다. 그러나 수술의 혁신적인 변화를 보여 주려는 외과 의사들의 뜨거운 노력에도 불구하고, 사실 최근 몇 년간 최소 침습 수술에 가장 비약적인 발전을 가져온 주인공은 방사선 의사와 심장 전문의들이다. 이제는 수술을 하지 않고도 서혜부에 구멍을 내고 심장 판막을 교체하거나 비장 출혈을 막고 담관에 생긴 결석을 간을 통해 제거할 뿐만 아니라 파열된 동맥류를 누워서 떡 먹기라도 되는 일마냥 치료하는 일이 가능해졌다.

수술하지 않는 의사들은 비디오카메라와 함께 내시경이 수술에 활용되기 시작한 시점부터 더 이상 진단 도구로 내시경을 사용하지 않았다. 외과에서 내시경을 가져간 바람에 생긴 변화는 아니다. 초음파 스캔, 컴퓨터 단층촬영(CT)과 같은 다른 기술들이 발전해서 내시경보다 간의 이미지를 훨씬 더 선명하게 확인할 수 있는 방법이 생겼기 때문이다.

복강경을 개발한 게오르크 켈링은 1945년 드레스덴 폭격으로 자신의 집에서 숨졌다. 그러나 그의 시신은 어디에서도 발견되지 않았다.

---

2   대서양을 건너 미국에서 유럽 대륙까지 중간에 착륙하지 않고 비행기로 횡단하는 데 성공한 비행사 찰스 린드버그Charles Lindbergh의 이름을 딴 것이다.

파리넬리라는 예명으
로 널리 알려진 남성
소프라노 카를로 브
로스키(1705∼1782)

18장

거세
아주 간단한 수술의 역사:
아담과 이브, 그리고 파리넬리

고대 그리스에서 탄생한 전설 중에는 인류 역사상 가장 빈번하게 행해진 수술에 관한 이야기도 포함되어 있다. 태초의 부부이자 하늘과 땅을 상징하는 우라노스와 가이아는 거인들을 자식으로 낳았는데, 아들 중 하나가 왕좌를 빼앗을지도 모른다고 우려한 우라노스는 자식들을 전부 지하 세계에 가둬 버렸다. 그런데 이 두려움은 현실이 되었다. 거인Titan 크로노스가 어머니의 도움으로 탈출해서 부친을 거세하고 권력을 거머쥔 것이다. 우라노스의 생식기는 10일에 걸쳐 땅으로 떨어져 결국 바다에 빠졌고, 거기서 아프로디테 여신이 태어났다. 부친만큼이나 왕위를 빼앗길까 겁이 났던 크로노스는 태어나는 자식들을 전부 먹어 치웠다. 그러나 예외가 있었다. 부친에게서 달아난 제우스는 나중에 다시 돌아와서 그를 죽인다. 천왕성Uranus, 토성Saturn(고대 로마어로는 Cronos), 그리고 목성Jupitor(고대 로마어로는 Zeus)까지, 현재 태양계에서 가장 큰 행성 세 개의 영어 명칭에는 이 위대한 신들의 이름이 붙여졌다.

방식이 다르긴 하지만 또 다른 탄생 신화에도 거세가 등장한다. 이집트의 신 오시리스는 화가 잔뜩 난 남동생 세트의 손에 온몸이 열네 조각으로 잘려서 전부 세상 곳곳에 뿌려졌다. 그러자 오시리스의 아내 이시스가 그 조각들을 찾아 나섰고, 열세 개를 찾아서 다시 하나로 봉합했다. 이시스는 이집트에서 외과 의사들의 수호 여신이 된다. 오시리스는 다시 왕이 되어 이시스와의 사이에서 아들 호루스를 낳는다. 이는 상당히 놀라운 쾌거인 것이, 이시스가 찾지 못한 열네 번째 조각은 바로 오시리스의 생식기였기 때문이다. 호루스는 이후 하늘의 왕이 되어 세트를 처단한다.

이집트의 탄생 전설만 우라노스와 크로노스의 신화와 비슷한 것은 아니다. 구약성서에도 여러 가지 비슷한 내용이 등장한다. 성경에 등장하는 탄생설도 그리스 버전과 마찬가지로 남자와 여자의 탄생으로 시작된다. 아담과 일부 자료에서 릴리트라고 불리는 여성이 땅의 먼지로 만들어졌다. 남자가 수술을 받는 것도 두 이야기의 공통점이다. 우라노스가 거세를 당했다면 아담의 경우 마취 상태에서 갈비뼈가 제거된다. 그리고 제거된 신체 일부에서 새로운 여성이 탄생하는 것도 두 이야기의 공통점이다. 그리스 신화에서는 아프로디테가, 성경에서는 이브 그 주인공이다. 외과 의사의 입장에서 성경의 이야기 중에 특히 흥미로운 부분은, 아담에게서 신체 일부를 빼내는 일은 그리스나 이집트 신화에서 생식기를 제거하는 것처럼 그리 쉬운 일이 아니라는 점이다. 갈비뼈를 제거하는 것은 외과적인 단계를 고려하면 그 당시로선 굉장히 복잡한 수술이다. 사실상 상상하기도 힘들다. 게다가 성경에는 이 수술로 아담의 몸에는 흉터

262

가 남았지만 이후 남성들의 가슴 옆쪽에는 아무런 흉터가 남지 않았고 남성도 여성과 똑같이 스물네 개의 갈비뼈를 갖게 되었다고 나와 있다.

하지만 남성들은 흉터를 가진 채로 태어난다. 정확히 말하면 두 개가 남아 있다. 생물학자 스콧 길버트Scott Gilbert와 성서학자 지오니 제비트Ziony Zevit가 2001년에 발표한 흥미로운 논문에 이러한 설명이 나와 있다. 하나는 탯줄이 제거된 뒤에 남는 흉터인 배꼽이고, 두 번째 흉터는 회음봉선, 즉 음낭의 한가운데를 정확히 지나 음경 아래 부분까지 이어지는 선이다. 회음봉선은 배아 단계에서 남성의 요도가 발달하고 남은 흔적이다. 포유동물은 거의 대부분 이 회음봉선 아래에 **음경 뼈**baculum로 불리는 뼈가 있는데, 남성은 드문 예외에 속한다. 놀라운 사실은 성경에서 '갈비뼈'라는 뜻으로 사용된 히브리어는 *tzela*인데, 이는 들보 또는 지지대를 의미한다는 것이다. 상상력을 조금만 보태면, *tzela*는 길고 단단한 뼈를 가리킨다고 볼 수 있지 않을까? 가령 **음경 뼈** 같은? 그렇다면 남성에게는 없는 이 음경 뼈가, 아담에게서 제거된 그 '갈비뼈'는 아닐까? 이 경우 아담의 '지지대'를 제거한 것은 결국 거세를 의미할까?

옛날에 이와 같은 신화를 쓴 작가들에게 거세는 전혀 낯선 일이 아니었던 것 같다. 이미 훨씬 오래전부터 행해지던 수술이었기 때문이다. 거세는 그리 복잡하고 어려운 일이 아니므로 충분히 있었을 법한 일이다. 아주 단순한 도구, 예컨대 돌멩이 두 개만 있어도 남의 생식기를 자르거나 토막 내거나 내리칠 수 있다. 크로노스의 거세에 관한 이야기는 기원전 8세기에 헤시오도스가 기록했지만 그보다 더 먼 옛날부터 전해진 이야기가 바탕이 되었다. 실제로 구약성서에도 고환이 망가졌거나 잘린 남자는 천국에 들어갈 수 없다는 내용과 함께 거세에 관한 이야기가 등장한다.

처음에는 거세가 벌을 주거나 복종시키기 위한 수단으로 활용된 위험한 수술이었다. 중국과 극동 지역에서는 전쟁 포로를 사형시키는 대신 거세가 이루어졌는데, 그 방법은 굉장히 잔인했다. 생식기에 대변을 잔뜩 묻혀서 개가 물어뜯도록 하는 경우도 있었다. 위생적인 측면에서는 그보다 더 나은 방법이라 하더라도 희생자의 두 다리 사이에 있는 부위를 싹 잘라 버리거나 토막 내서 피를 흘리다가 죽도록 두거나 가스 괴저로 목숨을 잃도록 했으니 일반적인 사형보다 더 낫다고 보기 힘들다.

그러나 거세가 무조건 처벌의 수단으로 행해진 것은 아니다. 최소 2500년 전부터 그런 엄청난 위험을 초래하지 않고 거세하는 방법이 마련된 것으로 보인다. 수술이 성공적으로 완료되는 것이 아주 중요한 경우도 많았다. 페르시아의 왕들은 나라에서 가장 명망 있는 가문의 젊은이들에게서 잘라 낸 생식기를 매년 '세금'으로 징수했다. 그리스 키오스섬에서는 파니오니오스라는 사람이 거세 수술로 돈을 벌었다고 한다. 그리스 사회의 규범과는 맞지 않는 일이라 상당히 비난을 받으면서도 스스로를 외과 의사로 칭한 이 남자는 지역 시장에서 가장 매력적인 노예를 사다가 거세한 뒤 소아시아 지역에 비싼 값을 받고 팔았다. 파니오니오스가 어떤 방법으로 거세 수술을 했는지는 알 수 없지만 상당한 부를 누린 것을 보면 꽤 실력이 좋았던 것 같다. 그러나 그의 손에 희생된 노예 중에 페르시아 궁정에서 환관으로 일하게 된 사람이 크세르크세스 왕의 신임을 얻어, 자신의 남성성을 빼앗은 외과 의사에게 복수할 기회를 얻었다. 그는 키오스섬으로 돌아와 파니오니오스를 협박하여 네 명의 아들을 직접 거세하도록 내몰았다. 부친의 죄를 자식들이 떠안은 것이다.

환관은 아시아와 아라비아, 동로마제국의 비잔틴 궁정에서 왕이나 술탄, 황제의 아내나 첩들과 더불어 영향력을 발휘하던 특권층이었다. 외교관, 재무 책임자, 공무 집행관, 또는 장군과 같은 고위직에 올라 세력을 키우는 경우도 많았다. 거세된 남성들은 여러 가지 장점이 있다고 여겨졌다. 충성심이 깊고 믿음직하며 품위 있고 빈틈이 없는 데다 화해를 도모하는 등 조직에 도움이 되는 재능을 타고난 자들로 평가받았다. 모하메드의 무덤은 전통적으로 환관들만 지킬 수 있었고 중국에서는 총 23대의 왕조가 환관의 지배를 받을 정도였다. 명나라 시대에는 무려 10만 명에 달하는 거세된 환관들이 국가의 통치를 맡았다. 마지막 환관인 자금성의 손요정孫耀庭은 1996년에 세상을 떠났다.

잔인한 버전의 거세 수술은 음경과 음낭을 단칼에 바로 베어 버리는 방식이었다. 절단된 부위에는 일부가 막 잘려 나간 요도가 막히지 않도록 거위 깃털이나 주석으로 만든 특수한 마개를 끼워 두었다. 수술이 꼭 의사 손에서 이루어진 것도 아니었다. 북아프리카에서는 노예 상인들이 수단에서 데려온 흑인 노예를 오토만 제국의 왕궁에 보내기 전, 교역소에서 직접 거세했다. 잘라 낸 후에는 뜨거운 사막 모래로 상처에서 흘러나오던 피를 막았다. 음경의 발기성 조직과 고환의 혈관에서 솟구치는 혈액이 하루 안에 멈추지 않으면 그 노예는 출혈로 사망했다. 살아남더라도 목숨을 위협할 정도로 심각한 감염에 몇 주간 시달릴 가능성이 매우 높았다. 그러고 나서야 상처가 치유되곤 했다. 희생된 노예의 끈기나 살아남으려는 의지력보다는 거세에 사용된 칼과 붕대의 위생 수준에 따라 생사가 갈리는, 아주 잔혹한 선별 절차였다. 이 혹독한 시련에서 살아남은 노예에게는 그냥 고용되는 것보다 몇 배는 더 높은 가치가 부여됐다.

황제의 도시 북경에서는 전문가들이 거세 수술을 맡았다. 이들은 왼손으로 희생자의 생식기를 붙잡고 오른손에는 휘어진 칼을 들고서 당사자에게(미성년자인 경우 부친에게) 정말로 거세를 받겠냐고 물었다. '네'라는 대답이 떨어지면, 바로 칼을 내리쳐서 음경과 음낭을 단칼에 잘라 냈다. 상처 부위에는 기름종이를 덮고 희생자에게 두 시간 정도 방 안을 거닐도록 했다. 소변을 보지 않도록 그로부터 3일간은 물을 마시지 못하게 하는 조치도 취해졌다. 잘린 생식기는 라벨이 붙은 병에 식초와 함께 보존되어 제국 환관임을 나타내는 평생 보증서가 되었다.

7세기에 비잔틴제국에서 외과 의사로 일하던 아이기나 출신의 파울은 의사가 환자의 피해를 최소화하기 위해 반드시 지켜야 할 거세 방법으로 두 가지를 제시했다. 이와 함께 그는 거세 수술이 외과 수술의 기본 원칙과 전면적으로 배치된다는 점을 인정했다. 자연의 질서를 회복하는 것이 아니라 되돌릴 수 없이 망가뜨리는 일이기 때문이다. 거세는 국가와 교회가 정한 공식적인 법과 규칙에도 어긋나는 일이라 거세 수술을 하는 사람은 자신의 생식기도 잘리거나 야생동물에게 잡아먹히는 처벌을 받도록 되어 있었다. 파울은 그럼에도 불구하고 위세 높은 사람들이 의사들에게 본인의 의지와 상관없이 거세 수술을 하라고 강요하는 일이 빈번하다고 밝혔다. 이처럼 파울이 환자와 의사 모두 큰 위험을 감수해야 했던 거세 수술을 자신이 직접 쓴 교과서의 한 부분으로 포함시킨 것을 보면, 당시 이 수술이 올바르게 행해지지 않아 비극적으로 끝나는 경우가 얼마나 많았는지 짐작할 수 있다.

아이기나의 파울은 거세의 첫 번째 방법으로, 어린 소년을 따뜻한 물이 채워진 욕조에 들어가도록 한 뒤 고환을 쥐고 아무것도 못 느낄 때까지 손에 천천히 힘을 주라고 설명했다. 이 방법은 청소년기에 희생자의 성욕이 어느 정도로 발현될지 누구도 완벽하게 확신할 수 없다는 점에서 위험을 감수해야 하는 방법이다. 두 번째로 그가 제시한 것은 발판 위에 환자가 두 다리를 벌리고 서면 양쪽 음낭을 고환까지 세로로 절개하는 것이다. 이때 의사는 음낭을 아래로 세게 잡아당겨서 고환이 돌출되도록 한 뒤, 그 주변 조직을 잘라 내고 정삭[I] 부위를 묶어서 마무리한다.

이는 음경을 보존하는 선택적 거세법으로, 진정한 외과 의사가 실시할 수 있는 방법이었다. 과거 로마제국이 런던을 론디니움이라고 부르던 시절에 이와 같은 수술에 사용된 것으로 보이는 수술용 클램프가 영국의 템스강 바닥에서도 발견된 적이 있다. 호두 까는 도구를 길게 늘인 것처럼 생긴 이 물건은 화려한 장식과 함께 손잡이

I 고환의 상단부에서부터 샅굴의 안쪽 끝까지의 사이에 있는 끈 모양의 조직. 정관, 혈관, 신경, 민무늬근, 지방 조직 등으로 이루어져 있다.

를 꽉 닫아서 잠그면 표면이 톱니로 된 위아래 부분이 서로 맞물리는 구조로 되어 있다. 이때 맞물리는 부분의 위쪽에 빈 공간이 있는 것으로 볼 때, 로마 시대에 고환에 끼워서 음경을 손상시키지 않고 고환만 칼로 잘라 내기 위해 사용한 거세용 클램프로 추정된다. 고환을 자른 뒤에는 이 클램프가 혈관을 막아 출혈을 중단시키는 기능을 했을 것이다.

로마제국의 역사에서 거세는 상당히 흔한 일이었다. 9세기 비잔틴제국의 황제 미카일 2세는 전임자인 레오 5세를 몰아낸 것으로도 모자라 적의 씨앗을 말리기 위해 레오 5세의 네 아들을 모두 거세시켰다. 그중 한 명은 출혈로 숨지고, 나머지도 충격으로 말을 잃었다고 전해진다. 로마의 황제 두 명은 남자와 사랑에 빠져 그와 결혼하려고 의사에게 상대방을 거세시켜 달라고 요구했다. 네로 황제가 지목한 스포루스, 그리고 헬리오가발루스 황제가 지목한 마차꾼 히에로클레스가 그 대상이었다.

거세된 환관은 세 가지 수술 방식에 따라 세 부류로 나뉘었다. 비잔틴 로마인들은 이들을 각각 **카스트라티**castrati(음경이나 음낭이 없는 자), **스파도네스**spadones(고환은 없으나 음경은 있는 자), **틀리비아이**thlibiae(고환이 망가진 자)로 불렀다. 거세가 대규모로 실시된 비잔틴제국과 중국에서는 환관 계급이 별도로 하나의 사회 계급을 이루었다. 이들은 남성 통치자와 야심 가득한 다른 남성들, 그리고 통치자와 그가 거느린 여성들 사이에서 안전하고 효과적인 완충제 역할을 했다. 그러나 환관을 두는 이유가 정치적인 목적이나 권력과 혈통을 지키기 위한 목적 때문만은 아니었다. 왕궁에서 왕이 수많은 환관에 둘러싸인 모습은 신비한 분위기를 형성했다. 기독교 국가였던 비잔틴제국에서는 이런 모습을 통해 성경에 등장하는 아담과 이브의 탄생에 관한 전설이 그대로 이어졌음을 드러내기도 했다. 비잔틴제국 사람들은 성경에 담긴 내용인, 아담의 갈비뼈 하나를 외과적으로 제거하여 여성이라는 또 다른 성을 만들었다는 이야기를 강조하는 한편, 여기서 한 발 더 나아가 수술을 통해 아담에게서 두 번째 성별이 생겨났다고 보았다. 남성과 여성의 중간, 성별이 없는 존재가 있다고 본 것이다. 이들은 남성의 특징이 뚜렷하게 나타나지만 수염이 나지 않는 천사로 여겨졌다. 따라서 이들은 믿음을 일관되게 지켜 갈 수 있는 존재였다. 이처럼 기독교 국가의 통치자가 다수의 성별 없는 존재들에게 둘러싸인 모습은 바로 하느님을 연상시켰다.

거세는 원시적인 수술이다. 단순하고 위험하며 심각한 결과를 초래한다. 그리고 누구나 할 수 있다. 아버지가 아들을, 싸움에서 승리한 자가 적군을 거세할 수 있고 스스로 자신의 생식기를 자를 수도 있다. 무엇보다 거세는 신체 부속 기관을 잘라 내는 것에 지나지 않는다. 아브라함이 자신의 포피를 제거한 것과 다를 바가 없고, 처벌 목적으로 손이나 귀, 코, 혀를 잘라 내는 것만큼 간단히 해치울 수 있었다. 외과적으로 이와 같은 수술에는 세 가지 중요한 단계가 필요했다. 위치 선정(어느 부위, 또는 무엇을 자를지 정하는 것), 절개(잘라 내는 것), 그리고 지혈(출혈을 막는 것)이다. 반면에 현대 의학에서는 자그마한 지방성 혹을 제거하는 수술처럼 간단한 수술도 최소 여섯 단계로 구성된다. 위치 선정, 절개, 박리(나누고 찾아서 분리하는 것), 절단(제거하거나 추출해 내는 것), 지혈, 그리고 봉합(상처를 닫는 것)이다. 이보다

아가미

───────────

엄마의 자궁에서 배아의 인체가 발달하는 과정은 인류가 단세포에서 사람으로 진화할 때 겪은 단계들과 동일하다. 임신 직후 몇 주 동안은 물고기처럼 아가미가 생긴다. 총 다섯 개의 아가미가 머리 양쪽에 잠시 존재하다가, 다시 폐쇄되어 다른 부위와 함께 성장하여 최종적으로 얼굴과 목이 된다. 배아 발달 과정 중 이 단계에서 문제가 생기면 입술이나 입천장이 갈라지는 기형 혹은 흉터가 남은 상태로 태어난다. 선천성 기형에 해당되는 이 문제는 수술로만 바로잡을 수 있다. 입천장이 갈라지는 것을 의학 용어로 구개열, 입술이 갈라지는 것(언청이)은 구순열이라고 한다. 이와 같은 갈림증이 입술, 턱, 입천장에서 안와, 눈꺼풀까지 이어진 순악구개열이 되는 경우도 있다. 다른 부위에도 비슷한 문제가 생길 수 있다. 이분척추(또는 척추갈림증. 배아의 신경관이 완전하게 닫히지 않은 경우에 발생), 요도하열(요도의 불완전한 발달)이 그와 같은 예에 해당된다. 아가미활[2]은 우리 몸에서 물고기나 아가미와 관련이 있으리라고는 전혀 생각지도 못한 구조로 진화했다. 첫 번째 활은 중이를 구성하는 세 개의 귓속뼈(이소골) 가운데 두 개와 유스타키오관을 형성한다. 두 번째 활은 나머지 귓속뼈(등자뼈)와 설골(혀뼈), 그리고 인두편도(아데노이드[3]와 관련된 부분)를 이룬다. 세 번째와 네 번째 아가미활은 부갑상선과 가슴샘이 되었고, 다섯 번째 활은 갑상선과 후두(성대 포함)가 되었다. 혹시 우리가 다른 동물에서 진화했다고 생각한다면 오산이다. 인간은 물고기에서 출발했다.

---

[2] 물고기의 아가미 안에 있는 작은 활 모양의 뼈. 아가미를 지탱하고 보호하는 구실을 한다.

[3] 편도가 증식하여 커지는 병. 수면 장애, 주의력 산만, 기억력 감퇴, 난청 등이 나타난다.

복잡한 수술은(갈비뼈를 제거하는 것과 같은) 더 많은 단계를 거쳐야 한다. 식도나 직장, 췌장을 제거하는 것처럼 매우 복잡한 수술의 경우, 성공적인 결과를 얻기 위해서는 백여 가지의 중요한 수술 단계가 필요하다. 그러나 거세를 포함한 단순한 수술과 제대로 된 수술의 가장 큰 차이는 필요한 단계의 숫자가 아닌 박리다.

영어의 박리dissection는 라틴어로 '잘라서 분리하는 것'을 의미한다. 올바른 수술 면surgical plane을 찾아서 구분하는 외과적인 기술이 모두 포괄된다. 실제로 수술에서 가장 중요한 것은 수술 면이라 할 수 있다. 우리 몸은 수많은 해부학적 층으로 구성된다. 이 층은 처음 만들어질 때부터, 즉 배아가 발달할 때부터 성인이 될 때까지 그대로 남아 있지만 박리를 통해 각각 분리할 수 있다. 그러므로 각기 다른 층을 구분하고, 각 층이 올바른 면으로 구성되도록 하는 동시에 각 층에 어떤 중요한 구조가 있는지 파악해야 한다. 그러므로 박리는 이 각각의 층과 구조를 분리하고 인지한 뒤 필요한 부분을 잘라 내고 나머지는 온전하게 두는 것을 의미한다.

단 한 번 자르는 것으로 끝나는 수술에서는 박리가 불필요하다. 그러나 아이기나의 파울이 제안한 거세법 중에서 고환을 분리한 후 제거하는 두 번째 방법을 실시할 때는 박리 단계가 필요하다. 물론 그런 단계를 시행할 수 있는 경력과 기술을 갖춘 외과 의사도 필수 요소다. 인류의 오랜 역사에서 거세는 방대하게 실시되었고, 대부분은 숙련된 외과 의사의 손에 맡겨지지 않았다. 지금도 여전히 이 수술을 실시하는 의사들이 분명 존재하리라 생각한다. 과거에 행해진 거세는 실제로나 비유적으로나, 무고한 젊은이들을 피 흘리게 만들었다.

거세는 수술 기법과 몇 살부터 이 수술로 인해 남성 호르몬인 테스토스테론 형성이 억제되느냐에 따라 막대한 결과를 낳는다. 테스토스테론은 사춘기 시절부터 고환에서 계속 만들어진다. 일단 음경을 절단하면 요도 또는 생식기 나머지 부위에서 두 가지 상반되는 문제가 발생한다. 첫 번째는 상처가 아물면서 요도로 이어지는 구멍이 막혀 소변보기가 점점 어려워진다는 점이다. 동시에 괄약근의 움직임에도 영향이 발생하여 소변을 참기가 힘들어진다. 요실금과 요도가 좁아지는 문제가 동시에 나타나므로, 환관들은 하루 종일 소변이 찔끔찔끔 나오는 상태로 지냈다. 이에 따라 중국과 오스만제국의 환관들은 소변이 나오는 것을 막고 관이 더 좁아지지 않도록 하기 위해 한쪽 끝에 끈이나 손잡이가 달린 금속 막대를 요도에 삽입했다. 또한 수술 후에는 호르몬 균형이 바뀌므로 환관들은 뼈가 빠른 속도로 자라 젊은 나이에 골다공증에 시달리고 척추 뼈가 눌리는 증상도 겪었다. 탈모, 유방 조직의 비대화와 함께 목소리가 점점 가늘어지는 변화도 나타났다. 그리하여 전체적으로 환관들에게는 시큼한 소변 냄새와 몸집은 큰데 구부정한 자세, 매끈한 얼굴, 억양이 없는 단조로운 음성이 특징적으로 나타났다. 그러나 거세라는 독특한 수술 때문에 얻는 장점도 있었다. 환관들은 평균수명보다 더 길게 사는 경우가 많았는데, 사실 이는 거세보다는 사회적으로 특권 계층이라 안전한 환경에서 살고 동시대인들보다 생활 여건이 더 나았기 때문에 얻은 결과일 가능성이 더 높다.

거세를 하면 소년이 사춘기에 접어들면서 목소리가 변하는 현상을 피할 수 있다는 사실이 알려지면서, 거세 수술의 역사에 매혹적인 시대가 열렸다. 18세기, 거세된 남성 소프라노인 **카스트라토**castrato가 유럽에 엄청난 돌풍을 일으킨 것이다. 이들은 소프라노 음성으로 수많은 여성 관객의 심장을 뛰게 만들며 이탈리아 오페라에서 초대형 스타가 되었다. 그중에서도 가장 유명한 **카스트라토**는 어린 시절 *Il ragazzo*(어린 소년)라 불리다 나중에는 파리넬리Farinelli라는 예명으로 널리 알려진 카를로 브로스키Carlo Broschi였다. 그는 아름다운 목소리를 보존하기 위해 어릴 때 거세를 당했다. 로마, 빈, 런던, 파리, 마드리드에서 노래를 부르며 활동하던 전성기에 파리넬리의 음역은 낮게는 A부터 중간 C와 D, 높게는 높은 C까지 이르렀다. 스페인에서는 울적하고 침울한 기분에 시달리던 왕이 그의 목소리에 큰 위로를 받고 그에게 장관 자리까지 제안했다. 한스 크리스티안 안데르센Hans Christian Andersen 동화에 나오는 중국 황제의 나이팅게일처럼, 파리넬리는 오랜 세월 저녁마다 왕을 위해 노래했다. 그리고 1782년에 일흔여덟의 나이로 이탈리아에서 세상을 떠났다.

물론 파리넬리가 성공한 이유를 거세에서만 찾을 수는 없다. 그는 처음부터 멋진 목소리를 갖고 태어났다. 그 시대에 야망에 부푼 부모들이 파리넬리와 비슷한 성공을 꿈꾸며 어린 아들을 거세시킨 다음에야 성공의 필수 요소인 재능이 없다는 사실을 깨달은 사례가 수백, 수천 건 혹은 그 이상이었을 거라고 생각하면 참 끔찍하다.

카스트라토가 어마어마한 인기를 누린 때는 바로크 시대지만, 이들은 훨씬 오래전부터 오페라와 종교 음악 분야에 흔히 등장했고 이후에도 오랫동안 활동했다. 여성들은 수세기 동안 대중 앞에서 노래하는 행위가 금지되었으므로 오페라에서 여성의 역할은 **카스트라토**

가 맡았다. 여성들은 교회에서도 노래할 수가 없어서, 로마 시스티나 성당에서는 **카스트라토**가 교황 성가대의 핵심 구성원이었다. 이탈리아에서는 1870년까지 목소리 보존을 목적으로 한 거세는 금지하지 않았다. 바티칸에서는 그보다 30년 더 거세가 허용되어, 20세기 초까지도 교황 성가대에 **카스트라토**가 포함되어 있었다. 그중 한 사람인 알레산드로 모레스키Alessandro Moreschi는 **카스트라토**로서는 처음이자 마지막으로 목소리가 레코드로 기록됐다. 그는 1922년에 세상을 떠났다.

거세 이후에는 성욕이 약화되는데, 이러한 특징도 수술의 주된 목적 중 하나였다. 불과 얼마 전까지만 해도 성적 취향이 비정상적이라고 여겨진 사람들을 '치료'한다는 이유로 거세가 실시됐다. 그 희생자 중 유명한 인물이 바로 제2차 세계대전 시기에 암호문 에니그마4를 해독하고 컴퓨터를 발명한 앨런 튜링Alan Turing이다. 그는 동성애자라는 이유로 1952년에 법원 판결에 따라 화학적 거세를 당했다.

오늘날에도 거세는 실시되고 있다. 매년 전 세계 수만 명의 남성들이 전립선 암 치료를 위해 수술로 고환을 제거한다. 남성 호르몬인 테스토스테론은 전립선 암세포의 증식을 자극하므로, 이 호르몬이 더 이상 만들어지지 않도록 하면 암의 확산을 약화시킬 수 있다. 역사적으로 거세가 이루어진 여러 가지 이유와 달리, 암 치료가 목적이라면 이 모진 수술을 충분히 감수할 만하다. 더욱이 전립선암이 생기

4   독일어로 '수수께끼'라는 뜻을 가진 암호 기계의 한 종류

는 시점이나 치료를 위해 거세를 받아야 하는 시점은 생식 활동이 활발한 시기를 이미 지난 노년기인 경우가 대부분이다.

영국의 왕, 조지 6세
(1895~1952)

19장

폐암
집에서 개흉술을 받은 사람: 조지 6세

1951년 9월 23일, 다른 일정이 없는 일요일 아침에 영국의 외과 의사 클레멘트 프라이스 토머스Clement Price Thomas는 상당히 오랜 기간 준비해 온 수술을 실시했다. 여러 가지 이유로 놀랄 만한 수술이었다. 그가 실시한 수술이 폐 전체를 제거하는 폐 절제술이라는 점도 그렇지만, 수술받은 환자가 현재 영국의 여왕인 엘리자베스 2세의 부친 조지 6세라는 점, 그리고 수술이 실시된 장소가 환자의 집이었다는 점도 괄목할 만한 일이었다. 버킹엄 궁의 방 하나를 그가 평소에 근무하던 웨스트민스터 병원 수술실과 같은 환경으로 만들었다는 의미이기도 하다.

조지 6세는 폐암 환자였다. 왕은 같은 해 6월부터 공식 석상에 모습을 드러내지 않았다. 대외적인 이유는 독감이었으나 실제 진단명은 구체적으로 밝히지 않았다. 언론도 폐의 '구조적인 변화'라고만 언급했다. 2010년에 개봉된 영화 〈킹스 스피치The King's Speech〉를 보면 의사가 조지 6세에게 말 더듬는 현상을 완화하는 데 도움이 된다며 담배 연기를 들이마시라고 권하는 장면이 등장한다. 20세기 초부터 연기를 흡입하는 것은 일종의 유행이었다. 몸에 해롭다는 사실은 아주 오랫동안 알려지지 않았고, 1951년도 마찬가지였다. 왕과 그렇게 권유한 의사 모두 줄담배를 피워 댔다. 의사들도 수술 직전에 얼른 담배를 피우고 오는 경우가 많았다.

담배가 유럽에 처음 등장한 시기는 16세기로, 씹거나 코를 대고 냄새를 맡거나 파이프에 넣어 연기를 마시는 방식으로 사용되었고 빠르게 인기를 끌면서 일상의 한 부분으로 자리를 잡았다. 외과 수술 용어에까지 등장할 정도였다. 손가락을 쫙 폈을 때 엄지 아랫부분에 나타나는 삼각형 모양의 패인 부분은 '해부학적 담뱃갑'이라 불린다. 외상학에서는 이 부위에 통증이 느껴지면 그 아래에 있는 뼈인 주상골이 부러졌다는 징후이므로 중요한 의미가 있다. 네덜란드의 외과 의사들도 담배를 무척이나 좋아했던 것 같다. 인체 특정 부위나 개방된 곳을 실로 두른 다음 잡아당겨서 봉합하는 방법은 전 세계적으로 '쌈지 봉합'이라고 하는데, 네덜란드에서는 '담배 주머니 봉합'이라고 한다. 또 당뇨로 다리 아래쪽의 기다란 소동맥에 석회화가 진행되어 굳는 현상을 네덜란드에서는 '파이프대 경화'라고 한다. 하얀색 석고로 만든 길고 미끈한 모양의 담배 파이프를 빗댄 명칭이다.

19세기에는 시가가 인기를 얻었으나 20세기가 되자 궐련형 담배가 널리 확산됐다. 그때까지만 해도 담배는 코로 냄새를 맡거나 씹거나 파이프에 담아서 연기를 마시는 방식으로 사용되고 시가도 입과 코, 목 이외에 몸속으로 더 깊이 침투할 일이 없었다. 4세기에 걸쳐 다양한 암이 생겨났지만 그 범위는 기도 상부로 국한됐다. 가령 씹는담배는 입술과 혀에 암을 유발했고, 시가를 피우면 목에 암이 생겼다. 17세기에 입에 종양이 생긴 사례에 관한 기록도 몇 건이 남아 있다. 암스테르담의 외과 의사 욥 판 메이크렌Job Van Meekren과 니콜라스 튈프가 쓴 책에도 그러한 사례가 등장하고, 프레데릭 라위스Frederik Ruysch의 기록에도 "상한 조직(암)과 부패한 입천장을 나이프와 뜨겁게 달군 쇠도장으로 제거한" 사례가 소개됐다. 늘 시가를 입에 물고 살았다고 알려진 정신분석의 지그문트 프로이트Sigmund Freud는 1939년에 구강암으로 세상을 떠났다. 국민들에게 큰 사랑을 받았던 독일의 왕 프리드리히 3세도 시가를 즐겼고 1888년에 인후암으로 고통스럽게 숨졌다. 그러나 폐암은 거의 없다시피 할 만큼 희귀했다. 몸의 다른 부분에 생긴 암이 폐로 번지는 경우는 종종 있었지만 폐 조직 자체에서 생긴 원발성 폐종양은 거의 없었다. 1912년에 전 세계적으로 알려진 폐암 사례를 전부 기록한 논문이 발표됐는데, 당시 4백 건도 채 안 되는 것으로 집계됐던 폐암이 1920년과 1960년 사이에 난데없이 폭발적으로 급증하여 '일반적인' 질병이 되었다. 이제는 암 사망 사례 중 가장 흔한 종류가 되어 매년 전 세계에서 백만 명 이상이 폐암으로 목숨을 잃을 정도다. 그러나 처음에는 이 종양이 어디에서 생겨났는지 아무도 알지 못했다.

현대 이전에는 암이 희귀한 병이었다. 암은 보통 노년기에 발생하는데 다른 원인으로 더 일찍 생을 마감하는 경우가 많았기 때문인 것 같다. 이후 유전학의 발달과 함께 아무 문제없이 정상적으로 기능하던 세포가 갑자기 악성으로 바뀌는 질병이 몇 가지 암으로 각각 분류됐다. 외부적 요인이 확실하게 밝혀진 것은 몇몇 암에 불과하다. 존 힐John Hill은 1761년에 코담배를 장기적으로 즐기는 것과 비강에 생긴 암의 명확한 연관성을 처음으로 발견했다. 1775년에는 퍼시벌 폿Percival Pott이 영국의 굴뚝 청소부들 사이에서 음낭암 발생률이 깜짝 놀랄 만큼 높은 이유는 그을음과 관련이 있다고 밝혔다. 이후 방광암 과 페인트에 사용되는 용제의 연관성도 밝혀졌으나, 폐암이 급격히 증가하는 원인은 오랫동안 수수께끼로 남아 있었다. 흡연과 관련이 있다는 의혹은 1930년대부터 이미 제기되었지만 대규모 환자를 대상 으로 실험이 실시된 1950년대에 이르러서야 확정적으로 입증됐다. 그러나 원인이 확인된 후에도 일반 의사와 외과 의사들이 이를 완전 히 받아들이기까지는 암담할 만큼 오랜 시간이 또 소요됐다. 누구도 그 사실을 믿고 싶지 않았던 것이다.

그렇게 뒤늦게야 사태가 파악되는 사이에, 폐암 발생률을 나타낸 그래프와 담배 소비율 증가를 나타낸 그래프가 20여 년에 걸쳐 완전히 일치하는 추세가 나타났다. 담배가 현대 문화의 중심이 되고 수백 만 명의 일상 용품이 된 이후에야 흡연의 폐해가 완전히 드러난 것이다. 담배는 비단 영화배우나 음악가들만의 전유물이 아니었다. 1970년대 까지도 의사가 진료실에서 담배를 피우거나 아이들이 학교에서 친구 들 생일에 담배 사탕을 주고 학부모가 선생님 선물로 담배를 준비하 는 일이 아무렇지 않게 여겨졌다.

흡연은 유방암이나 췌장암, 피부암과 같이 몸의 다른 부위에도 암을 일으킨다. 폐기종[I]과 만성 기관지염을 유발하고 심혈관 질환을

I   폐 내의 공기 공간의 크기가 정상보다 커지는 병. 폐포 벽의 파괴가 따르며 기침, 호흡 곤란 등이 나타난다.

일으키는 주된 원인이기도 하다. 그래서 외과 의사만큼 이 나쁜 습관 때문에 큰 수혜를 입은 직업은 없다. 혈관외과를 찾는 환자 대부분이 흡연자고(흡연으로 인한 동맥경화가 원인이 된 간헐성 파행증, 뇌졸중•, 발기부전) 심장외과(흡연과 관련된 동맥경화로 발생한 심장 발작), 종양외과(흡연으로 인한 다양한 암)도 마찬가지다. 그중에서도 특히 흉부(폐)외과가 담배의 도움을 크게 받은 분야라 할 수 있다.

폐는 워낙 독특한 기관이라, 폐 수술도 기존의 다른 수술보다 까다롭다. 폐는 흉곽(가슴)의 밀폐된 곳에 따로 떨어져 있다. 폐까지 닿으려면 늑골 사이를 절개해야 하며, 이렇게 흉부를 절제하는 수술을 개흉술•이라고 한다. 폐 수술을 흉부 수술이라고도 하는 이유도 이 때문이다.

갈비뼈 사이의 공간은 2센티미터도 채 되지 않는다. 흉강에 있는 폐를 수술하기 위해서는 이 좁은 틈을 두 손이 모두 들어갈 수 있을 정도로 넓혀야 한다. 이를 위해 개흉술을 받을 환자는 옆으로 누운 자세를 취하고 이 상태에서 수술대 위쪽 끝과 아래쪽 끝을 아래로 내려 환자의 어깨와 골반이 모두 늑골보다 아래에 위치하도록 한다. 일명 수술대 '꺾기'로 알려진 방법이다. 그런 다음 늑골 선을 따라 피부를 절개하여 개방한다. 등과 가슴, 견갑대를 구성하는 여러 근육을 다른 쪽으로 밀거나 이완시켜야 늑골을 눈으로 볼 수 있다. 보통 흉강은 네 번째와 다섯 번째 늑골 사이를 절개한 뒤 특수 기구인 늑골 스프레더를 그 사이에 삽입해서 개방한다. 늑골 스프레더를 끼우면 틈이 서서히 벌어져 20센티미터 정도까지 넓어진다. 꺾인 수술대도 흉강을 여는 데 도움이 된다. 이 단계까지 진행되면 흉강 안의 폐와 함께 왼쪽에 쿵쿵 뛰는 심장을 감싼 심낭을 볼 수 있다.

우리의 폐는 호흡을 통해 외부 환경에 영구적으로 노출된다. 이 과정에서 유입되는 다량의 외부 물질과 병원균은 폐의 외형에 영향을 준다. 어린이의 폐는 옅은 분홍색에 말랑말랑한 편이지만 나이 든 흡연자의 폐는 시커멓고 딱딱하며 표면이 오돌토돌하다. 이는 곧 폐 수술 과정에서 감염이 발생할 가능성이 크다는 뜻이기도 하다. 폐는 자체적인 순환계가 따로 마련되어 있는 독특한 기관이다. 심장의 왼쪽이 아닌 오른쪽 절반에서 나온 혈액을 공급받고, 폐와 연결된 혈관의 압력은 인체 나머지 부분의 혈압보다 다섯 배가 낮다. 폐포가 섬세한 구조로 이루어져 높은 혈압은 견디지 못하기 때문이다. 폐의 혈관 벽도 이에 맞게 훨씬 얇고 연약해서 수술 시 봉합을 하다가 찢어지기도 쉽다.

다루기가 까다롭기로는 기도도 만만치 않다. 기도는 숨을 들이쉬고 내쉬면서 끊임없이 발생하는 파동을 견딜 수 있도록 튼튼하고 단단한 관으로 되어 있다. 게다가 열린 상태를 유지하기 위한 링 모양의 연골이 있어서, 기관지(기도)를 봉합하기가 어렵다. 새는 곳이 없도록 확실하게 봉합하기 위해 실을 파라핀에 담가 두었다가 사용하기도 했으나 오늘날에는 스테이플러가 사용된다. 그럼에도 수술 후 환자가 기침을 하면 봉합된 부분에 상당한 압력이 가해질 수 있다. 폐는 공기를 머금은 스펀지와 같다. 가만히 두면 열린 상태가 유지되지 않고 흉부에서 음압이 가해져야 흡입력에 의해 개방되는 구조다. 따라서 수술이 끝난 뒤에는 플라스틱 흡입관인 흉관을 늑골 사이에 삽입해서 음압 환경을 만들어야 한다. 그러나 폐 전체를 제거하는 수술(폐 절제술)의 경우 수술 후에 텅 빈 공간이 생기는데, 이 공간에는 음압이 발생하지 않아야 한다. 이 비어 있는 흉강은 체액과 흉터 조직으로 서서히 채워져야 하는데 그 과정에서 감염이나 공기의 누수가 발생할 경우 심각한 합병증으로 이어질 수 있다.

폐 전체를 제거하는 수술 이후에 발생할 수 있는 또 다른 문제는, 폐의 순환 기능이 폐 두 개가 아닌 남아 있는 하나의 폐에 전적으로 의존해야 한다는 점이다. 이로 인해 혈류 저항이 두 배로 늘어나고 심장에도 갑작스러운 부하가 발생한다. 폐 절제술이 최초로 성공한 시기는 1931년으로, 루돌프 니센(나중에 아인슈타인을 수술하게 될 그 외과 의사)이 열한 살짜리 여자아이를 대상으로 실시한 수술이었다. 처음에는 환자가 심장마비를 일으켰으나 두 번째 시도에서는 심장이 순환 기능의 급작스러운 변화를 견뎌 냈다. 이 영웅적인 성과 이전에는 폐의 일부만 절제하는 수술이 실시되었고(결핵 환자의 경우 등) 그러한 수술은 폐 조직이 흉강을 채울 만큼 남아 있으므로 위험성도 덜했다.

니센의 수술이 성공하고 2년 뒤인 1933년에 미국 세인트루이스에서 폐암 환자의 폐 절제술이 최초로 성공했다. 담당 의사는 나중에 담배와 관련하여 또 다른 역할을 하게 되는 에버츠 그레이엄Evarts Graham이었다. 환자는 스물여덟 살이던 산부인과 전문의 제임스 길모어James Gilmore로, 그와 그레이엄 둘 다 흡연자였다. 길모어는 기관지 내시경 검사를 통해 왼쪽 폐에 암이 생겼다는 진단을 받았다. 당시에 기도 안쪽을 살펴보는 이 기관지 내시경 검사는 환자의 입에서부터 기관까지 딱딱한 직선 관을 바로 밀어 넣는 방식으로 실시됐다. 길모

흡연

흡연만큼 건강에 해로운 것은 없다. 그러나 흡연자들은 이 사실을 받아들이지 않으려고 한다. '길을 건너다가도 죽을 수 있다'는 것이 이들이 진료받을 때 가장 많이 하는 변명이다. 물론 그럴 수도 있지만 2015년을 기준으로 도로에서 목숨을 잃은 유럽인은 2만 8천 명이고, 이는 같은 해 흡연으로 인한 사망자 70만 명에 비하면 바닷물의 한 방울 정도밖에 되지 않는다. 흡연 사망자 중 절반은 담배 피우는 습관 때문에 목숨을 잃었고 은퇴 연령이 되기도 전에 숨진 사람도 절반이나 된다. 흡연자들이 제시하는 변명으로 두 번째로 많이 드는 말은 '저희 할아버지는 평생 담배를 피우셨지만 폐암에 걸리지 않았다'는 것이다. 이 또한 사실일 수 있으나 흡연은 폐암뿐만 아니라 훨씬 더 많은 건강 문제를 일으킨다. 할아버지가 평생 담배를 피우셨다면 그로 인한 뇌졸중이나 심장 발작, 폐기종, 췌장암, 대동맥류, 다리 조직의 괴저로 세상을 떠나셨을 가능성이 매우 높다. 모두 흡연과 관련된 질병이기 때문이다. 아이들이 만성 중이염을 앓는 경우, 거의 대부분은 부모가 흡연자다. 임신 기간에 담배를 피우면 아이의 발달이 저해된다. 그리고 무엇보다 큰 피해는, 흡연자의 경우 어떤 수술을 받든 수술 후 합병증 발생 위험이 높다는 점이다. 그러므로 수술을 받아야 하는데 합병증이 두렵다면 스트레스를 핑계로 담배에 불을 붙여서는 안 된다. 담배는 끊어야 한다.

어는 별로 가망이 없으리라 생각했다. 그레이엄은 그전까지 폐 절제술을 실험동물에게 해 본 것이 전부였다. 그러니 수술을 받더라도 위험한 실험이 될 수밖에 없었지만, 폐암으로 죽는 건 더 싫었다. 길모어는 수술을 받기 전 자신의 묫자리를 얻는 데 보태려고 치과에 가서 금니를 뽑았다. 수술 바로 전날 저녁에는 레지던트 한 명이 병실로 찾아와서 지금이라도 병원을 떠나라고 권하기도 했다. 그러나 수술은 예정대로 진행됐다. 개흉 수술은 놀라울 정도로 순탄하게 진행됐고 종양도 선명하게 눈에 띄었다. 그레이엄은 폐에 혈액을 공급하는 동맥에 클램프를 설치하고 1분 30초 동안 그대로 두면서 심장이 과부하를 견딜 수 있는지 지켜보았다. 심각한 문제가 나타나지 않자, 그는 동맥을 묶고 이어 정맥과 일차기관지[2]도 묶었다. 폐만 따로 분리한 것이다.

큼직한 폐를 들어 올리자 흉강에 엄청나게 큰 공간이 남는 것을 확인한 그레이엄은 깜짝 놀랐다. 그래서 한 시간 동안 늑골 여러 개를 옮겨서 흉곽이 어느 정도 붕괴되도록 조치했다. 가슴의 형태는 이상하게 찌그러졌지만 덕분에 빈 공간을 줄일 수 있었다. 길모어는 75일 동안 입원하고 감염이 생겨 두 번이나 다시 수술을 받아야 했지만, 완전히 회복됐다. 그리고 하나만 남은 폐로도 산부인과 의사로 아무 문제없이 계속 일할 수 있었다.

길모어는 굉장히 운이 좋은 사람이었다. 폐암은 이미 퍼진 뒤에 발견되는 경우가 많은 치명적인 질병이다. 치료가 가능하다 해도 이후 수년 내에 재발할 확률이 매우 높다. 길모어의 경우 수술 후에 암이 한 번도 재발하지 않은 것을 보면 초기에 발견된 것이 분명하다. 그는 40년을 더 살았다(그리고 죽을 때까지 담배를 계속 피웠다).

---

2   주기관지라고도 한다. 기관이 끝나는 곳에서 폐로 이어지는 좌우 두 개의 관을 일컫는다.

버킹엄 궁에서 이루어진 조지 6세의 수술도 원만하게 진행됐다. 그러나 왕이 수술 당시에 어떤 반응을 보였고 회복 상황이 어떠했는지에 대해서는 알려진 내용이 거의 없다. 그해에 라디오로 흘러나온 왕의 크리스마스 메시지는 기운 없는 기색이 뚜렷했는데, 그마저도 미리 녹음해 둔 것을 조각조각 잘라 붙여서 만든 것이었다. 또한 조지 6세는 폐 절제술을 받고 고작 4개월을 더 살다가 잠자던 중에 찾아온 심정지로 쉰여섯의 나이에 세상을 떠났다. 케냐를 방문 중이던 그의 딸이자 왕위 승계자인 엘리자베스는 집으로 돌아와 영국의 왕이 되었다.

조지 6세가 목숨을 걸고 수술을 받은 것은 오른쪽 폐를 절제한 이 수술이 처음은 아니었다. 1917년에는 소화성 궤양(위궤양)으로 수술을 받았고 1949년에는 다리 혈관이 굳어서(동맥경화증) 또 수술을 받았다. 동맥경화증, 소화성 궤양, 폐암, 이 세 가지 질병 모두 흡연과 관련이 있다. 왕의 목숨을 결국 빼앗은 심정지도 마찬가지다.

왕가에서 흡연과 관련된 질병은 그리 이례적인 일이 아니었다. 조지 6세의 부친인 조지 5세와 할아버지 에드워드 7세도 골초였고 두 사람 모두 폐기종으로 세상을 떠났다. 그리고 두 사람 다 궁전 안에서 수술을 받았다. 에드워드 7세는 취임식 당일에 충수 절제술을, 조지 5세는 폐 바로 옆에 생긴 농양을 제거하기 위한 수술을 받았다. 조지 6세의 둘째 딸인 마거릿 공주도 10대 시절부터 담배를 피우기 시작해 1985년 폐암 진단을 받았다. 수술로 완치된 공주는 2002년에 뇌졸중으로 숨졌다. 사망하기 몇 년 전에는 담배를 끊었지만 뇌졸중 역시 담배와 관련된 질환이다. 조지 6세의 모친인 메리 왕비도 아들이 죽고 1년 뒤인 1953년에 같은 병으로, 즉 폐암으로 세상을 떠났다.

형인 에드워드도 흡연자였다. 이 책 앞부분에서 설명한 것처럼 그는 1964년 12월에 휴스턴에서 외과 의사 마이클 드베이키로부터 동맥류 수술을 받았고, 나중에는 인후암 진단을 받았다. 둘 다 흡연 관련 질병이다.

왕실 외과의 클레멘트 프라이스 토머스는 기사 작위를 받았다. 이 의사도 흡연자였고, 폐암에 걸렸다. 그리고 버킹엄 궁에서 그의 보조로 일하다가 나중에 외과 의사로 독립한 찰스 드루Charles Drew와 피터 존스Peter Jones에게 수술을 받았다. 두 사람은 프라이스 토머스의 폐 중 일부를 떼어 내는 폐엽 절제술을 실시했고 결과는 성공이었다. 프라이스 토머스는 건강한 몸으로 오래 살 수 있었다.

세인트루이스의 외과 의사 에버츠 그레이엄은 폐암이 흡연과 관련이 있다는 이야기를 터무니없는 소리로 여겼다. 그래서 자신의 생각을 증명하기 위해 684명의 폐암 환자를 연구한 결과, 정반대의 사실을 확인했다. 1950년에 발표된 이 획기적인 연구 결과를 통해 암과 흡연 사이에 반박 불가능한 연관성이 있다는 점이 밝혀지고 흡연에 발암 효과가 있다는 사실도 최초로 입증됐다. 그럼에도 이후 몇 년간은 담배 판매량이 계속 증가했다. 평생 흡연자로 살아온 그레이엄은 그제야 담배가 몸에 얼마나 해로운지 깨달았지만 너무 늦었다. 폐암 진단을 받은 그는 1957년에 세상을 떠났다. 임종을 앞두고 있을 때, 그가 치료했던 환자 제임스 길모어가 찾아왔다. 폐가 하나밖에 남지 않고 흉곽의 형태도 찌그러졌지만 길모어는 아주 건강했다. 그리고 그해 담배 제조업체 필립 모리스의 총매출액은 2백억 달러에 달했다.

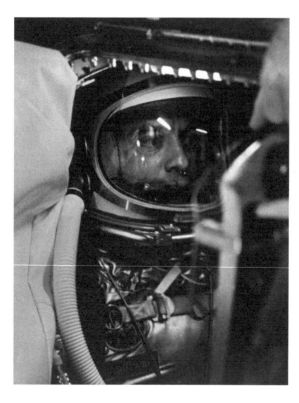

미국의 우주 비행사,
앨런 셰퍼드(1923~
1998)

20장

위약
달에 간 다섯 번째 사나이: 앨런 셰퍼드

중세 시대에 장례식을 조금 더 특별한 행사로 만들고 싶은 사람들은 여러 명의 수도사를 불러서 찬송가 114장을 부르도록 했다. "내가 생명이 있는 땅에서 여호와를 기쁘게 하리라"라는 구절은 고인과의 마지막 작별 인사에 극적인 분위기를 더해 주었다. 비용이 꽤 나가는 일이었지만, 고인의 마지막 가는 길이 사람들의 기억에 오래도록 남도록 하는 효과는 확실했다. 물론 노래하러 온 사람들은 고인과 아무런 관련이 없었다. 애통한 표현도 전부 가짜였다. 노래 가사를 최대한 극적으로 전달하며 슬픈 척하는, 상업적인 성직자들이었던 셈이다. 그리고 라틴어로 **위약**placebo은 '기쁘게 하리라'라는 의미다.

위약이란 실제로는 의학적인 문제를 치료할 수 없지만 그러한 기능이 담겨 있다는 설명과 함께 제공했을 때 유익한 효과를 발생시킬 수 있는 것을 가리킨다. 가장 잘 알려진 예가 동종 요법*에서 여러 가지 비활성 성분을 혼합하여 특정 증상이나 병에 도움이 되는 약이라고 처방하는 것이다. 물약이나 알약만 위약이 될 수 있는 것은 아니다. 침술이나 뼈의 위치를 바로 맞추는 접골 요법을 그와 같은 목적으로 활용하는 것도, 실제로는 치료 효과가 없지만 '치료'가 될 수도 있다. 그러므로 위약이란 그 자체에는 유익한 효과가 전혀 없지만 효과를 믿으면 그렇게 되는 것을 의미한다. 효과를 이끌어내는 메커니즘은 전적으로 심리적이며 기대와 인지, 관심, 암시와 같은 요소가 포함되어 있다. 위약이 의학적인 치료에 중대한 역할을 한다고 여겨지던 때도 있었지만, 기능적인 효과가 매우 제한적이므로 실제로는 그렇지 않다는 사실도 밝혀졌다. 위약 치료가 도움이 될 수는 있지만 대부분은 썩 유용하지는 않다. 예를 들어 동종 요법에서는 환자와 의사의 상호 관계가 장기간 지속되는 경우가 많다. 병이 치유되고 끝이 나는 것이 아니라, 효과가 없는 방법을 반복해서 처방하고 증상은 지속되는 상황이 이어지는 것이다. 이로 인해 환자는 병을 만성적으로 앓게 될 가능성이 점점 커지고, 건강하게 일상생활을 하게 될 확률과는 더더욱 멀어지는 큰 불상사가 발생한다.

위약 효과는 새로이 등장한 것이 아니다. 네덜란드 스헤르토헨보스에 위치한 성요한 성당의 성모 예배소 벽에는 은이나 밀랍으로 만든 다리, 또는 팔 모양의 작은 모형이 봉헌되어 내부에 장식되어 있다. 수세기 동안 병이 낫거나 증상이 사라진 환자들이 감사를 표현하기 위해 기부한 것이다. 또 성모마리아가 어린 양치기 앞에 모습을 나타낸 곳으로 알려진 프랑스 루르드의 동굴에는 불구였다가 다시 걷게 된 사람들이 쓰던 목발이 걸려 있다.

위약 효과가 발휘되려면 몇 가지 요건이 지켜져야 한다. 먼저 환자가 위약의 효과를 확신해야 한다. 즉 치료가 가짜라는 사실을 절대로 알면 안 된다(또는 알려고 하면 안 된다). 위약을 이용하는 사람이 약의 효과를 믿을 때 효과는 더욱 강력하게 나타난다. 적당히 꾸며지고 주변 상황이 뒷받침되면 한층 더 큰 효과를 얻을 수 있다. 이런 점에서 외과 수술도 강력한 위약이 될 수 있는 요소가 다분하다. 사실 환자나 의사 모두 수술이 반드시 성공하리라 확신하지 않는다면 수술 이후의 합병증 위험을 감수하고 수술을 감행할 수는 없을 것이다. 극적인 효과도 수술이 알약이나 마시는 약보다 비교가 안 될 만큼 훨씬 크다.

건강이 나빠도 그런 상황에 만족하는 사람들, 예를 들어 병 때문에 사람들이 안쓰러워하고 관심을 보이는 것이 흡족한 사람들의 경우 위약 효과도 약하게 나타난다. 반대로 치료가 성공해야 자신에게 도움이 된다고 생각하는 마음이 평균 수준보다 강한 환자일수록 위약 효과도 더 강력하게 나타난다.

1969년에 수술을 받기로 결심한 앨런 B. 셰퍼드Alan B. Shepard는 병이 나아야만 한다는 열망이 누구 못지않게 강했다. 병에 걸린 상황에서 최고의 모험을 할 수 있는 후보로 선정됐고, 그 병 때문에 평생 한 번뿐인 기회를 완전히 날릴 수 있는 상황에 처했기 때문이다.

셰퍼드는 서른일곱 살에 우주에 나갈 최초의 미국인 중 한 명으로 선발됐다. 그를 태운 머큐리 우주선의 비행 시간은 고작 15분이었고 지구 궤도에도 오르지 않은 탄도비행을 했지만 그는 영웅 대접을 받았다. 적어도 미국에서는 그랬다. 사실 이 우주 미션은 늦어도 너무 늦게 이루어졌다. 23일 전에 러시아의 유리 가가린Yuri Gagarin이 인류 최초로 우주에 나가 지구 궤도를 한 시간 이상 비행한 것이다. 그러나 셰퍼드의 우주 비행은 훨씬 더 위대한 모험, 즉 달로 향하는 비행의 시작을 알리는 신호탄으로 여겨졌다.

머큐리 우주선의 미션은 제미니 우주선의 미션과 아폴로 프로젝트로 이어졌다. 머큐리호에 탑승할 우주 비행사로 처음 선발된 일곱 명 가운데 여섯 명은 달 탐사를 위한 이 길고 긴 우주 미션에서 저마다 큰 몫을 해냈다. 존 글렌John Glenn은 미국인 최초로 지구 궤도에 올랐고 스콧 카펜터Scott Carpenter가 그 뒤를 이었다. 고든 쿠퍼Gordon Cooper는 우주에서 하룻밤을 보낸 최초의 우주 비행사였고, 거스 그리섬Gus Grissom은 달 비행 프로그램을 준비하다 목숨을 잃은 최초의 우주인으로 남았다. 그리고 월터 쉬라Walter Schirra는 첫 번째 아폴로호에, 디크 슬레이튼Deke Slayton은 마지막 아폴로호에 올랐다.

앨런 셰퍼드 혼자만 더 이상 이룬 성과가 없었다. 의학적인 이유로 부적합 판정을 받았기 때문이다. 그가 앓던 병은 메니에르병으로, 특발성* 전정 장애에 해당되는 질병이었다. 특발성 질환이란 뚜렷한 원인 없이 생기는 병을 의미하고 전정은 균형 감각을 조절하는 귀 안쪽의 기관을 가리킨다. 갑자기 어지럼증과 이명 증상이 시작되는 이 질병으로 인해 셰퍼드는 왼쪽 귀에 난데없이 윙윙대는 소리가 들리고 주변이 온통 빙빙 도는 것 같은 증상에 시달렸다. 이로 인해 뱃멀미를 할 때처럼 구역질이 나고 심할 경우 토하기도 했다. 내이 전정 기관 중에서도 반고리관의 내림프액이 과도한 압력을 받아서 이런 문제가 생긴다고 여긴 셰퍼드는 병을 해결하려고 다이아목스Diamox라는 약을 복용했다. 다이아목스는 체내 수분 배출을 촉진하는 이뇨 작용을 통해 내이의 과도한 림프액을 제거하는 효과가 있지만 안타깝게도 셰퍼드에게는 도움이 되지 않았다. 예기치 못한 어지럼증과 구토, 균형 감각 상실은 제트기에서 수백 시간을 보내야 하는 테스트 파일럿이나 우주 로켓에 탑승할 비행사에게 그야말로 재앙이 아닐 수 없었다.

셰퍼드는 비행 자격을 잃고 미국 항공우주국NASA에서 사무직으로 일했다. 얼마 지나지 않아 기관 전체에서 성질이 가장 고약한 사람이라는 명성도 얻었다. 동료들이 하나둘 우주 비행에 나서는 모습을 지켜보던 어느 날, 그는 어쩌면 병에 도움이 될 수도 있는 실험적인 수술이 새로 개발됐다는 소식을 접했다. 그 수술을 개발한 외과 의사는 효과를 장담했다.

닐 암스트롱Neil Armstrong이 달을 향해 날아가기 몇 달 전, 셰퍼드는 로스앤젤레스에서 이비인후과 전문의 윌리엄 하우스William House의 집도로 수술을 받았다. 하우스는 측두골¹의 추체부²를 통해 초소형 실리콘 튜브를 내이까지 삽입하여 과도한 내림프액을 빼냈다. 내림프액 지름술로도 불리는 수술로, 이론적으로 전정 기관의 압력을 줄여 준다고 알려졌다. 이 수술의 구체적인 내용은 지금 우리가 다루고 있는 주제와 별로 관련이 없다. 중요한 것은 셰퍼드가 수술을 받고 난 뒤 그렇게 시달리던 증상들이 사라졌다는 사실이다.

나사의 의사들은 그의 상태를 검사한 후 비행 자격을 부여했다. 그

I 관자뼈. 머리뼈 바닥과 옆면의 중간 부분에 있는 불규칙한 뼈. 뼈 속에 가운데귀와 속귀가 있으며 아래쪽은 아래턱뼈와 관절을 이룬다.

2 측두골에서 전정 기관이 위치한 부분

리하여 1969년 5월, 셰퍼드는 마흔다섯 살의 나이에 우주 비행사로 복귀하여 아폴로 13호에 오르기 위한 훈련을 시작했다. 그러나 나이 때문에 달 탐사에는 적합하지 않다는 평가가 내려지면서 또다시 미션에서 제외됐다. 아폴로 13호의 비행 과정은 썩 순탄치 않았으니, 당시에는 몰랐지만 그에게는 운 좋은 일이었다("휴스턴 본부, 문제가 생겼다"라는 유명한 교신은 그의 자리를 대신한 우주 비행사가 한 말이었다). 1971년 1월 31일, 앨런 B. 셰퍼드는 마침내 달을 향해 날아갔다. 아폴로 14호의 선장을 맡은 그는 이 미션에서 가장 까다로운 임무까지 맡았다. 1971년 2월 5일, 달 표면 프라마우로 고원 지대에 달착륙선 안타레스를 착륙시키는 일이었다. 아폴로 계획 전체를 통틀어 가장 정확한 조작을 요하는 임무였다.

이 임무를 완수하기 위해서는 우주 비행사가 일어선 자세로 균형감각을 동원하여 달의 약한 중력에 영향을 받는 착륙선의 움직임을 감지할 수 있어야 했다. 10년 넘게 비행 경험이 없었던 셰퍼드가 이 일을 한 치의 실수 없이 해냈다는 점보다 더욱 놀라운 점은, 그가 받은 내림프액 지름술이 순전히 위약 효과에 바탕을 두었다는 사실이다.

이 실험은 다음과 같이 진행됐다. 먼저 메니에르병을 앓는 환자들을 대상으로 수술을 받을 여러 명의 환자를 모집했다. 내림프액 지름술의 핵심은 유양돌기, 즉 측두골의 일부로 귀 뒤쪽에 딱딱한 혹처럼 느껴지는 둥그스름한 뼈를 제거하는 것이다. 이 뼈를 제거해야 의사가 아주 작은 내이의 내부 공간에 접근할 수 있다. 실험을 위해 선발된 환자 중 절반은 내림프액 지름술을 원래대로 받고 나머지 절반은 유양돌기만 제거됐다. 즉 증상에 아무런 도움이 안 되는 수술만 받은 것이다. 겉으로는 어떤 수술을 받았는지 알 수 없었다. 실험에 참여한 환자 전원이 이후 3년간 검사를 받았고, 환자나 의사 모두 누가 어떤 수술을 받았는지 알지 못했다. 이와 같은 방식을 이중 맹검 실험이라고 한다. 더 상세히는 무작위 선발된 위약 대조군이 포함된 이중 맹검 실험이다. 최종 결과, 제대로 된 수술을 받았는지 여부와 상관없이 전체 환자 중 3분의 2가 증상이 호전된 것으로 나타났다.

위약 효과가 수술의 성공에 전체적으로 얼마나 영향을 주는지 파악하기는 힘들다. 우리가 생각하는 것보다 그 효과가 클 수도 있다. 다행히 무작위 위약 대조군이 포함된 이중 맹검 방식 실험 덕분에 앨런 B. 세퍼드가 받은 것처럼 위약 효과만 있는 수술이 실시되는 빈도도 점점 줄고 있다. 그러나 과거에는 수술의 결과가 체계적으로 기록되지 않았고, 수술 결과를 명시한 과학적인 문헌도 여러 환자에게서 확인된 평균적인 수치보다는 개별적인 성공 사례를 설명하는 데 그치는 경우가 대부분이었다. 외과 의사들은 앞서 실시된 수술 결과가 괜찮다고 판단될 경우, 동일한 수술을 받은 사례 전체에서 나온 결과를 비판적으로 연구하지 않고 수술을 실시했다. 방혈처럼 위약 효과가 전부인 치료법이 수백 년 동안 가장 많이 시행된 수술 치료였던 이유도 이런 점 때문이다.

방혈은 상처 감염이나 열이 발생했을 때, 심지어 직관적으로도 치료의 목적과 정반대 증상에 해당하는 과다 출혈이 일어났을 때도, 그야말로 만병통치약처럼 활용됐다. 수많은 환자가 방혈 치료를 '받았음에도 불구하고' 사망한 것이 아니라 방혈 치료 **때문에** 목숨을 잃었지만 그 와중에 분명 도움을 받은 사람도 있었다. 그렇지 않았으면

**인체
각 부위의 위치와
방향**
_____

의사들이 서로 원활하게 소통하기 위해서는 해부학적으로 위치와 방향을 정확하게 가리킬 수 있어야 한다. 이를 위해 의사들은 라틴어와 그리스어로 된 용어를 사용한다. 일반인들이 의학 용어를 도저히 이해할 수 없다고 느끼는 것도 바로 이런 용어 때문이다. 영어에서 전anterior과 복ventral(배venter 쪽으로)은 모두 앞쪽을 의미하고, 후posterior와 등dorsal(등dorsum 쪽으로)은 뒤쪽을 의미한다. 두cranial는 위쪽(머리cranium 쪽으로), 미cauda(꼬리cauda 쪽으로)는 아래쪽, 측lateral은 옆쪽, 중medial은 중간을 의미한다. 그러므로 눈은 코의 양쪽 측면이자 양쪽 귀 사이 중간, 입 위쪽에 위치한다고 표현한다. 이러한 용어를 결합해서 전내측anteromedial, 후미측posterocaudal과 같이 표현할 수도 있다. 근위proximal와 원위distal는 각각 몸의 중심과 더 가까운 쪽과 더 먼 쪽을 의미한다. 예를 들어 팔꿈치는 어깨의 원위부, 손목의 근위부에 위치한다. 상위superior와 위supra-는 위쪽, 하위inferior와 밑sub-, 아래infra는 아래쪽을 가리킨다. 내intra는 안쪽, 간inter은 사이, 곁para은 옆, 근juxta은 근접한 곳, 내endo는 안쪽, 외exo, extra는 바깥쪽, 뒤retro는 뒤쪽, 경유per-와 통과transr-는 지나서 가로지른다는 뜻이고, 근peri은 주변을 의미한다. 중심central과 주변peripheral은 단어의 본뜻 그대로 사용되고 중앙median은 중심선에 있다는 뜻이다. 장측volar, palmar은 손 중에서도 손바닥 쪽을 가리킨다. 엄지손가락이 측면을 가리키는 상태에서는 손의 전방을 의미한다. 또 척측plantar은 발에서 발바닥을 가리킨다. 손가락 중에서 엄지 쪽은 외측radial, 새끼손가락 쪽은 내측ulnar, 손등과 발등은 등 쪽dorsal이라고 한다. 정중면sagittal plane은 몸을 좌우로 구분하는 면으로, 화살이 떨어지는 면을 의미한다(라틴어로 *sagitta*는 화살이라는 뜻). 전면frontal plane은 몸의 앞과 뒤를 구분하는 면이고 축면axial plane, 횡단면transverse plane은 위아래를 절반으로 나누는 기준이다. 그리고 의학과 외과, 해부학에서 왼쪽과 오른 방혈은 더 일찌감치 사라졌을 것이다. 그러나 방혈이 의학적으로 도움이 된다고 밝혀진 확실한 근거는 전혀 없으므로, 도움이 되었다고 한들 오로지 위약 효과일 뿐이다. 다시 말하면 앨런 B. 셰퍼드와 그의 담당 의사가 방혈의 효과를 굳게 믿었다면 셰퍼드는 일부러 피를 흘린 뒤에도 내이에 실시된 그 복잡한 수술을 받은 것만큼이나 달착륙선 조작을 수월하게 해냈을 것이라는 의미다.

방혈은 대부분 외과 의사나 이발사처럼 칼을 사용하는 사람들이 실시했다. 수천 년 전에 사람들을 치료하던 사람이 악령(질병)을 몰아내야 한다며 환자의 피부를 절개하던, 일종의 귀신을 쫓는 의식에서 시작된 전통으로 보인다. 고대 그리스에서는 레드와인을 바닥에 뿌리는 헌주와 함께 제물을 바치는 의식이 치러졌다. 즉 방혈에는 희생의 의미가 담겨 있다. 또한 피를 흘리면 정신이 몽롱해져서 마치 신들에게 모든 것을 맡기는 심정이 된 것 같다. 이처럼 악령과 연관시킨 미신적인 생각은 중세 시대까지 방혈의 핵심 요소였다. 이후 몇 세기가 지나고 외과 의사들은 좀 더 합리적인 설명을 제시했다. 방혈은 병이나 감염으로 '상한' 피를 제거하는 효과가 있다고 여긴 것이다. 팔뚝 윗부분에 지혈대를 묶고 팔꿈치를 절개하여 피가 뚝뚝 떨어지도록 하는 것도 방혈법의 한 가지 방식이었다('나쁜 피'라는 표현도 이러한 방식에서 비롯됐다).

방혈을 목적으로 특수하게 제작된 칼fleam도 있었다. 너무 깊이

방혈에 사용하던 칼

절개하지 않도록 고안된 이 칼을 이용하여 주로 팔꿈치 주름 부분을 절개하는 경우가 많았다. 피부 바로 아래에 혈관이 지나기 때문이다. 그러나 이 부위도 그리 멀지 않은 곳에 팔의 주요 동맥이 지난다. 이로 인해 외과 의사가 아주 살짝 깊이 절개할 경우 방혈로 피바다가 되기 십상이었다. 이 두 혈관 사이에 위치한 건막(널힘줄)은 이러한 사태를 어느 정도 막아 주는 역할을 한다고 해서 *fascie grâce à Dieu*, 즉 '신의 가호가 내린' 건막으로 불리기도 했다.

건강한 인체는 한 차례 방혈이 이루어진 다음 하루 정도면 새로운 혈액을 만들어 낼 수 있지만, 그런 일이 일주일간 지속되면 몸의 철분이 거의 바닥난다. 의학의 역사에서 방혈이 유행했다는 사실은 도저히 좋은 마음으로 받아들일 수가 없다. 물론 선대 의사들과 병을 치료한 사람들이 지식이 부족하고 아는 것이 없어서 병과 상처를 낫게 하지 못했다는 점은 충분히 이해할 수 있지만, 단지 더 나은 대안을 모른다고 해서 의도적으로 생명을 앗아갈 수도 있는 상처를 만드는 것은 터무니없는 일이다. 방혈은 19세기까지 지속되다가 서서히 사라졌는데, 그 이유는 점점 더 많은 질병과 증상의 제대로 된 치료법이 계속 발견되었기 때문이다. 의사들도 방혈의 효과를 더 이상 믿지 않게 되고, 위약 효과가 약화된 것도 영향을 준 것 같다.

방혈은 사라졌지만 현대 의학의 시각에서 여전히 위약 효과에 지나지 않는 수술도 많이 등장했다. 의학이 발전한 시대인 19세기에도 프랑스의 생리학자 샤를 에두아르 브라운 세카르Charles-Édouard Brown-Séquard는 기니피그의 고환에서 얻은 물질이 함유된 액체를 자기 몸에 직접 주사하고 회춘 효과가 있다고 주장했다. 이와 같은 실험은 내

분비학, 즉 호르몬과 관련된 의학의 한 분야가 탄생하는 바탕이 되었다. 외과 의사들은 실제로 동물의 고환 조각을 다시 젊어지고 싶어 하는 환자들에게 이식하는 수술을 시작했다. 효과는 놀라울 정도로 우수했다. 보다 최근에 등장한 수술들도 위약 효과에 어느 정도 기대는 경우가 많다. 수면 문제를 해결하기 위해 목젖을 제거하는 수술, 다리가 잠시도 편안할 틈이 없는 환자들이 받는 정맥류 수술, 만성 요통 증상을 약화시키기 위한 헤르니아 수술, 흉통 환자들이 받는 항역류 수술, 만성 통증 해소를 위한 척추 전극 이식, 발기부전 치료를 위한 음경 혈관 수술, 서혜부에 통증을 느끼는 운동선수들이 받는 복강경 서혜부 헤르니아 수술, 파킨슨병 환자들의 뇌 수술, 팔꿈치 염증(테니스 엘보) 수술 등이 그러한 예에 해당된다.

설명할 수 없는 만성 통증이 수술을 받고 가라앉은 경우, 문제가 실제로 해결되었다기보다 위약 효과인 경우가 더 많다. 명확한 원인이 없는 증상은 의학 용어로 '원인 불명'이라고 하며, 라틴어로는 *e causa ignota*, 줄여서 e.c.i라고 한다. 원인 불명인 경우에도 광범위한 수술로 치료를 시도하는 좋은 예 중 하나가 만성 복통이다. 새로 등장한 수술일수록 효과가 좋다는 점만 보더라도 충분히 의심스럽다. 그러한 수술은 유행하는 패션처럼 갑자기 왔다가 사라지는 경향이 있다. 새로운 것은 낡은 것보다 더 나아 보이고, 혁신은 우리에게 희망을 암시한다. 예를 들어 1960년대와 1970년대에는 건강한 충수를 제거하는 것이 원인 불명 만성 복통의 치료법으로 각광을 받았다. 그러다 1980년대와 1990년대가 되자 복강 내에 생긴 유착을 제거해야 이 불가해한 증상을 해결할 수 있다고들 이야기했다. 최근에 복벽의 표면 쪽에 위치한 신경을 절단하는 방식이 호응을 얻자 유착을 없애거나 멀쩡한 충수를 잘라 내야 한다고 주장하는 사람은 더 이상 찾아볼 수가 없다.

외과 의사는 치료로 나타난 유익한 효과가 순전히 자신의 치료 덕분이라고 생각하는 경향이 있다. '아픈 환자가 나를 찾아왔다. 그래서 도움이 되리라 확신이 드는 방법으로 치료를 했다. 증상은 사라졌고 환자는 흡족해하며 집에 돌아갔다. 내 치료가 좋은 결과를 가져온 것이다. 물론 그러리라 예상했지만.' 이런 식이다. 이처럼 자신의 행위에 대한 과도한 자신감에서 나온 생각과 사고방식을 자기 본위 편향이라고 한다. 외과 의사는 수술을 끝낼 때마다 환자의 증상이 그 수술로 인해 사라졌는지, 아니면 수술과 상관없이 사라졌는지 자문해야 한다. 증상이 그냥 저절로 없어진 것일 수도 있다. 증상이 다시 시작됐지만 환자가 같은 의사를 다시 찾아오지 않은 것인지도 모른다. 치료의 가치를 제대로 판단하는 유일한 방법은, 스스로 환자와 의사의 일대일 관계에서 멀찍이 떨어져서 평가하는 것이다.

수술의 효과를 제대로 확인하기 위해서는 동일한 문제로 같은 수술을 받은 대규모 환자들에게서 나타난 결과를 객관적으로 분석하는 수밖에 없다. 다양한 병원에서 각기 다른 외과 의사가 실시한 수술 결과일수록 더 정확하다. 요즘은 이러한 결과를 토대로 수술의 가치가 국가적 가이드라인 또는 국제적 가이드라인으로 채택된다. 또 다른 환자들에게서 새로운 결과가 도출되고 새로운 통찰을 얻을 수도 있으므로, 이 가이드라인 역시 주기적으로 검토해야 한다.

특정 수술이 위약 효과를 얻기 위한 시도로 입증된 경우, 수많은 환자가 도움을 받았다고 하더라도 계속 실시할 가치는 없다. 쓸데없이 비싸고 부적절한 기대를 유도하기 때문이다. 게다가 전혀 도움이 되지 않거나 어쩌다 한 번 효과가 있는 경우가 수두룩하다. 효과가 나타났다고 하더라도 증상이 그냥 사라진 것일 수도 있다. 만성적으로 발생하는 증상은 왔다 갔다 변화가 심한데 그 이유를 전부 밝힐 수 있는 것도 아니다. 물론 실제로 치료 효과가 없는 방법을 환자에게 제시하며 속이는 것 자체가 옳은 일이 아니다. 위약 효과를 노린 수술을 포함하여 모든 수술에는 합병증 위험이 내포되어 있다. 그러므로 어쩌다 유행이 되어 버린 가짜 수술은 용납할 수 없는 일이다.

위약 수술로 드러난 경우에도 유행이 사그라지기까지 꽤 시간이 걸리는 경우가 있다. 무릎관절증(무릎에 발생한 골관절염) 환자들을 대상으로 한 관절경 수술(키홀 수술)이 그러한 예로, 이 수술은 2002년에 위약 수술로 밝혀졌다. 무릎을 살펴보고, 세척하고 좀 씻어 내는 것 외에 무릎 상태에 도움이 되는 부분은 거의 아무것도 없는데 수술받은 환자들의 반응 때문에 큰 인기를 얻었다.

휴스턴의 정형외과 의사 브루스 모즐리Bruce Moseley는 이런 사실을 확인하기 위해 수많은 환자를 대상으로 무릎에 가짜 관절경 수술을 실시했다. 환자가 보는 앞에서 피부 세 군데를 조금씩 절개한 후 최대한 진짜처럼 보이기 위해 각종 장비를 이리저리 사용하고 바닥에 헹굼 용액을 쏟기도 했다. 결과는 충격적이었다. 관절경을 이용하여 닳고 닳은 무릎관절을 헹구고, 마모된 연골 주위를 열심히 긁어내고, 손상된 반월상 연골을 깔끔하게 만들었을 때나 그렇게 하는 척했을 때 모두 환자가 느끼는 통증은 엄청나게 줄었지만 실제 무릎 기능에는 거의 아무런 영향이 발생하지 않은 것으로 나타났다. 그럼에도 현재 전 세계 정형외과에서 무릎 키홀 수술은 여전히 가장 많이 행해지고 있다. 닳고 닳은 무릎 때문에 다리를 절뚝거리며 정형외과를 찾아가서 그러한 수술을 받는 것은 루르드에서 난 물을 벌컥벌컥 들이키거나, 스헤르토헨보스의 성모마리아 상 앞에 촛불을 밝히거나, 이발사를 찾아가 일부러 피를 내는 것과 별로 다르지 않다. 그냥 믿기만 하면 되는 일이니까.

닐 암스트롱, 버즈 올드린Buzz Aldrin, 피트 콘래드Pete Conrad, 앨런 빈Alan Bean, 앨런 B. 셰퍼드, 에드거 미첼Edgar Mitchell, 데이빗 스콧David Scott, 제임스 어윈James Irwin, 존 영John Young, 찰스 듀크Charles Duke, 해리슨 슈미트Harrison Schmitt, 유진 서넌Eugene Cernan까지 총 열두 명이 달 표면에 발을 디뎠다. 셰퍼드는 이들 중 가장 연장자였다. 만약 그가 내림프액 지름술을 받고 달에 도착한 다음에 병이 도져 증상이 나타났다면 어떻게 됐을까. 헬멧을 쓴 채로 구토를 하다가 질식했을지도 모른다. 아폴로 13호가 극적으로 탐사에 성공한 뒤였으니 그에게는 두 번 다시 달로 향할 기회가 주어지지 않았을 수도 있다. 셰퍼드가 지구로 돌아온 뒤에 메니에르병이 재발했는지 여부는 알려지지 않았다. 그는 1998년에 백혈병으로 사망했다.

영국의 캐롤라인 왕비
(1683~1737)

21장

배꼽 탈장
굳센 여성의 비참한 죽음: 캐롤라인 왕비

고대 그리스의 철학자들은 세상의 이치를 정확히 간파했다. 그리고 처음부터 모든 학문에 단 한 가지 간단한 원칙을 적용했다. 확실한 것은 아무것도 없고, 모든 것은 항상 변한다는 것이다. 헤라클레이토스는 기원전 6세기에 이 생각을 *panta rhei*, 즉 "만물은 유전流轉한다"는 말로 표현했다. 물은 흘러가기에 강은 다시 보면 더 이상 같은 강이 아닌 것과 같다.

살아 있는 존재도 마찬가지다. 흐르는 강물처럼 형태는 바뀌지 않지만 끊임없이 변한다. 의사는 누구보다 이 사실을 잘 안다. 환자에게 설명할 수 없는 증상이 나타날 때, 기다려 보는 것보다 더 나은 치료법은 없다. 대부분의 증상은 그냥 저절로 사라지므로 의사가 며칠 뒤에 다시 와 보라고 하는 데는 충분히 그럴 만한 이유가 있는 것이다. 진단도 문제가 어느 방향으로 '흘러가는지' 지켜본 이후에 내리는 것이 가장 좋다. 여기서 핵심은 기다림을 멈추고, 치료를 시작해야 할 시점을 인지하는 것이다.

외과에서 기다림은 진단을 내릴 때나 환자의 건강 상태가 나아졌는지 판단할 때 꼭 필요한 요건이다. 보존 치료°(수술 없이 치료하는 것)와 기대 치료°(치료하지 않고 주의 깊게 살펴보면서 기다리는 것), 그리고 침습 치료°(상황이 흘러가는 도중에 수술로 치료하는 것)까지, 외과 의사가 환자를 치료하는 세 가지 접근 방식에도 이 점이 반영되어 있다. 그러나 의사에게는 충분한 이유가 있어서 기다림이 현명한 선택인 경우가 많지만 고통을 호소하는 환자와 걱정하는 가족들, 자신이 더 많이 안다고 생각하는 동료들에게 아무것도 안 하고 기다리는 이유를 설득하기가 어려울 수도 있다. 외과 의사가 그냥 가만히 기다릴 거라고 생각하는 사람이 별로 없는 것도 사실이다. 그러나 충분히 숙고한 다음에 결정을 내리는 것도 행동에 돌입할 때 못지않게 큰 용기가 필요한 일이다. 훌륭한 의사인지 그렇지 않은지도 곧바로 수술을 시작하느냐의 여부보다는 최종 결과에 좌우된다. 그러므로 훌륭한 외과 의사는 모든 질병과 장애의 전개 과정을 알고, 너무 오래 기다리지도 않지만 너무 성급하게 치료를 시작하지도 않는다.

상처 감염은 며칠에 걸쳐 진행된다. 그 과정에서 고름이 생기지 않으면 앞으로도 생기지 않는다고 볼 수 있다. 암은 수개월 동안 진행되므로 그 사이에 종양이 생기지 않는다면 애초에 종양이 없었다고 보면 된다. 장 문합술(장의 두 부분을 수술로 결합하는 것) 이후 누수가 생기기까지 소요되는 시간은 10일 정도다. 이 기간에 누수가 발견되지 않으면 앞으로도 새지 않는다. 다리 동맥이 완전히 막힌 경우, 여섯 시간 내로 다리가 괴사하지 않는다면 살릴 수 있다. 장폐색(소장이 폐쇄되는 것)의 경우 파열이 생기기까지 며칠이 걸리는 반면 결장 폐쇄(대장이 막히는 것)의 경우 한시도 지체하면 안 된다. 그러나 혈액 공급이 중단되면 장 내벽이 유지될 수 없으므로, 장내 어느 부위든 교액[1]이 발생하면 몇 시간 만에 치명적인 결과가 초래될 가능성이 있다.

18세기에 외과 의사 존 랜비John Ranby는 조지 2세의 아내, 캐롤라인 왕비의 증상을 본격적으로 치료하기 전에 너무 오래 기다렸다. 그는 병이 진행되는 상황을 제대로 인지하지 못하고 나중에 조치를 취해야 한다고 믿었다. 그 대가는 환자의 목숨이 되고 말았다. 그러나 당시에는 그를 비롯한 누구도 왕비가 아픈 이유를 몰랐기에 아무도 의사를 비난하지 않았다. 심지어 나중에 왕비의 배꼽에 메스를 대기는 댔다는 이유로 존 랜비에게는 기사 작위까지 내려졌다. 늦었지만 아예 안 한 것보다는 낫다고 생각했으리라.

캐롤라인 왕비는 존 랜비를 '돌대가리'라고 불렀다. 런던 이발사 · 외과 의사 조합의 일원이던 그는 1745년에 외과 의사 협회가 따로 생기자 초대 대표직을 맡았다. 명망 있는 왕립 외과의 협회의 전신이 된, 진정한 외과 의사들로만 구성된 최초의 협회였다. 랜비는 상류층 엘리트들로부터 크게 존경받는 인물이었으나 품위가 없고 미련스러운 데가 있었고, 외과 의사로서 이룬 업적도 별로 없었다.

캐롤라인은 브란덴부르크 안스바흐 공국 출신으로, 귀족 가문의 자제였다. 그녀는 후에 대영제국의 조지 1세가 되는 하노버 선제후국 왕자, 조지 루이스George Louis의 장남 조지 오거스터스George Augustus

---

[1]   갇혀 있는 장기에 혈액 공급이 차단되어 조직이 썩는 현상

와 결혼했다. 1714년에 앤 여왕이 세상을 떠난 후, 영국 왕가 중에서 신교도인 자손은 영국과 멀리 떨어진 하노버에 정착한 이들이 유일했기에 조지 루이스는 아들과 며느리 캐롤라인을 모두 데리고 영국으로 가는 배에 올랐다. 그리고 영국의 왕이 되었다. 이 독일 출신의 사람들이 영국에 당도해 맞닥뜨린 것은 패셔너블한 가발이 크게 유행하던 낯선 사회였지만 나중에 이 시대에는 '조지 시대'라는 이름이 붙여졌다.

왕족들은 서로 대화를 나눌 때 불어를 사용했고, 일반 시민들은 독일어 억양이 아주 강하게 섞인 이들의 영어를 제대로 알아들을 수 없었다. 조지 부자는 치핵으로 크게 고생했다. 그리고 둘 다 촌스럽고 굼뜬 데다 변덕이 심했다. 캐롤라인 왕자비는 이들과 정반대였다. 재미있고 매력적이었으며 위트가 넘치고 굉장히 아름다웠다. 캐롤라인과 그녀를 둘러싼 시녀들은 가장 우아하고 멋진 사람들이라는 평가를 받았다. 당시에는 만투아라는 옷이 유행했는데, 엉덩이 양쪽 옆으로 옷을 엄청나게 부풀려서 고래 뼈로 만든 심지로 그 형태를 유지한, 기괴한 형태의 드레스였다. 폭이 어찌나 넓었던지 이 옷을 입은 여성들은 옆으로 서야만 문을 지나다닐 수 있을 정도였다. 여기에다 머리 위로 높이 솟은 가발을 쓰고 목과 얼굴에는 유독한 납으로 색을 낸 하얀 분을 두껍게 발랐다. 그리고 입 가장자리에 까만 점을 하나 찍는 것으로 마무리했다. 그들은 이렇게 가발과 드레스 등으로 겹겹이 치장한 몸으로 두 명의 종이 이고 다니는 1인용 가마에 올라, 런던 곳곳을 누비며 여러 무도회에 참석했다. 그러나 캐롤라인은 나이가 들자 더 이상 1인용 가마에도 오를 수 없고 드레스도 맞지 않은 지경에 이르렀다.

조지 1세는 1727년 여름에 오스나브뤼크로 가던 마차 안에서 뇌졸중으로 숨졌다. 전날, 하노버로 가던 길에 휴식을 취하면서 딸기를 너무 많이 먹은 탓에 소화불량 증세를 보이고 네덜란드의 델던에서 밤새도록 화장실을 들락거린 후에 벌어진 일이었다. 조지 2세와 아내 캐롤라인 왕비는 13년의 기다림 끝에 새로 왕좌에 올랐다. 한때 아름다웠던 캐롤라인은 그 기간 동안 사치스럽고 게으른 생활에 젖어 도저히 어찌 할 수 없을 만큼 살이 쪘다. 초상화에는 체구가 절대로 실제 크기로 묘사되지 않았다. 왕비의 가슴 크기가 엄청나다는 소문은 사실보다 과장된 부분이 있었으나 여왕이 된 시점에 캐롤라인은 시종의 도움 없이는 침대에서 혼자 돌아눕지도 못할 만큼 거구였다. 왕이 된 남편은 아내의 시중을 드는 시녀들 가운데 가장 높은 시녀와 바람을 피웠다. 이런 불쾌한 일이 벌어진 뒤에도 왕과 여왕이 서로를 사랑하는 마음은 여전했다.

캐롤라인은 과식하는 습관이나 자신의 몸매를 별로 부끄럽게 생각하지 않은 것 같다. 시민들은 일요일에 왕과 왕비가 식사하는 모습을 유료로 관람할 수 있었는데, 그렇게 찾아온 사람들은 몸집이 엄청나게 큰 왕비가 게걸스럽게 식사하는 모습을 볼 수 있었다. 그러나 캐롤라인에게는 오직 남편만이 아는 비밀이 하나 있었다. 과도한 체중과 연이은 출산 때문에 막내딸 루이스 공주를 낳은 뒤부터 배 중앙에 불룩한 것이 생긴 것이다. 여왕은 옷으로 이 툭 튀어나온 부분을 감쪽같이 숨겼다. '거대한' 배꼽 탈장 증상이었다. 여왕의 병소가 어느 정도 크기였는지는 아무도 모르지만 과체중인 사람의 경우 배꼽

산

우리의 생명이 유지되려면 인체를 구성하는 수많은 시스템이 조화를 이루면서 기능해야 한다. 대사 기능, 호흡과 혈액 응고 기능, 면역학적인 저항력, 소화 기능, 체액 생산과 각 분비샘의 호르몬 생산, 영양소 흡수, 독성 폐기물의 배출, 혈액이 돌게 하는 순환계, 근육의 기능, 사고력, 세포 분열과 조직 생장, 수분 관리, 무기질의 분포, 그 밖의 여러 기능이 상호적으로 적절하게 발휘되어야 한다. 그리고 이 같은 기능이 발휘되려면 인체가 모든 시스템이 최적 수준으로 기능할 수 있는 환경을 만들고 계속해서 유지해야 한다. 체온은 37도를 유지해야 하고, 체내의 이상적인 산도는 7.4이다(깨끗한 물보다 산도가 약간 더 낮은 편이다). 대사와 호흡 기능이 발휘되면 열량을 연소시키는 과정에서 젖산이나 이산화탄소 등 산성 폐기물이 생긴다. 혈중 산 성분이 과도하면 신장과 호흡을 통해 제거된다. 죽은 생체 조직이나 세균에서 나온 독성 물질도 산도가 높다. 심각한 감염이 발생한 환자나 세포가 죽어 가는 환자는 호흡이 가빠지기 시작한다. 이산화탄소를 더 많이 몰아내서(내쉬는 숨으로) 체내 산도를 맞추기 위해 노력하는 것이다. 그러다 환자가 기운이 다 빠져서 더 이상 이산화탄소를 배출하지 못하면 혈중 산도가 위험한 수준까지 상승한다. 이를 산증이라고 한다. 이러한 상태가 되면, 인체 모든 시스템에 즉각적인 악영향이 발생한다. 그리고 각 시스템이 제대로 기능하지 못하면 인체 pH가 더욱 낮아지고 결국 사망에 이르는 악순환이 시작된다.

탈장이 일어나면 수박만큼 거대해질 가능성이 있다. 너무 심하게 부풀어 올라서 묵직한 무게 때문에 기다란 주머니라도 달린 것처럼 다리 쪽으로 축 늘어지는 경우도 있다.

배꼽 탈장은 장이나 내부 장기가 복벽의 근육 사이로 배꼽을 통해 복강에서 바깥으로 튀어나온 것(또는 탈출한 것)을 의미한다. 배꼽의 구멍은 출생 이후 계속 남아 있는데 보통 지름이 0.5센티미터도 안 될 정도로 작아서 복부의 압력을 충분히 견딜 수 있다. 그러나 복부에 지방 조직이 과도하게 쌓이거나 여러 번 임신을 하는 등 복부가 장기간 팽창되는 경우, 배꼽의 구멍 부위가 약화되고 늘어난다. 그 결과 복부의 내용물이 이 확대된 구멍 쪽으로 밀고 나오기 시작하고, 시간이 갈수록 밖으로 튀어나오는 부분도 점점 많아진다.

배꼽의 구멍이 계속해서 늘어나면 돌출된 장이 더 이상 막을 수 없을 만큼 충분한 공간을 차지하는 헤르니아가 형성된다. 처음에는 불룩 튀어나온 부분이 조금 불편하고 통증도 기침이나 재채기를 할 때, 웃음이 터졌을 때, 압박이 가해질 때 등 복부에 갑자기 압력이 가해지는 경우에만 발생한다. 이때는 환자가 등을 대고 누우면 중력에 의해 헤르니아에 가해지던 압력이 감소하여 장이 복강 내 원위치로 돌아가고 불룩한 부분도 사라졌다가 자리에서 일어나면 다시 나타난다. 이러한 현상을 일시적인 축소라고 한다. 그러나 배꼽 탈장은 일시적으로 줄어들 수는 있지만 알아서 없어지는 일은 절대로 없다. 얼마 지나지 않아 헤르니아 쪽으로 밀고 나오는 복부 조직의 양이 더욱 늘어난다. 증상도 악화되어, 환자가 등을 대고 누워도 부풀어 오른 부분이 사라지지 않는다. 헤르니아가 더 이상 줄어들 수 없는 상태가 되는 것이다. 바깥으로 탈출한 조직이 더 늘어나면 차지하는 공간에 제약이 생기고, 그로 인해 격렬한 통증과 구토 증상이 갑작스럽게 나타난다. 배꼽 구멍에 쏠린 압력을 낮추기 위한 조치를 취하지 않으면 헤르니아 내부의 조직이 괴사하기 시작한다. 이와 같은 상태를 감금incarcerated 헤르니아(감금 탈장)라고 한다. 라틴어로 '감옥에 갇히다'라는 뜻의 *incarcerare*에서 비롯된 표현으로, 이때 헤르니아 조직과 연결된 혈행이 막힌다. 감금 헤르니아의 결과는 혈류 공급이 중단된 조직이 어떤 종류인지, 그리고 이 문제를 외과 의사가 처리하는 방식, 특히 어떤 것을 중점적으로 해결하는가에 따라 좌우된다.

1737년 여름, 캐롤라인은 복부에 극심한 통증을 두 번 느꼈지만 두 번 다 통증이 알아서 사라졌다. 그러나 수요일이던 11월 9일 아침에 또다시 찾아온 격렬한 통증은 11일 후 사망에 이를 때까지 이어졌다. 이 기간에 왕비의 침실과 주변에서 일어난 일들은 궁정의 부시종이자 왕과 왕비의 친구였던 존 허비John Hervey 경의 회고록에 아주 상세히 기록되어 있다. 왕비는 참을 수 없을 만큼 강한 통증에 시달렸고 구역질 증상도 함께 나타났다. 그럼에도 그날 저녁, 왕비는 평소와 같이 응접실에 모습을 나타냈다. 밤이 되고 헛구역질이 계속되어 똑바로 눕지도 못하는 지경에 이르자 민트를 넣은 물과 허브로 만든 비터가 제공됐지만 증상은 가라앉지 않았다. 호출을 받고 온 왕궁 담당 외과 의사, 존 랜비는 지극히 소박한 조치를 취했다. 캐롤라인에게 어스퀴보(위스키)를 마시도록 한 뒤 355밀리미터가량의 피를 뽑아냈다.

다음 날 랜비는 하루 종일 바쁘게 지냈다. 먼저 왕비의 상태가 전혀 나아지지 않은 것을 확인하고 더 많은 피를 뽑아냈다. 이어 장시간 어머니의 병상을 지키며 흐느끼느라 코피가 터진 왕비의 딸 캐롤라인의 상태를 보러 가야 했다. 괴로워하는 젊은 여성의 상태를 개선시키는 확실한 방법으로 그가 의심해마지 않던 치료가 시행됐다. 역시나 피를 뽑아내는 치료였다. 효과를 제대로 보기 위해 방혈은 두 차례 이루어졌다. 그 사이에 온갖 분야의 의사들이 왕비에게 갖가지 해결책을 제시했다. 이들이 시도한 오만 가지 치료 때문에 왕비는 다리에 물집이 잡히고, 영약이라는 약도 마시고 장세척까지 받았지만 그들 중에 왕비가 왜 아픈지 아는 사람은 아무도 없었다. 다들 '배에 생긴 응혈'이 원인이라고 보았다. 왕에게 어쩌면 왕비가 회복되지 못할 수도 있다는 의견을 밝힌 의사 한 명은 뺨을 맞았다.

금요일 아침, 왕비에게 또다시 방혈 치료가 실시됐다. 그러나 통증은 사라지지 않고, 먹거나 마신 건 전부 토해냈다. 토요일이 되자 더 이상 모른 척할 수 없었던 왕은 결국 아내의 비밀을 공개했다. 왕비의 뜻에 어긋나는 일이었지만, 왕은 랜비에게 13년 넘게 숨겨 온 배꼽 탈장 사실을 알린 것이다. 아프기 시작하고 4일이 지난 그때서야 환자 검진이 실시됐다. 랜비는 부풀어 오른 병소가 있다는 사실을 확인하고 외과 의사 두 명을 곧바로 호출했다. 왕궁 소속 의사로 나이가 구순에 가까운 비지에Busier와 그보다 훨씬 젊고 시내에서 외과 의사로 일하던 존 십튼John Shipton이 불려왔다. 세 사람이 왕비를 치료하는 동안 조지 2세는 아내의 부동산을 정리하기 시작했다. 마침내 상황의 심각성을 모두가 인지한 것이다.

비지에는 배꼽 구멍을 깊이 절개해서 혈류가 막혀 버린 장을 다시 배 안으로 밀어 넣는 확대 수술을 제안했다. 이 노년의 의사가 외과적으로 얼마나 날카로운 판단력을 보유한 사람이었는지 알 수 있는 제안이지만, 그가 활약할 수 있는 시절은 이미 다 지나고 말았다.

랜비는 비지에의 제안에 반대했고 십튼도 조금 더 기다려 보자는 랜비의 의견에 동의했다. 그러나 그날 하루가 깊어 갈수록 환자의 통증도 점점 심해졌다. 결국 이른 저녁, 랜비는 납득하기 힘든 타협점을 제안했다. 복부를 절개하되 피부 아래로 깊이 내려가지 말아야 한다고 한 것이다. 그리하여 오후 6시에 이 세 명의 18세기 전문가들은 용감한 왕비가 누워 있는 침대를 둘러싸고 촛불 아래에서 수술을 시작했다. 당시 왕비는 매트리스를 다섯 장 깔고 생활했다. 이 침상 위로 허리를 구부려야 하는 데다가 환자의 수술 부위가 워낙 거대해서 세 외과 의사 모두 수술하는 동안 허리에 상당한 부담이 됐을 것이다. 랜비의 재킷은 땀으로 축축하게 젖었다. 해부실에서 시체를 들여다보는 의대생들처럼, 세 사람은 불룩 튀어나온 배꼽의 피부를 절개했다. 그리고 육안으로도 볼 수 있었던 뱃속의 내용물을 밀어 넣으려고 애를 썼다. 왕비의 인생을 통틀어 가장 큰 고통이었을 이 노력은 아무 소용이 없었다. 오히려 더 끔찍한 결과만 초래됐다. 한 나라에서 가장 명망 있는 여성에게 피가 통하지 않는 배꼽 탈장이 생긴 것으로도 모자라 엄청나게 큰 절개 자국까지 생긴 것이다.

외과 의사 세 사람 다 이 끔찍한 상황이 어떤 방향으로 흐를 것인지 심혈을 기울여 살펴보았고 나름의 근거도 충분했지만, 왕비에게서 뚜렷하게 나타난 긍정적인 징후를 셋 다 놓치고 말았다. 정말로 문제가 감금 탈장이었다면 캐롤라인은 그 뒤로 5일 동안이나 살아 있었을 리 만무하다. 그랬다면 사멸한 세포에서 나온 유독한 세포 노폐물과 소화액, 장의 내용물이 괴사한 장 내벽을 통해 몇 시간이면 혈류로 흘러들어가고 그 결과 신체 기능을 악화시키는 생화학적 연쇄

반응이 일어나 몸 전체에 산도가 급격히 높아진다. 이렇게 되면 환자
는 아무리 길게 잡아도 이틀 안에 사망한다. 그러나 11월 13일 일요
일에도 왕비는 살아 숨 쉬고 있었다. 정신도 멀쩡해서 침대 주변에
모인 사람들과 대화도 나누었다. 그러므로 캐롤라인의 배꼽 구멍에
갇혀 있던 것은 장이 아니었다는 추정이 가능하다.

환자가 비만인 경우, 복강의 장 앞부분에 커다란 무언가가 매달려
있는 부분이 생길 수 있다. 대망막 또는 그물막이라 불리는 이 부분은
정상인이라면 복벽과 장 사이에 얇은 막을 이루지만 극심한 비만인은
이 막 주변에 어마어마한 양의 지방 조직이 축적된다. 따라서 왕비의
배꼽 탈장 부위에 갇힌 것은 장이 아니라 이 대망막일 가능성이 크다.
대망막이 감금된 경우에도 통증은 심하지만, 지방 세포의 괴사는 장
이 괴사하는 것보다 환자 건강에 훨씬 덜 위험하다는 차이가 있다.

수술 다음 날인 일요일에 외과 의사 세 명은 환자의 수술 부위를
확인했다. 전날 저녁에는 촛불에 의존해야 했지만 날이 밝아 상태를
더 제대로 볼 수 있었던 의사들은 병소 깊숙한 곳에 파묻힌 지방 괴
사 조직을 발견했다. 당시는 상처 부위에 괴사가 발견되면 곧장 괴저
로 이어져 환자가 곧 죽는다고 확신하던 시절이라, 왕비의 몸 상태가
전날보다 더 악화된 것도 아니고 곧 숨이 끊어질 것 같은 징후도 전
혀 없었음에도 이 세 명의 의사는 이제 왕비가 몇 시간밖에 살지 못
한다는 결론을 내렸다. 아내에게 작별 인사를 해야 한다는 전갈이 왕
에게도 전해졌다. 슬픔을 주체하지 못하던 왕은 아내에게 세상을 떠
나더라도 부부간의 신뢰를 결코 저버리지 않겠다고 약속했다. 아내
가 재혼을 해야 한다고 간곡히 청하자, 왕은 한참을 흐느끼고 훌쩍이

며 그 유명한 말을 남겼다. "*Non, j'aurai des maîtresses.*(싫소, 차라리 정부를 두겠소.)" 캐롤라인은 한숨을 쉬며 대답했다. "*Ah! Mon Dieu! Cela n'empêche pas!*(세상에나, 무슨 차이가 있나요!)"

　의사들은 다시 해야 할 일을 하기 시작했다. 그러나 죽은 조직을 잘라 내고도 절개 부위에서 대변이 흘러나오지 않은 것만 봐도 그 조직이 장이 아니며 이는 긍정적인 징후라는 사실을 또다시 인지하지 못했다. 왕궁의 부시종인 허비 경은 환자와 그녀를 염려하는 주변 사람들의 감정 따위는 안중에도 없는 의사들의 태도를 보며 당혹스러움을 느꼈다. 불과 몇 시간 전만 하더라도 왕비의 죽음이 임박했다고 단언하더니, 이제는 의사 셋 다 그런 틀린 사실을 이야기한 적이 없는 사람들처럼 행동했으니 말이다. 왕비의 배꼽 헤르니아에서 괴사된 조직은 환자에게 거의 아무런 영향도 주지 않았다. 수술 후 며칠 뒤에는 총리와 대주교까지 만날 수 있을 정도였다. 그러나 왕비는 점점 생기를 잃어 갔다. 여전히 어떠한 음식도 넘기지 못하고 쉴 새 없이 토했다. 외과 의사들은 매일 수술을 진행했다. 상처 부위를 살펴보고, 죽은 조직을 잘라 내고 손가락을 집어넣어서 어떤 상태인지 가늠해 보기도 했는데 이 모든 과정이 마취도 없이 이루어졌다. 이런 절차를 이어 가던 중에 노년의 의사 비지에는 촛불을 머리 위로 너무 바짝 들어 올리다가 가발에 불이 붙는 사고를 당하기도 했다. 신문마다 왕궁에서 벌어지는 비극적인 일들이 낱낱이 실리고, 캐롤라인의 상황도 공공연히 사람들 입에 오르내리는 주제가 되었다. 허비의 표현을 빌리자면 "왕비가 (왕궁) 문 바로 앞에서 해부된 것 같은" 상황이었다.

그래도 딱히 더 나빠지지는 않았던 병세는 11월 17일 목요일에 급변했다. 장에 구멍이 뚫린 것으로 추정되는 증상이 나타난 것이다. 토하는 횟수가 더 늘어나고, 갑자기 수술 부위를 통해 다량의 대변이 흘러나오기 시작했다. 왕비의 복부에서 흘러내린 대변은 침대 시트를 적시고 침실 바닥까지 흘러서 지독한 악취 때문에 창문을 다 열어야만 했다. 이런 상태로 왕비는 3일이라는 긴 시간을 견디다가 1737년 11월 20일 일요일, 오전 10시에 더없이 지저분하고 비참한 상태로 숨을 거두었다. 사망 당시 나이는 쉰네 살이었다.

현대 의학의 지식을 동원한다면 왕비의 증상을 어떻게 설명할 수 있을까? 복부에서 나타난 증상의 양상을 가장 핵심적인 근거로 활용할 수 있을 것이다. 초기에 왕비에게 발생한 문제는 소장이 막히는 장폐색이었다. 그리고 장폐색은 감금 탈장, 즉 장으로 혈행이 통하지 않는 문제와 동시에 발생할 수 있다. 그러나 장 천공은 8일 후에야 발생한 것으로 볼 때 혈류가 막힌 것이 원인이라고 볼 수 없다. 혈행 문제로 천공이 발생했다면 환자는 몇 시간 만에 끔찍한 상태가 될 수 있기 때문이다. 장폐색이 너무 오랫동안 방치된 바람에 압력이 과도하게 높아지고 소장이 풍선처럼 터질 듯이 부풀어 오른 것으로 추정된다. 세 명의 외과 의사가 복부 병소의 깊이를 가늠하느라 이리저리 헤집다가 천공이 발생했을 가능성이 높다. 수술을 매일 실시했으니 이미 큰 압력을 받고 있던 장에 구멍이 생기기도 쉬웠을 것이다. 왕비가 계속해서 심하게 토한 것도 장이 폐쇄됐음을 나타내는 강력한 증거다. 그러므로 소장이 배꼽의 구멍 부위에 꼭 눌려서, 그러나 혈류 공급이 중단되지는 않은 상태로 대망막과 함께 갇혀 있었을 것으로 추정된다. 또한 대망막이 장을 밀어낸 경우, 뱃속 깊은 곳에서도 장폐색이 일어났을 가능성이 있다.

어떠한 경우든, 외과 의사가 환자에게 도움이 되는 처치보다 오히려 해가 되는 조치를 취하는 경우가 빈번했던 그 시대에 취했어야 할 유일한 해결책은 튀어나온 헤르니아를 수술 없이 다시 뱃속으로 밀어 넣는 것이다. 랜디는 지체 없이 이 치료를 시작해야 했고, 왕비를 찾아간 첫 날에 강력하게 주장해서 아픈 환자를 검진해야 했다. 그리고 어떤 상황인지 제대로 알아보기도 전에 피를 뽑아내지 말았어야 했다. 손을 펴서 부풀어 오른 배 위에 대고 30분 이상 살살 압박을 가하면서 튀어나온 배꼽 부위가 최소한 부분적으로나마 뱃속으로 들어가도록 했어야 마땅하다. 그리고 헤르니아 내부에서 발견한 죽은 조직을 굳이 제거하려고 하지 말았어야 했다. 죽은 조직을 그대로 두었어도 왕비의 목숨에는 영향을 주지 않았을 것이다. 오히려 소장을 덜 막히게 하던 부분을 그가 잘라 내면서 희망은 모두 사라졌다.

14년 뒤인 1751년 12월 19일에 덴마크에서 역사가 다시 한 번 반복됐다. 캐롤라인의 딸인 루이스 공주는 덴마크 왕과 결혼하여 왕비 자리에 올랐다. 그리고 루이스도 어머니처럼 비만이었다. 임신 중이던 스물일곱에 루이스에게도 감금 탈장이 발생했다. 이번에도 외과 의사 한 명이 부질없는 시도를 이어 갔고, 루이스 역시 어머니 못지않은 처참한 상태로 젊은 생과 뱃속의 아이까지 모두 잃고 말았다.

존 랜비는 의사가 된 초기부터 큰 실패를 경험했음에도 불구하고 스스로를 아주 높게 평가했다. 그로부터 몇 년 뒤인 1744년에 출간된 저서 『총상 치료법*The Method of Treating Gunshot Wounds*』에는 그가 영국군의 군의관으로 일하던 시절 가장 영광스러웠다고 느낀 사건이 등장한다. 자신의 영웅적인 업적 중 하나로 꼽은 이 사건은 바로 조지 2세와 고인이 된 캐롤라인 왕비의 막내아들이자 '도살자'라는 별명으로 불리던 윌리엄 왕자를 치료한 일이었다. 윌리엄은 1743년, 오스트리아 계승 전쟁이 벌어지자 데팅겐 전투에 참전하여 부친과 함께 프랑스군과 맞서 싸웠다. 영국 역사에서 왕이 직접 군대를 이끌고 전장에 나선 마지막 사례였다. 전투 도중에 윌리엄을 향해 날아온 머스킷 총탄이 장딴지를 관통하여 '달걀만큼 큼직한' 상처가 생겼다. 왕자를 돕기 위해 즉각 다가간 랜비는 피를 철철 흘리는 환자를 보며 칼을 꺼내 들었다. 오늘날 이런 상황이 펼쳐졌을 때 지각 있는 외과 의사라면 병사의 바지 한쪽 가랑이를 잘라서 다친 부위를 살펴보고 이 잘라 낸 바지를 지혈을 위한 튼튼한 붕대로 활용하여 다리에 단단히 묶은 다음 혼란스러운 전장에서 환자를 최대한 빨리 데리고 나갈 것이다. 그러나 랜비는 꺼내 든 칼을 전혀 다른 용도로 사용했다. 쓰러진 왕자의 팔을 절개하여, 주변에 전투가 한창이고 머리 위로 총알이 마구 날아다니는 전장 한복판에서 방혈을 시도한 것이다. 이미 다리에서 흘러나오는 피로는 부족하다고 생각했는지, 그는 5백 밀리리터가 넘는 피를 뽑아냈다. 왕자가 야전병원으로 옮겨진 뒤에는 상처 부위를 빵과 우유로 닦아 내고, 두 번이나 더 방혈을 실시했다. 이 모든 조치에도 젊은 왕자는 살아남아서 랜비는 안도한 것은 물론 명예를 지킬 수 있었다. 그러나 이런 터무니없는 치료 방식에 계속해서 운이 따라 준 건 아니었다. 그는 영국 수상인 로버트 월폴Robert Walpole의 요도에 생긴 방광결석을 제거하는 수술을 진행하던 중에 또 방혈을 시도했다. 이미 목숨이 위태로울 만큼 피를 흘리는 환자를 보고도 피를 더 뽑아내는 것 외에 달리 더 나은 치료법을 떠올리지 못했던 것이다.

외과 의사 에도아르
도 바시니(1844∼1924)

22장

입원은 짧게, 패스트트랙 방식
반역과 혁명: 바시니와 리히텐스타인

의학과 해부학, 외과학에는 기구나 해부학적인 구조, 상태, 질병, 수술법에 최초로 개발하거나 설명한 사람의 이름을 붙이는 경우가 굉장히 많다. 피노치토 견인기Finochietto retractor, 민가치니 검사Mingazzini test, 도나티 봉합Donati stitch, 스코피나로 수술Scopinaro procedure, 몬테기아 골절Monteggia fracture, 오디 괄약근sphincter of Oddi, 모르가니 소와lacunae of Morgagni, 파치오니 과립Pacchioni's granulations, 스카르파 근막fascia of Scarpa, 발살바 조작Valsalva maneuver, 바시니 교정Bassini repair까지 다양한데, 특히 이탈리아인의 이름이 붙으면 반론의 여지없이 가장 매력적인 명칭으로 여겨진다. 인체가 어떻게 기능하는지 처음으로 정확하게 밝혀진 곳도 이탈리아, 정확히는 파도바였다. 16세기에 브뤼셀 출신인 안드리스 반 베첼Andries van Wezel이 책으로 전해진 고대인들의 지혜를 무려 천 년 동안이나 아무런 비판 없이 따르던 전통을 깨면서 가능했던 결과였다. 그는 시신을 직접 해부하여 스스로 진실을 찾아내기 시작했다. 안드레아스 베살리우스Andreas Vesalius라는 라틴어 이름으로 더 많이 알려진 그는 1543년에 출간된 유명한 저서 『인체의 구조에 대하여De humani corporis fabrica』에서 사람의 몸이 어떻게 구성되어 있는지 밝혔을 뿐만 아니라, 천 년 넘게 지혜로 여겨진 고대 서적의 내용들이 전부 틀렸다는 사실을 증명해 보였다.

2백 년 뒤, 같은 도시의 같은 대학에서 조반니 바티스타 모르가니Giovanni Battista Morgagni도 같은 시도를 했다. 모르가니는 병든 사람의 몸을 집중적으로 연구했다. 그는 살아 있는 환자를 대상으로 병이 진행되는 과정을 최초로 설명하고, 환자가 사망하면 시신을 부검하여 무엇이 잘못됐는지 조사했다. 베살리우스와 마찬가지로 1761년에 나온 모르가니의 저서 『질병 부위와 원인에 관한 해부학적 연구De Sedibus et Causis Morborum per Anatomem Indagatis』도 큰 성공을 거두었다. 의학이 전통이 아닌 사실을 기반으로 발전할 수 있었던 것은 이 두 사람의 연구 덕분이다.

그러나 과학적인 발전은 다른 나라에서 중점적으로 이루어지기 시작했다. 이탈리아는 국내 정치에 끼어들며 이탈리아 반도에서 싸움을 벌이는 다른 나라들의 막강한 힘에 휘둘렸다. 현재 우리가 알고 있는 이탈리아의 형태는 1870년이 되어서야 자리를 잡았다. 그 이전에는 여러 개로 나뉜 왕국과 공화국이 한데 뭉쳐 있는 구조였다. 남쪽은 프랑스 왕국이었고 중간은 교황의 통제를 받는 교황령, 그리고 북쪽은 제각기 다른 나라의 영향을 받는 여러 개의 작은 나라들로 쪼개진 상태였다. 이렇게 제각기 분리된 국가가 전부 하나로 통일될 수 있었던 데는 점령과 게릴라전에 강한 전사, 주세페 가리발디Giuseppe Garibaldi의 노력도 부분적으로 도움이 됐다. 가리발디는 민족주의자들

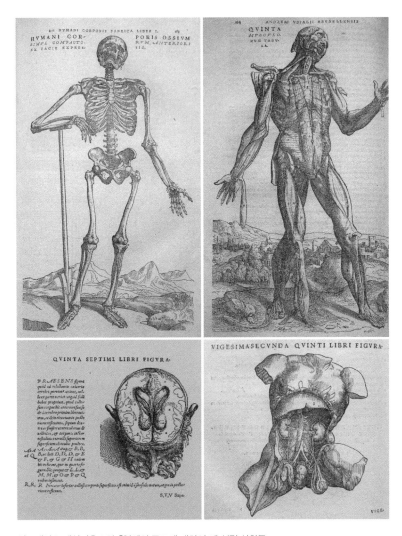

안드레아스 베살리우스의 『인체의 구조에 대하여』에 실린 삽화들

로 구성된 소규모 군대를 이끌고 프랑스와 교황 모두를 상대로 싸움을 벌였다. 독일과의 전쟁이 임박했던 프랑스는 곧 퇴각했지만 교황령에 해당되던 지역은 3년을 더 버티며 불가피한 통일을 지연시키는 데 성공했다. 1867년에는 로마에서 이 소규모 자유의 전사들을 상대로 승리를 거두었다.

1861년, 교황 비오 9세는 전 세계 가톨릭교를 향해 이탈리아 교황령으로 와서 함께 싸우자고 요청했다. 이 부름에 응한 사람들은 '교황의 주아브병'으로 알려진 부대로 편성되었다. 가리발디의 소규모 병력에 속해 있던 한 병사는 이 주아브 병사 중 한 사람이 휘두른 총검에 맞아 서혜부 우측에 부상을 입고 말았다. 이 불운한 자유의 전사는 에도아르도 바시니Edoardo Bassini라는 스물한 살의 청년으로, 대학을 갓 졸업하고 민족주의자 군대에 합류하여 보병으로 활약하고 있었다. 바시니의 삼촌은 가리발디와 싸움 실력이 막상막하일 정도로 온 나라에 유명한 영웅이었다. 바시니를 포함하여 70명으로 구성된 소대는 용맹한 카이롤리Cairoli 형제의 지휘에 따라 로마로 진격하여 저 멀리 성베드로 대성당의 지붕이 보이는 곳까지 도달했다. 3백 명의 병사들이 모여 수적으로 우세였던 주아브병은 1867년 10월 23일 오후 늦은 시각, 테베레강에서 몇 킬로미터 떨어진 어느 언덕의 빌라 글로리 과수원에서 마침내 적군과 마주쳤다. '빌라 글로리의 충돌Scontro di Villa Glori'로 알려진 소규모 접전이 한 시간가량 이어진 뒤 바시니의 군대는 군사 행동을 잠시 중단했다.

가을 햇살이 쏟아지던 그때, 에도아르도 바시니는 로마와 가까운 그곳의 어느 아몬드 나무 아래에 서혜부가 찢어지는 상처를 입고 누위 있었다. 당시 의사는 그의 부상이 얼마나 심각한지 손가락으로 확인했을 것이다. 출혈이 아주 심한 건 아니지만 상처가 꽤 깊어서 구멍이 복근까지 이어졌다. 바시니는 이 구멍을 통해 여러 겹으로 된 자신의 복벽을 충분히 들여다볼 수 있었을 것이다. 제각기 나뉜 막을 직접 확인했을 수도 있다. 그리고 나중에 널리 이름을 떨치게 된 아이디어가 바로 그때, 아몬드 나무 아래에서 떠올랐을지도 모른다.

전쟁 포로로 잡혀간 바시니는 적군의 감시하에 파비아의 한 대학병원으로 실려가 외과 교수 출신인 루이지 포르타Luigi Porta로부터 치료를 받았다. 하복부 우측 아래쪽에 이어진 상처에서 대변이 흘러나오기 시작했고 자칫 목숨을 잃을 수도 있는 복막염까지 생겼지만 며칠이 지나자 열이 가라앉고 상처에서 배어 나오던 분비물의 양도 줄었다. 그를 찌른 총검이 관통한 곳이 대장 시작 부위에 자리한, 낭처럼 매달린 장 끝부분인 맹장이라 천만다행이었다. 조금만 더 아래를 찔렸다면 다리로 이어진 굵은 혈관이 손상되어 그 아몬드 나무 아래에서 출혈로 숨질 뻔했다. 또 조금만 더 윗부분을 찔렸다면 대장이 손상되는 바람에 복막염을 이겨 내지 못했을 것이다. 엄청난 운이 따라 준 덕분에 바시니는 완전히 회복되었고 몇 개월 후에는 자유도 되찾았다.

전투에 흥미를 잃은 바시니는 외과에 새로이 관심을 갖기 시작했고 좀 더 깊이 공부해 보기로 했다. 그는 그 길로 빈의 테오도어 빌로트를 비롯해 베를린의 베른하르트 폰 랑겐베크Bernhard von Langenbeck, 런던의 조지프 리스터까지 당대 위대한 외과 의사들을 모두 찾아갔다. 그리고 통일된 이탈리아로 돌아가 모르가니와 베살리우스의 고장, 파도바대학교의 교수가 되었다. 이곳에서 1887년, 바시니는 3000년이 넘는 외과학의 역사에서 해결되지 않았던 한 가지 문제의 근본적인 해결책을 발표했다. 바로 서혜부 헤르니아의 치료법이었다.

서혜부 헤르니아는 아주 흔한 질병이다. 기원전 1157년에 사망한 파라오 람세스 5세의 미라에도 서혜부 헤르니아의 흔적이 뚜렷하게 남아 있다. 의학 용어로 샅굴 헤르니아inguinal hernia라고도 하는데, 말 그대로 '사타구니 부위가 터졌다'는 의미다. 남성의 25퍼센트, 여성의 3퍼센트가 생애 중 어느 시점에 겪는 이 서혜부 헤르니아는 하복부 좌우측의 복벽에 선천적으로 취약한 부분이 있을 때 발생한다.

복벽은 세 겹의 근육이 차례로 쌓인 형태로 되어 있다. 베이컨 조각처럼 각 층이 확실하게 구분되는 형태다. 먼저 복부 안쪽에서 바깥쪽으로 이어진 복횡근이 있고 내복사근과 외복사근이 각각 안쪽과 바깥쪽에 자리한다. 그리고 복벽 양쪽에 이 세 겹의 근육에 있는 구멍이 하나로 이어져서 관을 형성하는데, 이를 서혜관이라고 한다.

서혜부 헤르니아는 여성보다 남성에게 발생할 확률이 더 높다. 출생 전 고환이 형성될 때 복부에서 음낭까지 지나오는 길이 바로 서혜관이다. 이 과정에서 복강의 높은 압력을 버티는 힘이 약화될 수 있고 일부 경우 출생 시점에 이미 서혜관이 약화된 상태라 생애 초기에 서혜부 헤르니아가 발생한다. 그러나 약화된 경우에도 수년 동안 복강의 압력을 잘 버티다가 오랜 시간이 지난 뒤에 파열되기도 한다. 서혜부 헤르니아 환자 중에 어린아이와 노인이 가장 많은 이유도 이 때문이다.

헤르니아

———————

헤르니아hernia는 라틴어로 파열을 의미한다. 파열은 찢어지거나 터지는 것을 의미하는데 의학적으로 이런 증상은 헤르니아가 아니라 균열fissure로 표현하며, 헤르니아라는 표현은 찢어지거나 터져서 해당 부위가 돌출된 경우에만 사용된다. 전혀 다른 두 가지 상태를 나타낼 때 헤르니아라는 용어가 사용되는데, 첫 번째는 척추 추간판 중 하나가 갈라져서 추간판 중심의 부드러운 부분(수핵)이 튀어나오는 것을 가리킨다. 이 같은 상태를 **추간판 탈출증**hernia nuclei pulposi, 척추 디스크 헤르니아 또는 '디스크 탈구'라고 한다. 이렇게 돌출된 부분이 척추 바깥에 이어진 척수의 신경근 중 하나를 누를 경우, 통증은 해당 신경근의 영향을 받는 부위까지 넓게 번진다. 이로 인해 척추 헤르니아는 통증이 다리까지 퍼질 수 있고 목 헤르니아는 통증이 팔로 이어진다. 헤르니아의 두 번째 형태는 복막이 복벽에서 파열되거나 취약한 부위를 통해 돌출되는 것이다. 배꼽 탈장의 경우 탯줄이 연결되어 있던 배꼽 구멍이 이 취약한 부분에 해당된다. 또 횡격막 헤르니아는 식도부터 횡격막까지 이어지는 구멍이 취약 부위이고, 절개 헤르니아는 오래전에 다쳐서 생긴 흉터, 대퇴 헤르니아는 복부에서 다리까지 이어진 혈관이 취약 부위다. 서혜부 헤르니아에서 취약 부위는 서혜관으로, 남성의 경우 고환이 음경까지 이동한 경로에 해당된다. 여성보다 남성에게서 서혜부 헤르니아가 더 많이 발생하는 이유도 이 때문이다.

복벽이 약화되어 장이 돌출되는 부위를 탈장 게이트라고 한다. 서혜부에 생긴 헤르니아를 '파열'됐다고도 하는데, 이는 잘못된 표현이다. 복벽 파열은 탈장 게이트 자체에만 해당되는 표현이며 게이트가 존재하는 것만으로는 아무런 문제가 되지 않는다. 즉 복강의 내용물이 이 파열된 복벽을 통해 밖으로 돌출될 때 비로소 서혜부 헤르니아로 발전하고 통증과 증상이 나타난다. 돌출된 장이 복막에 둘러싸인 것을 탈장 낭이라고 한다. 이 탈장 낭이 탈장 게이트(서혜관) 바깥으로 튀어나온 경우, 서혜부의 주름 바로 위에 있는 피하 조직이 부풀어 오르므로 육안으로 보거나 만져서 확인할 수 있다. 이때 환자가 등에 바닥을 대고 반듯하게 누우면 탈장 낭과 튀어나온 장이 다시 복부 안쪽으로 들어가고 불룩 솟아난 부분도 사라진다. 그러나 배꼽 탈장과 마찬가지로 서혜부 헤르니아도 돌출된 장이 탈장 게이트에 끼어 혈류가 차단되고 그 결과 서혜부 감금 탈장이 되어 생명이 위태로워질 수 있다.

바시니 이전까지 서혜부 헤르니아의 치료는 원인보다 결과에 집중되어 있었다. 다시 말해 탈장 게이트가 아닌 밖으로 튀어나온 탈장 낭을 처리하는 데 주력했다. 메소포타미아, 이집트, 그리스에서는 서혜부에 발생한 헤르니아를 다시 안으로 밀어 넣기 위한 탈장대가 일찍부터 개발됐고 로마 시대부터는 중세 시대에 한참 접어든 시기까지 수술 치료도 실시되었다. 그 첫 번째 방식은 부풀어 오른 부위를 뜨겁게 달군 쇠도장으로 바깥에서 지지는 것이었다. 이 비인간적인 치료가 과연 얼마나 효과가 있었는지는 불분명하다. 이런 방법이 활용된 이유는, 아랍의 알부카시스Albucasis라는 의사가 천 년 전에 쓴 책에 그렇게 하라고 나와 있기 때문이었다. 두 번째 방법은 좀 더 실질적인 수술로, 기원전에 이미 시행되던 방식이다. 튀어 나온 부위를 절개하고 탈장 낭을 위로 뽑아낸 다음 꼬아서 봉합하여 폐쇄하는 수술이었다. 14세기에 프랑스의 외과 의사 기 드 숄리아크Guy de Chauliac

는 이 수술에 금실을 즐겨 사용했다고 한다. 그러나 수술 후 고환이 괴사하는 경우가 많았다. 서혜부 감금 탈장의 경우 환자를 거꾸로 매달아 놓고 부풀어 오른 부위를 절개하여 탈장된 내용물이 좀 더 쉽게 안으로 들어갈 수 있도록 했는데, 감금 탈장 부위에 이미 혈류 공급이 막힌 상태에서 이런 방식을 택하면 환자는 대부분 목숨을 잃었다. 19세기에는 수술이 좀 더 위생적인 방식으로 개선되고 환자 마취도 이루어졌다. 그러나 바시니가 치료법을 발표하기 전에는 치료가 여전히 탈장 낭을 제거하는 것에 국한되었고 탈장 게이트는 치료 대상이 아니었다. 이로 인해 치료를 하더라도 단기간에 병이 재발할 위험이 높았다.

바시니는 탈장 낭이 병의 원인이 아니라 결과라는 사실을 인지했다. 그래서 서혜부 헤르니아가 발생하는 취약 부위에 초점을 맞추고, 수년간 서혜관을 구성하는 각각의 층을 연구했다. 이렇게 탄생한 바시니의 치료법은 탈장 낭을 제거하고 복벽의 정상적인 해부학적 구조를 되살리는 것이 기본 바탕이었다. 잘못된 부분을 고치는 것으로 끝나지 않고 정상 구조를 회복시키는 것은 외과학에서 새로운 개념이었다.

그러나 원래 상태로 되돌리려면 정확히 어떤 상태가 정상인지부터 알아야 한다. 이는 인체가 정상 상태일 때의 형태(즉 복벽의 정상적인 해부학적 형태)뿐만 아니라 서혜부 헤르니아로 그 형태가 어떻게 변화하는지도 파악해야 한다는 의미다. 바시니가 새로운 아이디어를 떠올리고 연구한 곳이 파도바, 즉 베살리우스가 정상 인체의 해부학적 특징을, 모르가니가 비정상적인 인체의 해부학적 특징을 밝힌 곳이라는 사실은 참 다행스러운 우연이 아닐 수 없다. 바시니는 직접 개발한 치료법을 1889년에 '서혜부 헤르니아를 확실하게 해결할 수 있는 새로운 수술법nuovo metodo operativo per la cura radicale dell'ernia inguinale'으로 소개했다.

혁신적인 아이디어였다. 해부학적으로 정상 구조에 해당되지 않는 부분을 모두 절개하고, 절개 부위를 봉합하여 복벽을 정상적인 형태로 재건하는 것이 그가 밝힌 방법이었다. 아몬드 나무 아래 쓰러져 있던 당시에 바시니는 자신이 입은 상처가 복벽을 구성하는 각 층을 모두 관통했다는 사실을 파악한 것이 분명하다. 그래서 치료 과정이 말로 설명하는 것보다 더 까다롭다는 것도 알고 있었다. 또한 바시니는 복벽을 이룬 각각의 층은 전체 기능이 완전하게 유지될 수 있도록 제각기 맡은 기능이 있다는 사실과, 서혜부 헤르니아를 치료하려면 그 기능을 복원시켜야 한다는 점도 이해한 것으로 보인다.

복벽은 총 일곱 개의 층으로 구성된다. 그러나 바시니는 기능을 토대로 할 때 총 세 개의 단위로 나눌 수 있으며, 각 부분은 복벽에서 모두 다른 기능을 수행한다는 사실을 발견했다. 이는 곧 서혜부 헤르니아 치료도 이 세 부분의 상태에 맞게 각기 다른 조치가 필요하다는 것을 파악한 것이다. 먼저 첫 번째 단위는 피부와 피하 조직, 외복사근으로 구성된 보호 덮개이다. 이 부분은 복강 내부의 압력을 버틸 수 없으므로 복벽 기능을 온전하게 유지하는 것과는 무관하다고 볼 수 있다. 복벽의 두 번째 단위는 보호 덮개 바로 아래에 위치한 근육 층으로, 내복사근과 횡근, 그리고 '보조 복막'으로도 불리는 복횡근 근막으로 구성된다. 복부의 압력을 오롯이 지탱하는 곳이 바로 이 근육 층이므로 서혜부 헤르니아라는 문제를 해결할 수 있는 핵심 부위이기도 하다. 이 근육 층 아래에는 세 번째 단위인 탈장 낭이 위치한다. 복막에서 형성된 이 탈장 낭 역시 첫 번째 단위와 마찬가지로 복벽이 버티는 힘에는 아무런 도움이 되지 않는다.

서혜부 헤르니아가 발생하면, 탈장 낭이 근육 층을 뚫고 밖으로 돌출되어 부풀어 오른다. 따라서 이 낭은 보호 덮개 층으로만 덮여 있다. 바시니가 제시한 수술법에서는 먼저 손상된 복벽의 각 층을 모두 절개하고(보호막, 근육) 탄탄한 실크 실로 근육 층을 봉합한다. 뚱뚱한 사람이 배가 너무 불룩해서 셔츠 단추가 저절로 풀어지고 그 사이로 배가 튀어나온 경우 배를 밀어 넣고 다시 단추를 채워 셔츠를 바지 속에 다시 단단히 고정시키는 것과 비슷한 조치다. 바시니는 총 262명의 환자를 대상으로 이 같은 수술을 실시하고 훌륭한 결과를 얻었다고 밝혔다.

그러나 중증 탈장의 경우 안타깝게도 바시니의 치료법을 활용할 수가 없었다. 탈장으로 인해 꼭 필요한 근육 층이 심하게 약화되어 도저히 재건이 불가능하기 때문이다(다시 여미기에는 셔츠 자체가 너무 작은 상황). 이에 복벽에 추가적인 힘을 부가하려는 시도가 이루어졌다. 철사, 고무, 나일론이 후보에 올랐지만 인체는 이 같은 재료를 견디지 못했고, 쉽게 찢어지는 것도 문제였다. 그러다 우주 탐사에서 해결 방법을 찾을 수 있었다. 유인 우주선의 속도를 줄이기 위해 설치되는 낙하산 재료로 극도의 힘도 견딜 수 있는 폴리에틸렌이 사용되었는데, 바로 이 재료가 두 가지 특별한 물건에 활용되지 않았다면 그저 역사의 한 부분으로만 남았을 것이다.

그 첫 번째는 1957년에 나온 훌라후프였고 두 번째는 1958년 외과 의사 프랜시스 어셔Francis Usher가 서혜부 헤르니아를 치료하기 위해 만든 폴리에틸렌 망이다. 이 합성 재료로 만든 망을 사용하자 손상된 생체 조직이 주변 조직에 융합되어 복벽의 강도가 정상적인 수준으로 회복됐다. 어셔는 복벽 깊은 곳, 탈장 낭과 근육 층 사이에 폴리에틸렌 망을 설치했다. 앞서 언급한 예시에서 뚱뚱한 사람이 셔츠 단추를 다시 채우는 대신 셔츠 안에 튼튼한 티셔츠를 하나 받쳐 입는 방법을 택한 것이라 할 수 있다.

바시니는 수술에 두 번째 목표를 부여했다. 수술을 통해 문제를 해결해야 한다는 목표에 정상적인 상태를 가능한 한 최대로 회복시켜야 한다는 목표를 더한 것이다. 서혜부 헤르니아 치료에 있어서 두 번째로 이루어진 중대한 발전도 외과 수술 전반에 영향을 주었다. 이 발전을 이끈 사람은 로스앤젤레스 비벌리힐스 선셋 대로에서 개인 병원을 운영하던 미국인 의사 어빙 리히텐스타인Irving Lichtenstein이었다. 바시니의 수술법을 기본으로 삼고 이를 다양하게 변형하여 서혜부 헤르니아 환자를 치료하던 그의 방식에서 가장 이례적인 특징은 국소마취였다. 수술이 완료되면 환자가 수술실에서 제힘으로 일어나 곧장 집에 갈 수 있었으니, 그야말로 혁명적인 변화였다. 1964년에 리히텐스타인이 치료 과정을 공개하자, 그 장면을 지켜본 외과 의사들은 너무 놀라 할 말을 잃었다. 그전까지 서혜부 헤르니아 수술을 받은 환자는 회복될 때까지 며칠씩, 심지어 몇 주씩 병원 침대에 누워 있어야 했다.

리히텐스타인의 업적은 바시니의 아이디어에 담긴 상징성과 정확히 일치한다. 즉 문제가 해결되면 최대한 빠른 시간 내에 원상태로 복구시켜야 한다는 것이 핵심이다. 바시니의 경우 이 원상태의 대상이 복벽이었다면 리히텐스타인에게는 환자 한 사람 전체를 의미했다. 병원에 가만히 누워서 낫기를 기다리는 것이 아니라 집에 돌아가서 걷고, 먹고, 마시고, 씻고, 일도 하는 등 일상생활을 영위할 수 있어야 한다고 본 것이다. 덕분에 서혜부 헤르니아 수술을 받았다고 해서 침대에 누워 있어야 할 이유가 전혀 없다는 사실이 입증됐다.

이제는 널리 알려진 것처럼 수술 완료 직후 마음대로 걸어 다녀도 합병증이 거의 생기지 않는 수술이 많다. 그러나 2004년에 전 세계 외과 의사들이 다시 한 번 깜짝 놀란 일이 있었다. 헨리크 켈레트Henrik Kehlet라는 덴마크의 외과 의사가 중대한 장 수술에도 이 원칙이 적용될 수 있다는 것을 보여 준 것이다. 켈레트가 '패스트트랙* 수술'이라 명명한 조기 회복 방식은 침대에 누워 있는 시간을 줄이고, 효과 좋은 진통제를 활용하여 최대한 빨리 평소처럼 음식을 먹고 마실 수 있도록 함으로써 '입원 기간을 단축'시키는 것을 의미한다. 병원에 하루나 이틀만 입원하고 퇴원할 수 있게 된 것이다. 2004년 전까지는 장 수술을 받은 환자가 방귀를 뀌기 전에는 음식을 단 한 숟가락도 먹으면 안 된다는 원칙이 엄격히 적용됐다. 의사들이 장을 완벽하게 세척한 다음 정맥으로 수액을 공급했기 때문에 환자가 따로 물을 마실 필요가 없었다. 또한 요도에 도관을 설치하여 환자는 일어나서 화장실에 갈 일도 없이 침대에 가만히 누워 있을 수 있었다. 이런 상태로 병원에 최소 2주간 입원해 있는 동안 장 기능이 갑자기 중단되거나 폐에 수액이 차고, 욕창이 생기고, 다리에 혈전증* 같은 합병증이 갑자기 생겨도 다들 그러려니 생각했다. 그러나 2004년부터는 더 이상 장을 세척하지 않았고 환자는 수술 후 두 시간 정도가 지나면 식사를 할 수 있게 되었다. 수액도 방울방울 떨어지는 방식으로 최소량만 공급해서 목이 마르면 환자가 알아서 물을 마시도록 하고, 소변 관도 설치하지 않고 화장실에서 용변을 보게 하는 등 가능한 한 빨리 침대에서 일어나 몸을 움직이도록 했다. 이와 같은 패스트트랙 치료의 원칙은 서혜부 헤르니아부터 고관절 교체 수술까지, 외과 전 영역에서 채택되었다.

이처럼 서혜부 헤르니아 치료는 단계적으로 발전해 왔다. 마지막 단계라 할 만한 발전도 이루어졌다. 총검에 다친 바시니의 상처는 복벽을 구성한 근육 층을 모두 관통했다. 이 정도로 깊은 상처가 낫기까지 극심한 통증이 동반되었을 것이다. 그러나 젊은 바시니는 이 경험을 통해, 서혜부 헤르니아 수술을 실시하기 위해서는 복벽의 모든 층을 절개해야 한다는 사실을 분명히 인지한 것 같다. 그 외에 다른 방법은 없을까? 바시니가 맨 처음 제시한 수술법이나, 나중에 나온 폴리에틸렌 망을 이용하는 치료법이나 이 부분은 서혜부 헤르니아 수술의 큰 단점으로 남아 있었다. 자연히 수술 시 총검에 찔린 것처럼 만성 통증이 발생할 위험도 늘 따라다녔다. 그러나 바시니의 수술법이 소개되고 백 년이 지난 뒤에 이 문제도 해결됐다.

수술의 핵심은 망을 복벽을 이룬 각 층에서 정확한 위치에, 즉 복막 위쪽, 근육 층 아래쪽에 두는 것이다. 배 전면에서부터 절개하여 큰 상처를 낸 다음에 하든, 우회로를 이용하든 어쨌거나 망이 설치되기만 하면 똑같은 결과를 얻을 수 있다. 복강경이 개발된 덕분에, 이제는 배꼽을 통과하는 키홀 수술로 적정 위치에 도달할 수 있게 되었다. 일곱 겹을 전부 절개하지 않아도 망을 내부에 설치하여 복벽을 강화할 수 있게 된 것이다. 키홀 수술은 국소마취로는 실시할 수 없지만 이 또한 더 이상 단점이 아니다. 패스트트랙 개념을 적용하면, 전신마취 후에도 환자는 수술 당일에 자리에서 일어나 퇴원할 수 있다. 서혜부 헤르니아 치료는 이제 외과에서 가장 빈번하게 이루어지는 수술이 되었다. 복강경을 이용한 망 설치 수술과 패스트트랙 회복 방식을 적용하면 최상의 결과를 얻을 수 있다.

케네디 대통령의
암살 혐의를 받은
리 하비 오즈월드
(1939∼1963)

23장

수술 중 사망
수술의 한계: 리 하비 오즈월드

의사 말콤 페리는 여전히 병원 일로 바쁘게 지냈다. 댈러스에서 외과 의사로 일하는 이 젊은이는 불과 이틀 전, 짧은 의사 경력에서 가장 두려웠던 일로 꼽을 만한 사건을 경험했다. 존 F. 케네디 대통령의 목숨을 구하기 위해 사력을 다했던 일인데, 암살범이 쏜 총알에 맞은 대통령이 끔찍한 부상을 입은 이 사건은 페리에게 아주 미약한 성공의 기회도 되지 않았다. 대통령이 그에게 치료를 받다가 결국 세상을 떠나자 온 나라의 관심이 페리에게 쏟아졌다.

페리는 갑작스러운 시선을 피해 숨어들지 않았다. 휴가를 신청하지도 않고 동료와 근무일을 바꾸지도 않았다. 그저 맡은 일을 묵묵히 해 나갔다. 그래서 이틀 뒤인 1963년 11월 24일 일요일, 케네디 암살범으로 지목된 작은 체구의 이상한 남자가 같은 응급실로 실려 왔을 때도 평소처럼 근무 중이었다. 총에 맞았다는 그 남자는 구급차가 현장에 도착했을 때 의식이 없었다. 목격자들은 그가 총알 한 발에 맞았다고 진술했다. 병원에서는 남자의 입에 호흡 관을 집어넣어 기관에 삽입하고 혈액과 수액을 투여했다.

왼쪽 가슴 아래쪽에 총상 자국이 있었다. 왼쪽 폐 옆에 배액 관이 설치되었지만 혈액은 배출되지 않았다. 환자는 마른 체형이라 가슴에서 확인된 총알의 반대편, 즉 등 오른쪽 피부 바로 밑에 총알이 걸려 있는 것을 쉽게 확인할 수 있었다. 상복부를 곧장 관통한 것이다. 환자의 맥박은 약하지만 분당 130회 정도로 빠르게 이어지고 있었다. 그러나 혈압은 전혀 측정이 안 되는 상태였다. 결국 환자는 서둘러 수술실로 옮겨졌고, 세 명의 외과 의사가 그의 목숨을 살리는 일을 맡았다.

미국인 전체가 텔레비전 앞에 모여 있었다. 고인이 된 존 F. 케네디의 시신이 실린 자동차가 국회의사당으로 달리는 모습과, 그곳에 관이 내려져 사람들의 작별 인사를 받는 모습을 모두가 지켜보았다. 그러다 방송 화면이 댈러스의 한 경찰서 주차장으로 바뀌었다. 암살 용의자가 호송차 쪽으로 이동 중인 장면이 등장했다. 시청자들은 수갑을 찬 깡마른 젊은이가 큼직한 카우보이모자를 눌러쓴 두 명의 경찰관 손에 이끌려 걸어가는 모습을 지켜보았다. 그런데 갑자기 주변을 빼곡하게 채운 기자들 사이에서 한 남자가 앞으로 튀어 나왔다. 그는 호송차로 가던 남자에게 다가가더니 권총을 그의 갈비뼈 쪽에 겨누고 총을 발사했다. 역사상 처음으로 살인 장면이 텔레비전에 생중계된 순간이었다. 총을 든 남자가 겨눈 방향은 상대의 심장이었지만 상대가 총을 피하는 바람에 좀 더 아래쪽을 맞은 것이다. 현장에 워낙 많은 기자들과 카메라가 있었기에 총알이 날아가는 경로가 여러 각도에서 포착됐다. 그중에 몇 가지는 지금도 유튜브에서 볼 수 있다.

총을 쏜 사람, 잭 루비Jack Ruby는 즉각 기자들에게 에워싸여 곧바로 총 맞은 청년이 조금 전에 나온 감방으로 보내졌다. 경찰서 뒤편 주차장은 일대 혼란에 휩싸였지만 그 와중에도 카메라는 부지런히 돌아갔다. 몇 분 뒤에 구급차가 도착하고 의식을 잃은 남자가 들것에 실려 구급차로 옮겨졌다. 댈러스에서 총격이 일어났다는 소식이 트랜지스터라디오를 통해 국회의사당 쪽에 모여 있던 사람들에게도 전해지자 여기저기서 환호가 터졌다. 총에 맞은 사람이 다름 아닌 리하비 오즈월드였기 때문이다.

오즈월드는 댈러스 파크랜드 기념병원의 2번 외상 치료실로 옮겨졌다. 사람들은 핼쑥한 말콤 페리의 얼굴을 알아보았다. 당사자는 분명 이렇게 생각했으리라. '또 시작됐군.'

예정된 수술과 응급 수술에는 차이가 있다. 예정 수술은 미리 계획이 세워지고, 경우에 따라 실시되지 않을 수도 있다. 그러나 응급 수술은 환자가 심각한 상황일 때, 생사가 오가는 상태에서 실시된다. 다소 미묘한 차이점도 있다. 응급 수술의 경우 수술에서 비롯될 수 있는 즉각적인 위험성이 아무리 크더라도 손 놓고 아무것도 안 하는 것보다는 덜 위험하다고 판단될 때 진행된다. 예정 수술은 반대로 수술의 즉각적인 위험성이 아무것도 안 하는 것보다 높지만, 그럼에도 수술을 하는 것이 옳다고 판단할 수 있을 만큼 차이가 크지 않아야 한다. 현대 의학에서 예정 수술을 실시할 때 수용 가능한 수준의 위험성은 합병증 발생 가능성이 10퍼센트 미만이고 사망 가능성이 1퍼센트 미만인 수준을 의미한다. 물론 합병증은 수술의 강도에 따라 매우 다양하지만, 일반적으로 심각한 수술일수록 중증 합병증이 발생하는 경우가 더 많다. 덜 심각한 수술로도 중대한 합병증이 생기는 경우가 있으나 그런 일은 흔치 않다.

수술 후에 합병증이 생길 가능성은 '이환율'이라고 하고 퍼센트 비율로 나타낸다. 일반적인 합병증에는 수술 부위 감염, 출혈, 방광염이나 폐렴, 다리의 혈전증, 심장 발작, 욕창, 구토, 변비, 소장 기능 비활성화 등이 포함된다. 사망 위험률도 퍼센트로 나타내며, '사망률'이라고 한다. 수술을 받거나 합병증이 생겼다고 해서 반드시 사망에 이르지는 않는다. 합병증을 제때 치료받지 못했거나 한 가지 합병증이 다른 합병증으로 번지는 연쇄 반응이 나타나는 등 손 쓸수 없는 상태에 이르는 경우에 한하여 생명이 위독한 상황이 된다.

어떤 수술이든 치명적인 경우를 포함하여 모든 합병증에 대한 계산이 사전에 이루어진다. 환자에게도 당연히 이 내용이 미리 전달된다. 외과 의사와 환자는 사전 통보 원칙을 토대로 수술 절차를 합의한다. 이때 의사는 환자에게 수술과 관련된 네 가지 항목을 반드시 알려주어야 하며, 환자가 그 내용을 모두 이해한 다음에 해당 사항에 관한 합의가 이루어진다. 이 네 가지 항목은 증상(수술을 실시하는 이유), 수술의 특성과 결과, 수술 외의 대안, 그리고 수술로 발생할 수 있는 모든 합병증이다.

합병증과 과실은 전혀 다른 개념이다. 의사의 부정확한 행동 때문에 문제가 발생한 경우에만 수술로 발생한 과실이라 할 수 있다. 수술이 *lege artis*, 즉 '해당 기술의 정해진 규칙에 따라' 실시되었고 (마땅히 따라야 할 방식대로 진행됐고) 그럼에도 문제가 발생한 경우에는 과실이 아닌 합병증이 된다. 부작용 때문에 합병증이 생기기도 한다. 전자가 비의도적인 결과라면 후자는 예측할 수 있는 부분이다. 수술 부작용으로는 통증과 고열, 구역질, 피로감, 심리적 스트레스 등을 꼽을 수 있다.

수술 합병증은 의사의 실력과 수술의 강도, 적용된 수술법, 수술 전과 수술 도중, 이후의 환자 관리, 단순한 우연, 불운과도 관련이 있지만 환자와도 적지 않은 관련이 있다. 사람은 제각기 다르고, 이 개개인의 차이는 합병증 발생 여부에 아주 중대한 영향을 준다. 비만인 사람, 흡연자, 영양 상태가 부실한 사람, (실제 나이가 아닌) 생물학적인 나이가 많은 사람, 중증 동반 질환이 있는 사람, 당뇨나 고혈압, 천식 등 위험성 높은 질병을 앓고 있는 사람은 합병증이 발생할 가능성이 높다. 그러므로 환자가 담배를 끊거나 체중을 건강한 수준까지 줄이고 수술 전에 단백질을 충분히 섭취하고 다른 질병이 있으면 사전에 최대한 치료를 완료하는 방식으로 합병증 위험을 스스로 어느 정도까지 줄일 수 있다.

외과 의사는 자신이 치료한 환자의 합병증 내역을 기록하도록 되어 있다. 이 기록이 적절히 마련되면 일종의 품질관리 자료가 된다. 그러나 각기 다른 병원에 근무하는 의사들의 합병증 기록을 단순히 비교할 수는 없다. 가령 과체중에 흡연자인 노인 환자가 심장 문제로 치료를 받으러 오는 경우가 많은 의사는 대부분 젊고 건강한 환자를 치료하는 의사보다 합병증 발생 비율이 높을 수밖에 없다.

수술 합병증은 주로 수술 도중에(수술을 할 때) 발생한다고 생각하는 사람들도 있지만, 이는 사실과 다르다. 합병증은 대부분 수술이 끝난 다음(수술 후)에 나타난다. 수술 도중에는 외과 의사가 환자와 관련된 부분을 대부분 직접 통제할 수 있고 따라서 긍정적인 결과를 얻을 수 있게끔 조정할 수 있는 여지도 가장 많다. 그러나 대부분의 합병증은 수술 이후에 발생하므로, 의사는 4차원 안경을 쓰고 수술에 임해야 한다. 즉 네 번째 차원인 경과하는 시간도 고려하여 지금 눈에 보이는 것, 절개하고 재구축하는 것, 봉합하는 것이 한 시간, 하루, 일 주일 뒤에 어떻게 될 것인지도 상상할 수 있어야 한다. 몸속 기관 하나를 다루는 중이라면 지금은 혈액이 충분히 공급되어 건강한 분홍빛이 돌고 있지만 이 상태가 한 시간 또는 일주일 뒤에도 유지될 것인지 생각해야 한다. 또 지금 색깔이 너무 어두운 경우에는 몇 시간 뒤에 시커멓게 변해서 괴사하는 것은 아닌지 예측할 수 있어야 한다. 혈액 손실도 수술 도중에는 그 규모가 최소 수준이라 하더라도 출혈이 완전히 멈추지 않고 그 상태로 몇 시간이 흐르면 손실된 양이 누적되어 생명이 위태로운 지경에 이를 수 있다. 장에 생긴 구멍을 봉합할 때는 더욱 정확한 판단력이 필요하다. 봉합해서 원상태로 만든 장은 지금 당장은 새는 곳 없이 멀쩡하지만, 봉합한 부위의 장 내벽 조직에 혈액이 충분히 공급되고 치유되지 않는다면 수술이 끝나고 몇 시간 또는 며칠 뒤에 조직이 괴사하고 장 누수가 또다시 발생할 수 있다.

이처럼 외과 의사가 수술 이후보다 수술 중에 통제할 수 있는 부분이 훨씬 더 많으므로, 환자가 수술대 위에서 숨을 거두는 경우 뭔가가 단단히 잘못됐다고 볼 수 있다. 외과 의사들이 최악의 악몽으로 여기는 것이 바로 이 **mors in tabula**, 환자가 '수술 중 사망'하는 일이다.

리 하비 오즈월드의 수술 기록*은 일반에 공개되어 있다. 1964년
에 발표된 워런 위원회의 보고서 중 부록 8 '텍사스 주 댈러스, 파크
랜드 기념병원의 의료진이 제출한 의료 보고서' 항목에서 관련된 내
용을 찾을 수 있다. '위원회 제출서류 번호 392'에 해당되는 이 자료의
제목은 '파크랜드 기념병원 수술 기록―리 하비 오즈월드의 수술'이
다. 당시 수술을 담당한 외과 의사는 톰 셔스Tom Shires, 말콤 페리, 로버
트 매클렐랜드, 그리고 수석 레지던트 론 존스Ron Jones로 나와 있다.

의료진은 복장뼈(칼돌기)^{I}가 위치한 곳부터 두덩뼈(치골)까지 몸
중앙선을 따라 길게 절개했다. 복부를 최대한 크게 벌릴 수 있는 절
개 방식이다. 복강을 연 직후에는 3리터가량의 피와 갓 응고된 덩어
리를 바로 제거했다. 환자가 출혈로 사망에 이를 수 있는 상태였으므
로 신속한 처치가 급선무였다. 출혈은 대부분 몸 우측에서 나온 것으
로 판단됐다.

복부 우측 윗부분에는 총 다섯 개의 중요한 기관이 서로 겹쳐서
자리한다. 첫 번째 기관은 간 앞쪽에 자리한 것으로, '간 만곡부(또는
'간 굽이')'라 불리는 형태로 크게 구부러진 대장이다. 의사들은 이 부
분을 최대한 빨리 분리해서 간과 그 아래에 있는 십이지장이 드러나
도록 했다. 대장과 십이지장은 문제가 없어 보였지만 간은 약간 손상
된 징후가 보였다. 의료진은 좀 더 자세히 살펴보기 위해 간을 한쪽
으로 밀고 십이지장을 분리했다. 그러자 그 뒤에 있던 우측 신장이

I   복장뼈는 칼 모양으로 가슴 앞쪽 한가운데 위치한 세로로 길고 납작한 뼈이다. 세
    부분으로 나뉘며 칼돌기는 복장뼈의 아래쪽 끝부분이다.

나타났는데, 한눈에 봐도 크게 손상되어 윗부분에 출혈이 심한 상태였다. 그러나 의사들이 신장을 분리해서 자세히 살펴본 결과, 그 출혈은 대부분 더 깊은 곳에 위치한 큰 장기에서 시작된 것으로 나타났다. 바로 하대정맥이 손상된 것이다. 엄지손가락만큼이나 굵은 이 혈관은 벽이 굉장히 얇고 심장의 우심방과 바로 연결되어 있다. 인체의 모든 혈액이 우심방을 지나므로 이 대형 혈관에 구멍이 생길 경우 순환계 전체의 혈액이 부족해질 정도로 큰 영향이 발생한다. 의료진은 신속히 구부러진 클램프를 혈관에 끼워서 구멍을 막은 다음 출혈을 일시적으로 막기 위해 복부 우측 윗부분의 등, 간과 신장 사이 공간에 거즈를 채웠다.

의료진은 문제가 여기서 끝나지 않았다는 사실을 알고 있었다. 후복막강, 즉 복강 뒤편의 조직에 거대한 혈종(혈액이 국소적으로 뭉친 것)이 보였다. 이로 인해 복부 뒤쪽이 얼마나 크게 부어올랐는지, 장이 앞으로 밀릴 정도였다. 원인을 찾아야 한다고 판단한 의료진은 왼쪽에서부터 문제의 부위로 접근했다.

복부 좌측 윗부분도 우측과 마찬가지로 각 기관이 서로 겹쳐져 있다. 먼저 대장이 비장 앞에 구부러진 형태로 놓여 있다(비장 만곡부). 의사들은 최대한 신속하게 두 장기를 분리했다. 그러자 비장이 드러나고, 바로 옆에 위가 보였다. 비장 윗부분이 손상되고 가까이 있는 횡격막에 구멍이 생긴 것이 확인됐다. 몸 중심 쪽으로 더 깊이 들어가면서 의사들은 커다란 중심 동맥인 대동맥을 찾았다. 총알이 대동맥도 스친 것을 확인할 수 있었다. 대동맥에서 갈라져 나와 상복부에서 소장에 혈액을 공급하는 큰 동맥인 상장간막동맥에도 총알이

스쳤다. 페리는 대동맥에 생긴 구멍을 자신의 손가락으로 막고 주변에 클램프를 끼운 다음 장 동맥도 분리하여 클램프를 설치했다. 출혈로 엉망진창이 된 상태였으나 잠깐 동안 지혈이 된 것 같았다. 이때 의료진 전체가 얼마나 안도했는지, 수술 보고서에도 고스란히 나타난다. 환자의 혈압이 다시 올라서 정상 수준에 도달했다.

그럼에도 의료진은 오즈월드의 목숨을 살릴 확률이 아주 희박하다는 사실을 다 알고 있었던 것 같다. 인체에서 가장 큰 정맥인 하대정맥과 가장 큰 동맥인 대동맥이 모두 손상된 이 같은 급성 복합 부상의 경우 사망률이 굉장히 높다(60퍼센트 이상). 대동맥에 가해지는 높은 혈압과 심장에 바로 연결된 하대정맥의 특성을 고려할 때 출혈량이 엄청날 수밖에 없으니 예후가 어두웠다. 여기에다 두 혈관은 몸속 깊숙이 위치한 만큼 도달하기가 힘들고, 그만큼 가까이에 위치한 다른 장기도 손상되었을 가능성이 있다는 점도 희망찬 결과를 기대할 여지를 한층 더 축소시킨다. 고속으로 날아온 불덩이가 부상의 주된 원인인 전쟁터에서는 이와 같이 주요 혈관이 심각하게 손상된 경우 환자가 살아서 수술대까지 오는 경우도 드물다. 루비가 오즈월드를 공격한 사건이나 현대에 권총 사고로 생기는 부상과는 차이가 있다.

오즈월드 수술에서 마취를 담당한 의사 M. T. 젠킨스M. T. Jenkins가 기록한 내용을 보면, 수술 전 과정이 마취 없이 진행됐다. 환자는 수술이 시작될 때부터 통증에 아무런 반응을 보이지 않았으므로 순수 산소만 공급됐다. 수술실에 있던 또 다른 외과 의사 폴 피터스Paul Peters는 나중에 어느 인터뷰에서 의료진이 아닌 세 명이 녹색 수술복을 입고 수술실에 들어와 있었다고 전했다. 오즈월드는 기도에 호흡

관이 끼워져 있어서 설사 말을 할 수 있었더라도 소리를 낼 수 없었고 의식을 잃은 채로 죽음을 목전에 앞둔 상황이었다. 그런데 세 명의 외과 의사가 그의 복부를 이리저리 만지작거리고 있을 때, 그 세 명의 남자는 환자 머리맡에 서서 귀에다 대고 이렇게 소리쳤다는 것이다. "당신이 한 일이오? 당신이 했소?" 피터스는 그 말을 듣고, 수사 당국이 이 용의자로부터 자백을 완전히 받지 못했다는 사실을 깨달았다고 전했다.

의료진이 설치한 클램프 덕분에 출혈은 잡힌 것 같았다. 그러나 총 9리터의 수액과 16.5리터 단위에 해당하는 혈액이 오즈월드에게 투여됐지만 맥박은 점점 약해지고 느려지더니 결국 완전히 멈추었다. 심장 박동이 이처럼 전부 멈춘 것을 심장 무수축 또는 박동 정지라고 한다. 다른 곳에 아직도 출혈이 일어나고 있을까? 혹시 가슴 쪽? 심장도 총알을 맞은 건 아닐까? 이에 의료진은 곧바로 개흉술을 실시하는 것으로 다시 싸움을 이어 갔다. 왼쪽 갈비뼈 두 개 사이를 절개하여 흉강을 열었지만 출혈은 발견되지 않았다. 다음으로 심막을 살펴보았지만 마찬가지로 출혈은 없었다. 페리와 매클렐랜드, 존스는 차례로 오즈월드의 심장을 손으로 리드미컬하게 쥐었다 푸는 방식으로 직접 마사지를 실시했다. 이들이 마사지를 이어 가는 동안 셔스는 증거로 활용할 수 있도록 몸 오른쪽 피부 바로 밑에 박혀 있던 총알을 빼냈다.

심장에 칼슘과 아드레날린, 자일로카인이 바로 주입됐지만 아무 소용이 없었다. 혈액이 채워지는 양도 줄기 시작했다. 과다 출혈로 순환계가 정상적으로 기능할 수 없는 상태가 된 것이다. 그러자 심장에서 세동이 시작됐다. 리드미컬하게 수축하지 못하고 심근이 제멋대로,

아무렇게나 움직였다. 의료진은 전기 충격으로 제세동을 시도했다. 전압을 단계적으로 750볼트까지 높이자 세동은 중단됐지만 박동도 중단됐다. 그래도 포기할 생각이 없었던 의사들은 심박 조율기를 설치했다. 그러나 심박을 크게 살려 내지 못했다. 마취 담당의인 젠킨스는 환자가 더 이상 자극에 반응하지 않으며, 자발적인 호흡이 중단되었고 동공에 불빛을 비추었을 때 수축하지 않는다는 사실을 확인했다. 이제 의료진도 하던 일을 중단했다. 오즈월드는 사망했다. 복부와 가슴을 봉합해서 닫기까지 거즈가 두 장 더 사용됐다. 수술 시간은 85분, 출혈량은 대략 8.5리터로 추정됐다(인체 혈액은 총 6리터가 채 되지 않는다).

오즈월드는 그리 평범한 인생을 보낸 사람이 아니었다. 미군으로 일한 뒤 소련에서 몇 년을 살았다. 그는 외톨이로 지내던 정신이상자였을까, 아니면 과거 이력으로 볼 때 정부 기밀 요원으로 활동했을까? 그는 살해당하기 직전에 누명을 썼다고 주장했다. 사망 당시 그의 나이는 스물네 살이었다.

만약 페리와 동료 의사들이 오즈월드를 살려 냈다면 어떻게 됐을까? 생존 확률을 높이기 위해 의학적인 방법으로 혼수상태가 되도록 유도한 뒤 그 상태가 유지됐다면 중환자실에서 다시 수개월을 보냈을 것이다. 수술도 몇 차례 추가로 받아야 했을 것이다. 그리고 몸도, 정신도 크게 쇠약해졌으리라. 그럼에도 합병증이나 다른 문제들을 다 극복하고 마침내 살아서 병원을 나갈 수 있게 되었더라도, 1년 정도는 푹 요양해야 총상을 당하기 전의 리 하비 오즈월드의 모습으로 어느 정도 돌아갈 수 있었을 것이다. 그게 다 무슨 소용이 있었을까? 유죄가 인정되어 사형선고를 받았을지도 모르는데 말이다.

후복막강

_____

폐와 심장은 몸속에서 어느 정도 분리된 공간에 위치한다. 폐의 경우 흉강 좌우측에 자리하고, 심장은 심낭이 감싸고 있다. 우리 몸에서 가장 큰 공간인 복강에는 위와 소장, 대장(결장)과 그에 딸린 부속 기관들, 대망막(그물막), 간, 담낭, 비장, 자궁과 난소가 모두 자리한다. 몸통에 있는 나머지 기관들은 빈 공간에 '헐겁게' 놓여 있지 않고 지방이나 연결 조직에 둘러싸여 있다. 식도와 흉선, 주요 혈관, 췌장, 신장, 부신, 전립선, 방광, 직장이 바로 그와 같은 기관에 해당된다. 복부는 앞부분에 해당하는 복강과 그 뒤에 있는 후복막강, 두 부분으로 나뉜다. 배와 등 사이의 공간인 후복막강은 수술 시 접근하기가 어렵다. 몸통에서도 아래로 깊이 내려가야 닿을 수 있고, 복강 앞쪽에 여러 장기가 놓여 있기 때문이다. 또한 후복막강에 위치한 장기들은 지방과 연결 조직에 둘러싸여 있으므로 각각을 찾아내는 일은 흡사 제비뽑기 통에 손을 집어넣고 뒤적대는 것과 같다. 환자가 등을 대고 누워 후복막강이 복강의 '바닥'처럼 위치하도록 한 다음에 접근하거나, 환자가 옆으로 누운 자세에서 몸의 측면에서부터 접근하는 방법이 있다. 요절개술로 알려진 이 같은 방법은 명칭 그대로 '옆구리를 절개한다'는 뜻으로 신장과 요관에 접근하는 전통적인 방법이다.

외과 의사 쥘 에밀 페앙
(1830~1898)

24장

보형물
아름다운 시대, 놀라운 어깨: 제빵사 쥘 페두

수술은 항상 손재주가 있어야 할 수 있는 일로 여겨졌지만, 기술 의존성이 점차 높아지고 있다. 심지어 최근 들어서는 일상적인 수술도 기술 없이는 불가능한 상황이 되었다. 외과 수술에서 기술 혁명이 시작된 때는 150년 전으로, 못 말릴 정도로 낙관적인 몇몇 외과 의사들이 주도했다.

19세기 말에 서구 문명은 그 어느 때보다 크게 도약했다. 산업혁명은 르네상스와 계몽 시대를 비롯하여 앞서 일어난 수많은 혁명이 축적된 결과였다. 새로운 아이디어, 새로운 철학과 새로운 발견, 발명품의 시대가 열리고 희망찬 기대도 널리 확산됐다. 미래는 기술에 좌우된다고 여겨졌다. 그리고 이 새로운 시대에 프랑스만큼 긍정적인 희망이 크게 퍼진 곳도 없었다. 19세기 프랑스에서 피어오른 새로운 흐름은 영국처럼 얌전하고 고상한 척하거나 어두침침한 회색 산업 도시의 형태도 아니고, 미국처럼 떠들썩한 무법천지의 형태도 아닌 대담하고, 홍겹고, 장대한 형태로 나타났다. 벨 에포크^{belle époque},

즉 아름다운 시대로 불리던 이 시대의 중심은 단연 파리였다. 화려한 거리와 대로, 기차역과 궁전, 박물관, 공원, 분수가 가득한 반짝이는 도시 파리는 막심스Maxim's[1]의 도시이자 물랭 루즈의 도시였고 폴리베르제르Folies-Bergère[2], 툴루즈 로트레크Toulouse Lautrec[3], 사라 베르나르Sarah Bernhardt[4], 그리고 캉캉 춤의 도시였다. 그리고 이 유명한 도시에서 가장 유명했던 외과 의사는 쥘 에밀 페앙이었다. 그는 생루이 병원에서 커리어를 쌓은 뒤 1893년 상테 거리에 개인 병원을 열었다. 병원 이름은 겸손함과는 다소 거리가 먼, '국제 병원'이라고 붙였다.

파리에서 여유로운 시간을 즐기던 신흥 부자들과 가난한 시 외곽 지역에서 힘든 일에 종사하던 노동자들의 삶은 극명한 대조를 이루었다. 희한하게도 인구 전체에 영향을 준 두 가지 만성 질환의 양상도 이와 같은 계층적 차이가 드러났다. 빈민층은 결핵에, 퇴폐적인 생활을 일삼던 '소수의 행복한 사람들'은 매독*에 시달린 것이다. 이 두 가지 질병 모두 보편적으로 발생했고 이는 당시 기대 수명이 40~50세 정도로 비교적 짧았던 이유 중 한 부분을 차지한다. 19세기 사람들 대부분이 20세기 노인들이라면 대부분 시달리는 질병을 앓을 정도로 오래 살지 못한 것도 같은 이유에서다. 가령 골관절염(관

---

1   1893년부터 지금까지 영업 중인 파리의 레스토랑
2   파리에서 가장 오래된 음악당으로, 1869년에 설립되었다.
3   프랑스의 화가(1864~1901). 파리의 몽마르트르에 살면서 독자적 화풍으로 댄서, 가수, 창부 등의 풍속을 그렸다.
4   프랑스의 연극배우(1844~1923). 〈페드르〉 등의 주역을 맡아 이름을 떨쳤다. 후에 극단을 이끌고 테아트르 데 나시옹에 본거를 두고 활약하였다.

절이 마모되어 발생하는 질환) 같은 병은 이 시기에 그리 흔하지 않았고, 관절에 문제가 생긴 경우 원인은 결핵이나 매독인 경우가 더 많았다.

쥘 에밀 페앙은 결핵으로 어깨 질환이 발생한 특정한 사례를 밝히고, 그의 특징이자 19세기에 전반적으로 퍼진, 못 말리는 낙관주의에 뿌리를 둔 해결책을 함께 제시했다. 손재주가 좋은 치과 의사의 도움을 받아 어깨를 새로 만든 인공 관절로 대체하는 방법을 개발한 것이다. 그의 환자는 시 외곽 지역에 거주하던 가난한 빈민층, 서른일곱 살의 제빵사 쥘 페두Jules Pedoux였다. 어린 시절 결핵에 처음 감염된 것으로 추정된 환자였다. 결핵은 항상 폐에서 시작되고 척추 뼈나 다른 뼈 등 인체 다른 부위에서 또 다른 감염이 발생하여 2차 병소가 나타나는 특징이 있다.

페앙의 어깨 보형물은 '벨 에포크'에 프랑스에서 등장한 여러 놀라운 발명품 중 하나로 꼽힌다. 당시 세계에서 가장 높은 건축물(구스타브 에펠Gustave Eiffel이 지은 철탑)이나 영화 예술(뤼미에르Lumière 형제의 영화), 페달 자전거(피에르 미쇼Pierre Michaux가 만든 자전거)와 어깨를 나란히 할 정도였다. 그러나 놀랍게도 그의 인공 어깨가 지속된 기간은 겨우 2년이었다.

결핵은 매독이나 나병처럼 인체 조직에 서서히 영향을 주고 흠을 남기거나 기형을 일으킬 수 있는 질병이다. 또한 일반적으로 증상이 갑자기 극심하게 나타나기보다는 서서히 진행되면서 조직을 갉아먹는 만성 감염 질환이다. 이는 결핵을 일으키는 특정 세균 때문에 나타나는 특징이다. 나병과 결핵의 경우 마이코박테리아, 매독은 스피로헤타가 원인균이며 감염 시 다른 세균에 감염될 때와는 다른 인체 반응이 나타난다.

결핵균은 면역 세포에 감염되어 조직에 육아종이라는 작은 덩어리를 형성하고 이를 조금씩 파괴한다. 공격성이 그리 크지 않지만 상당히 끈질기게 버티는 균이라 장기적으로 발생하는 악영향이 다른 어떤 감염 질환보다 크다. 느릿느릿하게 온 몸에 퍼져서 수년 동안 잠복한다. 결핵균을 특이적으로 포착하여 없애는 항생제인 항결핵제를 사용하지 않으면 감염된 조직에서 절대로 없앨 수 없다. 결핵의 일반적인 증상은 밤에 자면서 땀을 흘리고 몸이 서서히 쇠약해지는 것이다. 결핵은 특정 부위의 조직을 갑자기 집중 공격하여 고름을 형성하거나 벌겋게 달아오르고 열이 나면서 아픈 농양을 만들어 내지 않는다. 대신 아주 천천히 진행되지만, 그렇다고 그 영향은 결코 약하지 않다. 점진적으로 파괴된 조직은 치즈 같은 형태로 변하는데, 이 결핵성 농양을 '냉농양'이라고도 한다.

페앙의 병원을 찾아온 쥘 페두는 몸이 너무 많이 아프고 기력이 없다고 이야기했다. 그의 왼쪽 팔뚝에는 커다란 냉농양이 있었다. 겉으로 봐서는 거의 두드러지지 않지만 팔을 잡으면 피부 아래에 뭔가 물컹물컹한 덩어리가 깊이 자리하고 있다는 것을 느낄 수 있었다. 이 농양 때문에 어깨를 움직일 때마다 통증이 따르고 손도 피가 잘 통하지 않아서 그런지 퉁퉁 부어서 팔과 마찬가지로 마음대로 사용할 수가 없었다. 처음에 페앙은 이 환자의 목숨을 살리려면 어깨 관절을 분리해서 팔 전체를 분리해 내는 절단 수술밖에 달리 방법이 없다고 판단했다. 그러나 환자는 팔 하나만 가지고 사느니 죽는 편이 낫겠다며 완강히 거부했다. 먹고살기 위해서는 팔이 두 개 다 있어야만 하

는 상황이기도 했다. 페앙은 자신의 생각과는 달랐지만 어쨌든 환자
의 의사를 받아들였다. 그리고 수술을 실시하여 냉농양을 청소nettoyage
하는('깨끗이 없애는') 것으로 그쳤다. 먼저 어깨 맨 윗부분부터 뼈가
드러나도록 팔뚝을 길게 절개했다. 열어 보니 뼈의 둥그스름한 끝부
분을 포함하여 윗부분 전체가 완전히 감염된 상태였다. 페앙은 카망
베르 치즈처럼 변한 뼈조직을 모두 제거했다. 뼈막(뼈 바깥 표면을 덮은
막)과 어깨의 관절낭, 그리고 구멍(강) 부위는 윤곽이 뚜렷하게 남아
있어서 아무 이상이 없어 보였다. 1893년 3월 11일에 실시된 이 첫
번째 수술 이후 환자는 며칠 만에 회복되었고 팔도 무사했다.

페앙은 매독과 결핵으로 코와 턱의 형태가 변형된 환자들의 얼굴
에 백금을 임시 보철물●로 집어넣는 수술을 자주 해 왔다. 그래서 치
과 의사인 마이클스Michaels 박사에게, 혹시 인공 어깨 관절을 만들 수
있냐고 문의했다. 가능한 한 다른 물질에 반응하지 않고, 어깨 관절
의 기능을 대신할 수 있는 것으로 만들어 달라고 요청했다. 마이클스
박사는 적어도 이론상으로는 페앙의 두 가지 요건을 모두 충족할 수
있는 기발한 장치를 만들어 냈다. 먼저 고무공을 파라핀에 넣고 24시
간 동안 끓여서 굳혔다. 그리고 공 표면에 서로 직각이 되도록 두 개
의 홈을 파고 백금 고리를 끼울 수 있도록 다듬었다. 수평 방향의 링
을 견갑골의 관절 강에 나사 두 개로 고정시키면 팔을 안쪽과 바깥쪽
으로 움직일 수 있었다(안에서 바깥으로, 바깥에서 안으로 회전 가능). 수
직 방향의 고리는 팔을 들어 올릴 수 있게 하는 역할을 했다(외전 운
동). 이 두 번째 고리는 팔뚝 윗부분을 대체하는 백금 관에 고정했다.

페앙은 1차 수술이 끝나고 얼마 지나지 않았을 때 처음 절개한

부위를 다시 열어서 이 보형물을 설치했다. 앞선 수술로 비어 있는 공간에 보형물이 꼭 맞게 들어가자, 그는 창자 실을 이용하여 백금 관을 단단히 고정시켰다. 그리고 고무 배수관을 팔에 연결한 상태로 피부를 말총 땋는 방식으로 봉합했다. 페앙의 환자 치료 기록을 보면 이후 모든 것이 순탄하게 진행됐다. 수술 후 12일 후에 페두는 다시 걸어 다닐 수 있게 되었고 체중이 '16킬로그램'이 늘어난 상태로 퇴원했다. 페앙의 기록에는 페두가 병원에 정확히 얼마나 입원해 있었는지 나와 있지 않다. 몇 개월, 혹은 반 년 정도가 아니었을까 싶다. 다만 수술 부위에서 농양을 네 차례 빼내야 했다는 내용은 있다. 그러나 팔의 기능이 어느 정도 수준에 이르렀는지에 대해서는 이 수술이 실시된 궁극적인 이유임에도 불구하고 전혀 언급이 없다. 페두가 퇴원하고 1년 동안 페앙은 그를 한 번도 만나지 못했다. 이 사실 자체도 굉장히 놀라운 일이다. 저명한 외과 의사가, 빵 만드는 일이 직업인 환자의 팔뚝 한쪽에 백금 장치를 집어넣고 그냥 세상에 다시 내보냈으니 말이다(백금은 귀금속이지만 당시에는 그렇게 값비싼 물건으로 여겨지지 않았다).

페앙은 어떻게 이 어깨 보형물의 효과를 그렇게 자신할 수 있었을까? 그로부터 30년 전에 루이 파스퇴르가 병을 일으키는 것은 세균이라는 사실을 이미 입증했고 10년 전에는 로베르트 코호^{Robert Koch} 가 결핵의 원인균을 찾아냈다. 그럼에도 페앙은 세균이 침입했을 때 인체가 이를 막아 내기 위해 어떤 기능을 발휘하는지 그 메커니즘을 잘 알지 못했다. 이제는 국소 부위의 조직이 건강한 경우에만 그러한 방어 메커니즘이 효과적으로 발휘된다는 사실을 누구나 알고 있다.

그러므로 페앙이 냉농양 주변의 조직을 아무리 꼼꼼하게 정리했다고 하더라도, 고무공과 백금 관 같은 외부 물질이 들어갔다는 것은 그 어딘가에 있던 균이 인체 면역 체계가 미처 닿지 못하는 곳에 존재할 수 있음을 의미한다. 그러므로 이 수술은 처음부터 실패로 끝날 수밖에 없는 시도였다. 이 사실은 1년이 지난 후에 명확히 드러났다.

1897년에 페앙은 수술 이후 경과를 담은 보고서를 발표했다. 보형물을 설치하고 2년 정도가 지난 어느 날, 페두는 팔뚝에 누공•, 즉 구멍이 생겨서 고름이 계속 새어 나오는 바람에 힘들어하다 다시 병원을 찾아왔다. 페앙은 당시 독일에서 갓 발명된 혁신적인 기술인 X선 장비를 이용하여 페두의 팔을 검사했다. 보고서에는 그 검사에서 무엇이 발견되었는지 나와 있지 않지만, 보형물을 제거해야 한다는 결정이 내려졌다. 그리하여 페앙은 이전에 절개했던 부위를 다시 열고, 보형물 주변에 골화가 진행되어 표면이 온통 덮여 있는 것을 확인했다. 냉농양이 있던 흉터 조직은 심하게 곪아서 뼈조직으로 변형된 상태였다. 그야말로 엉망진창이었지만, 그럼에도 변형되어 생긴 구조는 보형물이 없어도 팔 길이가 그대로 유지될 수 있을 정도로 튼튼해 보였다. 페앙은 부착된 부위마다 헐거워진 보형물을 제거했다. 봉합이 끝나고 환자는 다시 회복기에 접어들었다. 이번에도 페앙은 어깨나 팔의 기능이 어떻게 바뀌었는지, 누공 문제는 해결됐는지 보고서에 밝히지 않았다. 이 정도의 자료만 담긴 보고서가 프랑스 의학협회에 치료 사례로 당당히 제출됐다.

치료의 성공 가능성을 심하게 과대평가하긴 했지만 페앙이 시대를 앞서간 것은 사실이다. 하지만 관절 치환술을 그가 맨 처음 실시

골관절염

───────────

원래 우리 몸의 뼈는 서로 접촉하지 않도록 만들어졌다. 각 뼈의 끝부분인 관절은 연골이라고 불리는 특수한 조직으로 덮여 있고, 이 연골은 붙지 않는 성질이 있다. 테플론으로 불리는 폴리테트라플루오로에틸렌polytetrafluoroethylene(PTFE)은 현재까지 만들어진 합성 물질 가운데 가장 미끄러운 물질인데, 연골은 이 테플론보다 몇 배 더 미끄럽다. 안타깝게도 인체 조직 가운데 치유가 불가능한 몇 안 되는 조직 중 하나이기도 하다. 연골 세포는 혈액을 공급받지 않고도 생존한다. 따라서 극히 적은 양의 산소와 영양소를 활용하고, 대사 활동도 굉장히 미약한 수준으로 이루어진다. 아동기에 연골이 한 번 형성된 후에는 연골 세포가 성장하거나 더 발달하지 않는다. 그러므로 인체 대부분의 조직들과 달리 연골은 사실상 재생이 거의 불가능하다. 즉 연골 세포가 사멸해도 혈관이 연결되어 있지 않으므로 새로운 세포로 대체되지 않는다. 연골이 손상되더라도 흉터 조직이 형성되지 않는다는 의미다. 그러므로 연골 조직이 마모되면 다시 원상태로 복구할 수 없다. 이렇게 연골이 마모되면 관절이 영향을 받고, 골관절염으로 알려진 질병이 발생한다. 골관절염은 노년기에 체중을 지탱하는 관절(무릎, 고관절, 발목)에서 발생하지만 젊은 나이에도 골절되거나 다른 부상을 입었을 때 발생할 수 있다. 골관절염의 일반적인 증상은 관절이 뻣뻣해지는 것으로, 특히 아침에 그와 같은 증상이 나타나며 움직이려고 할 때 통증이 느껴진다. 병이 더 진행되면 가만히 있어도 통증이 느껴지고 관절 기능이 소실된다. 이 두 가지 문제 모두 관절 전체 또는 일부를 대체해야 치료된다. 인공 관절 재료로는 보통 금속이나 테플론이 사용된다.

한 것은 아니다. 1890년에 독일에서 테미스토클레스 글뤼크Themistocles Glück가 무릎과 손목, 팔꿈치 등의 관절을 모두 상아로 만든 인공 관절로 대체하는 수술을 최소 열네 번 이상 실시했다. 심지어 글뤼크는 크기가 모두 다른 여러 부위의 관절을 미리 준비해 놓고 수술 도중에 두 부분으로 구성된 상아 인공 관절을 환자에게 꼭 맞는 것으로 골라서 바로 끼워 맞췄다. 그러나 글뤼크에게도 운은 따르지 않았다. 그의 환자들도 결핵 환자들이었고, 페앙처럼 글뤼크도 감염 질환에 영향을 받은 관절은 이런 초창기 치환술을 시도하기에 그리 적합하지 않다는 사실을 인지하지 못했다. 현재 널리 알려진 것과 같이 인공 관절은 철저한 멸균 상태로 인체에 장착되어야 한다. 수술 과정에서 보형물에 균이 조금이라도 유입될 경우 결국 전체가 감염되고, 그 경우 전부 제거해야만 치료할 수 있다.

항결핵제와 항생제의 발견으로 결핵과 매독이 통제되고 사람들이 더 오래 살 수 있게 된 후에는 인공 관절로 치료할 수 있는 병을 앓는 환자들이 나타나기 시작했다. 관절이 마모되는 골관절염도 그중 하나로, 이는 감염과 상관없이 관절에 오랜 기간 심한 하중이 부과되어 발생하는 질병이며 대부분 노년기에 나타난다. 관절 치환술에 꼭 알맞은 질병이라 할 수 있다. 처음에는 고무와 상아로 만들어진 재료가 사용되었으나 충분히 단단하지 않은 것으로 확인됐다. 다시 상아와 목재가 등장했지만 천연 재료는 체내에서 용해된다는 사실이 밝혀졌다. 백금은 너무 비싸고 강철은 녹이 슬기 쉽다는 문제가 있었다. 그러다 1938년에 바이탈륨이 관절 치환술에 도입됐다. 코발트와 크롬, 몰리브데넘으로 구성된 합성 금속인 바이탈륨은 굉장히 단단하고 마모되지 않는 특징과 함께 녹이 슬지 않고 알레르기 반응도 유발하지 않는다. 현대 관절 이식 수술에는 티타늄이나 테플론이 함유된 합금이 사용된다.

오늘날에도 글뤼크가 채택한 방식처럼 인공 관절은 관절 양쪽 각각에 맞는 다양한 크기로 준비되고, 수술 도중에 필요한 크기를 측정하고 조립해서 사용한다. 각 구성품은 환자의 뼈에 나사로 연결하거나 에폭시 시멘트를 발라서 굳히는 방식으로 고정시킨다. 관절 치환술이 가장 많이 활용되는 부위는 고관절과 무릎, 어깨이다. 1차적으로는 골관절염으로 인한 통증 완화를 위해 치환술이 실시되지만, 관절 기능의 퇴화를 중단시키기 위한 부차적인 목적으로도 활용되고 있다.

현재의 시각에서 보면 페앙의 관절 교체술은 아무 의미가 없어보인다. 환자의 통증은 냉농양을 제거하는 첫 번째 수술에서 이미해결됐고, 따라서 관절을 다른 것으로 바꾸는 것은 거의 도움이 되지 않는다는 생각이 들 수 있다. 게다가 팔 근육 사이에 장치를 집어넣으면 아무리 좋게 표현해도 굉장히 불편했으리라는 것을 충분히짐작할 수 있다. 실제로 세 번째 수술에서 팔뚝에 골화가 상당히 진행된 것으로 확인됐고, 이는 페두가 어깨를 아예 쓸 수 없는 상태가되었음을 의미한다. 그 상태로는 팔을 거의 움직이지 못하고 어깨도완전히 굳어 버렸을 것이다. 그러나 이 같은 결과는 페앙이 관절 치환술을 실시하지 않았더라도 일어났을 일이다. 종합적으로 대체 관절은 페두에게 크게 도움이 되지도 않았지만 크게 해가 된 것도 아니다.

페앙은 그 외에 아주 유용한 발명품을 남겼다. 현대 외과 수술에서 사용되는 클램프와 니들 홀더(지침기)의 가장 기본적인 디자인을 완성한 사람이 바로 페앙이었다. 니들 홀더의 경우 엄지와 검지로 눌러서 서로 맞물리는 금속 손잡이 끝에 표면이 톱니 모양으로 된 돌출부가 달려 있는 형태로 되어 있다. 이 톱니 부분이 래칫5처럼 서로 맞물리면서 클램프를 조인다. 이와 더불어 페앙은 외과 의사로서는 처음으로 비장 절제술을 실시했고, 위의 일부분을 제거하는 수술도 거의 성공할 뻔했다. 그러나 페앙은 페두와 그의 어깨에 관한 최종 보고서를 발표하고 1년 뒤에 폐렴에 걸려서 예순일곱의 나이로 세상을 떠났다. 쥘 페두가 어떻게 됐는지는 더 알려진 것이 없다.

마이클스 박사와 페앙이 합작해서 만든 걸작은 어떻게 됐을까? 쥘 페두의 인공 어깨는 처음에 페앙의 손에 남아 있다가 나중에 어찌어찌해서 이름을 알 수 없는 한 미국인 치과 의사에게로 넘어갔다. 그와 함께 미국으로 건너간 이 인공 어깨는 지금은 워싱턴 D.C.의 스미스소니언 연구소에서 볼 수 있다.

인체는 세균이 함께 유입되지만 않는다면 외래 물질을 놀라울 정도로 잘 견딘다. 쥘 페두와 관절 치환술의 역사는 인체가 외래 물질을 받아들이기 위해서는 감염이 일어나지 않아야 한다는 사실을 보여 준다. 우리 몸에 생소한 물질이 들어오면서 세균까지 따라오면 면역계가 처리할 수 있는 범위를 벗어난다. 그러므로 대체 재료는 완벽하게 멸균된 상태에서만 인체가 수용할 수 있다. 인공 관절뿐만 아니라 탈장 수술에 사용되는 합성 재료와 금속 클립, 스테이플러, 심

5   한쪽 방향으로만 회전을 하고 반대 방향으로는 회전하지 못하는 톱니바퀴

박 조율기, 인공 혈관, 골절 시 사용되는 금속판, 눈에 넣는 인공 안구, 중이에 이식하는 인공 이소골, 뇌 배액술에 사용되는 재료, 혈관에 설치하는 금속 스텐트[6], 심장의 인공판막, 실리콘으로 된 가슴 보형물에도 모두 적용되는 원칙이다.

봉합 재료는 몸에 계속 남지 않으므로 이 원칙에서 제외된다. 흡수성 실이 가장 많이 사용되는 이유도 이 때문이다. 봉합 재료에 균이 오염된 경우, 다시 수술 부위를 절개해서 몸속 깊이 들어간 실을 끄집어내는 대신 그냥 기다리면 된다. 실이 용해되면 균도 활성을 잃는다. 로마 시대부터 양이나 염소의 위를 말려서 만든 실이 상처를 꿰매는 데 사용됐다. 페앙 역시 위로 만든 실을 사용했다고 자신의 보고서에 명시했다.

6 좁아진 혈관을 열고 혈류가 유지되도록 혈관 내부에 설치하는 원통 모양의 그물망

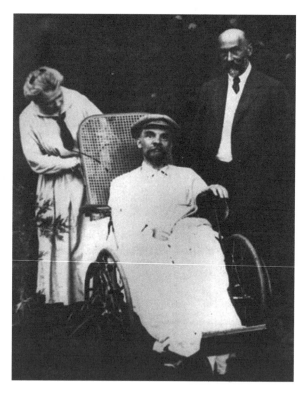

말년의 레닌(가운데,
1870~1924)

25장

뇌졸중
블라디미르 일리치 울리야노프의 목에
무슨 일이 생겼나 : 레닌의 수술

"한 가지 말해 둘 것이 있는데요. 일리치." 평범한 농부 한 사람이 한 번은 이렇게 예견했다고 한다. "당신은 아마 뇌졸중으로 죽게 될 거요."

"왜죠?" 일리치가 물었다.

"당신 목이 그렇게나 짧으니까요." 농부의 설명이었다. 이 이야기는 블라디미르 일리치 울리야노프Vladimir Ilich Ulyanov가 쉰두 살에 두 번째로 뇌졸중을 겪고 회복기일 때 직접 전한 것이다. 몇 개월 뒤에 그는 또다시 뇌졸중으로 쓰러졌고 1년이 지나기 전에 세상을 떠났다. 실제로 그의 사진을 보면 눈에 띌 정도로 목이 짧다. 또 철의 장막이 쳐진 뒤 동유럽의 거의 모든 마을과 도시 광장마다 마련된 수천 개의 동상에도 그는 머리가 셔츠 깃 바로 위에서 시작되는 것처럼 묘사되었다. 하지만 목이 짧다고 해서 뇌졸중 위험이 높아지는 것은 아닌데, 왜 그는 비교적 젊은 나이였던 1922년 4월부터 연이어 뇌경색에 시달렸을까?

러시아 볼셰비키와 10월 혁명의 지도자, 소비에트 연방의 아버지인 블라디미르 일리치 울리야노프는 혁명 당시에 사용한 레닌이라는 가명으로 더 많이 알려졌다. 소련에서는 국가 지도자와 관련된 소식은 오로지 칭송과 좋은 내용만 내보냈다. 그래서 1922년 5월에 처음으로 뇌졸중이 찾아왔을 때도 언론에서는 레닌이 상한 생선을 먹고 위염에 걸렸다고 보도했다. 빠르게 회복되었다는 의심스러운 소식과 함께, 이후 수개월간 이어진 회복 기간도 공식적으로는 휴가를 떠난 것으로 전해졌다. 그러나 뇌졸중이라는 사실을 오래 감추는 건 불가능한 일이었고, 나중에 사실이 밝혀진 뒤에는 원인이 무엇인가를 두고 무수한 추측이 나왔다. 그중 한 가지는 그리 멀지 않은 시점에 일어난 일과 관련이 있다는 내용이었는데, 바로 목 수술을 받은 것을 가리킨 말이었다. 뇌졸중이 실제로 어떻게 생기는지 안다면 이러한 추측은 놀라울 수밖에 없다.

뇌졸중을 의미하는 공식적인 의학 용어는 뇌혈관 사고cerebrovascular accident(CVA)로, 뇌의 혈관에 영향을 주는 사고라는 의미가 담겨 있다. 전 세계적으로 매년 천만 명 이상이 뇌졸중을 겪는다. 뇌졸중은 뇌경색(허혈성 뇌졸중)과 뇌출혈(출혈성 뇌졸중)로 나뉜다. 뇌경색은 뇌혈관이 막혔을 때 발생하지만 그 원인은 뇌가 아닌 다른 곳에 있다. 목을 지나는 혈관에 혈전이 생기고 이것이 원래 있던 곳에서 떨어져 나와 혈류를 타고 뇌가 있는 위쪽으로 흘러갈 경우, 뇌 깊숙한 곳 어딘가에서 작은 혈관을 막는 일이 생길 수 있다. 이를 색전증*이라 하고, 이때 혈관을 막은 혈전은 색전이라고 한다. 뇌출혈의 경우 뇌의 작은 혈관이 자연히 터져서 주변에 있던 뇌세포가 피에 잠기면서 발생한다. 두 경우 모두 뇌 조직이 손상되어 갑작스러운 뇌 기능 소실로 이어진다. 이렇게 소실된 기능은 완전히 회복되기도 하지만 일부만 회복되기도 한다. 뇌졸중이 발생하고 증상이 하루 안에 모두 사라지는 것은 산소 부족으로 인한 단기적 발작이라는 의미로 일과성 허혈 발작이라고 한다. 이와 같은 증상은 뇌졸중이 발생할 수 있음을 나타내는 징후이기도 하다.

뇌기능 소실은 팔이나 다리가 마비되거나 입을 다물지 못하고 언어장애가 생기거나 언어에 대한 이해력에 문제가 생기는 증상으로 나타나는 경우가 많다. 뇌와 인체 나머지 부분은 서로 엇갈린 방향으로 연계되어 있다. 즉 뇌 좌반구에 뇌졸중이 발생하면 증상은 몸 오른쪽에 나타나고 우반구가 영향을 받으면 증상은 몸 왼쪽에 나타난다. 같은 방향에 있는 팔과 다리가 마비되는 것은 '절반이 마비됐다'는 의미로 편측 마비라고 한다. 언어와 이해력, 말을 시작하는 기능은 보통 주로 사용하는 손(자연스럽게 글씨를 쓰는 쪽)을 관장하는 뇌 반구와 같은 쪽에 위치한다. 즉 오른손잡이인 경우 언어 기능과 관련된 뇌 영역이 대부분 좌반구에 위치한다.

그러므로 좌반구에 뇌경색이 발생하면 우반신 마비와 실어증(언어 능력 손실을 지칭하는 의학 용어)이 한꺼번에 나타난다. 뇌 좌반구에 혈액을 공급하는 목의 주요 동맥인 좌측 총경동맥에 생긴 색전증으로 이와 같은 결과가 초래된다. 오른손잡이였던 레닌은 목 왼쪽에 수상한 수술을 받고 회복 중일 때 뇌졸중이 발생하여 우반신 마비와 실어증 증세를 보였다. 혹시 외과 의사가 뇌졸중을 유발한 것은 아닐까?

목 수술의 목적은 무엇이었을까? 레닌의 건강 상태로 발표된 내용들은 검열된 부분이 많을 것이고, 거기에 광신적인 생각과 억측을 유도하는 내용이 많이 더해져서 전부 사실로 받아들일 수는 없다. 그러나 이러한 한계를 감안해서 살펴보면, 이 소련의 지도자는 실제로 정신질환을 앓은 것으로 보인다. 확실한 사실은 그가 두통과 기분 변화, 불같이 버럭 하는 성질과 집착, 악몽, 불면증에 시달렸다는 것이다. 크렘린 궁의 비밀 장소에서는 통증을 억제하고 진정 효과가 있는 독일산 약들이 발견됐다. 그중에는 전통적인 치료제인 브롬화칼륨과 바르비탈도 포함되어 있었는데, 이 약들을 과량 복용하거나 너무 오랫동안 복용할 경우 원래 증상보다 더 심각한 부작용이 발생할 수 있다.

레닌은 항상 상황 판단이 정확한 사람이었다. 이런 능력은 당원 동지들의 건강을 챙기는 일에도 발휘되어, 최고위급 당 위원회인 공산당 정치국 동지들과 함께 휴식이 필요한 사람을 찾아내곤 했다. 지명된 공산당원은 당사자의 의사와 상관없이 보양지로 가야 했다. 최악의 경우 의사의 진단 절차도 거치지 않고 곧장 정신병원으로 보내졌다. 그러다 레닌의 건강이 정치국의 의제에 오르는 날이 오고 말았다. 그 사이 레닌은 뛰어난 지략으로 비전을 펼치던 열정적인 지도자에서 신경질적인 독재자로 변모했고, 증상은 날로 악화됐다. 1921년, 트로츠키Trotsky와 스탈린Stalin을 비롯한 정치국 당원들은 그를 모스크바 남쪽으로 한 시간 정도 거리에 있는 고리키의 시골 맨션에 보낸다는 결정을 내렸다.

온갖 분야의 의사들이 레닌을 만나고 광범위한 진단을 내놓았다. 의료진 중 한 사람이던 이반 파블로프Ivan Pavlov(파블로프의 개로 유명해진 바로 그 의사)는 레닌이 매독에 걸렸다고 주장했다. 만성 우울증이

나 오늘날 '번아웃burnout'이라 부르는 상태와 흡사한 '신경쇠약' 등 심리적인 문제라고 결론지은 의사들도 있었다. 그 사이에서 독일의 의학 자문가 게오르크 클렘페러Georg Klemperer 교수는 전혀 다른 견해를 제시했다. 오래전에 레닌이 맞은 총알 두 발이 목에 그대로 머물러 있었는데, 이로 인한 납중독이 발생했다고 본 것이다.

레닌의 목숨을 빼앗으려는 시도는 여러 해 전부터 몇 차례 있었다. 1918년 1월에는 상트페테르부르크(나중에 레닌그라드로 명칭이 바뀐 곳)에서 레닌이 탄 자동차가 총격을 받았지만 그는 다치지 않았다. 레닌의 명령으로 황제와 가족 전체가 살해당하고 한 달 반이 지난 같은 해 8월 30일에는 모스크바에서 한 젊은 여성이 레닌에게 가까이 다가와서 총을 쏘았고 그는 크게 다쳤다. 스물여덟 살이던 총격범 파냐 카플란Fanya Kaplan은 총 세 발을 쏘았고 그중 두 발이 레닌의 왼쪽 어깨를 맞혔다.[1] 나머지 총알은 길을 지나던 포포바Popova라는 여성의 왼쪽 팔꿈치를 맞혔다. 레닌은 의식을 잃고 바닥에 쓰러지면서 왼쪽 팔뚝이 부러졌다. 그러나 의식은 금방 돌아왔고, 운전사가 피를 흘리는 그를 차에 태우고 크렘린 궁으로 다급히 이동했다. 궁에 도착하자 레닌은 3층까지 계단을 걸어 올라갔다. 그러나 추가 공격의 염려 때문에 그는 궁 안에만 머물렀고, 의사들도 다음 날 아침이 될 때까지 환자를 살펴볼 수가 없었다. 나중에 레닌을 검진한 외과 의사 블라

---

[1]   (원주) 이와 관련된 소련의 보고서 내용은 명확하지 않다. 필자는 해당 보고서를 토대로, 총알 한 발은 목 왼쪽 아래, 어깨로 이어지는 부분에 깊이 박혔고 다른 하나는 흉골과 오른쪽 쇄골이 만나는 지점의 피부 바로 아래를 맞힌 것으로 결론 내렸다. 총알이 관통한 흔적은 없었다. 레닌은 왼쪽에서 총격을 받은 것으로 보인다.

디미르 니콜라예비치 로자노프Vladimir Nikolaevich Rozanov는 상태를 확인하고 매우 놀랐다. 레닌은 시체처럼 창백해진 상태였고 호흡이 가쁘고 입술이 시퍼렇게 변한 데다 혈압이 너무 낮아서 맥을 짚어도 거의 아무것도 느낄 수가 없을 정도였다. 정작 환자는 의사에게 기운 없는 목소리로 걱정할 것 없다고 연신 이야기했지만, 로자노프는 상황을 제대로 파악했다. 중차대한 상황이었다. 손가락으로 레닌의 가슴 부위를 두드리자, 왼쪽에서 속이 비어 있는 소리가 나지 않고 둔탁한 소리가 났다. 그는 왼쪽 흉강에 혈액이 차 있고, 이것이 환자의 안색이 창백하고 혈압이 낮은 이유라고 보았다. 왼쪽 폐가 눌려서 입술이 새파랗게 변하고 호흡이 가쁜 증상이 나타난다는 것도 알 수 있었다. 로자노프는 레닌의 흉골과 오른쪽 쇄골이 만나는 곳 바로 위에 총알이 박혀 있는 것을 확인했다. 그 총알로 인한 상처는 왼쪽에, 목 밑부분에 나 있었다. 목을 관통하면서 척추, 식도와 기도, 혈관을 지났지만 그리 큰 손상은 일어나지 않은 것이 분명해 보였다. 두 번째 총알은 왼쪽 어깨에서 발견됐다. 레닌이 맞은 두 발의 총알 중에 한 발이 왼쪽 흉강 윗부분의 출혈을 일으킨 것이다.

의료진은 레닌이 말을 하거나 움직여서는 안 되며 가만히 휴식을 취해야 한다고 단언했다. 총격으로 인한 즉각적인 위험은 피한 것 같았다. 그렇지 않다면 공격 후 몇 시간이 지나도록 살아 있을 리 만무했다. 레닌은 골절된 팔을 치료받고 침대에 눕혀졌다. 이제 기다릴 차례였다. 의사들은 총알로 인해 감염이 일어날 수도 있다고 우려했으나 일단 기다리면서 경과를 지켜보기로 했다. 몸이 약해진 상태에서 총알을 제거하기 위해 수술을 하다가는 환자를 살리지 못할 가능성도 있고, 레닌도 총알 두 발을 그냥 놔두라고 했기 때문이다. 레닌은 천천히 회복됐고 감염은 발생하지 않았다. 3주 후에는 병상에서 일어났다.

파냐 카플란은 간단한 조사를 받고 9월 4일에 처형됐다. 이 사건은 레닌과 볼셰비키가 '적색 테러'를 일으키는 시발점이 되었다. 비밀경찰인 체카Cheka가 '반동분자'로 칭해진 수만 명을 고문하고 살해하는 숙청이 시작된 것이다.

이후 수년이 지나도록 카플란이 쏜 두 발의 총알은 레닌의 몸속에서 큰 문제를 일으키지 않았다. 그러나 독일의 게오르크 클렘페러 교수는 총알의 소재가 납이고 너무 장기간 몸속에 있었으므로 심리적인 문제를 일으킬 수 있다고 보았다. 만성 납중독은 신경계에 문제를 일으킬 수 있기 때문이다. 그의 견해는 1918년에 레닌을 치료했던 외과 의사 블라디미르 로자노프에게도 전해졌으나, 로자노프는 국가 원수에게서 나타나는 증상이 납중독 때문이라는 것은 억지스러운 해석이라 여겼으므로 단지 그런 이유로 환자에게 제거 수술의 위험을 감수하라고 하는 것은 무책임한 일이라고 판단했다. 레닌에게는 전속 외과 의사가 한 명 더 있었다. 베를린 출신의 모리츠 보르하르트Moritz Borchardt라는 의사로, 레닌이 러시아 의사들만 믿고 있을 수는 없다는 생각으로 구한 사람이었다. 보르하르트도 총알 제거 수술에 반대하면서 클렘페러가 제기한 문제는 **가능성 없는** 일이라고 보았다. 로자노프의 회고록에는 그가 보르하르트와 함께 환자에게 제안한 타협책이 나와 있다. 레닌 스스로는 총알이 건강에 이상을 일으켰다고 생각하지 않았지만, 여러 의사를 만나 본 결과 제각기 상충되는

쇄골하동맥 도혈 증후군

동맥경화로 인한 혈관 협착*이나 폐색*은 이론상 인체 어디에서나 발생할 수 있지만 대체로 이러한 문제는 혈액의 흐름에 난류가 발생하는 곳에서 나타난다. 그중에서도 매우 특정한 부위의 대형 동맥이 막히면 쇄골하동맥 도혈 증후군이라는 중요한 증후군이 발생한다. 쇄골 아래에 위치하고 팔에 혈액을 공급하는 동맥이 막히는 병이라는 의미로 붙여진 명칭이다. 혈류가 막히는 지점은 쇄골하동맥이 갈라져서 뇌로 향하는 네 가지 동맥 가운데 하나인 척추 동맥의 시작 지점 바로 앞이다. 앞쪽에 위치한 두 개의 경동맥과 뒤에 있는 두 개의 척추 동맥이 뇌 아래쪽에서 둥글게 자리한 것을 대뇌 동맥륜 또는 의사이자 과학자였던 토머스 윌리스Thomas Willis의 이름을 따서 윌리스 서클circle of Willis이라고 한다. 쇄골하동맥 도혈 증후군으로 쇄골하동맥이 막혀도 팔은 척추 동맥으로부터 반대 방향으로 흐르는 혈액을 공급받는다. 대뇌 동맥륜은 뇌와 함께 팔 전체에도 혈액을 공급한다. 이 상태에서 환자의 팔에 힘이 들어가면, 팔 근육이 뇌로 가는 혈액을 '훔쳐' 오고 그 결과 뇌로 가야 할 혈액량이 줄면 의식이 희미해진다. 이 같은 이유로 쇄골하동맥 도혈 증후군 환자는 가령 드라이버로 나사를 조이는 등의 일을 하다가 기절할 수도 있다. 폐색이 발생한 부분은 보통 혈관 안쪽에 작은 풍선을 집어넣는 경피 혈관 성형술로 해결할 수 있다.

의견이 나왔다. 그리고 의사들의 의견이 일치한 부분은 목 오른쪽 아래에 박힌 총알이 피부와 가까워서 꺼내기도 쉬우므로 제거해야 한다는 것이었다. 그보다 깊이 박혀 있는 목 왼편의 총알은 그냥 그대로 두는 쪽으로 의견이 모아졌다. 이와 같은 결론은 외부로 공개되지 않았다. 그리하여 레닌은 공식적으로, 1918년에 맞은 총알 중 하나를 제거하기 위한 수술을 받았다. 몸 왼쪽으로 들어가서 오른쪽에 박힌 총알을 제거한 수술이었다. 왼쪽에 박힌 총알이 처음부터 계속 그 상태로 머물러 있었는지는 정확히 알 수 없었다.

먼저 외과 의사들은 투시 검사를 실시했다. X선을 이용하여 움직이는 영상을 실시간으로 얻는 구식 검사법이 동원됐다. 이를 통해 의료진은 두 개의 총알이 1918년에 촬영된 X선 사진과 비교할 때 위치가 바뀌지 않았음을 확인했다. 그리하여 1922년 4월 23일, 보르하르트는 모스크바 솔다텐코프 병원에서 로자노프의 도움을 받아 수술을 집도했다. 로자노프의 기록에 따르면 아주 간단한 수술이었다. 노보카인을 주사하여 수술 부위 피부를 국소마취하고 절개한 후 총알이 드러나도록 한 뒤 주변 조직을 밀어서 빼냈다. 감염을 막기 위해 절개 부위는 봉합하지 않고 거즈로 덮었다. 그리고 **2차 유합**으로 상처가 완전히 나을 때까지 매일 새로운 거즈로 교체했다. 성공리에 마무리된 간단한 수술이었고, 보통 이런 수술을 받은 환자는 바로 집에 돌아갈 수 있지만 레닌은 수술 당일에 안전을 고려해서 본인의 의지와 상관없이 입원실에서 보냈다. 2주 반이 지나자 수술 부위는 완전히 치유됐다.

수술이 끝나고 한 달 뒤인 1922년 5월 25일에 레닌에게 첫 번째 뇌졸중이 찾아왔다. 우반신이 부분적으로 마비되고 말을 명료하게 못하는 증상이 나타난 것으로 볼 때 왼쪽 경동맥에 이상이 생겼다는 사실을 알 수 있었다. 며칠 뒤에는 매독 검사(바서만 반응 시험)가 실시됐다. 매독이 심각한 단계에 접어들면 뇌에도 영향을 줄 수 있기 때문이다. 검사 결과는 음성이었다. 레닌은 자신이 불치병에 걸렸고, 아무 가망도 없다고 확신했다. 크게 절망한 그는 뇌졸중이 발생하고 5일 뒤에 이오시프 스탈린 동지에게 독약을 구해 달라고 부탁했다. 의료진은 생각만큼 예후가 암울한 것은 아니라고 겨우 설득했지만, 6월과 7월에 레닌은 걸을 때 마비 증상이 조금씩 다시 시작된다는 사실을 감지했다. 소리에도 극도로 민감해졌고 특히 바이올린 소리를 못 견뎌 했다. 주변 사람 모두를 못 살게 굴 정도였다. 그해 여름은 고리키에서 요양하면서 버섯을 따고, 양봉 일도 하고 바구니를 손수 만들기도 하면서 시간을 보냈다. 그러면서 걷는 연습을 하고 휴식을 취하면서 오른손 쓰는 연습도 이어 갔다. 10월에는 모스크바로 돌아와 업무에 복귀했다.

12월 16일에 또다시 심각한 뇌졸중이 발생했다. 이번에도 같은 쪽이었다. 부분 마비 증상이 다시 나타나고, 언어능력은 앞의 경우보다 훨씬 더 크게 악화됐다. 서서히 회복되던 그는 1923년 3월 9일에 세 번째로 뇌졸중을 겪었다. 더 이상 말을 또렷하게 하지 못하고, 분노 발작 증상이 더해진 데다 휠체어 신세를 져야 했다. 그로부터 수개월간, 레닌은 밤낮으로 감시를 받으며 지냈다. 아주 천천히 회복이 진행되어 말을 조금은 할 수 있고 들리는 말을 이해할 수 있게 되었지만, 대중 앞에 모습을 나타내지 않았다. 다시 1월이 되자 네 번째이자 마지막 뇌졸중이 찾아왔다. 결과는 치명적이었다. 결국 레닌은 1924년 1월 21일, 쉰세 살의 나이로 세상을 떠났다.

정말 파냐 카플란의 총알이 결국 소련의 지도자를 추락시켰다고 볼 수 있을까? 외과 의사 라자노프에 따르면 의료진은 왼쪽 경동맥 근처에 박힌 총알을 그대로 두었다. 그가 한 말이 사실이라면, 1922년

4월 23일에 총알 하나를 제거한 수술이 그 후 연이어 발생한 레닌의 뇌졸중의 원인이라고 볼 수는 없다. 그러나 평론가들이나 전기 작가들은 그 수술을 맹비난해 왔다. 총알로 인한 독성의 영향이라는 이론은 허무맹랑한 소리로 들리지만 당시 활용할 수 있었던 치료법을 감안한다면, 클렘페러 교수의 생각이 옳은 것 같다. 레닌에게서 나타난 증상의 가능성 있는 원인은 다섯 가지가 제시됐다. 그 가운데 매독과 우울증, 동맥경화는 1920년대에 아직 치료법이 없던 질병이다. 레닌의 증상으로 볼 때, 원인이 무엇이건 그에게 필요한 건 휴식이었다. 일 중독자 면모를 보인 이 독재자가 신경쇠약이나 '번아웃' 상태였다면 마찬가지로 휴식이 꼭 필요했다. 납중독은 가능성이 가장 낮은 원인이지만 치료할 수 있는 문제였다. 그러므로 환자를 쉬게 하고 총알을 제거하는 것이 논리적으로 옳은 방법이고, 그 당시에 의사들이 할 수 있는 유일한 조치였다.

원래 건강한 혈관은 유연하고 내벽이 매끄럽다. 동맥경화가 발생하면 혈관 내벽에 콜레스테롤과 석회가 축적되어 염증으로 이어진다. 이 질병은 흡연과 유전적인 소인, 고혈압, 비만, 혈중 콜레스테롤 수치가 높은 것 등이 원인이고 나이가 들수록 발생률이 높아지는 경향이 나타난다. 그 결과 매끄러웠던 혈관 내벽이 울퉁불퉁해지고, 유연성 없이 뻣뻣해진다. 혈관이 점점 좁아지더라도 목에 있는 네 개의 동맥이 뇌에 혈관을 공급하므로 반드시 심각한 결과가 초래되는 것은 아니다. 즉 주요 경동맥 중 하나가 좁아지거나 막힌다고 해서 꼭 뇌경색으로 이어지지는 않는다. 다른 세 개의 동맥이 기능을 대신할 수 있기 때문이다. 뇌경색은 혈관 내벽에 있던 무언가, 즉 색전이 떨어져 나와 뇌의 훨씬 더 작은 혈관을 틀어막고 혈류 흐름이 중단될 때 발생한다. 그리고 이처럼 혈관 벽에서 물질 조각이 떨어져 나오는 현상은 계속해서 반복될 수 있다. 레닌이 한 번이 아니라 여러 번, 연이어 뇌졸중을 겪은 것도 그러한 이유에서다. 그러므로 문제가 생긴 혈관을 제거하면 이후 또다시 뇌졸중이 발생하는 것을 막을 수 있다.

레닌의 목숨을 살릴 수 있었을 수술은 1954년에 최초로 실시되었고 외과학을 한 단계 크게 발전시켰다. 런던에서 외과 의사 H. H. 이스트콧^{H. H. Eastcott}과 C. G. 롭^{C. G. Rob}이 실시한 이 수술의 명칭은 경동맥 내막절제술로, '큰 경동맥 내벽을 잘라 낸다'는 의미를 담고 있다. 수술은 먼저 큰 경동맥의 위치를 찾고 문제가 생긴 부분의 위아래에 클램프를 설치한다. 해당 혈관과 관련된 뇌 반구는 대뇌 동맥륜의 나머지 혈관 세 개로부터 일시적으로 혈액을 공급받고 있는 상태에서, 문제의 동맥을 세로로 절개하여 연 다음 내벽을 벗겨 내고 혈관을 다시 봉합한다.

레닌의 공식적인 사인은 수차례 발생한 뇌졸중에 따른 경동맥의 동맥경화증으로 발표됐다. 1924년 1월 21일에 그가 사망하고 하루 뒤에 실시된 부검에서 밝혀진 사항이다. 나이가 겨우 쉰셋에 불과하고 담배는 한 번도 피워 본 적이 없는 데다 과체중도 아니고 혈압도 정상인 사람에게는 굉장히 드문 일이다. 그러나 가족 중에 심혈관 질환을 앓았던 사례가 있었다. 또한 레닌이 수술을 받고 이후 뇌졸중을 겪기 전인 1921년에 말을 또렷하게 하지 못하는 증상이 단기간 나타나서 예정됐던 연설을 연기했다는 기록이 있다. 그 당시에 일시적 허혈 발작이 발생했다면 이것이 나중에 발생한 뇌졸중의 징후였을 가능성이 있다. 게다가 동맥경화증으로는 레닌이 뇌졸중을 겪기 전에 시달렸던 심리적인 문제나 두통, 집착, 불면증을 설명할 수 없다.

공식 자료와 보고서의 내용이 모두 사실이라면, 레닌의 죽음은 총알 때문도 아니고 그 수술 때문도 아니다. 지금이라도 레닌의 왼쪽 경동맥을 살펴보고, 목에 더 깊숙이 박힌 두 번째 총알을 제거하기 위한 수술을 받았는지 확인할 수 있다. 레닌이 사망한 지 90여 년이 지났지만 그의 시신은 방부 처리되어 모스크바 붉은 광장에 마련된 묘소에 공개 전시되어 있고, 진균 감염을 막기 위해 매달 화학물질로 관리해 온 덕분에 지금까지도 상당히 좋은 상태를 유지하고 있기 때문이다. 제대로 잘 관리되어 있다면, 카플란이 쏜 총알도 분명 그 시신에 아직 남아 있을 것이다.

외과 의사 테오도어
빌로트(1829~1894)

26장

위 절제 수술
무모한 시도와 외과 의사: 테레제 헬러

외과 의사 로버트 리스턴Robert Liston은 19세기 초 런던에서 유명한 영웅이었다. '웨스트엔드에서 칼을 가장 빨리 휘두르는 사람'이라는 명성처럼 그의 트레이드마크는 속도였다. 속도는 마취가 개발되기 전에 수술에서 절대적인 필수 요건이었다. 구경꾼들도 그가 칼과톱을 다루는 속도를 다 따라갈 수 없을 정도였다. 메스는 항상 안주머니에 넣고 다녔고, 수술할 때는 절개가 필요할 때 바로 사용할 수 있도록 메스를 입에 물고 있기도 했다고 한다. 그리고 당시 의사들의 관례대로, 그 역시 언제든 혈관에서 피가 뿜어져 나오면 바로 막을 수 있도록 옷깃에 난 단춧구멍에 실을 가지고 다녔다. 봉합할 때는 양손을 자유롭게 사용하면서 매듭을 더 단단히 잡아당기기 위해이로 실을 잡아당기기도 했다. 모든 것이 속도를 늦추지 않는 데 맞춰졌다. 정확성은 그보다 덜 중요하다고 여긴 것이 분명해 보인다. 한 번은 환자의 다리 윗부분을 절단하다가 고환까지 잘라 버린 일도있었다. 수술할 때 메스를 너무 불쑥 꺼내 드는 바람에 조수의 손가락을 베어 버려 비난받던 사건도 있었다. 수술받던 환자와 조수의 손에서 어마어마한 피가 뿜어져 나오는 광경을 지켜보던 구경꾼 하나가 너무 놀라 급사하고, 나중에 그 환자와 조수도 괴저로 숨을 거두면서 이 수술은 사망률 3백 퍼센트를 기록한 유일무이한 수술이 되었다. 그럼에도 리스턴은 동료들로부터 큰 시샘을 받을 만큼 훌륭한 성과를 낸 위대한 외과 의사였다. 그가 만든 수술 도구인 소형 '불도그' 겸자는 지금도 작은 혈관을 잠시 조일 때 사용되고, '리스턴 가위'로 불리는 큼직한 뼈 절단기도 고안했다.

그로부터 2백여 년이 지난 지금, 현대 외과 의사들은 1970년대와 1980년대에 수술을 받은 환자의 몸에 남은 흉터만 봐도 깜짝 놀란다. 1990년대 전까지는 흔했던 방광 수술만 하더라도 환자의 상복부 오른쪽에 30~40센티미터, 심지어 50센티미터에 달하는 대각선 수술 자국이 남았다. 이전 세대 의사들은 자기 머리가 전부 들어갈 정도로 절개를 했어야만 했나, 싶은 생각이 들 정도다. 일상적으로 이루어지는 개복 수술은 거의 대부분 흉골부터 골반뼈까지, 몸 중앙선을 따라 최대한 큼직하게 절개하는 것이 이례적인 일이 아니라 규칙으로 여겨졌다.

과거에는 '훌륭한 외과 의사는 큼직하게 절개한다'는 것이 자랑스럽게 여겨졌고 심심찮게 들을 수 있는 말이기도 했다. 그러나 현재 우리가 알고 있는 지식에 따르면, 이는 완전히 말도 안 되는 소리라고 확실하게 이야기할 수 있다. 그러나 그 시절에는 정반대로 생각하는 의사들이 많았다. 지금 우리가 절개 부위를 큼직하게 잡는 외과 의사들을 무모하다고 생각하듯이, 그때는 침습 부위를 최소한으로 줄이려는 키홀 수술을 추구하는 젊은 세대 의사들이 무모하다고 여겨졌다. 어느 시대나 수술실에 그렇게 취급받는 사람들은 있게 마련이고, 과거에는 많이 절개하는 의사들이 영웅이었다.

테레제 헬러Thérèse Heller는 위 출구 부위에 생긴 종양을 제거하는 수술을 받고, 동일한 수술을 받은 뒤에 생존했던 최초의 환자보다 3개월 더 오래 살았다. 현재의 관점에서는 이 두 건 모두 실패한 수술이지만, 헬러를 치료한 의사 테오도어 빌로트는 영웅 대접을 받은 반면 그보다 2년 앞서 같은 수술을 성공적으로 마친 쥘 에밀 페앙의 이름은 거의 잊혀졌다. 페앙이 치료한 환자는 5일도 채 지나지 않아 사망했다. 두 의사 모두 19세기 말에 활동했던 저명한 외과 의사였다. 제빵사의 어깨에 백금으로 만든 보철물을 끼워 넣었던 바로 그 의사인 페앙은 세계 문화의 중심지 파리에서 활약하던 자신만만한 의사였다. 빌로트는 당시 세계 과학의 중심지였던 빈에서 뛰어난 교수로 명성이 높았다.

위 출구 부위에 종양이 생기는 병은 당시 가장 흔한 암의 형태였다. 지금은 왜 드문 질병이 되었는지 이유는 불확실하지만, 냉장고의 발명과 관련이 있을 것으로 보인다. 유독 위 출구라는 특정 부위에 암이 생기는 것은 특정 균이 중요한 원인으로 작용한다. 그리고 오염된 음식을 섭취하여 위에 연이어 감염이 발생할 경우, 비교적 젊은 나이에도 위암이 생길 수 있다. 그러므로 20세기에 식품 생산과 보관법이 개선되면서 이와 같은 형태의 암도 감소했을 것으로 보인다. 그러나 19세기에는 의사들이 달리 해 줄 수 있는 일이 없는, 광범위한 질환이었다. 위 출구에 종양이 생겨 목숨을 잃은 사람은 비인간적으로 생을 마감해야 했다. 쉴 새 없는 통증과 구역질, 목이 마르고 배가 고픈 증상 때문에 환자는 산송장이나 다름없었다. 그러니 이런 고통을 수술로 줄일 수 있다면, 그 의사는 전 세계적인 영웅이 될 터였다.

19세기 후반에는 이처럼 위험천만한 수술을 실시하는 데 꼭 필요한 두 가지 기본적인 요건이 갖추어졌다. 바로 전신마취(앞서 10장에서 설명했듯이 보스턴에서 활동하던 윌리엄 모턴이 1846년에 처음 도입했다)와 소독법(11장에서 소개한 글래스고의 의사 조지프 리스터가 1865년에 도입)이다. 당시 외과 분야에서는 의학 용어로 원위부 위 절제술[위(gastr-) 끝부분(distal)을 제거하는(-ectomy) 수술]이라고 하는 문제의 수술을 누가 먼저 최초로 성공하느냐를 두고 존경받는 교수들이 너도나도 경쟁을 벌인 것 같다. 페앙의 환자는 1879년 4월에 이 수술을 받고 생존했지만 의사의 노력에도 수술 이후의 힘든 회복기를 이겨 내지 못했다. 현재와 같이 정맥 점적[I] 주입법을 통해 환자의 혈관에 수액을 직접 공급하는 방식이 아직 개발되기 전이라 환자가 수액을 충분히 얻지 못한 것이 원인이었다. 그럼에도 페앙은 『병원 회보Gazette des hôpitaux』라는 학술지에 「위 절제술을 통한 종양 제거」라는 제목으로 발표한 자료에서 자신의 수술이 '성공'했다고 밝혔다. 페앙은 해당 자료에서 종양을 복수형으로 사용함으로써, 이제 위에 생긴 종양을 수술로 얼마든지 제거할 수 있다는 자신의 확신을 드러냈다. 그로부터 1년 반 뒤에 폴란드에서 루드비크 리디기에르Ludwik Rydigier라는 외과 의사가 같은 수술

I   액체가 방울방울 떨어지는 것

을 시도했지만 환자는 수술 당일도 넘기지 못하고 사망했다.

간단해 보이지만 여러모로 복잡하고 상당히 위험한 수술이었다. 그리고 당시 외과 의사들이 인지한 것보다도 훨씬 더 복합적인 수술이었으리라 생각한다. 그 시절의 문헌을 보면 종양을 제거한 뒤에 느슨한 양쪽 말단을 결합시키는 가장 좋은 방법을 찾는 것이 의사들의 주된 관심사였지만 이는 위 절제술에서 가장 까다로운 부분이라 할 수 없다. 그보다도 외과 의사가 갑작스럽게 맞닥뜨리는 골치 아픈 문제가 세 가지 있다. 첫 번째는 위 출구가 복부에 위치한 여러 중요한 기관이 서로 교차하는 곳에 있다는 점이다. 소중히 다루어야 할 담관을 비롯해 간문맥, 십이지장 동맥, 췌장이 모두 가까이에 있다. 위가 아무 이상 없이 건강해도 이러한 주변 기관들을 손상시키지 않고 따로 분리하기가 어려운데, 이 북적이는 환경에 종양까지 존재한다면 훨씬 더 어려워질 수밖에 없다. 두 번째 문제는 위의 내용물이 염산만큼 산성이 강하다는 것이다. 위와 십이지장 사이 접합부에서 이 내용물이 눈곱만큼만 새어 나가도 주변 조직을 부식시키고 복막염이 발생할 수 있다. 세 번째 문제는 위·장관에서 위 다음에 위치한 십이지장이 복부 뒤쪽에 단단히 붙어 있다는 점이다. 그러므로 십이지장과 위가 만나는 부위를 큰 어려움 없이 하나로 연결하려면 상당한 운이 따라 주어야 한다.

빌로트의 환자, 테레제 헬러는 죽음의 문턱까지 가 있는 상태였다. 마흔세 살이던 이 여성 환자는 몇 주 동안 아무 음식도 먹지 못하고 산화된 우유 몇 모금으로 버텼다. 수척해진 환자의 복부 윗부분에서 사과만 한 크기의 종양이 분명하게 느껴졌다. 빌로트는 수술에 앞서 먼저 환자의 위를 무려 14리터에 달하는 미지근한 물로 세척하고 1881년 1월 29일에 역사적인 수술을 집도했다. 그리고 하루아침에 영웅으로 등극했다. 외과 의사들은 지금도 빌로트에 관한 글을 쓸 때나 그에 대해 이야기할 때 경외심과 숭배하는 마음을 드러낸다. 역사의 한 페이지를 장식한 빌로트의 원위부 위 절제술은 분명 큰 전환점이 되었지만, 그 이유가 종양 제거 후에 환자가 생존했기 때문은 아니다. 위와 장을 연결한 뒤에 환자가 10일 넘게 살아 있었다는 것은 장을 다시 연결하는 것이 가능하다는 사실이 입증된 것이고, 이것이 훨씬 더 의미 있는 결과였다. 그야말로 수술의 경계를 더욱 넓힌 성과였다.

장의 연결, 의학 용어로 장 문합술이라고 하는 수술은 장과 위 또는 장의 두 부분을 서로 연결하는 것을 의미한다. 그러므로 일반적인 상처와 동일하게 생각해서는 안 된다. 위와 장을 지나는 썩 깨끗하지 않은 내용물이 문합술 이후에도 계속해서 바로바로 통과할 수 있어야 하고, 동시에 수술 부위의 치유에 방해가 되어서도 안 된다. 빌로트의 환자가 10일간 생존하기 전에는 이 같은 이례적인 상황을 인체가 견딜 수 있는지 확실하게 알 수가 없었다.

왜 10일이 기준일까? 장 문합술이 성공하기 위해서는 두 단계가 완료되어야 한다. 먼저 수술 과정에서 두 개의 뚫린 말단이 연결되고 기체나 물이 새지 않도록 단단히 밀폐되어야 한다. 그래야 위와 장을 지나는 유해한 내용물이 그 속에만 머물고 복부로 유입되어 복막염을 일으키지 않는다. 이 단계는 봉합실과 매듭 방식을 제대로 고르고 충분한 길이만큼 봉합하여(빌로트의 경우 50 바늘을 꿰맸다) 양쪽 말단을 꼭 맞게 잇는 수술 기법에 따라 오롯이 좌우된다. 기술적인 부분이 잘 완료된 경우, 문합된 부위는 며칠이 지나도 그대로 유지된다. 그러나 두 번째 단계가 남아 있다.

환자의 수술 부위에서 진행되는 상처 치유 과정은 반드시 봉합선에서 시작되어야 한다. 상처가 난 부위는 괴사할 수 있는데, 만약 봉합된 부위의 주변 조직이 그와 같이 괴사할 경우 봉합선이 뜯어진다. 봉합이 얼마나 잘되었냐와 상관없이 일어날 수 있는 일이다. 반대로 주변 조직이 건강하게 유지되면 상처 치유 과정이 시작되어 양쪽 말단이 이어진 부분이 연결 조직으로 덮인다. 이처럼 연결 조직으로 상처가 밀봉되는 과정이 수술 후 첫 10일 동안 진행된다. 이론상으로는 이 기간이 지나면 더 이상 누수가 생길 염려는 없다. 피부에 상처가 나서 꿰매면 10일 후에 실을 제거하듯이 장 문합 부위도 10일 후에는 실로 계속 묶어 둘 필요가 없다. 그렇다고 다시 배를 열고 실을 뽑아낼 수는 없으므로, 수술 부위의 실은 환자의 남은 생애 동안 계속 그 자리에 있거나 처음부터 흡수성 실을 사용할 경우 몇 개월 후에 완전히 사라진다.

빌로트의 수술 이후부터 위와 장을 다루는 수술이 전부 가능해졌다. 암, 감염 질환, 기능성 질환은 물론 치명적인 결과를 낳는 내부 기관의 폐색 문제도 해결할 수 있게 된 것이다. 위·장관 수술은 금세 일반 외과에서 가장 많이 실시되는 수술이 되었고, 20세기에는 지난 수백 년 동안 생각조차 할 수 없었던 수술법들이 개발됐다. 외과라는 전문 분야도 그 이전과 완전히 다른 모습으로 바뀌었다.

그러나 뒤늦게 밝혀진 사실이 하나 있으니, 바로 위대한 테오도어 빌로트에게 현대적인 외과적 통찰이 극히 부족했다는 것이다. 그를 향한 비판 중에 가장 중요한 내용은 환자보다 종양에 더 초점을 맞추었다는 점일 것이다. 페앙이 치료한 환자들이나 위 절제술을 실시한 리디기에르, 빌로트의 환자는 모두 몸이 쇠약해서 거의 죽을 고비에 다다른 상태였다. 몸에 지방 조직이 거의 없고, 의사 입장에서는 손 놓고 아무것도 하지 않는다면 환자가 더욱 끔찍하게 죽음을 맞이할 수도 있다는 점은 외과 의사에게는 기술적으로나 도의적으로 수술이 한결 수월해지는 요소이다. 지금은 환자가 영양 결핍 상태라면 수술에 이로운 점이 전혀 없고 오히려 수술 이후 심각한 합병증이 발생할 위험이 매우 크다는 사실이 잘 알려져 있다. 게다가 위 절제술은 까다로운 수술이므로 기본적인 예방 조치도 필요하다. 가령 안전성을 최대한 확보하기 위해 수술 부위가 충분히 노출•되어야 한다. 다시 말해 종양뿐만 아니라 그 주변 조직도 확실하게 눈으로 확인할 수 있어야 한다는 뜻이다. 따라서 종양이 자라고 있는 부분만 잘라 낼 것이 아니라, 충분히 시간을 들여서 종양이 생긴 기관과 주변의 중요한 내부 구조도 분리해야 할 필요가 있다. 빌로트는 이 점을 감안하지 않았다. 반대로 그는 종양 부위의 바로 윗부분의 피부를 가로로 절개했는데, 절개 부위가 워낙 작아서 종양이 환자 복부의 나머지 부분까지 퍼져 나간 사실조차 눈으로 확인하지 못할 정도였다. 테레제는 전이된 종양 때문에 수술 후 3개월 만에 세상을 떠났다. 종양을 제거한 뒤, 두 개의 말단을 어떻게 하나로 이을 것인지 충분한 계획을 수립하지 않은 점도 빌로트가 비난받아야 할 부분이다. 직접 밝힌 내용에 따르면, 그는 운 좋게도 위와 십이지장의 끝부분을 큰 문제 없이 이을 수 있었다고 한다. 정말 그랬을까? 빌로트는 양쪽 말단의 크기가 다르다는 사실을 고려**했어야 했다.** 십이지장은 직경이 약 3센티미터이고 위는 6센티미터가 넘는다. 빌로트는 이 크기 차이 때문에 최소 다섯 바늘을 추가로 꿰매야 했다.

이런 점에서, 헬러가 수술 후 석 달이나 더 살아 있었다는 것은 기적에 가깝다. 빌로트는 이후 몇 년 동안 같은 수술을 서른네 번 추가로 실시했는데, 성공률은 절반에도 채 미치지 않았다. 그럼에도 세계적으로 이름을 날리게 된 그는 자신의 지위를 남용하여 근거가 충분치 않은 주장을 펼쳤다. 심장 수술은 시도하지 말아야 하고, 대동맥류 수술도 안 된다는 주장도 그중에 포함된다. '빌로트 I'으로 명명된 그의 위 문합술은 곧 개량된 방식으로 바뀐 '빌로트 II'로 대체됐다. 빌로트 II도 원위부 위 절제술에 해당되지만 위와 장의 두 말단을 하나로 연결하지 않아도 되는 기술이 추가됐다. 그러나 빌로트가 아닌 그의 조수 빅터 폰 하커Viktor von Hacker가 개발한 이 수술법에는 여러 가지 단점이 있었다. 세사르 루César Roux라는 프랑스의 외과 의사는 이 장에 두 번째 연결 부위를 만들어서 Y 자 형태로 교차하도록 함으로써 빌로트 II의 문제점들을 해결했다. 그리하여 오늘날에도 활용되는 원위부 위 절제술은 '루 엥 와이 빌로트 II Roux-en-Y Billroth II'라는 희한한 이름으로 불리며 여전히 자주 실시되고 있다.

빌로트가 혁신적인 일을 해낸 것은 사실이지만, 몇 년 뒤 수술에 체계적인 전문성이 필요하다는 사실이 명확히 입증된 후에도 그는 여전히 널리 활용되던 전통적인 수술 방식, 즉 짧고 분명하게 해결하는 방식을 고수했다. 전체적으로 빌로트는 현대적인 수술법의 도래

스테이플러

헝가리의 외과 의사 휘메르 휠틀Hümér Hültl은 1907년, 장 연결부(장 문합)의 문제를 해결할 수 있는 방법을 찾아냈다. 문합 부위는 한 땀 한 땀 꿰매서 연결해야 하므로 전체 수술의 성공 여부가 바늘땀 하나하나가 얼마나 잘되었는가에 좌우된다. 휠틀은 단번에 자동으로 연결할 수 있다면 수술 부위가 더 꼼꼼하게 밀봉될 수 있다고 보았다. 그리하여 장 조직에 심 한 줄을 동시에 삽입할 수 있는 묵직한 스테이플러 장치를 만들었다. 알라다르 본 페츠Aladár von Petz라는 또 다른 헝가리 의사는 이 개념을 이어받아 부피가 더 작은 장치를 만들었다. 그가 만든 장치는 1920년대에 특별한 상황에 한하여 실제로 사용되었다. 제2차 세계대전 이후 철의 장막의 서쪽에서는 수술용 스테이플러가 자취를 감추었지만 동구권의 외과 의사들은 계속해서 수술에 스테이플러를 사용했다. 소련에서는 장치가 더욱 발달하고 개선됐다. 서쪽의 외과 의사들은 동구권의 동료들이 스테이플러를 계속 사용한다는 사실을 알지 못했고, 동쪽에서도 서구 동료들의 이런 상황을 알지 못했다. 그러다 1960년대에 모스크바를 방문한 한 미국인 외과 의사가 소련의 한 상점 진열장에 전시된 스테이플러를 목격했다. 보고도 믿을 수 없을 만큼 놀란 이 의사는 그 장치를 구입해서 고국에 가져갔다. 그리고 어느 기업가에게 보여 주었다. 기업가는 제품으로 만들어 달라는 제안을 수용하여 수술용 스테이플러를 대량 생산하기로 하고, '오토수처AutoSuture'라는 상표를 달아서 출시했다. 제품은 전 세계적으로 팔려나갔고, 이후 현재까지 위나 장 수술에 스테이플러가 사용되지 않는 경우는 거의 없다.

를 알리는 신호탄으로 자주 언급되지만 실제로는 '구시대적' 수술에 종지부를 찍은 상징에 가깝다. 페앙과 빌로트 같은 위대한 인물들이 각각 어깨 보형물과 위 수술로 19세기 말에 무모한 시도를 한 사람들로 여겨졌다면, 20세기 초 수술에 정밀성이라는 새로운 질서를 세운 사람은 따로 있었다. 유럽의 테오도어 코허Theodor Kocher와 미국의 윌리엄 홀스테드William Halsted 두 사람이다.

테오도어 코허가 현대 외과 수술에 얼마나 중요한 영향을 남겼는지는, 외과 용어에 그만큼 이름이 많이 활용된 의사가 없다는 점으로도 충분히 알 수 있다. 세 종류로 나뉘는 '코허 절개법'도 그러한 예에 속한다. 첫 번째 방법은 상복부 우측을 비스듬하게 절개하는 방식으로 담낭에 접근할 때 활용되고, 허벅지 측면을 절개하는 두 번째 방법은 고관절 수술에 활용된다. 그리고 세 번째 절개법은 비대해진 갑상선종을 제거할 때 활용된다. '코허 조작법'도 두 가지가 있다. 하나는 탈골된 어깨를 제자리에 돌려놓는 것이고 다른 하나는 복부의 구부러진 십이지장을 푸는 것으로 두 번째의 경우 영어에 *kocherise*라는 동사도 있다. 갑상선 호르몬 결핍으로 발생하는 어린이 근육 질환인 '코허 증후군', 뇌에서 뇌척수액을 배출해야 할 때 두개골에서 구멍을 뚫어야 하는 지점을 가리키는 '코허 포인트', 충수염 환자가 복부 중앙에서 느끼던 통증이 복부 오른쪽 아래로 이동하는 현상을 나타내는 '코허 징후'도 그의 이름을 따서 지어진 명칭이다. 또 수술 시 환자의 다리를 위로 올라가게 조작할 수 있는 '코허 수술대'와 일반 외과 수술에서 가장 잘 알려진 클램프인 '코허 겸자'도 있다. 노벨 생리·의학상을 최초로 수상한 외과 의사도 코허였고, 2009년에는 달 분화구에도 그의 이름이 붙여졌다.

외과에서 코허가 남긴 중요한 업적은 갑상선 수술이다. 건강한

테오도어 코허				윌리엄 홀스테드

사람의 몸에서는 목 앞에 위치한 작은 기관인 갑상선이 우리가 먹는 음식에 함유된 요오드를 활용하여 신진대사를 조절하는 호르몬을 만들어 낸다. 그러나 요오드가 부족하면 호르몬을 충분히 만들어 내기 위해 갑상선이 서서히 비대해진다. 그렇게 몇 년이 흐르면 엄청난 크기로 자랄 수 있고, 의학 용어로는 이를 갑상선종이라고 한다. 다행히 오늘날에는 빵에 요오드 소금이 추가로 사용되므로 그리 많이 발생하지는 않지만, 과거에는 요오드가 자연적으로 거의 만들어지지 않는 지역에서 갑상선종이 특히 많이 발생했다. 요오드는 해수에 주로 존재하므로 바다와 멀리 떨어진 곳에 있는 국가와 산악 지역에 사는 사람들은 요오드 결핍인 경우가 많다. 그러니 코허가 스위스 사람인 것도 결코 우연이 아닐 것이다. 갑상선이 아주 심하게 비대해지면 기관을 막을 수도 있어서, 갑상선종 수술로 생사가 갈리는 경우도 있었다. 빌로트도 빈에 정착하기 전 스위스에서 교수로 일했다. 그 시절에 갑상선종 절제 수술도 시도했으나 40퍼센트에 가까운 환자가 사망하자 그만두었다. 나중에 이 수술을 시도한 코허는 정밀성을 중심으로 수술에 접근했고, 1895년까지 이 수술로 인한 사망률을 1퍼센트 미만으로 떨어뜨렸다.

윌리엄 홀스테드는 한때 미국의 거친 서부 지역 외과 의사들 사이에서 무모한 사람으로 불렸다. 누이가 출산 중에 출혈로 사망할 위험에 처하자 자신의 피를 주사해서 목숨을 살려 냈고, 외과 의사가 된 지 1년밖에 되지 않은 스물아홉 살에는 어머니를 상대로 미국 최초의 담낭 수술을 실시했다. 코카인 중독자였던 그는 나중에 모르핀에도 중독됐다. 셔츠를 파리에 있는 세탁소에다 맡기기도 했는데, 세탁 실력이 더 좋아서라고 이유를 댔지만 사실은 향정신성 약물을 밀반입하려는 시도였을 가능성이 더 크다. 그가 어느 학술지에 기고한 논문 중에는 코카인을 의학적인 국소마취제로 활용하는 방법에 관한 것도 있는데, 무려 118개의 단어로 이루어져 무슨 말인지 알 수 없는 문장으로 논문이 시작되는 걸로 봐서 약에 취해 쓴 것이리라 충분히 짐작할 수 있다. 그러던 홀스테드는 유럽에서 테오도어 코허를 만난 뒤에 이런 무모한 삶을 접고 미국에서 현대 외과 교육과 외과학의 과학적인 연구를 이끈 창시자가 되었다. 장 문합술을 개선하고 암 수술의 기본 원칙을 수립하는 등 여러 가지 수술법도 개발했다. 유방암과 서혜부 헤르니아 수술법에는 홀스테드의 이름이 붙여졌다. 그가 만든 '모기 겸자'도 코허 겸자처럼 전 세계 수술실에서 모든 외과 의사가 매일 사용하는 도구가 되었다. 수술에 고무장갑을 처음 도입한 사람도 윌리엄 홀스테드였다. 1922년, 그는 제자가 집도한 담낭 수술을 받은 후 세상을 떠났다.

장을 서로 연결하는 문제가 해결된 뒤, 20세기 초 알렉시 카렐Alexis Carrel은 혈관도 재연결이 가능하며 다시 연결된 혈관으로도 혈액이 막힘없이 흐를 수 있다는 사실을 밝혔다. 이로써 가능해진 혈관 수술은 뒤이은 또 다른 혁명인 이식 수술의 발판이 되었다. 1954년에 조지프 머리Joseph Murray가 일란성 쌍둥이인 두 환자의 신장 이식 수술을 최초로 성공한 데 이어 13년 뒤에는 크리스티안 바너드가 케이프타운의 그루트 슈어 병원에서 심장 이식 수술을 처음으로 성공리에 마쳤다. 그리고 1982년, 마이클 해리슨Michael Harrison은 공개적으로 실시한 수술을 통해 임신 여성의 자궁 속에 있는 태아를 치료했다. 아직 태어나지 않은 아기도 수술을 받을 수 있고, 그 후에 발달 과정이 계속 진행되어 만삭까지 자랄 수 있음을 입증한 것이다. 현재 인체에서 수술로 고칠 수 없는 곳은 척수와 시신경밖에 없다(아직까지는 그렇다). 그 외에 우리 인체의 모든 조직은 외과 의사의 도전을 견딜 수 있는 것으로 보인다.

프랑스의 루이 14세
(1638~1715)

27장
치루
위대한 수술: 루이 14세

프랑스의 왕 루이 14세는 영민하고 말씨가 세련된 사람이었다. 뛰어난 댄서에 사교성이 좋고 자신감이 넘치며 용맹한 성격이던 그는 몸집도 크고 튼튼했으며 최상의 건강 상태를 유지했다. 승마와 사냥, 전쟁을 사랑한 그는 가수 제임스 브라운James Brown의 표현을 빌리자면 섹스 머신이기도 했다. 태양왕으로도 알려진 루이 14세는 여러 번 결혼을 하고 장기간 관계를 맺은 정부도 끊이지 않았다. 잠깐씩 육체관계를 맺은 상대는 셀 수 없을 정도였다. 열여섯 살에 임질에 걸린 경험도 있었다. 아내가 왕과 잤다는 사실을 알고 격분한 한 남성이 오로지 이 군주에게 매독을 옮기고 말겠다는 일념으로 사창가를 찾았지만 결국 목적을 이루지 못했다는 이야기도 전해진다.

루이 14세는 17세기 후반에 유럽의 정치계를 지배했다. 그의 역할이 부상하던(혹은 하락했다고도 볼 수 있는) 1713년, 위트레흐트 조약이 체결되고 유럽의 해묵은 권력관계는 영원히 자취를 감추었다. 그리고 새로운 권력관계가 형성됐다. 그때부터 세 가지 언어(프랑스어,

독일어, 영어)를 사용하는 지역이 중심에 서고, 네덜란드와 스페인은 승산 없는 싸움만 이어 갔다. "*L'état, c'est moi*", 즉 "짐이 곧 국가다"라는 유명한 말에도 나타나듯이, 72년을 집권하는 동안 루이 14세의 뜻은 곧 법이 되었다. 초보수주의자이자 폭군이었던 그의 손에 수십만 명의 군인과 반체제 인사가 목숨을 잃었다. 동시에 루이 14세의 손에 의해 음악과 건축, 문학, 미술은 대대적인 변화를 맞이했고 그의 주위에는 바로크 시대에 가장 뛰어난 창의력을 발휘하던 사람들이 모여들었다. 루이 14세의 영향력은 의학 중에서도 뜻밖의 분야에까지 도달했다. 바로 산부인과였다. 왕의 예측할 수 없는 변덕 때문에 아이를 낳는 방식 자체가 대폭 바뀌었지만, 과연 그가 처음부터 작정하고 일으킨 변화인지는 의구심이 든다. 당시에 여성들은 아이를 낳을 때 바닥에 쪼그려 앉아 중력의 도움을 받으며 자연적인 흐름에 몸을 맡겼다. 그런데 루이 14세의 정부였던 루이즈 드 라 발리에르Louise de La Vallière가 왕의 서자를 낳을 때 아들이 태어나는 광경이 잘 보이지 않자, 왕은 산모에게 등을 대고 누워서 다리를 활짝 벌리도록 했다. 자신이 좀 더 자세히 보려고 시킨 일이었는데, 불쌍한 산모보다는 자신을 더 생각한 것이다. 등을 대고 누워서 아이를 낳는 일은 힘들고 고통스러운 일이지만 그러한 자세는 유행이 되었다. 그리고 지금까지도 여성들은 그와 같은 자세로 아이를 낳는다.

루이 14세는 확실히 특이한 사람이었다. 오래 사는 사람이 매우 드물었던 시절에 장수한 것도 특이하다고 할 만하다. 그의 아들과 손자, 증손자까지도 먼저 세상을 떠나보낸 그는 일흔일곱 살 생일을 불과 4일 앞둔 1715년에 괴저로 사망했다. 문제가 생긴 곳은 다리로, 동맥경화가 원인이었을 가능성이 가장 크다. 동맥경화증은 노화와 함께 생길 수 있는 질환이지만 당시 그가 다스리던 나라의 백성들은 마흔 살까지도 살지 못하는 경우가 대부분이었고 동맥이 굳기 전에 이미 저세상 사람이 되는 경우가 흔했으니 동맥경화증은 낯선 병으로 여겨졌을 것이다. 왕의 건강을 책임지던 의사들이 실시한 치료를 보면 그들도 뭘 어떻게 해야 할지 몰랐던 것 같다. 이들은 시커멓게 변한 왕의 다리를 부르고뉴산 와인과 당나귀 젖에 번갈아 가며 담가서 목욕하는 요법을 제시했다. 마레샬Maréchal이라는 왕실 외과 의사는 절단 수술을 받아야 한다고 권했지만 더 오래 사는 것도, 나라를 통치하는 일에도 질려 버린 왕은 수술을 거부했다. 그리하여 죽기 전 몇 주간은 끔찍한 고통을 겪어야 했다.

어린 시절, 루이 14세는 아홉 살 때 거의 죽을 뻔했다. 천연두에 걸렸지만 그것 때문은 아니었고 의사가 실시한 방혈 요법으로 의식을 잃고 쓰러진 것이다. 그가 가장 좋아하던 흰색 조랑말을 실내로 들여와서 계단 위로 끌고 올라와 침대 가까이로 데려온 뒤에야 겨우 정신을 차리고 회복했다고 한다. 그 일 이후로 루이 14세의 건강은 주치의가 면밀히 모니터링하고 『건강 저널Journal de Santé』에 매일 기록됐다. 왕의 주치의였던 발로Vallo와 다캥d'Aquin, 파공Fagon이 하루도 빠짐없이 밤낮으로 충실히 기록을 남긴 덕분에 우리는 1658년, 전장에 나간 루이가 장기간 발열 증상을 보여서 말라리아 감염이 아닌지 우려가 제기됐다는 것도 알 수 있다. 그해에 왕이 목욕을 한 번 이상 했다는 것, 변비 때문에 매주 관장제를 이용했다는 것, 시력은 근시였고 어지럼증을 호소했다는 것, 통풍 또는 골관절염 때문에 고생했다는 사실도 모두 기록되어 있다. 스물다섯 살에는 홍역에도 걸렸다. 노년기가 되자 비만이 된 데다 기생충에 감염됐고, 수시로 복통을 호소했다. 하지만 죽기 전 마지막 4년간의 건강 기록은 아쉽게도 남아 있지 않다.

태양왕이 겪은 극심한 통증과 관련하여 언급할 만한 두 가지 사건이 있다. 루이는 비유적으로도 직접적인 의미로도 달콤한 것을 무척이나 좋아했다. 당시는 유럽에 설탕이 등장한 지 비교적 얼마 안된 시기라, 단 것을 즐기다 충치가 생기는 사람들이 많았다. 특히 달콤한 간식을 사 먹을 여유가 있는 귀족들 사이에서 충치 문제가 심각했다. 루이는 성한 치아가 없을 정도였고, *arracheur des dents*, 즉이 뽑는 자라 불리던 사람들은 베르사유 궁전에 수시로 불려와 왕의 치아 상태를 살펴보고 이를 뽑아야 한다고 권하곤 했다. 마흔 살이 되자 남아 있는 치아가 거의 없을 정도였다. 루이 14세의 초상화를 보면 실제로 노인네처럼 볼과 입이 움푹 들어간 모습이 그대로 표현된 경우가 많다.

한 번은 이를 치료하다가 일이 단단히 틀어졌다. 이 뽑는 사람이 집게를 밀어 넣어서 왕의 충치를 제거하다가 그만 위턱의 조각과 입천장의 일부가 함께 뽑힌 것이다. 이 불운한 치과 의사가 이후 어떻게 됐는지는 알려지지 않았지만, 왕은 극심한 감염에 시달리고 위턱뼈에 농양이 생겼다. 하지만 농양은 이가 썩어서 생길 수도 있고, 그로 인해 감염된 뼛조각이 헐거워져 있다가 이를 뽑는 과정에서 함께 부서졌을 가능성도 있다. 실제로 그렇게 됐다면 치과 의사도 어쩔 도리가 없다. 원인이 무엇이건, 루이의 상태는 위중했다. 저러다 목숨을 잃을 수도 있다는 두려운 예측도 제기됐다. 외과 의사 여럿이 호출됐고 이들은 결국 왕의 턱뼈를 부러뜨리고 더 크게 벌려서 속에 생긴 농양을 제거한 뒤 종기가 있던 텅 빈 공간을 달군 쇠로 지졌다. 이 모든 과정은 마취도 없이, 왕이 의자에 꼿꼿하게 앉아 있는 상태에서 진행됐다.

의사들 중에 한 명이 뒤에 서서 양손으로 왕의 머리를 단단히 붙들고 있었을 것이다. 몸을 의자 뒤에 바짝 붙이고 오른손으로는 이마를, 왼손으로는 아래턱을 붙잡고 턱을 계속 벌리도록 고정시킨 동안 다른 한 명의 외과 의사는 왕의 옆에 서서 위턱을 좀 더 확실하게 볼 수 있도록 윗입술을 위로 잡아당기고, 세 번째 의사는 난롯가에서 쇠를 달구는 모습을 떠올릴 수 있다. 왕은 몸이 붙들려 꼼짝도 못하는 상태로 이처럼 무시무시한 상황을 맞이했다. 벌겋게 달궈진 쇠가 점점 다가오는 것을 보면서, 왕은 분명 죽음의 공포를 느꼈을 것이다. 입 안을 태우는 열과 살이 타면서 나는 연기, 형언할 수 없는 고통 속에서 숨을 쉬기도 힘들었을 테지만, 루이는 용감하게 이 혹독한 시련을 견디고 곧 회복됐다. 그러나 입안과 비강 사이 입천장에 구멍이 남아서 수프나 와인을 마시면 코로 흘러나오기 일쑤였다. 왕이 방 안에서 식사를 하면 소리가 복도까지 들릴 정도였다.

루이 14세는 좌식 변기에 해당하는 자신의 **셰즈 페르세**chaise percée에 앉은 채로 손님을 맞이하는 습관이 있었다. 찾아온 사람과 대화를 나누면서, 혹은 왕실 고문의 견해를 들으면서 공개적으로 대변을 본 것이다. 왕실에는 왕의 **뒤**derrière를 닦는 일을 전담하는 어린 귀족이 있었다. 왕이 직접 닦는 경우는 결코 없었다. 이 유별난 배변 의식,

말을 즐겨 타던 습관, 특별한 성적 취향, 기록에 남은 것만 2천 회가 넘는 결장 세척과 관장제 사용, 혹은 장에 기생충이 생겼을 가능성 중에서 무엇이 정확한 원인인지는 알 수 없지만 1686년 1월 15일에 루이의 항문이 부어오르기 시작했다. 2월 18일에는 종기로 발전한 것이 확인됐고, 5월 2일에는 종양이 터지고 치루가 생겼다. 따뜻하게 열을 가하고 눌러 짠 뒤 관장을 실시해도 치루는 해결되지 않았다.

누공을 뜻하는 영어 단어 fistula는 라틴어로 관, 파이프, 플루트라는 뜻이다. 또한 치루anal fistula는 '항문 부위에 생긴 누공'이라는 의미로 '항문 주변• 누공perianal fistula'으로도 불린다. 치루는 기본적으로 장과 피부 사이에, 마치 아주 작은 생명체가 바깥에서 직장까지 갉아먹고 길을 낸 것처럼 좁은 관이 생기는 것을 의미한다. 이런 길을 만드는 것은 작은 생명체가 아닌 세균이다.

치루는 항문 안쪽, 직장의 점막에 작은 상처가 생기면서부터 시작된다. 대변에 존재하는 무수히 많은 세균이 이 상처에 감염되어 종기로 이어질 수 있다. 그리고 실제로 종기가 생기면 고름이 생기면서 주변 조직에 압력이 가해진다. 직장 주변, 장과 더 가까이에 있는 조직은 멀리 있는 조직보다 단단하다. 따라서 직장 주변에 생긴 종기는 장과 먼 쪽으로 점점 밀려간다. 더 연한 조직이 있는 쪽으로 서서히 밀리다가 피부 바로 아래에 도달한다.

항문 주위에서는 고름의 양도 더 많아지고, 그만큼 압력도 더 커진다. 환자는 극심한 통증을 느끼고 발열 증상이 나타난다. 그해 3월 또는 4월에 루이도 이 같은 증상을 보였을 것이다. 압력이 점점 높아지면, 결국 견디지 못한 피부가 터지고 고약한 냄새를 풍기며 고름이 전부 흘러나온다. 5월 초에 루이도 이 같은 일을 겪었다. 결과적으로 압력은 사라지고 열도 가라앉는 동시에 통증도 사라지지만, 직장의 점막에 생긴 상처부터 피부까지 이어진 통로는 절대 저절로 낫지 않고 누공으로 계속 남게 된다.

항문 주변에 생긴 종양이 왜 관을 남기고, 이 관은 왜 자연적으로 사라지지 않는지 그 이유는 명확히 밝혀지지 않았다. 직장 내부나 점막에 다량의 세균이 영구적으로 존재하는 것과 관련이 있을지도 모른다. 치루가 생겨도 아무런 증상도 없고 환자가 불편함을 느끼지 않은 채로 장기간 지내다가, 언제든 그 좁은 통로에 고름이 차고 새로운 종기가 생길 수 있다. 이는 곧 항문 주변에 종기가 한번 생기면 재발할 확률이 높다는 의미다. 경우에 따라 치루로 인한 누공이 심하게 확장되어 장의 가스, 심지어 대변까지도 새어 나올 수 있다. 이는 스스로 통제할 수 없는 문제라 큰 골칫거리가 된다. 치루 자체는 그리 많은 증상을 유발하지 않으므로 루이 14세를 너무나 불편하게 만든 문제도 바로 이러한 증상이었을 것으로 보인다.

치루의 치료 시 두 가지 유형을 구분하는 것이 중요하다. 내부에 생긴 상처가 직장과 먼 쪽, 항문 가까이에 위치하는 경우 누공이 항문 괄약근 아래까지 이어진다. 이 누공으로 가느다란 막대기를 집어넣는다고 상상해 보자. 바깥쪽 피부에 생긴 구멍부터 몸 안쪽 점막에 생긴 구멍까지 막대기가 끼워지면 이제 그 막대기를 따라 피부를 길게 절개한다. 누공이 길이 방향으로 열리면 양쪽 끝에 생긴 두 개의 작은 상처가 하나의 커다란 '일반적인' 상처가 된다. 즉 누공이 더 이상 존재하지 않으므로, 이 새로운 상처는 이제 치유될 수 있다. 개방된 상처는 봉합하지 않고 하루에 여섯 차례 충분한 양의 물을 사용하여 세척하고 기다리면 된다. 6주가 지나면 2차 유착이 일어나 상처가 모두 아문다. 이와 같은 치료법은 누공 절제술 또는 절개 노출법이라는 더 생생한 명칭으로 불린다. 누공을 찾기 위해 사용하는 막대는 누공을 찾아낸다는 의미로 '탐침probe'이라고 한다.

그러나 내부에 생긴 상처가 직장 쪽에 더 가까이, 항문과 먼 곳에 생긴 경우 누공은 항문 괄약근 위를 지나거나 아예 괄약근을 관통하는 경우도 있다. 이런 상태에서 누공 절제술을 실시하면 누공만 개방되는 것이 아니라 괄약근도 손상된다. 괄약근이 손상되면 장운동을 조절할 수 없게 되므로 이는 당연히 피해야 할 치료법이다.

루이 14세는 치루 때문에 너무 고통스러워했고, 결국 누공 절제술을 받기 위해 외과 의사를 불러들였다. 그러나 왕에게 호출된 외과 의사 샤를 프랑수아 펠릭스 드 타시Charles-François Félix de Tassy는 한 번도 그 수술을 해 본 경험이 없었다. 그는 왕에게 6개월간 준비할 시간을 달라고 요청한 뒤, 75명의 '일반' 환자를 대상으로 연습한 다음 1686년 11월 18일, 아침 7시에 루이의 누공을 절개했다. 왕은 침대에 배를 깔고 엎드려 배 밑에 쿠션을 받치고 두 다리를 넓게 벌린 자세로 누워 있었다. 왕의 아내 맹트농Maintenon 부인과 아들 도팽Dauphin, 왕의 고해신부 페르 프랑수아 드 라 셰즈Père François de la Chaise, 주치의 앙투안 다캥Antoine d'Aquin도 수술 과정을 지켜보았다. 마르키 드 루부아Marquis de Louvois 총리도 왕의 손을 꼭 잡고 있었다.

드 타시는 수술에 두 가지 기구를 사용했다. 거대한 항문 스프레더와 직접 독창적으로 개발한 낫 모양의 칼이었다. 메스 끝부분에 반

루이 14세의 누공 절제술을 집도한 드 타시

원형 탐침을 결합시킨 이 기구를 이용하면, 누공의 위치를 찾아가면서 바로 절개할 수 있었다. 탐침과 메스 두 기구를 합쳐서 누공 절제술을 위한 하나의 도구로 만든 것이다. 먼저 왕의 엉덩이를 벌리는 것으로 수술이 시작됐다. 루이는 절대 날씬한 사람이 아니었으므로, 엉덩이의 크기도 상당했다. 이 단계가 완료되자 드 타시는 바깥쪽에 생긴 상처의 위치를 정확하게 확인할 수 있었다. 항문과 어느 정도로 떨어져 있는지, 항문 앞쪽인지 뒤쪽인지, 왼쪽인지 오른쪽인지 파악한 뒤에는 손가락을 집어넣어서 안쪽에 구멍이 있는지 촉감으로 확인했다. 여기까지는 왕이 통증을 느끼지는 않았지만 불편함과 부끄러움은 느꼈을 것이다. 이어 드 타시는 환자에게 움직이지 말고 가만히 있으라고 이야기한 뒤, 항문 견인기를 삽입하고 천천히 밀어서 항문을 개방했다. 운이 조금 따르고 조명이 충분히 밝으면 직장이 시작되는 부분을 눈으로 확인할 수 있다. 구경꾼들도 의사의 어깨 너머로 힐끗 살펴보았으리라.

다음 단계로, 의사는 왕에게 이제 좀 아플 거라고 경고했다. 하지만 오래 참아야 한다고 하지 않고 금방 끝난다고 거짓말을 했다. 드 타시는 누공의 바깥쪽 구멍으로 자신이 만든 '메스 겸 탐침'을 삽입하고 안쪽 구멍에 도달할 때까지 부드럽게, 그러나 확실하게 안으로 밀어 넣었다. 통증이 상당했을 만한 단계였다. 지켜보던 사람들 모두가 이마에 맺힌 땀을 닦아 내며, 너무 길어지지 않기를 빌었다. 탐침이 안쪽 구멍으로 나온 것을 확인하자, 드 타시는 적어도 가장 어려운 과정은 끝났다고 생각했다. 그러나 불운한 환자에게는 아직 최악의 단계가 기다리고 있었다. 드 타시가 메스를 들고, 짧고 깊게 누공을 절개했다. 묘사된 설명에 따르면 왕은 이를 악물었지만 고함을 지르지는 않았다. 이제 누공이 개방됐다. 드 타시는 서둘러 대형 견인기를 항문에서 제거하고, 붕대 뭉치를 수술 부위에 대고 출혈을 막았다. 다리 사이로 혈액이 가늘게 흘러내리는 것을 환자가 느꼈을지도 모르지만 출혈은 곧 멈추었다.

루이는 한 달 뒤에 자리를 털고 일어나 석 달 뒤에는 다시 승마를 시작했다. 그는 항문에 문제가 있다는 사실을 전혀 부끄러워하지 않았다. 프랑스 국민 모두가 그 사실을 알고 있었고, 회복을 기다리던 몇 주 동안 왕의 불안감을 함께 느꼈다. 다행히 왕이 무사히 살아남은 것으로 수술이 성공했다는 사실도 입증됐다. 베르사유 궁전에서는 왕의 용감함을 강조하기 위해, 바지 위에다 붕대를 맨 차림을 따라 하는 것이 잠깐 유행이 되기도 했다. 누공 절제술은 **위대한 수술**, 또는 **왕실 수술**로 불렸다. 전해지는 이야기에 따르면 펠릭스 드 타시는 최소 서른 명의 왕실 신하들로부터 같은 수술을 해 달라는 부탁을 받았으나 그중에 실제로 누공이 생긴 사람은 한 명도 없어서 오히려 의뢰한 사람들이 실망했다고 한다. 1687년 1월에는 왕실 작곡가 장 바티스트 륄리가 왕이 건강을 회복한 것을 축하하며 「테 데움」이라는 장엄한 곡을 연주했다(지휘봉으로 엄지발가락을 모르고 내리친 사고도 이때 일어났다).

수술 결과도 좋고 왕이 그 이후에 변 실금*으로 고생했다는 이야기도 없는 것을 보면, 당시 루이 14세의 치루는 '아래쪽'에 발생한 것으로 보인다. 즉 항문은 손상되지 않은 것 같다. 간단한 누공 절제술만 실시하면 해결되는 문제였으니 펠릭스 드 타시에게는 다행스러운 일이었다. 그렇다면 더 위쪽에 생긴 누공(고위 치루)은 어떻게

치질

———————————

항문 안쪽과 주변에는 상당히 여러 가지 문제가 생길 수 있다. 항문외과에서 바로 이러한 문제들을 다룬다. 항문 주변에 생긴 누공과 종기, 무사마귀[I], 종양과 치열, 탈출증, 변 실금, 치질(치핵)은 모두 항문외과의 치료 영역에 해당된다. 치핵은 항문에 있는 세 개의 정맥류성 정맥에서 발생한다. 바닥에 등을 대고 누워서 두 다리를 가슴 쪽으로 바짝 잡아당긴 자세를 취한 사람의 항문을 바로 앞에서 보면 이 세 개의 정맥은 각각 5시 방향, 7시 방향, 11시 방향에 위치한다. 후방 좌측, 후방 우측, 전방 우측에 하나씩 자리하고 있다. 대부분 치열이 생겨도 가렵고 출혈이 약간 발생하는 것 외에는 큰 문제가 되지 않는다. 그러나 정맥류성 정맥으로 전달되는 혈류가 막힐 경우, 갑자기 극심한 통증이 발생할 수 있다. 가령 비행기를 타고 너무 장시간 가만히 앉아 있을 때 이러한 상황이 벌어질 수 있다. 나폴레옹 보나파르트도 바로 이 문제 때문에 워털루 전투에서 패했다는 의혹이 제기되어 왔다. 이 같은 증상이 만성적으로 나타나면 수술로 치핵을 제거하는 치핵 절제술을 받아야 한다. 수술 외에도 고무 밴드로 묶거나(배런 결찰술) 주사제를 투입하여 수축을 유도하고(경화 요법) 전기 응고기를 이용하여 문제 부위를 태우는 방법도 활용된다. 중세 시대에는 치핵 위에 차가운 납 파이프를 대고 번쩍이는 구리 지팡이로 밀어 넣는 치료가 실시됐다. 신문도 치핵이 생기는 데 크게 일조했다. 신문이나 만화책, 스마트폰, 노트북을 들고 변기에 앉아 있으면 항문 혈관이 받는 압력이 너무 장시간, 과하게 높아진다. 그러니 꼭 필요한 순간 외에는 변기에 오랫동안 앉아 있지 말아야 한다!

치료해야 할까?

I   살가죽에 밥알만 하게 돋은 군살

2000년도 더 전에 히포크라테스는 이미 이 문제를 해결할 수 있는 방법을 찾았다. 기원전 5세기에 평범한 실을 이용하는 관선법seton method을 최초로 언급한 것이다. 이 그리스의 의사는 잘 구부러지는 주석을 탐침으로 준비하고, 끝부분에 바늘구멍처럼 구멍을 뚫었다. 그리고 아마실 몇 가닥에 말 털을 꼬아서 만든 실을 이 구멍에 끼워서 단단히 묶었다. 그는 먼저 환자의 항문에 검지를 집어넣고, 준비한 탐침과 실을 누공의 바깥쪽 구멍으로 삽입했다. 그리고 누공을 따라 탐침을 계속 밀어 넣으면서 검지로 짚은 직장 쪽으로 탐침이 나오도록 했다. 검지에 탐침이 잡히면, 구부려서 항문 쪽으로 잡아당겨서 빼냈다. 실이 누공을 지나 직장에 닿고 다시 항문으로 빠져 나와서 처음 들어간 쪽의 실 끝부분과 만나도록 한 것이다.

　　이렇게 누공을 관통한 실은 관이 계속 열려 있도록 유지하는 기능을 했다. 관 내부에 고름이 형성될 경우 실을 따라서 밖으로 배출되므로 종기가 생기거나 재발하지 않도록 방지하는 효과도 있었다. 밖으로 빼낸 실은 반대쪽 실과 단단히 묶어서 그대로 둔다. 며칠 혹은 몇 주가 지나면 실이 항문 괄약근 조직으로 조금씩 파고든다. 즉 누공이 생기면서 손상된 실 뒤편 근육의 섬유조직이 천천히 치유 단계에 들어가는 것이다. 누공 절제술이 느리게 진행되는 이러한 치료로 괄약근을 지킬 수 있다. 히포크라테스가 활용한 실이 확실한 효과를 낼 수 있었던 것은 표면이 거친 아마실을 사용한 덕분인데, 이 실은 쉽게 끊어지는 단점이 있었다. 말 털을 섞어서 사용한 것도 이런 이유 때문이다. 말 털을 함께 사용하면 주석으로 만든 탐침을 몸에 다시 집어넣지 않아도 새로 만든 아마실로 교체할 수 있다.

오늘날에는 고위 치루를 치료할 수 있는 방법이 광범위하게 개발됐다. 갖가지 물질로 관 내부를 채우거나, 점막으로 관을 봉쇄하는 방법도 있다. 그러나 가장 많이 사용되는 치료법은 실을 삽입하여 조직 사이에 천천히 길을 내는, 히포크라테스가 시작한 전통적인 관선법이다. 이제는 아마실과 말 털 대신 합성 재료와 탄성이 있는 실이 사용되지만 효과는 과거와 동일하고 대부분 상당히 만족스러운 결과를 얻을 수 있다.

펠릭스 드 타시가 왕의 치루를 치료하면서 실이 아닌 메스를 사용한 것으로 볼 때, 그는 분명 히포크라테스가 쓴 책에서 수술법을 배우지는 않은 것 같다. 영국에서 치루 수술로 큰 성공을 거둔 뉴어크온트렌트 지역의 외과 의사 존 아던John Arderne의 수술법을 배웠을지도 모른다. 아던은 1367년에 누공에 관한 안내서를 썼는데, 이 책에는 수술법과 직접 만든 수술 도구가 그림으로 나와 있다. 그는 전혀 복잡하지 않은 간단한 누공 절제술로 모든 치루 환자를 치료하고 동료들보다 훨씬 더 좋은 결과를 얻었다. 존 아던의 명성이 높았던 이유는 수술 이후 환자들을 세심하게 관리하여 절개 후 개방된 누공이 다른 의사들에게 치료를 받은 경우보다 훨씬 더 빨리 완치됐기 때문이다. 또한 수술 부위에서 흘러나오는 혈액을 불에 달군 쇠가 아닌 천 조각으로 막고, 상처는 부식성 연고나 관장제 대신 물로 세척했다. 루이 14세도 수술 후에 이와 같은 세심한 접근 방식으로 관리를 받았다.

아던은 백년전쟁에서 군의관으로 활약하면서 수많은 기사가 치루로 고생한다는 사실을 알게 됐다. 묵직한 갑옷, 말을 타느라 위아래로 요동치는 자세, 두려움과 더위에 등줄기를 타고 엉덩이까지 흘러내리는 땀과 같은 자극이 계속되다 보면 꼬리뼈 근처에 종기가 생기고, 이것이 터지면 항문 주변 누공과 비슷한 구멍이 생겼다.

꼬리뼈 근처에 생긴 구멍은 치루와 다른 것으로 확인됐지만, 14세기에 기사들이 말안장에 엉덩이를 연신 부딪치느라 겪었던, 존 아던이 목격했던 바로 그 문제는 6백여 년이 흐른 뒤, 전혀 다른 전쟁에서 꼬리뼈가 위아래로 부딪칠 일이 생겼던 군인들에게 다시 나타났다. 제2차 세계대전에 참전한 이 군인들은 기사들처럼 말에 올라타는 대신 지프차에 몸을 실었다. 거친 지형에서도 달릴 수 있도록 만들어진 지프차는 의자가 딱딱하고 서스펜션² 장치 같은 건 없었다. 이로 인해 수만 명에 달하는 미군들이 엉덩이 사이에 생긴 종양을 치료받느라 병원에서 몇 주를 누워 있어야 했다.

모발둥지낭으로 알려진 부위가 감염되어 발생하는 이 문제는 병소가 항문 종양보다 약간 더 위쪽에 위치하며 직장에서 시작되지도 않는다. 원인은 완전히 밝혀지지 않았으나 발생 지점은 원래 꼬리가 있었던 부위로 항상 동일하다. 먼 옛날 인체에 꼬리가 있었던 작은 부위는 출생 후에도 그대로 남아 있고 피하 조직으로 적게나마 혈액도 공급되므로, 피부 아래에 모발이 자랄 확률이 높아진다. 이 부위가 아래로 약간 움푹 들어간 사람들도 있다. 피하 조직에 모발이 생길 경우 감염이 일어나 고름이 찰 수 있는데, 지프차에 탄 군인들처럼 문제의 부위가 지속적으로 자극받을 경우 그렇게 될 가능성은 더

---

2   자동차에서 차체의 무게를 받쳐 주는 장치. 노면으로부터의 진동이 차에 전달되는 것을 막아 준다.

욱 높다. 이와 같은 이유로 모발둥지낭 감염이 영어에서는 '지프차 좌석' 또는 '지프차 승객의 병'으로도 불린다.

존 아던은 기사들의 엉덩이에 생긴 종양이 치루와 다르다는 사실을 인지하지 못했다. 이 두 가지 질병은 17세기가 되어서야 별개로 다루어졌다. 그러나 루이 14세가 모발둥지낭 감염이 아니었던 것은 분명하다. 모발둥지낭이 감염된 경우 (치루처럼) 입구가 열려 있는 관이 아니라 (부비강처럼) 막혀 있는 관이 형성되므로 펠릭스 드 타시가 직접 고안한 '메스 겸 탐침'을 집어넣지도 못했을 것이다. 두 질환의 공통점은 여성보다 남성에게 더 많이 발생한다는 점이다. 치루는 모발둥지낭 감염과 달리 대부분 서른 살부터 마흔 살까지, 다소 나이가 들어서 발생한다. 루이의 나이는 마흔여덟 살이었다. 치루는 장에 염증이 생기는 질병인 크론병 때문에 생기기도 하는데, 그 이유는 밝혀지지 않았다. 루이 14세의 경우 베르사유 궁의 비위생적인 환경도 영향을 주었을 것으로 보인다. 깨끗한 물을 구하기 힘들고 냉장고도 없던 시절이라, 궁에 살던 사람들도 일반인들과 마찬가지로 식중독과 그로 인한 설사에 수시로 시달리곤 했다. 더욱이 태양왕은 잘 씻지 않았다. 몸에서 나는 악취가 워낙 지독해서, 외국 대사가 찾아오면 상대가 자신의 고약한 몸 냄새 때문에 괴로워하지 않도록 왕이 친히 창문을 열었다고 한다.

펠릭스 드 타시는 왕을 수술한 후에는 두 번 다시 그 칼을 손에 쥐지 않았다. 왕이 내린 후한 돈과 부동산에도 불구하고 마지막 수술에서 감당하기 힘들 정도로 극심한 스트레스를 얻은 것이 그 이유로 추정된다. 왕을 수술하고 높은 지위에 오른 것도 영향을 주었을 것이다. 드 타시가 만든 '메스 겸 탐침'은 현재 파리 의학사 박물관에 전시되어 있다.

당시에는 외과 의사가 그리 명예로운 직업이 아니었다. 하지만 드 타시의 수술 이후 이러한 인식이 바뀌었다. 유럽 전체에 왕의 치루 수술에 관한 이야기가 전해졌다. 윌리엄 셰익스피어가 쓴 소극 『끝이 좋으면 다 좋아』에서도 프랑스 왕의 치루가 중요한 부분을 차지한다. 루이 14세의 치루를 놀리는 노래와 농담도 등장했다. 너도나도 수술 이야기를 했다. 왕의 수술은 설사약이나 세척제, 물약을 이용하거나 방혈 치료를 하던 의사들이 얼마나 형편없는 실력을 가진 사람들인지 세상에 알렸다. 왕의 수술 이후 한 세기가 지나자 외과 의사의 인기는 전례 없는 수준으로 높아졌다.

아르티스 동물원의
전기뱀장어

28장

전기
6백 볼트: 아르티스 동물원의 전기뱀장어

외과 의사들은 매일 전기를 다룬다. 전압과 전도율, 주파수에 따라 전기는 무해하고 유용할 수도 있지만 방해가 되거나 위험하고 심지어 생명을 위협할 수도 있다. 2013년 3월 1일에 암스테르담에서는 전기의 위험성을 확실하게 보여 주는 이례적인 수술이 실시됐다. 그러나 수술을 집도한 사람은 의사가 아니었고, 수술이 이루어진 곳도 병원이 아니었다. 수술 장소는 아르티스 동물원, 집도의는 다양한 동물을 수술해 본 숙련된 수의사 마르노 볼터스Marno Wolters였다.

외과 의사가 치료하는 대상은 포유동물로 제한되고 그중에서도 단 한 종류의 영장류에만 국한되지만, 호모 사피엔스에게 실시하는 대부분의 수술은 다른 동물에도 적용할 수 있다. 따라서 외과 수술의 발전은 수의학 발전에도 도움이 됐다. 이제는 수의사들의 일상 업무가 된 수컷과 암컷의 중성화 수술과 더불어 임신한 개를 대상으로 제왕절개 수술을 실시하기도 하고 소의 개복 수술, 배가 불룩 나온 돼지의 복벽 수술도 실시한다. 말의 복강 헤르니아 수술, 뼈가 부러진 치타의 골절 수술, 하마의 이빨을 치료하는 수술도 포함된다.

과학적인 연구를 위해 쥐의 자그마한 위와 장을 수술하는 의사들도 있다. 이보다 더욱 흥미로운 수술은 아마도 플라밍고의 식도 수술이나 기린 목의 경동맥에 실시하는 혈관 성형술, 거북이 폐 수술, 코알라의 맹장 수술일 것이다(코알라는 맹장 길이가 2미터에 달한다). 호랑이의 갑상선 수술이나 고래의 심장 수술(고래 심장은 세워 둘 수 있을 정도로 크다), 코끼리의 코 교정 수술도 마찬가지다.

아르티스 동물원에서 진행된 수술 역시 그에 못지않게 놀라운 일이었다. 게다가 수술 대상은 아주 위험한 동물이었다. 볼터스가 수술한 동물은 바로 *Electrophorus electricus*, 전기뱀장어였다. 동물원 수족관에서 수년 동안 살아온 이 동물의 배가 불룩하게 부풀어 올랐기 때문이다. 전기뱀장어는 길이가 1.5미터에 달하는 어류로, 전기 충격을 발생시킬 수 있다. 그 위력은 전기가 흐르는 콘센트가 물에 빠졌을 때보다도 더 위험한 수준이다.

동물이 전기를 발생시키는 것 자체는 그리 놀라운 일이 아니다. 몸을 구성하는 모든 세포는 몸 내부와 외부 환경 사이에 계속해서 전기장을 만들어 낸다. 우리 몸에서 발생하는 전압도 굉장히 약하지만 쉽게 측정할 수 있을 만한 수준이다. 뇌전도계EEG나 심전도계ECG로 뇌와 심장의 전기적인 자극 수준을 측정하는 것도 그러한 예에 속한다. 신경세포는 전하를 이용하여 신호를 전달한다. 우리 뇌는 전기가 오가는 거대한 조절 센터로 볼 수 있고, 이 모든 전기를 만들어 내고 유지하기 위해서는 상당한 에너지가 필요하다. 실제로 인체가 필요로 하는 전체 산소량의 5분의 1은 뇌로 공급되어 꼭 필요한 전기를 만들어 내는 데 사용된다.

전기뱀장어의 경우 전기를 만들어 내는 기관이 아주 특별하다. 각 기관이 전하를 따로 만들어 내는 대신 연속적으로 생성하므로 전하가 축적되고, 그 결과 굉장히 높은 전압을 만들 수 있다. 이 정도의 전기를 만들기 위해서는 그만큼 다량의 산소가 필요하다. 어류는 원래 아가미를 통해 물에 함유된 산소를 추출하여 사용하지만 전기뱀장어는 이보다 훨씬 더 많은 산소가 필요하므로, 수시로 수면 위로 올라가서 공기 중의 산소를 흡입한다.

전기뱀장어에는 전기를 만들어 내는 기관이 세 종류가 있다. 모두 꼬리에 위치하며, 전체 몸길이 중 상당 부분이 이 기관들과 관련이 있다. 첫 번째 '작스Sachs' 기관에서는 약한 전기 자극이 방출되어 주변 환경을 탐색하는 일종의 레이더로 활용된다(전기뱀장어는 눈이 굉장히 작다). 또한 먹이의 위치를 파악하는 목적으로도 활용된다. 이렇게 확인된 먹이는 두 번째 기관인 '사냥꾼 기관'에서 만들어진 전하로 마비시킨다. 세 번째 '주 기관'은 전기뱀장어가 위험에 처했을 때 활용된다. 바로 이 기관에서는 6백 볼트의 전기가 만들어져 사람을 비롯한 근처에 있는 어떤 동물도 꼼짝 못하게 만들 수 있다.

아르티스 동물원의 전기뱀장어는 수 주에 걸쳐 머리가 위로 들려 올라갈 만큼 배가 부풀어 올랐다. 원래 전기뱀장어의 복부는 머리와 전기를 만드는 거대한 꼬리 사이에 위치해 거의 알아보기도 힘들 만큼 작은 면적을 차지한다. 동물원의 수의사는 처음에 이 뱀장어가 과식을 했거나 변비에 걸렸다고 생각했지만, 먹이를 적게 주고 설사약을 먹여도 가라앉지 않았다. 항생제도 소용이 없어서 무언가에 감염된 것도 아닌 것으로 확인됐다. 그래서 암에 걸린 것 같다는 추정이 나왔다. 보기에도 급속히 상태가 악화되기 시작하자, 수의사는 자세히 검사를 해 보고 도와줄 수 있는 부분이 있는지 찾아보기로 했다. 이를 위해 수족관에서 꺼내서 X선 촬영을 하고 조직 검사*, 즉 외과적으로 부어오른 조직의 일부를 떼어 내서 현미경에 놓고 살펴본다는 계획이 세워졌다. 그러나 전기뱀장어는 이러한 시도를 전부 위협으로 여기고 6백 볼트의 전기로 공격할 가능성이 있었다. 뱀장어도 녹초가 되고, 추가로 많은 산소가 있어야 가능한 일인 만큼 사람뿐만 아니라 뱀장어에게도 위험한 시도가 될 수 있다는 의미다. 그러므로 수술은 세심하게 준비해야 했다.

전기뱀장어 수술이 그때 처음 실시된 것은 아니었다. 아르티스 동물원은 2010년에 같은 수술을 실시한 시카고의 수의사들에게 연락을 취했다. 그에 따라 필요한 약을 준비하고 수술 단계가 간략하게 기록됐다. 한 가지 중요한 사실은, 전기는 전기뱀장어가 원할 때만 방출되며 무의식 상태에서는 절대로 발생하지 않는다는 것이다. 깊이 잠들면 전기가 생기지 않는다는 의미인데, 이런 상태에서 수술을 하면 두 가지 이점이 있다. 뱀장어를 마취시킨 뒤에 수술하면 전기 충격을 받을 걱정이 없다는 것이 첫 번째 이점이고, 두 번째는 잠이 얼마나 깊이 들었는지 수중 전압계로 간단히 측정할 수 있다는 것이다. 측정된 전압이 약할수록 마취가 잘됐다는 것을 알 수 있다.

수술은 동물원의 유서 깊은 수족관에 딸린 대형 홀 뒤편 널찍한 공간에서 실시됐다. 모두가 전기 기사들이 착용하는 특수 장갑을 끼고 두 명의 동물원 사육사가 잠수부들이 입는 고무 옷까지 착용하고 전기뱀장어를 잡아서 수술대로 옮겼다. PVC 파이프를 이용해서 만든 수술대로 전기뱀장어가 옮겨지면 X선 촬영과 조직 검사를 진행하기로 했다. 그물로 잡은 뱀장어는 물과 함께 펌프로 산소가 공급되는 비닐 탱크로 옮겨졌다. 이 상태에서 간이 전압계를 이용하여 전기 충격을 측정하면서 마취제(트리카인tricaine)를 물에 투여했다. 이후 한 시간에 걸쳐 전기 충격이 약화되고 뱀장어의 움직임도 중단됐다.

전기뱀장어가 완전히 잠들자 물에서 꺼내 도랑 형태로 생긴 수술대로 옮겼다. 전압계상으로도 전하는 더 이상 측정되지 않았다. 입 부위를 트리카인 수용액으로 계속 세척하는 작업도 이어졌다. 마침내 복부가 얼마나 부풀어 올랐는지 크기를 정확히 확인할 수 있었다. 퉁퉁해진 배에서는 딱딱한 덩어리도 만져졌다. X선 촬영이 끝나고 고무장갑을 착용한 볼터스가 종양 윗부분의 피부를 작게 절개했다. 전기뱀장어는 비늘이 없고 일반 뱀장어와 피부가 비슷한 형태라 한결 수월하게 수술할 수 있었다. 그는 복부 조직을 조금 떼어 내고 흡수성 실로 절개 부위를 봉합했다. 어류의 경우 수술 시 너무 빨리 녹지 않는 실로 봉합해야 한다. 온혈동물은 상처가 2주 내로 아물지만 냉혈동물인 어류는 신진대사 속도가 훨씬 느리므로 상처가 충분히 아물 수 있도록 봉합사가 6주에서 8주간 남아 있어야 한다. 간단한 수술을 마친 전기뱀장어는 다시 깨끗한 물이 채워진 어항에 옮겨졌다. 금세 의식을 되찾은 뱀장어는 즉각 고전압 전기를 발생시켰다.

그러나 한 시간 뒤, 전기뱀장어에게서 뚜렷한 이상 징후가 나타났다. 전기 충격이 규칙적으로 나오지도 않고, 힘도 훨씬 약해졌다. 그러다 고전압 전하를 한 번 방출하더니, 움직임이 아예 중단되고 그대로 숨을 거두었다. 죽기 전 마지막으로 뱉은 숨이 전기로 나온 것이다. 수술하면서 마취를 한 것이 뱀장어에게는 과도한 스트레스였을까? 아니면 암성 종양이 더 이상 견디기 힘든 수준에 이른 것일까?

볼터스는 죽은 뱀장어의 부검을 실시했다. 엄청난 종양이 발견됐고, 간과 비장까지 퍼진 것으로 확인됐다. 나중에 현미경으로 검사한 결과 전이성 췌장암이었다. 종양이 왜 그렇게 빨리 자랐는지 알 수 있는 결과였다. 어떻게 됐든 절망적인 최후가 기다리는 상황이었다. 어쩌면 마취를 받고 죽어서 고통을 많이 덜었을지도 모른다.

볼터스를 포함한 수술 팀이 감수해야 했던 전기뱀장어의 전기는 예측 불가능한 요소였다. (사람을 수술하는) 외과 의사들도 일을 할 때 항상 전기의 위험성을 인지해야 하지만, 다행히 수술실에서는 전기의 양을 조절하고 통제할 수 있다. 수술이 실시될 때도 전기는 곳곳에 존재한다. 마취 의사가 관리하는 호흡 기계와 환자의 심장 박동, 산소 수준, 혈압을 모니터링하는 장비들은 모두 전기로 작동된다. 수술대도 전기로 움직이고, 조명도 당연히 전기 조명이며 키홀 수술의 경우 전기가 있어야 장비를 이용할 수 있다. 이동식 X선 촬영기는 수 킬로볼트 수준의 전하를 발생시키고, 의료 데이터를 기록하고 저장하는 수술실 컴퓨터와 수술 과정을 모니터링하고 X선 사진을 확인할 수 있는 비디오 장치도 모두 전기로 작동한다. 전기를 이용하는 수술법도 몇 가지가 있다. 이 경우 환자와 수술 팀은 다들 안전하다고 생각하는 수술실에서 의외로 전기와 아주 가까이 접촉하게 된다. 예를 들어 현대 수술에서 전기 응고 기술을 이용하지 않는 수술은 거의 없다. 메스와 쇠도장을 결합한 형태에서 발전한 일종의 전기 나이프가

봉합

_____

봉합에는 바늘을 단단히 잡아 주는 특수한 기구인 니들 홀더(지침기)가 사용된다. 오른손잡이 의사는 니들 홀더를 오른손 검지와 네 번째 손가락으로 잡는다. 그리고 왼손에 쥔 핀셋 형태의 겸자로 조직을 들어 올리고 니들 홀더로 바늘을 움직인다. 봉합용 바늘은 꿰매는 동안 조직을 최대한 적게 조작할 수 있도록 구부러진 형태로 되어 있다. 이러한 바늘은 봉합사가 연결되어 있는 일회용 제품이 사용된다. 바늘과 실은 두 겹으로 멸균 포장되어 있다. 바깥쪽 포장은 안쪽 포장과 접촉하지 않고 개봉할 수 있어서 수술하는 의사나 수술 보조가 바깥쪽 포장을 건드리지 않고 안쪽 포장만 쥘 수 있다. 의사가 바늘을 집을 때 균이 옮겨 가지 않도록 마련된 방법이다. 바늘의 종류는 끝이 뾰족한 것과 무딘 것이 있고 절단 바늘, 대형 바늘, 소형 바늘로도 나뉜다. 실은 흡수성 실과 비흡수성 실로 나뉘고 한 줄로 된 것도 있고 여러 가닥이 하나로 짜인 종류도 있다. 바늘과 실의 종류에 따라 제각기 다른 조합이 만들어져서 각각 포장되며 제품마다 실의 굵기와 강도도 다양하다. 실의 강도는 숫자로 구분한다. 1번 실은 매우 두꺼운 것, 2번은 많이 두꺼운 것을 의미하고 이런 식으로 5번까지 나뉜다. 0번 실은 가는 실을 의미하는데, 수술에 사용되는 대부분의 실은 이보다 더 가늘고 0을 여러 개 붙여서 굵기를 표현한다. 즉 00번 실은 0번 실보다 가늘다. 피부를 봉합할 때 일반적으로 사용되는 굵기는 000번 실이다. 혈관은 굉장히 가는 000000번 실을 사용하고, 미세 수술에는 머리카락보다도 가는, 0이 12개 붙은 실이 사용된다.

전기 응고에 사용되는데, 이 기구는 환자가 '살아 있는' 상태에서 사용되지만 안전하다.

석기시대 의사들은 돌을 사용했다. 고대 수메르의 도시 우르에서 아브라함은 돌칼로 포경 수술을 했다. 그리스인들은 동으로 만든 칼을, 로마인들은 철로 된 칼을 사용했고 현재 우리는 강철로 만든 칼을 사용한다. 기술의 발전 덕분에 지난 백 년 동안 여러 가지 새로운 종류의 칼이 등장했다. 압전기(잠수함용 초음파 탐지기에 사용되는 기술)도 진동을 이용하여 절개하고 지혈하는 특수한 수술 도구에 활용되고 있다. 방사선의 에너지(원자력)가 활용되기 시작하고 얼마 지나지 않아, 감마 나이프로 알려진 도구가 등장하여 수술에 감마선도 활용되기 시작했다. 극초단파도 (요리 등에) 활용하는 기술이 개발된 이후 수술에도 도입됐다. 레이저도 마찬가지다. 그러나 외과 수술에서 가장 큰 성공을 거둔 기구는, 전기가 일상생활에 널리 활용되기 시작한 직후(전구의 등장)부터 사용된 단순한 전기 메스다. 전기 필라멘트를 이용하여 조직을 지져서(전기 지짐술electrocauterisation로 알려진 이 방식은 쇠도장을 의미하는 라틴어 *cauterium*에서 유래한다) 외과적으로 지혈하는 실험은 1875년에 이미 실시됐다. 그러나 필라멘트가 너무 과열되어 주변 조직을 의도한 것보다 훨씬 더 넓은 범위까지 태우는 결과가 초래됐다. 위험성은 고사하고, 지혈 속도도 느리고 정밀성도 떨어졌다.

프랑스의 물리학자 자크 아르센 다르송발Jacques-Arsène d'Arsonval은 여기서 한 단계 더 나아갔다. 그는 전기로 열이 발생하는 곳은 대부분 저항이 가장 큰 지점임을 알고 있었다. 우리 몸은 크기가 충분히 커서 그리 큰 저항 없이 전기를 전도할 수 있고, 금속으로 된 메스에서는 전기가 자유롭게 흐른다. 그러므로 저항이 가장 큰 지점은 바로 메스와 인체가 접촉하는 지점, 더 구체적으로는 전기 메스의 끝이 닿는 조직의 아주 작은 부위다. 외과적으로 원하는 효과를 얻으려면 열이 가해져야 하는 지점이기도 하다. 열은 메스와 조직이 접촉하는 곳에 한하여 발생한다.

다르송발은 직류가 아닌 교류를 사용하면, 전류가 인체에 닿을 때 발생하는 해로운 영향을 낮은 수준으로 유지할 수 있다는 아이디어를 떠올렸다. 벽에 붙어 있는 콘센트에서 흘러나오는 전기가 교류 전류^AC^에 해당된다. 인체에 닿으면 신경과 폐, 근육을 마비시키므로 목숨을 잃을 수 있으나, 이 프랑스 물리학자는 주파수를 1만 헤르츠 이상으로 충분히 높이면 유해한 성질을 없앨 수 있다는 사실을 발견했다.

전기 메스는 전선을 통해 발전기와 연결된다. 그리고 발전기에서 나온 또 다른 전선이 환자 몸에 연결되어 하나의 전기회로가 완성된다. 환자도 회로의 일부가 되는 것이다. 오늘날에는 환자와 이어지는 전선이 몸에 부착할 수 있는 전도성 접착 패드로 되어 있다. '중성 전극(영어로는 patient plate)'이라 불리는 이 패드는 허벅지에 부착된다. 외과 의사는 수술 팀에게 '중성 전극이 부착됐는지' 묻고 이것이 확인되기 전까지는 절대로 수술을 시작하지 않는다.

달걀을 삶으면 흰자가 고형으로 변하듯이, 혈액에 열이 가해지면 혈액과 주변 조직의 단백질 성분이 변성되어 액체 상태에서 고체로 바뀌면서 출혈이 중단된다. 전기를 이용하여 이와 같이 지혈하는 것을 전기 응고법이라고 한다. 반면 조직의 작은 면적에 많은 열을 가해서 온도가 상승하면 세포에 함유된 수분이 전부 급속히 증발하고 이로 인해 단백질이 응고될 틈도 없이 터진다. 이와 같은 효과는 지혈이 아닌 조직을 절개할 때 활용된다.

1920년대에 미국에서는 윌리엄 보비William Bovie라는 공학자가 전기 응고의 원리를 더욱 정교하게 발전시켰다. 그가 개발한 것은 생체 조직의 에너지 수준을 훨씬 더 미세하게 조절할 수 있는 발전기였다. 교류 전류의 주파수를 최대 30만 헤르츠까지 높여서 얻은 결과였다. 이 발전기를 이용하면 전류에 펄스[1]를 주는 변조 교류 전류를 사용할 수 있다. 더불어 전압도 조절할 수 있게 되었다. 전압이 높아지면 분당 펄스의 횟수를 줄여서 총에너지 수준이 지나치게 높아지지 않도록 유지한다. 이와 같은 기능 덕분에 전류를 안전 범위 내로 유지하면서 응고부터 절단까지 다양한 목적으로 전기의 열을 활용할 수 있다. 지금도 이 원리가 수술에 그대로 적용되고 있으며, 많은 국가들이 전기로 된 수술 기구를 개발자의 이름을 따서 '보비'라고 칭한다.

신경 수술의 선구자로 꼽히는 하비 쿠싱Harvey Cushing은 1926년 10월 1일에 보스턴에서 보비가 만든 기구를 처음으로 외과 수술에 도입했다. 쿠싱은 인체 여러 기관 중에서도 압박을 가하거나 봉합 혹은 묶는 것으로는 지혈이 불가능한 단 한 곳, 뇌에 초점을 맞추었다.

뇌와 머리에 발생하는 대부분의 종양은 소형 혈관을 통해 다량의 혈액을 공급받는다. 뇌종양 제거 수술 시 출혈량이 극도로 많은 이유도 이 때문이다. 쿠싱은 이 문제를 해결하기 위해 다양한 예방 조치를 개발했다. 소형 혈관에 부착하여 수술할 때 출혈을 막고 조직에 그대로 남겨 둘 수 있도록 은으로 만든 작은 클립을 사용하고, 뇌종양을 제거할 때는 부분별로 접근하는 방식을 택했다. 그리고 출혈

---

[1]   매우 짧은 시간 동안에 큰 진폭을 내는 전압이나 전류 또는 파동

이 너무 심해서 수술을 하는 수 없이 중단해야 하는 경우에는 환자의 혈액량이 회복되도록 며칠 혹은 몇 주를 기다린 다음에 다시 수술을 재개했다. '조각조각 다루는 수술'이라 불리는 방식이다. 중대한 수술의 경우 필요할 때 현장에서 바로 환자에게 혈액을 공여할 수 있는 자원자를 구했다. 대부분 쿠싱의 선구적인 뇌 수술 과정을 가까이에서 지켜보려는 의과대 학생들이 자진해서 나섰다.

쿠싱은 전기 응고법을 최초로 활용한 자신의 수술 내용을 의학계 학회지에 발표하여 이 새로운 기술이 지혈에 얼마나 중요한 역할을 하는지 세상에 알렸다. 사실 쿠싱이 이 기술을 수술에 맨 처음 적용한 것은 아니다. 앞서 몇몇 외과 의사가 먼저 시도했으나, 신경 수술에 전기 응고법을 활용한 쿠싱의 수술 결과가 너무나 성공적이었던 데다가 쿠싱이 워낙 유명한 사람이라 1926년에 발표된 그의 수술 결과야말로 신기술의 활용도를 높인 결정적인 계기가 되었다.

그러나 전기 응고법을 널리 활용하기 위해서는 해결해야 할 심각한 문제가 하나 있었다. 당시 보스턴시에서는 거리 가로등과 일반 주택에 이미 교류 전류를 공급하고 있었지만 쿠싱이 일하는 브리검 병원에는 아직 직류만 들어왔다. 그래서 쿠싱의 획기적인 수술을 위해, 거리에서부터 수술실까지 전선으로 교류 전기를 끌어와야 했다.

쿠싱은 두개 바깥에 육종이 생긴 한 남성의 악성종양 치료에 보비의 발전기를 사용하기로 했다. 3일 전에 과다 출혈로 수술을 중단해야 했던 환자였다. 그는 새로운 응고 기구에 적용된 물리학적 원리를 모두 이해하려고 그리 크게 노력하지는 않았다. '내부 엔진의 원리를 군이 알지 못해도 모터로 움직이는 기계를 어떻게 작동시키는

지 배울 수 있다'고 여긴 것이다. 대신 그는 보비에게 수술실에 직접 와 달라고 요청했다. 자신이 전류량을 조절하여 지혈을 시도할 때 보비가 장치 스위치를 조절하여 전압이나 펄스를 바꿀 수 있도록 하기 위한 조치였다. 수술이 시작되고, 쿠싱은 앞서 수술했던 부위를 다시 열고 종양을 조각조각 제거하기 시작했다. 그리고 이번에는 메스와 가위 대신 전기 응고기를 사용했다. 종양을 지지면서 발생한 연기와 냄새가 너무나 지독해서 지켜보던 사람들이 구역질을 할 정도였다. 필요하면 혈액을 제공하려고 대기하던 의과대 학생은 하얗게 질려서 정신을 잃고 의자에 쓰러졌다. 그러나 쿠싱은 이것이 아주 엄청난 기술임을 곧바로 확신했다.

역시나 보비의 도움을 받아서 실시된 다음 수술에서는 열두 살짜리 여자 아이의 머리에서 비슷한 종양을 한 번에 완전히 제거할 수 있었다. 먼저 수술한 남성과 아동 환자 모두 합병증 없이 회복했고, 쿠싱은 보비의 기구를 이후 모든 수술에 계속해서 사용했다. 이전까지 감히 시도해 볼 생각조차 하지 못했던 수술도 가능해졌다. "절대 가능한 일이 아니라서 머릿속으로 생각했던 일들을 성공적으로 해내고 있다." 그는 동료들에게 쓴 글에서 이렇게 밝혔다. 전 세계 다양한 분야의 외과 의사들이 쿠싱의 뒤를 잇기 시작했다.

그래도 초반에는 조금씩 삐걱대는 부분이 있었다. 뇌 수술 도중에 열려 있는 환자의 전두동[2]에서 파란 불길이 솟아난 일도 있었다. 환자가 마취제로 흡입하던 가연성 에테르가 수술실 곳곳에 새어 나

2　이마굴. 이마뼈 속에 있는 굴. 굴에 열린 구멍을 거쳐 코안으로 통한다.

가면서 여기에 전기 응고기를 사용하면서 발생한 스파크가 옮겨붙은 것이다. 또 한 번은 쿠싱이 금속으로 된 견인기에 모르고 팔을 댔다가 전기 충격을 받는 일도 발생했다. 발전기 설정을 조정해서 이를 피할 수 있는 방안을 마련할 때까지, 쿠싱은 한동안 나무로 된 수술기구와 수술대를 사용했다.

오늘날에는 환자와 의료진을 전기 충격으로부터 보호하기 위한 다양한 조치가 마련되었다. 의료진은 수술용 고무장갑을 착용하고, 환자와 수술대를 비롯한 모든 전기기구가 접지된다. 또한 수술실 전체에 패러데이 상자의 원리가 적용된다. 즉 벽과 문에 연결된 구리선이 낙뢰나 전력 과부하와 같은 문제로 발생한 외부의 전하가 수술실로 유입되어 수술에 방해가 되지 않도록 방지한다. 더 나아가 최신 수술실은 외부와 분리되어 있다. 다시 말해 수술실로 연결된 전선 중에 외부에서 곧바로 연결된 것은 하나도 없고, 모두 변압기를 통해서 내부로 연결되며 컴퓨터 네트워크에 담긴 데이터는 전부 광섬유 케이블로 전송된다.

보비가 개발한 전기 응고 기구는 거의 한 세기가 지나도록 원형 그대로 사용되고 있다. 물론 어느 정도 개량되고 안전성도 강화되었으며 쿠싱이 사용하던 초창기보다 훨씬 더 까다로운 요건을 준수해서 사용해야 한다는 차이는 있다. 전기 응고는 이제 확실하게 안전한 기술로 수용되고 있으나 환자에게 사용하는 전기나 전기뱀장어가 발생시키는 수백 볼트의 전기는 사실 크게 다르지 않다.

1966~1969년에 미국 NBC에서 방영된 오리지널 「스타트렉」 시리즈의 한 장면. 드포레스트 켈리가 USS 엔터프라이즈호의 의사인 레너드 맥코이를 연기했다.

에필로그
미래의 외과 의사 톱 10

미래의 외과 의사가 앞으로 얼마나 더 기이하고 멋진 일들을 해낼 수 있을지 낙관적으로 머릿속에 그려 볼 수 있다면 오늘날 외과 의사들에게 부족한 점도 짚어 낼 수 있을 것이다. 작가들은 2백 년 이상 문학의 한 장르로 자리한 SF에서 일반 의사나 외과 의사가 언젠가 해낼지도 모르는 일들에 관하여 아무런 제약 없이 자유롭게 상상력을 펼쳐 왔다. 그중에는 가끔 깜짝 놀랄 만큼 통찰력이 담긴 내용도 있고, 허무맹랑한 이야기도 있다. 아래는 고전 SF 작품에 등장했던 외과 의사들 가운데 열 명을 선정한 것이다.

10. 빅터 프랑켄슈타인

무엇이든 혼자 알아서 처리하는 외과 의사, 빅터 프랑켄슈타인Victor Frankenstein은 무모한 야망을 품은 사람이었다. 메리 셸리Mary Shelley가 쓴 1818년 소설에서 이 정신 나간 의사는 죽은 사람의 몸 일부에 과학적으로 생명을 불어넣어 새로운 존재를 탄생시킨다. 그는 자신이 만들어 낸 이 환자가 생각과 지성을 갖고 있다는 사실을 깨닫고 깜짝 놀란다. 결국 빅터는 이 괴물의 의지대로 움직이는 노예가 되어 건강과 결혼 생활, 목숨까지 모두 잃고 만다.

지난 50년간 의사와 환자의 관계도 많이 바뀌었다. 그리고 이 변화는 다행스럽게도 빅터 프랑켄슈타인이 맞닥뜨린 것과 같은 불행한 결과로 이어지지 않았다. 의사와 환자의 소통도 쌍방향으로 모두 증가했다. 20세기까지만 하더라도 환자는 자기 몸의 어디가 어떻게 잘 못됐는지, 의사가 어떤 수술을 어떻게 할 것인지 명확한 설명을 듣지 못한 경우에도 고분고분 말 잘 듣는 순한 양처럼 수술을 받았다. 암에 걸려도 그리 많은 설명을 듣지 못하고, 여러 가지 치료 방법이 있어도 함께 의논하기보다는 어떤 치료가 나은지 전문가가 결정하도록 두는 경우가 많았다.

이제는 다행히 환자가 더욱 목소리를 높이고, 서로서로 도울 수 있는 지원 단체를 형성할 뿐만 아니라 수술 결과를 좀 더 자세히 이해할 수 있게 해 달라고 요구한다. 그리고 수술에 동의하기 전에 의사를 상대로 어마어마한 질문을 퍼붓는다. 모두 아주 합당한 일이다. 물론 의사의 입장에서는 인내심을 마지막 한계까지 쥐어짜야 할 만큼 몰아붙이는 환자의 의견이나 요구 사항과 마주할 때면 가끔 힘들다고 느낄 수도 있지만, 아무리 들볶는다 한들 의사의 건강이나 결혼, 목숨까지 위협할 만큼 정도가 심한 경우는 없다. 또한 의사 쪽에서도 환자의 질병이나 치료에 대해 가능한 한 상세히 많은 부분을 먼저 설명해야 의사 자신을 지킬 수 있는 경우가 많다. 환자의 입장에서는 발생 가능한 위험성이나 합병증, 부작용을 일일이 접하는 일이 썩 유쾌한 일은 아니므로 의사가 제공하는 정보가 감당 못할 무게로 다가오기도 하지만, 최근에는 의사와 환자의 관계가 바로 이와 같은 모습으로 자리를 잡았다. 이처럼 양쪽의 소통이 개선되면서 생긴 단점이 있다면, 현대 사회의 환자들은 과거의 환자들과 달리 더 이상 의사를 신뢰하지 않는다는 것이다. 의사 외에 다른 사람에게 의견을 구하는 경우도 빈번하고, 이는 일명 '의료 쇼핑'과 건강관리 서비스의 과소비로 이어진다.

9. 마일스 베넬

의사인 마일스 베넬Miles Bennell은 사람들에게 진실을 이야기하지만 그의 말은 진지하게 받아들여지지 않는다. 잭 피니Jack Finney의 소설 『신체 강탈자The Body Snatcher』(1954)에서 베넬의 환자들은 하나둘 외계 생명체로 바뀌는데, 베넬을 치료하는 정신과 전문의를 제외하고 아무도 그 말을 믿지 않는다.

미국의 경우 외과 의사가 이례적인 환자나 그 밖의 재난 상황을 알게 되면 의무적으로 의료 조사 기관에 보고해야 한다. 보고가 접수되면 정상적인 상황과 어떻게 다른지, 왜 일반적인 대처 방식을 적용할 수 없는 특수한 상황인지 분석하는 조사가 진행된다. 이를 토대로 조치 계획이 수립되고, 개선이 필요한 부분을 파악한다. 특정 기간 이후에는 이에 대한 평가도 실시해야 한다. 의학적인 치료를 받고 만족을 느끼지 못하거나 의료 서비스 제공자의 태도에 불만을 느낀 환자는 정부 기관이나 병원의 관련 부서에 정식으로 항의할 수 있다. 다시 말해 오늘날에는 누군가에게 발생한 건강 문제가 아무리 기이

해도 환자와 의사 모두가 진지하게 받아들인다.

8. 닥터 블레어

존 카펜터John Carpenter 감독의 1982년 영화 〈괴물The Thing〉에는 일을 하다가 감염되어 괴물이 되는 외과 의사가 등장한다. 남극 과학연구 시설에 등장한 외계 생명체가 연구자들이 머물던 공간을 차지하기 시작하고, 이들의 살인 행각이 끝난 후 블레어Dr. Blair는 일그러진 사체를 부검하다가 그만 감염되고 만다(수술용 마스크를 착용하지 않은 상태였다). 이 일로 집단에서 쫓겨난 그는 '괴물'이 된다.

외과 의사는 늘 칼과 바늘을 비롯해 날카로운 기구를 사용하는 만큼 부상당할 위험이 있고 환자의 체액이 의사의 눈이나 의사 몸에 생긴 작은 상처에 튈 수도 있다. 그러므로 외과 의사라면 누구나 감염 방지에 각별히 신경 쓴다. 무언가를 만져야 할 때는 반드시 장갑을 끼고, B형 간염 백신을 잊지 않고 접종받고, 수술할 때는 수술용 마스크와 장갑, 모자를 착용하여 스스로를 보호한다. 그러나 이 모든 예방 조치에도 불구하고 얇은 고무장갑에 바늘이나 메스 끝이 닿아서 작은 구멍이 생기거나 사방으로 튀던 체액 한 방울이 어쩌다 눈에 들어가 의사에게 병이 전염되는 일은 여전히 발생할 수 있다. 이 경우 환자에게는 HIV와 C형 간염 검사를 실시하게 해 달라는 요청이 전달되고, 검사 결과 HIV 양성인 경우 영향을 받은 외과 의사는 감염 위험을 최소화하기 위해 한 달 동안 항바이러스제를 복용해야 한다. 또 추가적인 전염을 막을 수 있도록 섹스도 안전한 방법으로만 할 수 있다. HIV를 포함한 바이러스 감염 같은 감염성 질환은 외과 의사의 직업병인 셈이다.

7. 헬레나 러셀

헬레나 러셀Helena Russell은 1970년대에 그리 멀지 않은 미래의 의
사로 그려진 인물로, 1975년부터 1977년까지 BBC에서 방영된 〈스
페이스: 1999 Space: 1999〉에 등장했다. 제목에서도 알 수 있듯이 이 드
라마의 배경은 1999년이다. 달이 지구 주위를 돌던 궤도에서 벗어나
고 알파라는 달 기지에 살고 있는 사람들에게 미래는 예측하기 힘든
상황이었다. 이들을 돌보는 외과 의사가 여성인 것은 1970년대에 상
당히 미래지향적인 설정이었다.

여성이 외과 수술을 하기에 부적절하다고 할 만한 이유는 전혀 없
다. 신체적인 부담이나 책임감, 일의 속도, 야간 당직 같은 일은 여성
도 남성과 똑같이 감당할 수 있다. 전문적인 통찰력도 마찬가지다. 기
술적인 부분에서도 여성이 남성보다 태생적으로 못한 것은 하나도 없
고, 사회성 측면에서는 남성보다 훨씬 뛰어날 때도 있다. 그럼에도 여
성 외과 의사는 여전히 소수에 불과하다. 그나마 여성의 비율이 빠르
게 증가하는 추세라 그리 멀지 않은 미래에는 이러한 상황도 바뀔 것
으로 전망된다. 1999년은 여성 외과 의사가 상대적으로 희귀한 시절
이었다. 네덜란드에서는 외과 의사 여덟 명 중 한 명꼴에 불과했고 영
국에서는 전체 선임 외과 의사 중 여성의 비율이 3퍼센트에 그쳤다.

6. 하얀 정장을 입은 사람들

스티븐 스필버그Steven Spielberg 감독의 1982년 작 〈E.T. E.T. the Extra-

Terrestrial)에는 정부 비밀 조직에서 나온 익명의 의사들이 등장한다. 이들은 꼭 껴안아 주고 싶을 만큼 사랑스러운 외계 생명체 E. T.에게 무자비한 태도를 보이고 어린 엘리엇이 사는 집에 쳐들어와서 허락도 없이 거실을 수술실로 만들어 버린다. 환자나 엘리엇, 그리고 엘리엇의 가족들의 이야기에 먼저 귀 기울일 생각도 하지 않는다. E. T.에게 문제가 있다면 향수병이 전부라는 사실도 알지 못했던 이 의사들은 가뜩이나 별로 좋지 않았던 상황을 자신들이 한층 더 악화시키고 있다는 것도 인지하지 못했다.

수술의 경계는 지금도 계속해서 확장되고 있다. 그 과정에서 이 모든 발전이 과연 꼭 필요한가, 라는 의문이 제기될 때도 많다. 최근 수십 년간 '인간이 할 수 있는 일뿐만 아니라 인간에게 가장 적합한 일을 하는 것' 또는 '수명 연장과 더불어 활기 있게 지내는 시간을 연장하는 것'이 모토가 되는 사례도 계속 늘어나는 추세다. 수술 여부를 현명하게 결정하기 위해서는 환자의 수명과 삶의 질을 모두 고려하여 환자 입장에서 얻게 될 이점과 수술에 내포된 위험성 사이에서 적절한 균형점을 찾아야 한다. 그리고 이 결정에 대해 환자와 의사 모두가 나름의 의견을 낼 수 있다. 그리고 환자에게는 각자 바라는 결과와 병의 특성, 예후를 토대로 마련된 치료 기준이 제공된다. 가능한 치료를 제한 없이 모두 받는 치료 방식을 택할 경우, 환자의 병을 치료하고 생명을 구하기 위해 필요한 모든 조치가 취해진다. 이와 달리 의사와 환자가 합의하여 심폐소생술을 제외한 모든 방법을 필요성이 입증될 경우 동원하는 방식과 같이 특정한 치료법을 제한할 수도 있다. 또 완전 제한 방식을 택할 경우, 환자의 생명을 구할 수 있는 치료와 최대한 편안하게 생을 마감할 수 있도록 도울 수 있는 조치 외에 다른 치료를 시도하지 않는다.

5. 냉동 인간이 된 세 명의 의사

스탠리 큐브릭Stanley Kubrick의 1968년도 영화 〈2001 스페이스 오디세이2001: A Space Odyssey〉에서 세 명의 의사는 우주선 '디스커버리 원'에 올라 깊이 잠든 상태로 우주여행을 한다. 비행이 시작되는 시점에 극저온 동면 상태에 들어간 이들은 우주선이 목적지인 목성에 도착할 때쯤 깨어난다. 그런데 이들이 아무것도 모른 채로 잠에 빠진 사이, 우주선 컴퓨터 'HAL 9000'이 모든 것을 장악한다. '정보통신 기기'로 불리던 이 컴퓨터는 의사들에게 할당된 임무를 전부 빼앗고 이들의 목숨까지도 빼앗는다.

1990년대 중반 즈음에 시작된 인터넷 버블을 정확히 예고한 신호탄은 의료 보건 서비스의 전산화였다. 외과 의사들도 이 흐름에 따르고 변화를 수용해야만 했다. 거부하는 사람은 가망 없이 뒤쳐질 위험을 감수해야 했다. 의료 기록이나 처방 내역, 환자 위탁 요청서를 손으로 쓰던 시대는 다 옛일이 되었다. 현대 사회의 모든 병원은 환자 기록을 전자 문서로 작성하고 치료, 입원, 결과, 합병증을 포함한 모든 내용이 디지털로 기록된다. 결과적으로 의료 분야에서 활동하던 서기가 사라지고 그만큼 의사들이 직접 해야 할 일은 크게 늘어났다. 전자 기록, 파일은 대단히 멋진 일처럼 들리지만, 데이터를 입력하지 않으면 아무런 결과 값을 얻을 수가 없다. 또한 전산화는 외과 의사나 다른 분야의 의료 전문가들이 씨름해야 하는 행정 업무가 급

여성

────────

지금은 남자든 여자든 수술을 집도할 수 있다는 사실이 거의 당연한 일로 여겨지지만, 과거 2백 년간 여성이 수술용 메스를 쥐고 활약하는 것이 아주 이례적인 일로 느껴질 만큼 남성이 수술에서 지배적인 몫을 차지했다. 그러한 분위기 속에서도 어느 시대건 존경받는 여성 외과 의사들이 존재했다. 1000년경, 코르도바 출신의 알부카시스로 더 많이 알려진 (남성) 외과 의사 아부 알카심 칼라프 이븐 알압바스 알자흐라위Abu al-Qasim Khalaf ibn al-Abbas al-Zahrawi가 쓴 글을 보면 방광결석으로 고통받는 여성 환자들은 여성 외과 의사가 치료할 때 최상의 효과를 얻을 수 있다는 내용이 담겨 있다. 12세기 프랑스 문학에도 여성 외과 의사들의 기술을 엿볼 수 있는 부분이 등장한다. 이탈리아에서는 13세기부터 여성이 외과 의사가 되기 위한 교육을 받기 시작했고, 프랑스에서는 외과 의사였던 남편이 사망한 경우 아내가 남편의 일을 이어서 계속할 수 있었다. 14세기에 이탈리노 살레르노의 의과대학을 졸업한 3천 명 이상의 외과 의사들 중에는 여성도 열여덟 명이 포함되어 있었다. 같은 시기에 영국 궁정 소속 외과 의사도 여성이었다. 그러나 중세 시대 이후, 두 가지 거대한 변화가 일어나면서 외과 분야에서 여성은 거의 완전히 자취를 감추었다. 바로 16세기에 벌어진 마녀사냥과 19세기부터 최소 1968년까지 이어진, 고상하고 얌전한 태도가 중시되던 분위기였다. 네덜란드에서는 1945년부터 1990년까지 새로운 외과 의사들 가운데 여성이 차지하는 비율이 3퍼센트에 불과했으나 1990년부터 2000년 사이에는 12퍼센트로 증가했다. 그리고 2010년에는 전체 외과 의사의 25퍼센트, 외과 의사 교육을 받고 있는 사람들 중 33퍼센트가 여성으로 집계됐다. 2016년을 기준으로 영국의 고문 외과 의사 중 여성의 비율은 11.1퍼센트였다.

증하는 상황을 막지 못했다. 그럼에도 컴퓨터가 인간 의사들이 해야 할 일을 전부 빼앗을 수 있다는 가능성은 (안타깝지만) 아직 제기된 적이 없다.

4. 레너드 맥코이

레너드 맥코이Leonard McCoy는 1966년부터 1969년까지 방영된 진 로든베리Gene Roddenberry의 오리지널 시리즈 『스타트렉Star Trek』에서 조용한 우주선 USS **엔터프라이즈호**의 의사로 등장했다. 23세기의 기준에서 맥코이는 상당히 구시대적인 면모를 보인다. 기술이나 수시로 부딪히는 동료 스폭이 내세우는 냉정한 논리에는 전혀 관심이 없다. 근거로 뒷받침되지 않는 수술을 시도하는 건 말도 안 되는 일로 여긴 그는 가만히 쉬면서 일상생활을 이어 가고 청결을 유지하는 오랜 방식을 선호했다. 맥코이가 돌보는 환자들은 말끔하게 정돈된 4인용 병실에 누워서 푹 잠을 잤다. 그가 의사로 일하는 한, **엔터프라이즈호**에서는 수술 후 회복기를 단축하는 방법 같은 건 존재하지 않았다.

사람들은 수술 후에 침대에 가만히 누워서 쉬어야 한다고 생각한다. 수술하고 회복에 중요한 시기를 누워서 지내는 것은 유익하기보다 해로운 점이 많다는 사실을 1960년대에 누가 생각할 수 있었을까? 맥코이에게는 스마트폰만 한 작은 기기가 있어서, 환자 가까이 이리저리 움직이기만 하면 상세한 진단 내용을 확인할 수 있었다. 그리고 외계인의 공격을 받은 우주선 선원들은 즉각 건강을 회복하고 다른 장애나 흉터도 남지 않은 것을 보면, 맥코이의 치료도 상당히 미래지향적이었다. 그러나 이 같은 최첨단 치료가 이루어진 뒤에는 전혀 미래지향적이지 않은 원칙이 적용됐다. 17세기 대형 병원들에서 시행된 것과 마찬가지로 환자를 침대에 눕혀 놓고 낫기를 기다린 것이다.

3. 로봇 의사

조지 루카스George Lucas의 1980년 장편 서사 영화 〈스타워즈: 제국의 역습Star Wars: The Empire Strikes Back〉에는 젊은 영웅 루크 스카이워커가 선(포스)과 악(다크 포스)의 전쟁에서 오른손을 잃자 이름 없는 로봇이 기계로 된 팔을 끼워 주는 장면이 나온다. 그때 루크는 광선 검으로 자신의 손을 베어 버린 사악한 다스 베이더가 아버지라는 사실을 깨닫는다. 이런 황당무계한 동화 같은 이야기는 항상 해피엔딩을 맞이한다. 로봇 의사가 루크가 잃어버린 손을 생체공학적으로 만든 손으로 대체하는 것은 다소 억지스러운 해결책이 아닐 수 없다. 미래가 배경인 이야기에서도 루크 스카이워커는 고분고분한 환자이고 의사는 점점 불필요한 존재가 되어 가는 것처럼 보인다.

지난 30~40년간 외과 수술은 기술적으로 엄청난 발전을 이루었다. 복잡하고 까다로운 수술도 가능해지고, 절개 부위는 점점 더 작아지는 추세다. 그런데 놀랍게도 로봇공학은 이 급속한 발전에서 큰 부분을 차지하지 않는다. 특정한 복부 수술이 로봇을 이용하여 실시되는 경우는 있지만 필요한 설정을 사전에 완료할 수 없어서 외과 의사가 항상 실시간으로 로봇을 조종해야 한다. 게다가 로봇을 이용한다고 해서 수술에 새로운 가능성이 생기는 것도 아니다. 즉 로봇이 없어도 동일한 수술을 할 수 있다. 반면 항법 기술이나 가상현실 기술 등 수술법 개선에 활용할 수 있는 다른 흥미로운 기술들이 많다. 같은 맥락에서 영화 〈매트릭스The Matrix〉(앤디 워쇼스키와 래리 워쇼스키Andy and Larry Wachowski, 1999)와 〈토탈리콜Total Recall〉(폴 버호벤Paul Verhoeven, 1990)에서 미래의 수술 모습이 〈스타워즈〉보다 더 현실적으로 그려진다.

2. 닥터 애쉬

애쉬Dr. Ash는 리들리 스콧Ridley Scott 감독의 1979년 영화 〈에일리언Alien〉에서 우주선 **노스트로모호**의 의사다. 끔찍한 외계 생명체가 선원 중 한 명의 가슴에서 난데없이 터져 나오고 그가 외계인을 없애려고 안간힘을 쓰자 애쉬가 나서서 저지하려고 한다. 결국 선원은 의사를 죽인다. 그제야 닥터 애쉬는 사람이 아니라 인간의 모습을 한 로봇, 안드로이드이며 사전에 프로그램되어 있는 지시 사항에 무조건 복종했다는 사실이 드러난다. **노스트로모호**를 운영하는 회사가 외계 생명체를 조사하라는 명령을 은밀히 수행할 안드로이드를 함께 보낸 것이다. 애쉬는 동료들의 목숨을 빼앗는 한이 있더라도 회사의 지시를 빠짐없이 따르는 의사였던 셈이다.

의료 보건 전문가들은 자신이 제공하는 서비스의 품질을 스스로 결정한다. 환자와 함께 상의하여 목표를 정하고 그 목표를 이룰 수 있는 최선의 방법이 무엇인지도 정한다. 이는 병원의 관심사와도 일치하지만, 병원 이사회는 또 다른 부분에도 주목한다. 급여를 줘야 하고, 의료 장비를 구입해야 하고, 병원 건물도 관리해야 하는 사람들 입장에서는 당연히 과도한 비용을 들이지 않기를 바란다. 그러나 비용을 덜 들이고, 덜 숙련된 직원을 통해 좀 더 저렴한 재료와 몇 안 되는 시설로도 의료 서비스의 양은 동일하게 맞출 수 있겠지만 이는 자연히 서비스의 질을 저하시키는 결과로 이어질 수 있다. 한 병원에서 일하는 전문가들을 통틀어 숙련된 직원과 양질의 물품, 최신 시설을 가장 절실히 필요로 하는 사람은 외과 의사다. 병원 이사회의 정책에 가장 많이 좌우된다는 의미이기도 하다. 그러므로 외과 의사는 그 정책의 방향을 계속해서 숙지해야 하는데, 안타깝게도 병원 전문가들 중에서 그럴 만한 시간이 가장 부족한 부류이기도 하다. 결과적으로 국가 전체나 개별 병원에서 이루어지는 의료 보건 서비스와 관련된 정책 결정 과정은 관리자와 비수술 의사들의 손에 맡겨지고, 외과 의사들은 멀찌감치 떨어져서 바라보는 경우가 많다.

1. 피터 듀발

피터 듀발Peter Duval은 리처드 플레이셔Richard Fleischer 감독의 1966년 영화 〈마이크로 결사대Fantastic Voyage〉에서 잠수함 **프로테우스호**에 탑승한 잘생긴 외과 의사 이름이다. 이 영화에서 동구권에서 서구로 떠나온 한 저명한 과학자는 머리를 심하게 부딪쳐 뇌출혈을 겪는다. 이런 경우, 최대한 침습하지 않는 수술을 실시해야 뇌의 혈전을 제거할 수 있다. 이 SF 영화에서는 바로 이 부분을 제대로 실행한다. 미래지향적인 기술을 적용하여, 핵잠수함과 그 안에 타고 있는 모든 선원이 적혈구 크기로 줄어든 다음 다친 환자의 목으로 주입된다. 잠수함은 몸 안에서 길을 잃기도 하고, 심장과 내이를 거쳐 아주 흥미진진한 경로로 뇌를 향해 나아간다. 그런데 이 항해에 내과 의사 한 명을 잘못 태우는 바람에 심각한 문제가 생기면서 상황은 더욱 혼란스러워진다. 이야기가 진행되면서 문제의 내과 의사 마이클스가 스파이이고 좋은 목적을 위해 수립된 잠수함의 목적을 엉망으로 만들 의도를 가진 자로 드러난다. 나중에 마이클스는 백혈구에게 잡아먹히는 것으로 그 대가를 치른다. 외과 의사 피터 듀발은 터프가이 분위기를 물씬 풍기는 잠수복을 입고 아름다운 여배우 라켈 웰치Raquel Welch가 곁에서 지켜보는 가운데 거대한 레이저 기관총을 들고 혈전을 부수기 시작한다.

이런 시나리오는 외과 의사만이 쓸 수 있다! 안타깝게도 혈전은 지금도 여전히 미니어처 잠수함에 올라탄 외과 의사가 치료하는 것이 아니라 비수술 의학 전문가들이 제공하는 약으로 치료되고 있다. 최소 침습이라는 원칙에 따른 것이지만, 전혀 흥미롭지 않다.

가까운 미래에는 수술의 핵심 기준이 최소 침습 치료가 될 전망이다. 수술 규모를 점점 줄이고 수술 시간도 줄여서 환자가 느끼는 고통과 불편함을 줄이는 것이다. 여기에다 약물이나 비수술 방법으로도 쉽게 치료할 수 있는 질병도 있으므로 수술이 반드시 필요한 경우도 줄어들 것이다. 그럼에도 외과 의사가 완전히 사라지거나, 로봇 혹은 컴퓨터 기술로 대체되는 일은 결코 없을 것이다. 메스를 쥐고 사람의 생명을 구하고, 잘못된 부분을 고치고, 암을 제거하고, 고통을 줄여 줄 사람은 항상 필요할 테니까.

감사의 말

이 책에서 소개한 사례들은 유명인과 많이 알려지지 않은 환자들의 삶에서 실제로 일어난 일들이며, 역사 자료와 인터뷰, 언론 보도 내용, 전기, 그 인물에 관한 기록을 바탕으로 구성한 것이다. 역사적 사실을 정확하게 완벽히 전하려는 목적의 이야기라기보다는 외과적인 관점에서 해석한 내용을 담은 이야기라는 점을 밝혀 둔다. 모두 픽토르 캄메이어르Victor Kammeijer가 편집을 맡은 『네덜란드 외과협회 저널Nederlands Tijdschrift voor Heelkunde』에 2009년부터 2014년까지 축약된 버전으로 실린 내용이다.

레닌의 수술에 관한 러시아 쪽 정보를 정확하게 해석해 준 보리스 리베로프Boris Liberov에게 감사 인사를 전한다. 더불어 네덜란드 의료법에 관한 추가적인 정보를 제공해 준 아가사 힐케마Agatha Hielkema와 전기뱀장어에 관한 인터뷰 요청에 응해 준 마르노 볼터스, 암스테르담 아르티스 동물원에도 감사드린다. 내 아내 라베르네Laverne와 동료 마우리츠 더 브라우Maurits de Brauw, 에릭 데르크센Eric Derksen, 에릭

판 둘켄Eric van Dulken, 이 책의 주제가 된 좋은 아이디어를 제안한 토
마스 나지Thomas Nagy, 원고를 읽고 유익한 의견을 제공해 준 플뢴 스
넬Pleun Snel에게도 감사의 인사를 전한다.

용어 해설

- 간헐적 파행: 다리에 혈액을 공급하는 동맥이 좁아져서 걸을 때 하지 근육이 활용할 수 있는 산소가 부족해지고, 이로 인해 통증이 발생하여 곧바로 걸음을 멈추고 쉬어야 하는 증상. '허혈' 참고.

- 감염: '염증' 참고.

- 개복 수술(개복술): 복부를 절개하여 여는 것. 복부 복강경 검사, 키홀 수술과 다른 개념이다. '-tomy', '복부' 참고.

- 개흉 수술(개흉술): 흉부(가슴)를 절개하여 여는 것. 흉강경 검사, 가슴에 실시하는 키홀 수술로도 흉강 상태를 확인할 수 있다. '-tomy' 참고.

- 검시: 부검.

- 결과(치료): 의사나 의료진, 치료 기관이 특정 질병을 치료하고 얻은 전체적인 결과. 이환율, 사망률과 같은 부정적인 결과와 단기적, 장기적 결과가 모두 포함된다. 치료 결과를 평가할 때 많이 활용되는 지표로는 수술 후 5년 뒤에도 살아 있는 환자의 비율을 뜻하는 5년 생존율이 있다.

- 결석 제거술: 방광에 생긴 돌을 제거하는 수술(돌을 부순다는 의미). 해

당 수술을 실시하던 사람들은 '돌 부수는 사람stone-cutters'으로 불렸다.

- 결석 제거술 자세: 회음 부위를 정확히 볼 수 있도록 바닥에 등을 대고 누워서 두 다리를 위로 드는 자세. 항문이나 질, 음낭, 성기를 수술할 때 이와 같은 자세가 활용되는 경우가 많다. 루이 14세 시절부터는 출산 자세로도 활용되어 왔다.

- 결찰술: 피가 흐르는 혈관을 실로 묶는 것. 결찰술은 정해진 절차에 따라 실시된다. 먼저 외과 의사가 출혈이 발생한 부위에 클램프를 고정한다. 출혈이 완전히 멈추면 수술 보조가 클램프 아래쪽 조직에 실을 끼워 넣고 묶어서 매듭을 짓는다. 이 과정에서 의료진의 의사소통이 반드시 이루어져야 한다. 즉 수술 보조가 실을 묶은 뒤 "묶었습니다"라고 말하면 집도의는 조심스럽게 클램프를 푼다. 실을 묶은 뒤 출혈이 완전히 잡힌 경우 수술 보조는 "다 됐습니다"라고 말하고, 이때 집도의는 클램프를 완전히 제거한 뒤 수술 보조 간호사에게 제거한 클램프를 건넨다. 해당 간호사는 집도의에게 가위를 건네고, 의사는 이를 받아서 실 양쪽 끝을 잘라 낸다.

- 경색: 산소가 충분히 함유된 혈액을 공급하는 동맥(또는 동맥 분기 중 한 곳)이 폐쇄되어 기관 전체나 일부가 괴사하는 것. 뇌 일부에 발생한 경색을 뇌졸중, 팔다리 전체나 일부에 발생한 경색은 괴저라고 한다. '허혈' 참고.

- 고름: 감염 부위에 생기는 액체로, 죽은 염증 세포(백혈구)와 세균, 조직, 조직에서 나온 체액으로 이루어진다. 병원균마다 각기 다른 종류의 고름을 유발하고 각각 특징적인 냄새와 색깔, 질감이 나타난다. 피하 조직에 형성되는 일반적인 농양(종기)은 크림 같은 형태에 옅은 노란색을 띠고 살짝 치즈 냄새가 난다. 항문 주변에 발생하는 농양은 대변 냄새가 진하게 느껴진다. 냄새가 가장 고약한 농양은 치아 농양이다. '농양', '배출' 참고.

- 골절: 뼈가 부러지는 것.

- 관장: 항문을 통해 장을 세척하는 것. 과거부터 현재까지 광범위한 질환의 증상을 약화시키기 위한 목적으로 널리, 열광적으로 활용되어 왔지만 관장이 효과가 있다는 근거는 거의 없다. 또한 과도한 관장은 경미한 수준부터 심각한 수준까지 부작용을 유발할 수 있다.

- 괴사: 죽은 조직. 괴사한 조직을 잘라 내는 것을 괴사 조직 절제술이라고 한다.

- 괴저: 상처 주변의 피부나 발가락, 팔다리 중 일부 또는 전체 등 생체 조직이 죽는 것. 팔다리의 경우 죽은 조직(또는 조직의 일부)은 수분이 빠지면서 쭈글쭈글하게 수축된다. 이것이 미라화로 이어져 시커멓게 변하는 것은 남은 인체와 분리되는 과정이므로 가장 나은 경우에 해당된다. 죽은 조직이 썩고 체액과 고름이 배출되면 혈류로 유입될 수 있으므로 습성 괴저가 건성 괴저보다 더 위험하다. 괴저는 혈관에 폐색이 발생하거나 공격적인 세균에 상처가 감염되면서 발생할 수 있다. 세균 중에는 기체를 발생시켜 괴저를 더 확산시키는 종류도 있다. 이 경우 가스 괴저라고 한다.

- 국소: 해부학에서 부위로 명시되지 않은 신체 지점을 가리킨다. 이마, 새끼손가락, 배꼽, 췌장 등이 포함된다.

- 굴: 외부와 연결된 구멍이 있는 강. 구멍 두 개가 연결된 누공과 다른 개념이다.

- 근치: '뿌리째 전부'라는 뜻이 담겨 있다. 외과에서는 근치 절제, 근치 절개와 같은 용어에 사용되며 문제의 기관이나 기관 일부뿐만 아니라 관련된 림프절까지 모두 제거한다는 의미다. 근치 절제는 동일한 의미의 적출로도 표현된다. '전체', '전이', '림프절' 참고.

- 근치적 치료: 삶의 질이 약화되더라도 완치를 목적으로 삼는 치료. 완전한 회복을 목표로 삼지 않는 완화 치료와 반대되는 개념이다. '완화 치료' 참고.

- 급성: 갑작스럽게 또는 즉각 나타나는 것(긴급성을 요하는 것과 혼동하

지 말 것). 만성적이고 갑자기 나타나지 않는 지속적인 것과 반대되는 개념이다. 매우 갑작스럽게 나타날 경우 초급성이라고 하며, 빠르게 나타나지만 갑작스럽지 않은 것은 아급성이라고 한다.

- 기대 치료: 치료는 (일단) 보류하고 환자를 면밀히 지켜보는 것. '보존 치료', '침습 치료' 참고.

- 노출: 수술 시 인체 구조나 비정상적인 구조를 인접 부위까지 분리하여(필요한 경우 절개) 수술대에서 확실하게 볼 수 있도록 하는 것. 이를 통해 전체 구조, 그리고 주변 구조와 어떻게 연결되어 있는지 확인한다.

- 농양: 인체 조직 사이에 축적된 고름이 압력을 받아서 형성되는 것. 더 심각한 결과로 이어지지 않도록 하려면 고름이 꽉 찼을 때 반드시 열어야 한다. 이 같은 경험 법칙은 '*ubi pus, ibi evacua*', 즉 '고름은 빼내야 한다'는 라틴어 격언으로도 전해진다. 종기를 열고 고름을 제거하는 것은 외과적인 수술에 해당된다. 원래 있던 빈 공간(강)에 고름이 축적되는 것은 농흉이라고 한다. '고름', '절개', '배출' 참고.

- 뇌졸중: 뇌출혈이나 뇌경색으로 뇌 기능의 일부가 소실되는 질환. 정식 의학 용어로는 '뇌혈관 사고'이다. '경색' 참고.

- 누공: 인체 조직에서 작은 상처 두 곳이 서로 연결되어 통로가 형성된 것. 이를 통해 체내 빈 공간(강) 두 곳이 이어질 수도 있고 빈 공간과 외부 환경이 이어질 수도 있다. 예를 들어 항문 누공(치루)의 경우 직장과 피부에 생긴 상처가 연결되면서 발생한다. 영어로 누공을 뜻하는 fistula는 라틴어로 관, 파이프, 플루트를 의미한다.

- 니들 홀더(지침기): 봉합용 바늘을 단단히 붙잡고 생체 조직 안팎으로 옮길 때 사용하는 수술 도구.

- 동맥: 압력이 높은 환경에서(혈압) 심장에서 나온 혈액을 공급하는 혈관. 해부학 관련 서적에는 동맥이 붉은색으로 묘사되는데, 산소가 풍부하게 함유된 혈액은 밝은 적색을 띠기 때문이다. 폐동맥의 경우 심

장에서 폐로 전달되는 혈액에 산소 함량이 낮으므로 이 같은 특징이 나타나지 않는다.

- 동맥경화: 동맥에 발생하는 염증 질환. 동맥 내벽에 콜레스테롤이 쌓이면 염증이 발생하고, 그로 인해 생긴 흉터 조직에 탄산칼슘이 축적되는 경우가 있다. 그 결과 혈관이 좁아지고(협착) 혈류가 서서히 혹은 갑자기 완전 봉쇄되는(폐색) 상황이 초래된다.

- 동종 요법: 방혈과 같은 엉터리 치료. '방혈' 참고.

- 림프: 조직에 존재하는 액체. 세포 사이를 흐르는 투명한 액체로, 혈액을 통해 전달된다. 림프액이 과도할 경우 개별적으로 제거하는 특수한 소형 림프관도 존재한다. '유미'로 불리는 소장의 림프에는 음식물에 함유된 지방이 포함되어 있어서 우유 색을 띤다. '림프절' 참고.

- 림프절: 림프관이 모이는 지점으로 크기는 0.5센티미터를 넘지 않는다. 인체 림프관으로 형성된 대형 네트워크는 여러 개의 림프절이 무리를 이룬 일종의 림프 스테이션을 구성한다. '림프', '전이', '근치' 참고.

- 마취: 수술을 위해 환자의 국소마취, 부분 마취, 전신마취를 담당하는 의학 전문 분야. 마취 의사는 마취를 실시할 수 있는 자격을 보유한 의료 전문가다.

- 만성: 갑작스럽게 발생하지 않고 꾸준히 지속되는 것. '급성' 참고.

- 말기 치료: 치명적인 질병을 물리치기 위한 치료를 모두 중단하고 환자가 최대한 편안하게 마지막을 맞이할 수 있도록 하는 치료. '완화 치료' 참고.

- 매독: 성적 접촉으로 전염되는 만성 감염 질환. **트레포네마 팔리둠** Treponema pallidum이라는 균에 의해 발생한다. 얼굴 등에서 조직을 파괴시키는 증상이 나타나며 최종적으로는 중추신경계를 망가뜨린다. 소모성 질환의 일종으로, 19세기에 만연하여 제2차 세계대전 이후 항생제가 개발되기 전까지 효과적으로 치료하는 방법이 없었다.

- 메스: 수술용 칼. 과거에는 칼날과 손잡이가 연결된 일체형 나이프를 지칭하였으나, 현대 수술에서는 손잡이와 칼날을 분리할 수 있고 일회용 칼날을 끼워서 사용할 수 있는 형태의 메스로 거의 대체된 상황이다.

- 무균: 병원균이 전혀 없는 상태. 멸균이라고도 하며, 소독과 혼동하지 말아야 한다. 수술 도구와 수술복, 수술용 장갑은 감마선을 가하거나 고압 환경에서 뜨거운 증기를 가해 멸균 상태로 만든다.

- 무균법/무균 처리: 소독, 소독제와 혼동하지 말아야 한다. '무균' 참고.

- 발생률: 특정 인구 집단에서 특정한 질병이 발생하는 빈도를 수치로 나타낸 것. 대부분 연 기준으로 10만 명당 신규 사례 발생수로 나타낸다. 유병률과 혼동하지 말아야 한다. '유병률' 참고.

- 발생학: 생물의 출생 전 발달에 관한 학문. 배아가 어떤 동물이 될 것인지 충분히 알아볼 수 있는 상태일 때 태아라고 한다.

- 방혈: 혈액을 빼내는 것. 19세기에 들어서도 꽤 오랫동안 온갖 증상을 치료하기 위한 목적으로 활용되었다. 그러나 방혈의 효과는 전부 미신이다.

- 배출drain: 명사 — 인체의 열려 있는 곳에 무언가가 흘러나올 수 있도록 삽입하는 관이나 줄. 흉강에서 공기를 제거하거나(흉강 배출), 농양 강에서 고름을 제거하는 경우 등에 사용되는 것을 가리킨다. 대부분 고무나 실리콘 재질이다. 도뇨관은 특수한 배출 기구 중 하나로, 요도를 통해 방광까지 삽입한다. / 동사 — 액체를 빼내는 것. 더 구체적으로는 농양을 절개하여 고름을 제거하는 것을 의미한다. 그 전 과정을 '절개 배농'이라고 하며 영어로는 간단히 I & D(Incision and drainage의 줄임말)로 불린다. 경우에 따라 배출되어야 할 물질이 절개 또는 삽입 부위에 남아 있는 경우 2차 절개(맞절개)를 통해 농양이나 다른 형태로 남아 있는 고름을 다시 제거한다. '농양' 참고.

- 백혈구: 혈액 속에서, 또는 혈관 바깥에서 활성화되어 체내 모든 조직

으로 이동할 수 있는 다양한 종류의 세포를 통칭한다.

- 병력anamnesis: '기억으로부터'라는 의미로, 환자에게 증상의 특징과 강도, 발생 과정, 지속 기간을 질문하여 파악하는 내용. 의사가 타인이 제공한 정보를 통해 환자의 증상을 알게 되는 경우도 있다(hetero-anamnesis). 병력을 확인하는 것은 환자 검진의 첫 번째 단계다. 그다음에 진찰이 실시되고 필요한 경우 추가적인 검사가 진행된다. '증상' 참고.

- 병리학: '병에 관한 연구'를 의미하며, 생체 조직의 현미경 검사와 부검을 실시하는 연구소 또는 병원의 분과를 가리키는 말로도 사용된다.

- 보조: 도움을 주는 사람. 의료 보조는 의사와 다른 의료 전문가들을 돕는 의료 보건 전문가에 해당된다. 수술실에서는 외과 의사를 돕는 다른 외과 의사와 의료 보조 인력 등이 포함된 수술 팀 전체를 수술 보조라고 한다.

- 보존 치료: 수술이나 기타 인체에 직접적으로 접근하는 방법을 쓰지 않는 치료법. 약물 치료 등이 해당된다. '기대 치료', '침습 치료' 참고.

- 보철물: 인공 다리, 의치, 인공 혈관, 인공 이소골, 인공 고관절, 인공 어깨 등 신체 일부를 일시적으로 또는 영구적으로 대체하는 보형물.

- 복막: 복강의 내막. 복막에 감염이 발생하는 병이 복막염이다.

- 복부: 일상어로는 '배'라고 부르는 곳. 외과학에서는 그리스어 *laparos*가 사용된다. 예를 들어 영어로 laparotomy는 복부를 절개하여 복강을 여는 수술을 의미한다.

- 부검: 시체를 조사하는 것.

- 부위: 인체에서 혈액이 드나드는 자체적인 동맥과 정맥이 갖추어진 부분을 가리킨다. 상복부, 목, 하지 등이 이에 해당된다. '국소' 참고.

- 부작용: '합병증' 참고.

- 분리: 외과적으로 적절한 방법을 통해 생체 구조 또는 기관을 자르거

나 태우는 것. 장은 수술용 스테이플러 기구를 이용하여 분리할 수 있고, 혈관은 절단한 후 실로 묶어서 분리한다. '결찰술' 참고.

- 불임: 자손을 낳을 수 없는 상태.

- 비뇨기과 전문의: 신장과 요도, 방광, 남성 생식기를 수술하는 의료 전문가.

- 비만: 성별과 인종, 연령, 키가 동일한 다른 사람들과 비교할 때 체중이 초과되어 건강에 위협이 되는 상태. 서구 사회에서는 체질량 지수[BMI: 체중(킬로그램 단위)을 키(미터 단위)의 제곱으로 나눈 값]가 25를 초과하면 비만으로 간주한다. 아시아인의 경우 비만의 기준이 되는 BMI 값이 더 작다.

- 사망률: mortality(사망률)는 죽음을 뜻하는 라틴어 *mors*에서 유래한 용어로 사망 위험성을 나타낸다. 외과에서는 질병이나 수술로 인한 사망을 의미하며, 환자가 특정 질병이나 수술로 사망할 확률을 퍼센트로 나타낸다.

- 산부인과 전문의: 산과, 그리고 여성 생식기관의 외과적 치료를 실시하는 의료 전문가.

- 산후: 출산 이후. 아이를 낳은 후에 겪는 산후 우울증은 우울증의 일종으로 심리적인 문제에 해당된다.

- 3대 증상(3 요소): 고정적으로 한꺼번에 나타나 특정 진단으로 이어질 수 있는 세 가지 증상 또는 징후. 예를 들어 나쁜 외과 의사의 3 요소는 환자의 합병증을 자신의 능력(부족)이 아닌 상황 탓으로 돌리는 것, 과학적인 증거보다 자신의 경험을 우선시하는 태도, 그리고 함께 수술하는 의료진을 존중하지 않는 것이다.

- 상처: 인체 경계가 손상되어 개방되는 것. 피부가 손상되어 개방되면 간단히 상처라고 하고, 점막이 손상된 경우 궤양이라고 한다. 상처에는 경계부와 상처 면이 존재한다. 상처의 치유는 상처 부위의 세균 유무와 죽은 조직의 규모, 상처 경계부와 상처 면으로 공급되

는 혈액, 환자의 영양 상태에 따라 좌우된다. 상처가 치유되려면 연결 조직이 추가로 형성되어 개방된 부분을 덮어야 하므로 흉터가 남는다.

- 상처 치유: 상처가 회복되고 흉터가 남는 것. 1차 치유는 개방된 부분이 연결 조직으로 막히는 단계다. 이 단계는 상처 부위가 깨끗하고 상처 경계가 며칠 동안 하나로 맞물려 충분한 압력을 받을 때, 그리고 상처 면과 상처 경계부에 혈액이 충분히 공급될 때 진행된다. 2차 치유는 열려 있던 상처가 육아 조직으로 불리는 새로운 조직으로 점차 채워지는 단계다. 이후 피부나 점막이 이 새로 생긴 조직 윗부분을 덮는다. '상처' 참고.

- 색전증: 순환계를 손상시킬 수 있는 물질이 혈류를 따라 떠다니는 것. 예를 들어 하지에 혈전증이 발생한 경우 혈전이 떨어져 나와 폐 혈관 일부를 막을 수 있다(폐색전증). 골절로 인해 골수에서 분리된 지방 조직도 그와 같은 문제를 일으킬 수 있다. 또 경동맥 수술 시 목 경동맥의 공기 흐름이 막히면(공기 색전증) 뇌경색이 발생할 수 있다.

- 선택적: 의무적이지 않고 선택할 수 있는 것. 선택적 수술은 합당한 대안이 있는 수술을 뜻한다. 즉 충분한 시간을 들여서 수술 계획을 세울 수 있고, 수술을 연기할 수 있으며 필요한 경우 아예 실시하지 않을 수도 있다.

- 소독, 소독제: 소독은 소독제(살균제)를 사용하여 피부와 점막, 또는 상처 부위의 세균을 제거하는 것이다. 최초로 사용된 살균제는 와인과 코냑이었다. 이후 석탄산수가 사용되었으나 이는 생체 조직에 크게 해로운 영향을 준다. 오늘날에는 요오드나 염소가 함유된 화학물질이 사용된다. 비누와 물로만 간단히 씻어도 어느 정도 살균 효과가 있다. 외과 의사들이 손을 자주 씻는 이유도 바로 그런 점 때문이다. 무균법/무균 처리와는 다른 개념이니 혼동하지 않아야 한다.

- 소생하다, 소생술: '활기를 되찾다', '되살아나다'라는 뜻. 응급 상황

에 처한 희생자 또는 환자를 살리기 위해 실시해야 하는 모든 조치를 의미한다.

• 쇼크: '순환계' 참고.

• 수술: 영어로 surgery(수술)는 손을 뜻하는 그리스어 *kheir*와 일을 뜻하는 그리스어 *ergon*이 결합된 것으로 '손으로 하는 일'을 의미한다. 치유 기술을 가리키는 말로도 사용되며, 역사적으로 손을 사용하지 않고 병을 치료하는 다른 의학 분야와 엄격히 분리됐다. 현대 의학에서는 일반 의사와 수술을 하지 않는 의사들도 손을 사용하지만, 영어에서 cure와 heal이 다른 것처럼 두 가지 방식(수술과 비수술)에도 차이가 있다.

• 수술 기록: 수술 절차를 기록한 문서로, 환자의 진료 기록에 포함된다. 모든 수술 후에는 수술 기록을 남겨야 하며, 수술대 위에서 환자가 눕혀진 자세와 피부 소독, 최종 봉합 상태, 드레싱까지 수술 전 과정을 순서대로 명시해야 한다. 수술 기록에는 환자와 집도의, 수술 보조, 마취 담당 의사의 이름과 함께 수술 날짜, 적응증, 수술의 특징을 기록해야 한다.

• 순환계: 심장 기능에 따라 압력을 받으며(혈압) 혈관을 통해 혈액을 순환시키는 기관. 순환계 기능이 중단되면 쇼크가 발생한다.

• 스토마: 구멍이나 입을 뜻하는 것으로, 대부분 복부의 피부 바깥으로 빠져나온 장의 끝부분을 가리킨다. '자연적인 항문 외'라는 뜻의 **인공 항문**anus praeternaturalis으로도 불린다. 소장에서 시작된 스토마는 회장루 또는 공장루, 대장에서 시작된 스토마는 '결장루'로 불린다.

• 신경계: 뇌와 척추, 신경을 통칭하는 용어.

• 실금: 대변이나 소변 배출을 참을 수 없는 것.

• 심장외과: 영어로는 cardiosurgery 또는 heart surgery라고 한다. 수술 없이 심장 질환을 치료하는 의학 분야인 심장(병)학과와 구분해야 한다.

- 아테롬성 동맥경화증: '동맥경화' 참고.

- 암: 인체 세포가 정상적인 조절 메커니즘에서 벗어나 인체를 희생시키며 자율적으로 증식되고 퍼지는 악성 질환. 암성 종양은 체내 경계를 능동적으로 망가뜨리는 침습적인 특성을 나타낸다. 피부와 점막, 분비선 조직에 발생한 암은 암종, 혈구에 발생한 암은 백혈병, 그 밖의 나머지 조직에 생긴 암은 육종이라고 한다.

- 염증: 염증 세포가 활성화되어 인체 조직에 나타나는 특징적인 반응과 해당 부위에 통증, 발적, 부기, 열, 기능 손실이 발생하는 것. 세균, 효모, 진균류, 기생충과 같은 살아 있는 병원균 또는 바이러스의 감염은 염증의 원인이 된다. 감염은 대부분 염증을 일으키지만, 염증이 전부 감염 때문에 발생하는 것은 아니다.

- 예후: 전망. 병이 어떻게 끝날 것인지, 좋은 결과를 얻을 확률은 어느 정도이고 나쁜 결과가 생길 가능성은 어느 정도인지, 회복까지 걸리는 시간, 향후 나타날 수 있는 증상과 합병증을 예측하는 것.

- 완화 치료: 원인을 치료하지 않고 통증을 약화시키는 방식. 완화 치료에서는 말기 환자의 수명 연장과 삶의 질 개선을 목표로 삼되 병의 완전한 치유는 기대하지 않는다. 근치 치료와 대조를 이루는 개념이다. '말기 치료', '근치 치료' 참고.

- 외과 의사: 영어로 surgeon(외과 의사)이라는 용어에는 '손으로 일하는 사람'이라는 의미가 담겨 있다. 옛날에는 chirurgeon이라는 고어로도 불렸다. 수술을 통해 환자를 치료할 수 있는 자격을 갖춘 의학 전문가를 일컫는다. 의사 스스로 수술로 치료할 수 있는 질환과 장애로 치료 범위를 제한한다. '칼을 쓰는' 의학 분야에 해당된다.

- 외상: 외부 충격으로 발생한 부상이나 상처. 교통사고, 추락, 타격, 총상, 자상, 주먹에 맞는 것 모두 외상에 해당된다. 수술용 핀셋은 작은 끝부분이 조직을 멍들게 하거나 손상시키지 않고 조직을 단단히 붙잡을 수 있도록 고안되어 '비외상성 핀셋'으로도 불린다. 외상학은 외상

으로 발생한 상처를 치료하는 외과의 한 분과를 가리킨다.

- 위험 요소: 질병이나 합병증을 일으킬 위험이 있는 요소. 예를 들어 영양 부족, 비만, 당뇨, 흡연은 상처 치유에 해가 되는 중대한 네 가지 위험 요소로 꼽힌다.

- 유병률: 특정 질병이 정해진 기간에 특정 인구 집단에서 발생한 사례. 대부분 천 명당 환자 수로 나타낸다. '발생률' 참고.

- 음낭: 고환을 감싼 낭.

- 의료 과실: '합병증' 참고.

- 이식 수술: 조직을 몸에서 완전히 분리하여 옮기는 것. '전위 수술' 참고

- 2차per secundam: 두 번째로 일어나는 일. 2차 치유는 상처 치유 과정 중 부차적으로 진행되는 과정을 가리킨다. '상처 치유' 참고.

- 이환율: morbidity(이환율)는 질병을 의미하는 라틴어 *morbus*에서 유래한 용어이다. 외과에서는 합병증 발생률을 의미하는 말로도 사용되며, 특정 종류의 수술에서 발생한 특정 합병증의 발생 확률을 퍼센트로 나타낸다. '합병증' 참고.

- 인공 환기: 환자가 호흡할 수 있도록 인위적으로 관리하는 것. 환자의 입과 코에 산소마스크를 씌우거나 입 또는 코를 통해 기도로 호흡관을 삽입하는 것(삽관법), 목 앞부분을 절개하여 기도로 통하는 길을 만드는 것(기관 절개술) 등이 포함된다. 필요한 공기는 손으로 잡고 사용하는 풍선이나 기계 장치로 공급한다. 가장 간단한 인공 환기는 (입에 입을 대고 실시하는) 인공호흡이다.

- 1차per primam: 첫 번째로 일어나는 일. 1차 치유는 상처 치유 과정 중 주된 치유 과정을 가리킨다. '상처 치유' 참고.

- 장간막: 소장 전체가 복강 뒷면에 연결되는 곳. 장과 안팎으로 이어진 혈관이 존재한다. 부채모양이며 장과 결합된 면의 길이는 6미터에 달하지만 장간막이 복벽에 부착된 부분은 30센티미터에 불과하다. 또한

장간막이 복강 뒷면에 연결된 지점부터 장까지는 약 30센티미터의 간격이 있다. 이러한 특징으로 인해 수술 시 복부를 절개해서 복강이 열리면 장이 바깥으로 튀어나온다.

- 장폐색: 장으로 유입된 내용물이 소장을 통과하는 과정이 지체되는 것. 이로 인해 구토와 복부가 붓는 증상이 발생한다. 수축이나 종양으로 인해, 또는 모구(털 뭉치) 등이 내부를 막아서 소장 통로가 막히는 것을 기계적 장폐색이라고 한다. 마비성 장폐색은 장의 정상적인 움직임(연동운동)이 중단되어 장의 내용물이 더 이상 이동하지 못할 때 발생한다. 대장에서 대변의 움직임에 문제가 생긴 결장 폐쇄와 혼동하지 말아야 한다.

- 재배치: 정상 위치에서 탈구된 뼈를 밀거나 잡아당겨서 제자리에 놓는 외과적인 조치. 제자리에서 벗어난 관절도 재배치할 수 있으며, 어깨의 경우 히포크라테스 방법(발로 겨드랑이를 누르고 빠진 팔을 잡아당기는 방식) 또는 코허 조작법으로 제자리에 돌려놓을 수 있다.

- 적응증: 외과에서는 수술을 실시하는 이유에 해당된다.

- 전위: 위치에서 벗어나는 것. '탈구', '재배치' 참고.

- 전위 수술: 조직을 원래 있던 자리에서 완전히 분리하지 않고 외과적인 방식으로 위치를 옮기는 것.

- 전이: '위치가 바뀌다'라는 뜻이다. 암세포가 종양의 경계를 벗어나 인체 다른 곳에서 새로운 종양을 형성하는 것을 의미한다. 빈 공간(강)이나 평평한 면의 가장자리를 따라 이동하기도 하지만 혈액을 타고 더 먼 곳에서 전이가 발생할 수도 있다. 예를 들어 간문맥을 통해 간으로, 동맥을 통해 뼈나 뇌로, 림프관을 통해 림프절로 퍼질 수도 있다.

- 전체: '전부 다'의 의미. 외과에서는 가장 바깥쪽 경계까지 모두 포함된다는 의미이다. '근치' 참고.

- 절개: '갈라서 여는 것'을 뜻하며 메스를 이용하여 자르는 간단한 행

위를 가리킨다. 영어에서는 복강 절개를 section이라고도 하며, 이에 따라 제왕절개를 caesarean section이라고 한다. '절제', '포피 절제술', '조직 검사(생검)', '배출' 참고.

- 절단: 사지 일부 또는 전체를 제거하는 것. 영어 amputation(절단)은 잘라 낸다는 뜻의 라틴어 *amputare*에서 유래한다.

- 절제resection: '잘라서 제거하다'라는 뜻으로, 절제excision(잘라 내다)와 의미상 차이가 있다.[1]

- 절제excision: 잘라 내는 것. 무언가를 전부 잘라서 제거하는 것을 뜻한다. '절개', '포피 절제술', '조직 검사(생검)', '절단' 참고.

- 정맥: 혈액을 심장으로 운반하는 혈관. 영어로 명사는 vein, 형용사형은 venous이다. 해부학 관련 자료에는 정맥이 청색으로 그려진다. 산소 함량이 적은 혈액은 어두운 적색을 띠는데 얇은 정맥 벽 아래로 흐르는 혈액은 푸르스름한 빛을 띤다. 정맥에는 혈액이 다시 반대로 흐르지 않도록 차단하는 판막이 있다. 폐정맥은 혈액을 심장으로 보내는 특수한 혈관에 속하지만, 폐에서 나온 혈액이므로 폐정맥에 흐르는 혈액은 산소 함량이 높다. 간문맥은 장에서 나온 혈액이 심장이 아닌 간으로 흐르는 정맥이다.

- 정형외과: 영어에서 orthopaedics(정형외과)는 '아이를 바로 세우다'라는 뜻이다. 과거에는 교정기와 부목, 깔창, 특수 신발을 활용하여 어린이의 뼈 기형을 바로잡는 일에 주력하고 수술은 실시하지 않았다. 이제는 인체 근골격계 수술을 실시하고 '칼을 대는' 치료가 특화된 의료 분야가 되었다. 현재 정형외과 의사들의 주된 업무는 보철물

---

[1] 우리말로는 excision과 resection 모두 절제를 의미하지만 영어에서는 잘라서 제거하는 범위에 따라 이 두 단어로 구분된다. excision은 흑색종, 낭종 또는 간 조직 검사, 종괴 절제술 처럼 일부를 떼어 낼 때 쓰이고, resection은 신체 부위 중 상당 부분 혹은 해당 부위 전체를 제거한다는 뜻으로 '적출'의 의미가 포함되어 있다. 따라서 폐엽(허파를 형성하는 부분) 전체를 자르는 것, 신장을 떼어 내는 것, 유방 절제술은 resection으로 표현한다

로 관절을 교체하는 치료이다.

- 조직: 동일한 기능을 수행하는 세포들이 모인 집합체. 조직마다 특정 구조와 기능, 특성이 있으며 대부분 산소와 영양소가 공급되는 혈관이 따로 마련되어 있다. 인체 각 부위는 피부, 피하 조직, 연결 조직, 근육 조직, 신경 조직, 분비 조직, 뼈, 연골과 같은 제각기 다른 조직으로 구성된다.

- 조직 검사(생검): 현미경 검사 등 추가 검사를 위해 생체 조직 중 일부를 제거하는 것. 문제가 발생한 조직을 전부 제거하는 것은 절제 생검이라고 한다. 또 병소 조직의 일부만 떼어 내고 나머지는 제자리에 남겨 두는 것은 절개 생검에 해당된다. '절제', '절개' 참고.

- 종말증: 극심한 영양실조와 쇠약.

- 종양: 영어에서 종양을 가리키는 tumor라는 단어에는 성장 또는 '붓다'라는 뜻이 담겨 있다. 이론상으로는 부어오른 것을 모두 지칭할 수 있으나 현재는 비정상적으로 자라난 조직을 일컫는 용어로만 사용된다. 종양은 양성(비암성)과 악성(암성)으로 나뉜다. 종양 절제술은 종양을 제거하는 수술을 의미한다. '암', '절제', '절개', '전체', '근치' 참고.

- 증거 기반: 의학계 문헌에 발표된 결과를 바탕으로 결정을 내리고 행동하는 것. 특정 분야의 전문가로 간주되는 사람들의 의견을 토대로 의사 결정을 내리고 행동하는 '전문가 의견 기반'과 반대되는 개념이다. 증거마다 신뢰도는 다양하다. 어떤 결론을 도출할 때 참고한 환자의 숫자가 많을수록 더 신뢰할 수 있는 증거라 할 수 있다. 증거는 국가 가이드라인에 포함되어 의료 서비스의 큰 틀이 되기도 한다.

- 증상: 인체의 정상적인 기능이 변화한 것으로 환자가 인지하는 현상. 의사는 증상을 직접 관찰할 수 없으며, 환자가 전하는 이야기로만 접할 수 있다. 증상의 특징, 강도, 발생 과정을 질문하는 것은 의사가 환자를 검진할 때 가장 먼저 이루어지는 단계이며 병력 조사에 해당된다. 의사가 환자를 직접 관찰하거나 유도하여 확인한 비정상적인 특징은 증상이 아닌 징후에 속한다. 징후를 확인하는 것은 검진의 두 번

째 단계이며 신체검사, 임상 검사로도 불린다.

- 지혈대: 팔이나 다리에 단단히 매는 밴드. 지혈대로 가해진 압력이 혈압보다 세면 해당 팔이나 다리에서 발생한 출혈이 모두 멎는다. 반대로 지혈대의 압력이 혈압보다 낮으면 혈액이 팔이나 다리에서 흐름이 막히므로 혈관에서 피를 흘러나오게 할 때 그 과정을 용이하게 하기 위한 도구로 활용할 수 있다. '방혈' 참고.

- 진단: 환자에게 어떤 문제가 생겼는지 밝히는 것. 즉 질병의 특성과 원인, 중증도를 알아내는 것.

- 징후: '증상' 참고.

- 침습 치료: 수술이나 카테터를 이용한 치료, 또는 경피 관상동맥 중재술과 같이 인체에 직접 들어오는 과정이 포함된 치료. 약물이나 기타 비침습적인 방식을 통한 질병 치료와 반대되는 개념이다. 수술의 단점을 최소화하는 치료를 최소 침습 치료라고 한다. '기대 치료', '보존 치료' 참고.

- 탈구: 뼈가 관절에서 벗어나 위치가 바뀌는 것. '전위'라고도 한다. 탈구와 골절이 한꺼번에 발생한 것을 골절탈구라고 한다. '재배치' 참고.

- 탐침: 상처나 치루의 깊이를 파악하기 위해 사용하는 긴 막대 형태의 도구.

- 통풍: 요산 결정이 관절에 축적되어 발생하는 염증 질환. 일반적으로 엄지발가락에 통증과 염증이 발생하는 증상이 나타난다. 영어로 통풍을 의미하는 gout는 통증을 유발하지만 원인은 알 수 없는 경우를 지칭하는 용어로도 공식적으로 활용된다.

- 특발성: 확인된 뚜렷한 원인이 없는 것. '원인 불명(라틴어로 *e causa ignota*, 간단히 e.c.i)'과 혼동하지 말아야 한다.

- 파동: 체액이 가득 찬 부종의 한쪽을 눌렀을 때 반대쪽이 바깥으로 불룩 튀어나오는 것. 속에 고체가 채워진 경우 이와 같은 현상이 나타나

지 않으므로, 파동을 확인하는 것으로 내용물이 액체인지 고체인지 명확히 알 수 있다. 예를 들어 농양이 곪은 경우 속이 액체로 채워지지만 부풀어 오른 것이 농양이 아니라면 내부가 고체로 채워진다. '고름', '절개', '배출' 참고.

- 패스트트랙: 수술 후 관리 방식의 일종으로, 환자가 최대한 빨리 정상적인 기능을 회복하도록 하는 것. 음식을 먹고 마시는 것, 침대에서 일어나 걸어 다니는 것, 몸에 연결된 관과 카테터를 제거하는 것 등이 모두 포함된다.

- 폐색: 장, 혈관, 기타 속이 빈 곳이 막히는 것. 동맥이 막히면 경색증이나 괴저가 발생할 수 있다. '동맥경화' 참고.

- 포피 절제술: 영어로 circumcision(포피 절제술)은 '주변을 잘라 낸다'는 뜻을 담고 있다. 포피 전체 절제술은 성기에서 포피를 모두 제거하는 것을 의미한다. '절제', '절개' 참고.

- 피하 조직: 피부 밑 조직, 하피라고도 한다. 지방과 연결 조직으로 구성된 피부 바로 아래층을 가리킨다. 비만 여성의 경우 일반적으로 피하 조직이 두꺼워지는 특징이 나타난다(남성 비만의 전형적인 특징은 장 주변, 복부 지방 조직에 지방이 축적되는 것이다). 피하 조직에는 표피 혈관과 감각신경, 림프절이 지난다.

- 학습 곡선: 특정 수술의 경험이 축적되면서 외과 의사나 의료진, 또는 병원 전체의 환자 합병증이나 사망 가능성(이환율과 사망률)이 감소하는 것. 최종적으로는 경험이 추가로 쌓여도 더 이상 이환율과 사망률 감소에 영향을 주지 않는 지점에 이르며 이때 학습 곡선이 '완료' 또는 '성취' 지점에 도달한 것으로 본다. 일반적인 학습 곡선을 구축하기 위해서는 환자 백 명 이상에 대한 완료 데이터가 필요하다.

- 합병증: 질병과 장애, 수술로 발생한 원치 않았던(그리고 의도치 않았던) 해로운 결과. 부작용도 치료 과정에서 발생하는 원치 않는 결과이지만, 예측할 수 없는 문제는 아니므로 합병증과 혼동하지 말아야 한

다. 합병증은 치료, 수술, 비수술 과정에 내포된 문제이고 따라서 대부분 인적 과실과는 거리가 멀다. '이환율' 참고.

- 항문 주변: 항문과 인접하거나 항문과 관련된 부위.

- **해를 가하지 말 것**Primum non nocere: 의학의 기본 원칙. '해가 되지 않는 것이 우선이다'라는 뜻으로, 이미 안 좋은 상황을 최소한 더 악화시키면 안 된다는 의미가 담겨 있다. 때때로 외과 의사는 최종적으로는 상황을 개선시킬 수 있지만 현 상황을 더 안 좋게 만들 수 있는 수술을 실시해야만 한다. 이런 경우 장기적인 이점과 단점을 반드시 고려해야 한다. 그러므로 수술을 실시할 것인지 여부를 정할 때 '해를 가하지 말 것'이라는 원칙이 항상 적용되는 것은 아니다. 외과 의사는 '상대가 해 주기를 바라는 대로 스스로 행하라'라는 원칙을 따를 때 더 좋은 결과를 얻을 수 있다.

- 해부: '잘라서 발견한다'는 뜻. 육안으로 볼 수 있는 생물의 구조를 설명한 것. 인체의 정상적인 해부학적 특성에서 벗어나는 부분이 발견된 경우, 원인은 자연적인 차이(해부학적 변이)이거나 질병 또는 장애(이 경우 병리학적 해부에 해당됨)일 수 있다.

- 허혈: 동맥이 좁아지는 등의 문제가 발생하여 산소 함량이 높은 혈액이 충분히 공급되지 않아 기관이나 팔다리 전체, 또는 일부에 산소가 부족한 상태. 통증과 기능 소실 같은 증상이 발생한다. 문제가 생긴 기관이나 팔다리를 집중적으로 사용하면 필요한 산소량이 그만큼 늘어나므로 증상이 새롭게 나타나거나 기존의 증상이 악화된다. 허혈이 극히 심각한 수준으로 발생할 경우 정상 상태로 되돌릴 수 없는 경색과 조직 괴사가 발생한다. '간헐적 파행' 참고.

- 헤르니아: 정상적으로라면 힘을 제공해야 할 조직이 파열되어 해당 부위로 무언가가 튀어나오는 것. 척추에서 추간판 중 하나에 균열이 생긴 경우 목이나 허리에 헤르니아가 발생할 수 있으며, 복벽이 파열되면 복부 헤르니아로 이어질 수 있다.

- 혈뇨: 소변에 피가 섞여 나오는 것.

- 혈전증: 혈관에 혈전이 생기는 것. 혈전이 정맥에 생기면(정맥혈전증) 체액이 축적되어 혈액이 흘러 나가는 길이 막힌다. 동맥혈전증은 괴저나 경색을 유발할 수 있다.

- 협착: 장이나 혈관, 기타 속이 비어 있는 구조가 막히는 현상. 동맥 협착은 신체 활동 중에 발생할 수 있다. '동맥경화' 참고.

- 회음: 영어에서 회음을 뜻하는 perineum은 태아가 세상에 나오는 구멍 근처라는 의미다. 엉덩이와 하복부 사이를 가리키며 골반 바닥, 항문, 질, 음낭, 성기가 포함된다.

- 흉터: '상처', '상처 치유' 참고.

- Dys-, dis-: 영어에서 이 두 가지 접두사는 '비정상' 또는 '문제가 발생한'의 뜻이다. 연하곤란dysphagia의 경우 삼키기가 어렵다는 의미이고, 성교통dyspareunia이라는 용어는 '삽입 곤란'을 뜻하며 성교 시 발생하는 신체적인 문제를 가리키는 데 사용된다.

- Ec-, ex-: '밖으로'라는 뜻의 영어 접두사. 예를 들어 종양 절제술tumourectomy은 종양을 제거한다는 의미다.

- Hemi-: '절반'을 의미하는 영어 접두사. 주로 좌반구나 우반구를 나타낼 때 사용된다. 편측마비hemiparesis는 인체 절반, 즉 오른쪽 또는 왼쪽이 마비된 것을 의미한다. 또 결장 반절제술hemicolectomy은 큰창자 중 결장colon의 절반hemi-을 수술로 제거한다-ectomy는 뜻이다. 혈액을 의미하는 접두사 hema-, hemo-와 혼동하지 말아야 한다.

- pH 값: 액체의 산도를 화학적으로 나타낸 값. pH 7이 중성이며 이보다 숫자가 작으면 산성, 크면 알칼리성이다. 인체의 최적 pH는 7.4이다.

- syn-, sym-: '함께', '동시에'라는 뜻을 가진 영어 접두사. 심포지엄symposium은 원래 '함께 마시다'라는 뜻이고 증후군syndrome은 각기

다른 비정상적 특징과 질병이 계속해서 동시에 발생하는 것을 의미한다.

• -tomy: '자르다'라는 뜻의 영어 접미사. 개복술 laparotomy은 복부를 절개하여 연다는 의미이고 개흉술 thoracotomy은 가슴(흉곽)을 여는 것, 개두술 craniotomy은 머리(두개골)를 여는 수술이다. 접미사 -ectomy는 '잘라 낸다'는 뜻이다. 종양 절제술 tumorectomy은 종양을 잘라 내는 것, 부갑상선 절제술 parathyroidectomy은 부갑상선을 잘라 내는 것을 뜻한다. 이 영어 단어를 빠르게 열 번 연달아 발음할 수 있는지 도전해 보라!

• X선 영상 증배관: 형광 투시검사. X선 영상으로 골절 상태를 모니터를 통해 실시간으로 확인하는 검사법. 이와 같은 X선 장비는 수술 중에도 활용할 수 있다. 이때 수술실에 있는 사람은 방사선에 노출되지 않도록 납 앞치마를 착용해야 한다.

참고 문헌

일반 문헌

Altman, Lawrence K., "Doctors Call Pope Out of Danger; Disclose Details of Medical Care", supplement to the *New York Times*, 24 May 1981.

Cento Anni di Chirurgia: Storia e Cronache della Chirurgia Italiana nel XX Secolo. Eugenio Santoro, Edizioni Scientifiche Romane, 2000.

Conan Doyle, Arthur, *Sherlock Holmes's Greatest Cases* (Crime Masterworks) London: Orion, 2002.

Dekker, Pauline, and de Kanter, Wanda, *Nederland Stopt! Met Roken*, Amsterdam: Uitgeverij Thoeris. www.nederlandstopt.nu, 2008.

Ellis, Harold, *Operations that Made History*, Cambridge: Cambridge University Press, 1996.

Farley, David, *An Irreverent Curiosity: In Search of the Church's Strangest Relic in Italy's Oddest Town*, New York: Gotham Books, 2009.

Hartog, J., *History of Sint Maarten and Saint Martin*, Philipsburg, NA: Sint Maarten Jaycees, 1981.

Haslip, Joan, *The Lonely Empress: Elizabeth of Austria*, London: Phoenix Press, 2000.

Herodotus, *The Histories* (ed. John M. Marincola, trans. Aubrey de Sélincourt), London: Penguin Classics, 2003.

Hibbert, Christopher, *Queen Victoria: A Personal History*, London: Harper-Collins, 2000.

Lifton, David S., *Best Evidence: Disguise and Deception in the Assassination of John F. Kennedy*, New York: MacMillan, 1980.

Matyszak, Philip, *Ancient Rome on Five Denarii a Day: A Guide to Sightseeing, Shopping and Survival in the City of the Caesars*, London: Thames & Hudson, 2007.

Men Who Killed Kennedy, The, History Channel, A&E Television Networks, 1988.

Mulder, Mimi, and de Jong, Ella, *Vrouwen in de heelkunde: Een cultuurhis\-torische beschouwing*, Overveen/Alphen a/d Rijn: Uitgeverij Belvedere/Medidact, 2002.

Norwich, John Julius, *The Popes: A History*, Chatto & Windus, 2011.

Nuland, Sherwin B., *Doctors: The Biography of Medicine*, Amsterdam: Uitgeverij Anthos, 1997.

Pahlavi, Farah Diba, *An Enduring Love: My Life with the Shah – A Memoir*, New York: Miramax, 2004.

Pipes, Richard, *The Unknown Lenin: From the Secret Archives*, New Haven/London: Yale University Press, 1996.

Report of the President's Commission on the Assassination of President John F. Kennedy, Washington, DC: United States Government Printing Office, 1964.

Santoro, Eugenio, and Ragno, Luciano, *Cento anni di chirurgia: Storia e cronache della chirurgia Das Wiener Endoskopie Museum: Schriften der Internationalen Nitze-Leiter-Forschungsgesellschaft für Endoskopie*, vols 1 and 3, Vienna: Literas Universitätsverlag GmbH, 2002.

Scott, R. H. F., *Jean-Baptiste Lully*, London: Peter Owen, 1973.

Sedgwick, Romney (ed.), *Lord Hervey's Memoirs*, London: William Kimber and Co., 1952.

Service, Robert, *Lenin: A Biography*, Cambridge, MA: Belknap Press, 2000.

Szulc, Tad, *Pope John Paul II: The Biography*, London: Simon & Schuster, 1995.

Tanner, Henry, "Pope's Operation is Called Successful", supplement to the *New York Times*, 6 August 1981.

Tulp, Nicolaes, *De drie boecken der medicijnsche aenmerkingen. In 't Latijn beschreven. Met koopere platen. Tot Amstelredam, voor Jacob Benjamyn, boeck-verkooper op de hoeck van de Raem-steegh achter d'Appelmarck*, 1650.

Tulpii, Nicolai, *Observationes medicae. Editio Nova, Libro quarto auctior et sparsim multis in locis emendatior*, Amsterdam: apud Danielem Elsevirium, 1672.

Tumarkin, Nina, *Lenin Lives! The Lenin Cult in Soviet Russia*, Cambridge, MA: Harvard University Press, 1997.

Vospominaniya o Vladimire Il'iche Lenine, vols 1~8, Moscow, 1989~91.

Wilkinson, Richard, *Louis XIV*, Abingdon/New York: Taylor & Francis, 2007.

Worsley, Lucy, *Courtiers: The Secret History of the Georgian Court*, London: Faber & Faber, 2010.

의학 문헌

Aucoin, M. W., and Wassersug, R. J., "The Sexuality and Social Performance of Androgen-Deprived (Castrated) Men Throughout History: Implications for Modern Day Cancer Patients", *Social Science & Medicine*, December 2006, 63(12): 3162~73.

Beecher, H. K., "The Powerful Placebo", *Journal of the American Medical Association*, 1955.

Bergqvist, D., "Historical Aspects on Aneurysmal Disease", *Scandinavian Journal of Surgery*, 97, 2008: 90~9.

Bernstein, J., and Quach, T. A., "Perspective on the Study of Moseley et al.: Questioning the Value of Arthroscopic Knee Surgery for Osteoarthritis", *Cleveland Clinic Journal of Medicine*, May 2003, 70(5): 401, 405~6, 408~10.

Bretlau, P., Thomsen, J., Tos, M., and Johnsen, N. J., "Placebo Effect in Surgery for Meniere's Disease: A Three-Year Follow-Up Study of Patients in a Double Blind Placebo Controlled Study on Endolymphatic Sac Shunt Surgery", *American Journal of Otolaryngology*, October 1984, 5(6): 558~61.

Brewster, D. C., et al., "Guidelines for the Treatment of Abdominal Aortic Aneurysms: Report of a Subcommittee of the Joint Council of the American Association for Vascular Surgery and Society for Vascular Surgery", *Journal of Vascular Surgery*, 2003, 37(5): 1106~17.

Chandler, J. J., "The Einstein Sign: The Clinical Picture of Acute Cholecystitis Caused by Ruptured Abdominal Aortic Aneurysm", *New England Journal of Medicine*, 7 June 1984, 310(23): 1538.

Cohen, J. R., and Graver, L. M., "The Ruptured Abdominal Aortic Aneurysm of Albert Einstein", *Surgery, Gynecology & Obstetrics*, May 1990, 170(5): 455~8.

Dudukgian, H., and Abcarian, H., "Why Do We Have So Much Trouble Treating Anal Fistula?", *World Journal of Gastroenterology*, 28 July 2011, 17(28): 3292~6.

Eastcott, H. H. G., Pickering, G. W., and Rob, C. G., "Reconstruction of Internal Carotid Artery in a Patient with Intermittent Attacks of Hemiplegia", *Lancet*, 1954, 2: 994~6.

Francis, A. G., "On a Romano-British Castration Clamp Used in the Rights of Cybele", *Proceedings of the Royal Society of Medicine*, 1926, 19 (Section of the History of Medicine): 95~110.

García Sabrido, J. L., and Polo Melero, J. R., "E=mc^2 / 4 Men and an Aneurysm", *Cirugía Española*, March 2006, 79(3): 149~53.

George Androutsos, G., "*Le phimosis de Louis xvi (1754~1793) aurait-il été à l'origine de ses difficultés sexuelles et de sa fécondité retardée?*", Progres en Urologie, 2002, vol. 12: 132~7.

Gilbert, S. F., and Zevit, Z., "Congenital Human Baculum Deficiency: The Generative Bone of Genesis 2: 21~23", *American Journal of Medical Genetics*, 1 July 2001, 101(3): 284~5.

Halsted, W. S., "Practical Comments on the Use and Abuse of Cocaine", *New York Medical Journal*, 1885, 42: 294~5.

Hee, R. van, "History of Inguinal Hernia Repair", Institute of the History of Medicine and Natural Sciences, University of Antwerp, Belgium, *Jurnalul de Chirurgie*, 2011, 7(3): 301~19.

Hjort Jakobsen, D., Sonne, E., Basse, L., Bisgaard, T., and Kehlet, H., "Convalescence After Colonic Resection With Fast-Track Versus Conventional Care", *Scandinavian Journal of Surgery*, 2004, 93(1): 24~8.

Horstmanshoff, H. F. J., and Schlesinger, F. G., "De Alexandrijnse anatomie: Een wetenschappelijke revolutie?", Leiden University, *Tijdschrift voor Geschiedenis*, 1991, 104: 2~14.

Kahn A., "Regaining Lost Youth: The Controversial and Colorful Beginnings of Hormone Replacement Therapy in Aging", *Journals of Gerontology Series A: Biological Sciences and Medical Sciences*, 2005, 60(2): 142~7.

Lascaratos, J., and Kostakopoulos, A., "Operations on Hermaphrodites and Castration in Byzantine Times (324~1453 ad)", *Urologia internationalis*, 1997, 58(4): 232~5.

Lerner, V., Finkelstein, Y., and Witztum, E., "The Enigma of Lenin's (1870~1924)

Malady", *European Journal of Neurology*, June 2004; 11(6): 371~6.

Lichtenstein, I. L., and Shulman, A. G., "Ambulatory Outpatient Hernia Surgery. Including a New Concept, Introducing Tension-Free Repair", *International Journal of Surgery*, January–March 1986, 71(1): 1~4.

McKenzie Wallenborn, W., "George Washington's Terminal Illness: A Modern Medical Analysis of the Last Illness and Death of George Washington", *The Papers of George Washington*, 1999.

Mattox, K. L., Whisennand, H. H., Espada, R., and Beall Jr, A. C., "Management of Acute Combined Injuries to the Aorta and Inferior Vena Cava", *American Journal of Surgery*, December 1975, 130(6): 720~4.

Moseley, J. B., O'Malley, K., Peterson, N. J., et al., "A Controlled Trial of Arthroscopic Surgery for Osteoarthritis of the Knee", *New England Journal of Medicine*, 2002, 347: 87~8.

Pinchot, S., Chen, H., and Sippel, R., "Incisions and Exposure of the Neck for Thyroidectomy and Parathyroidectomy", *Operative Techniques in General Surgery*, June 2008, 10(2): 63~76.

Riches, Eric, "The History of Lithotomy and Lithotrity", *Annals of the Royal College of Surgeons of England*, 1968, 43(4): 185~99.

Spriggs, E. A., "The Illnesses and Death of Robert Walpole", *Medical History*, October 1982, 26(4): 421~8.

Vadakan, V., "A Physician Looks at the Death of Washington", *Early America Review*, winter/spring 2005, 4(1).

Voorhees, J. R., et al., "Battling blood loss in neurosurgery: Harvey Cushing's embrace of electrosurgery", *Journal of Neurosurgery*, April 2005, 102(4): 745~52.

Wilson, J. D., and Roehrborn, C., "Long-Term Consequences of Castration in Men: Lessons From the Skoptzy and the Eunuchs of the Chinese and Ottoman Courts", *Journal of Clinical Endocrinology and Metabolism*, December 1999, 84(12): 4324~31.

인류 역사에 큰 획을 그을 정도로 엄청난 업적을 이룬 사람들은 왠지 일상생활도 범상치 않을 것 같은 생각이 든다. 너무 아름답고 멋진 사람을 보면 변비에 걸려 화장실에서 끙끙대는 모습을 상상하기 힘들듯이, 위인들은 병에도 잘 안 걸릴 것 같은 착각이 들곤 한다. 마찬가지로 수술대 앞에 서 있는 의사를 떠올리면 우리는 경외심부터 느낀다. 날카로운 메스를 손에 쥐고 침착하게 환자의 몸을 절개해서 벌건 피가 흥건한 뱃속에 가득한 장기를 이리저리 다루는 모습은 드라마나 영화에서 재연된 장면만 봐도 매번 감탄하게 된다. 현직 외과 의사가 쓴 이 책, 『메스를 잡다』에는 평범한 사람들의 이 두 가지 감상에 신선한 충격을 던져 줄 28편의 이야기가 담겨 있다. 아인슈타인, 빅토리아 여왕, 조지 6세, 레닌 등 사회적으로 큰 존경을 받고 자신이 일하던 분야에서는 인상적인 업적을 남겼지만 일반인들과 똑같이 각종 질병을 피하지 못했던 사람들이 받았던 수술 이야기, 그리고 현재 우리가 당연하게 생각하는 수술 절차가 확립되기 전에 이발사가 수술을 병행하고 소독의 개념도 알지 못했던 시대의 수술을 비롯해 현대의 최첨단 수술까지 다채로운 시기의 이야기들이 실려 있다. "이러고도 살아남았다고?"라는 말이 절로 터져 나올 만큼 열악하고, 비위생적이고, 원시적인 과거의 수술 과정은 지금도 매일 수술을 하고 있는 저자의 실감 나는 묘사로 마치 영상을 보듯 생생하게 펼쳐지고 심지어 그런 수술을 받은 대상이 우리가 익히 잘 아는 인물인 경우가 많아서 한층 더 흥미롭게 다가온다.

　네덜란드 토박이인 저자가 2014년에 처음 발표한 『메스를 잡다』는 이후 독일어와 영어로도 출판되었으며 본 책은 영문판을 번역한 것이다. 저자는 일반인들이 재미있게 느낄 만한 유명 인사의 수술 사례를 들려주는 것에 그치지 않고, 책 전반에 걸쳐 "외과 의사란 어떤 사람이며 어떤 사람이 되어야 하는가?"라는 질문을 끊임없이 던진다. 저자의 이런 고민은 첫 번째 이야기로 소개된, 통증을 참다못해 자기 손으로 결석을 끄집어내야 했던 어느 대장장이의 사연처럼 치료 기술과 지식이 턱없이 부족하고 외과 의사라는 직업도 따로 없던 시절에 환자들이 겪은 고충과, 실력이 검증되지 않은 사람이 돈벌이를 위해 사람의 몸을 치료하려다 생긴 불상사들을 있는 그대로 들려주는 부분에서도 그대로 느껴진다. 의사라면 마땅히 했어야 할 치료를 사회적 비난이 두려워 외면해 버린 못난 의사들의 이야기에서도 어떤 마음가짐으로 환자를 대하는 의사가 올바른 의사인지 생각하게 된다. 특히 번역하면서 느낀 이 책의 강점은 먼 옛날 고대 그리스 시대부터 마침내 현대적인 외과 수술 환경이 갖추어진 19세기 이전까지 이루어진 수술 방식과 더불어, 만약 지금 같은 병이나 부상으

472

로 수술을 받는다면 어떤 절차를 거치게 되는지도 함께 제시되어 있다는 점이다. 과거와 현재의 치료법을 비교하는 대목에서 그간 이루어진 의학 기술의 발전 수준을 구체적으로 실감할 수 있다. 물론 '이제는 의사도 환자도 저런 생고생을 안 해도 되는구나' 하는 안도감도 들었다.

이 책을 통해 병에 걸리거나 큰 상처가 생기면 메스와 내시경 카메라를 들고 문제가 생긴 곳에 바로 접근하는 사람들, '손으로 치료하는' 외과 의사들이 하는 일을 좀 더 가까이서 들여다보고 의학의 발전이 인류 역사에 얼마나 결정적인 영향력을 발휘했는지 실제 인물들의 사례로 더욱 생생하게 확인할 수 있을 것이다.

2018년 8월
제효영

찾아보기

476

482